武汉大学区域经济研究中心系列成果

# 中部地区制造业发展研究

RESEARCH ON THE DEVELOPMENT
OF MANUFACTURING
IN CHINESE MIDDLE AREA

吴传清 董 旭 等 著

社会科学文献出版社
SOCIAL SCIENCES ACADEMIC PRESS (CHINA)

# 目　录

# 第一章　基于空间视角的中部地区
# 制造业发展水平评价

## 一　中部地区制造业在全国格局中的地位

本章基于工业销售产值①、总资产②、年平均用工人数③，通过地区制造业市场竞争力和生产能力来分析中部地区制造业在全国格局中的地位。

**（一）"四大板块"制造业相关指标总量及比重**

整体上，中部地区制造业相关指标仅次于东部地区，高于西部地区和东北地区。中部地区制造业发展速度居"四大板块"之首（见表1-1和表1-2）。2004~2015年中部地区制造业工业销售产值、总资产、年平均用工人数的年增长率分别为23.82%、19.17%和7.62%，比重年增长率分别为5.59%、3.13%和3.49%④（见表1-3）。以工业销售产值年增长率为例，中部地区高于东部地区8.49个百分点，高于西部地区3.03个百分点，高于东北地区8.34个百分点（见表1-3和图1-1）。

---

① 工业销售产值（当年价）指以货币形式表现的，工业企业在报告期内销售的本企业生产的工业产品或提供工业性劳务的总价值量，主要包括销售成品价值和对外加工费收入。其中，销售成品价值指企业在报告期内实际销售的（包括本期生产和非本期生产）全部成品、半成品的总价值；对外加工费收入按不含增值税（销项税额）的价格计算。
② 总资产指企业过去的交易或事项形成的、由企业拥有或者控制的、预期会给企业带来经济利益的资源。按照2006年《企业会计准则》或2011年《小企业会计准则》统计。
③ 年平均用工人数指报告期内企业平均实际拥有的、参与本企业生产经营活动的人员数。对于报告期内存在人员变动的情况，以持续时间为权重进行加权平均。
④ 中部地区制造业年平均用工人数的比重年增长率在"四大板块"中最高，表明在东部地区劳动力趋于饱和的背景下，中部地区对劳动力的吸引力逐年增加。

表1-1 2004年"四大板块"制造业相关指标总量及比重

单位：亿元，万人，%

| 地区 | 工业销售产值 | | 总资产 | | 年平均用工人数 | |
|---|---|---|---|---|---|---|
| | 总量 | 比重 | 总量 | 比重 | 总量 | 比重 |
| 东部地区 | 123415.21 | 71.95 | 103008.45 | 64.57 | 3807.82 | 67.20 |
| 中部地区 | 20099.64 | 11.72 | 21486.89 | 13.47 | 836.91 | 14.77 |
| 西部地区 | 15971.11 | 9.31 | 20571.22 | 12.9 | 655.47 | 11.57 |
| 东北地区 | 12050.03 | 7.02 | 14466.69 | 9.07 | 366.02 | 6.46 |
| 全国 | 171535.99 | 100 | 159533.25 | 100 | 5666.22 | 100 |

资料来源：整理自《中国工业经济统计年鉴2005》。

表1-2 2015年"四大板块"制造业相关指标总量及比重

单位：亿元，万人，%

| 地区 | 工业销售产值（亿元） | | 总资产（亿元） | | 年平均用工人数（万人） | |
|---|---|---|---|---|---|---|
| | 总量 | 比重 | 总量 | 比重 | 总量 | 比重 |
| 东部地区 | 592283.35 | 59.87 | 453774.87 | 58.00 | 5314.06 | 61.01 |
| 中部地区 | 210805.96 | 21.31 | 147955.46 | 18.91 | 1876.8 | 21.55 |
| 西部地区 | 127521.73 | 12.89 | 126230.4 | 16.14 | 1079.26 | 12.39 |
| 东北地区 | 58664.99 | 5.93 | 54365.15 | 6.95 | 439.75 | 5.05 |
| 全国 | 989276.03 | 100 | 782325.88 | 100 | 8709.87 | 100 |

资料来源：整理自《中国工业统计年鉴2016》。

表1-3 2004~2015年"四大板块"制造业相关指标年增长率

单位：%

| 地区 | 工业销售产值 | | 总资产 | | 年平均用工人数 | |
|---|---|---|---|---|---|---|
| | 总量 | 比重 | 总量 | 比重 | 总量 | 比重 |
| 东部地区 | 15.33 | -1.67 | 14.43 | -0.97 | 3.08 | -0.87 |
| 中部地区 | 23.82 | 5.59 | 19.17 | 3.13 | 7.62 | 3.49 |
| 西部地区 | 20.79 | 3.00 | 17.93 | 2.06 | 4.64 | 0.63 |
| 东北地区 | 15.48 | -1.53 | 12.79 | -2.39 | 1.68 | -2.22 |

资料来源：笔者整理。

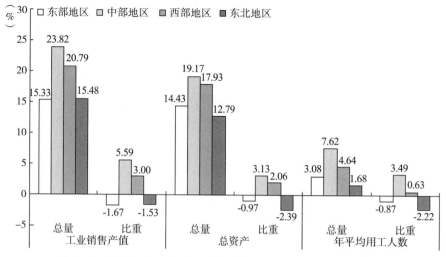

图1-1　2004~2015年"四大板块"制造业相关指标年增长率

**（二）31省份制造业相关指标总量及排名**

整体上，东部地区诸省排名有所下降，而中部、西部和东北地区诸省排名有所上升。其中，中部地区六省三项指标平均排名上升1.94：安徽、江西、河南、湖北、湖南排名依次上升3.67、5.67、3.33、3.33、2.00，而山西排名则下降6.33（见表1-4和表1-5）。2015年中部地区六省制造业发展情况如图1-2所示。

表1-4　2004年31省份制造业相关指标总量及排名

单位：亿元，万人

| 省份 | 工业销售产值 | | 总资产 | | 年平均用工人数 | |
|---|---|---|---|---|---|---|
| | 总量 | 排名 | 总量 | 排名 | 总量 | 排名 |
| 北京 | 4936.61 | 11 | 5565.00 | 8 | 104.50 | 16 |
| 天津 | 5145.63 | 10 | 4581.80 | 13 | 113.95 | 13 |
| 河北 | 7048.87 | 7 | 6106.74 | 7 | 223.27 | 8 |
| 山西 | 2341.42 | 17 | 3183.73 | 16 | 113.06 | 14 |
| 内蒙古 | 1465.40 | 24 | 1737.50 | 24 | 53.12 | 24 |
| 辽宁 | 7192.55 | 6 | 8354.14 | 6 | 206.97 | 9 |
| 吉林 | 2817.69 | 16 | 3247.94 | 14 | 76.78 | 20 |
| 黑龙江 | 2039.79 | 18 | 2864.61 | 18 | 82.27 | 18 |
| 上海 | 13231.37 | 5 | 13119.86 | 5 | 256.15 | 6 |

续表

| 省份 | 工业销售产值 | | 总资产 | | 年平均用工人数 | |
|---|---|---|---|---|---|---|
| | 总量 | 排名 | 总量 | 排名 | 总量 | 排名 |
| 江苏 | 24643.55 | 2 | 19726.98 | 1 | 684.85 | 2 |
| 浙江 | 16814.35 | 4 | 14750.05 | 3 | 605.83 | 3 |
| 安徽 | 3020.54 | 15 | 3217.92 | 15 | 112.44 | 15 |
| 福建 | 5973.87 | 8 | 4838.39 | 10 | 257.92 | 5 |
| 江西 | 1804.77 | 20 | 1917.27 | 23 | 80.30 | 19 |
| 山东 | 19074.09 | 3 | 14201.63 | 4 | 582.41 | 4 |
| 河南 | 5733.71 | 9 | 5183.91 | 9 | 245.76 | 7 |
| 湖北 | 4118.95 | 12 | 4820.82 | 11 | 153.33 | 11 |
| 湖南 | 3080.25 | 14 | 3163.24 | 17 | 132.02 | 12 |
| 广东 | 26223.40 | 1 | 19641.60 | 2 | 970.78 | 1 |
| 广西 | 1678.91 | 23 | 1919.78 | 22 | 74.52 | 22 |
| 海南 | 323.47 | 29 | 476.40 | 29 | 8.16 | 30 |
| 重庆 | 1899.30 | 19 | 2118.03 | 21 | 75.30 | 21 |
| 四川 | 3926.59 | 13 | 4648.77 | 12 | 161.54 | 10 |
| 贵州 | 885.00 | 26 | 1295.59 | 26 | 47.06 | 26 |
| 云南 | 1708.13 | 22 | 2556.73 | 19 | 50.47 | 25 |
| 西藏 | 14.14 | 31 | 44.39 | 31 | 1.12 | 31 |
| 陕西 | 1752.44 | 21 | 2555.29 | 20 | 87.79 | 17 |
| 甘肃 | 1217.00 | 25 | 1713.85 | 25 | 53.35 | 23 |
| 青海 | 181.61 | 30 | 339.97 | 30 | 8.63 | 29 |
| 宁夏 | 375.72 | 28 | 530.72 | 28 | 17.12 | 28 |
| 新疆 | 881.01 | 27 | 1154.99 | 27 | 26.57 | 27 |

资料来源：整理自《中国工业经济统计年鉴2005》。

表 1-5 2015 年 31 省份制造业相关指标总量及排名

单位：亿元，万人

| 省份 | 工业销售产值 | | 总资产 | | 年平均用工人数 | |
|---|---|---|---|---|---|---|
| | 总量 | 排名 | 总量 | 排名 | 总量 | 排名 |
| 北京 | 12424.97 | 20 | 17791.34 | 15 | 97.05 | 20 |
| 天津 | 24481.92 | 15 | 19988.77 | 13 | 149.19 | 17 |

续表

| 省份 | 工业销售产值 | | 总资产 | | 年平均用工人数 | |
| --- | --- | --- | --- | --- | --- | --- |
| | 总量 | 排名 | 总量 | 排名 | 总量 | 排名 |
| 河北 | 39384.87 | 7 | 33284.38 | 7 | 324.18 | 8 |
| 山西 | 6453.58 | 25 | 11324.74 | 22 | 88.49 | 21 |
| 内蒙古 | 11208.03 | 21 | 14432.83 | 19 | 77.06 | 22 |
| 辽宁 | 29462.66 | 13 | 31391.49 | 8 | 246.18 | 12 |
| 吉林 | 20393.03 | 16 | 14282.71 | 20 | 119.99 | 19 |
| 黑龙江 | 8809.3 | 22 | 8690.95 | 25 | 73.58 | 23 |
| 上海 | 29700.41 | 12 | 33579.17 | 6 | 229.96 | 14 |
| 江苏 | 141770.96 | 1 | 97321.32 | 1 | 1111.63 | 2 |
| 浙江 | 59216.72 | 5 | 59201.92 | 4 | 690.62 | 4 |
| 安徽 | 35437.74 | 9 | 24151.54 | 12 | 293.03 | 11 |
| 福建 | 37140.31 | 8 | 24870.84 | 11 | 420.11 | 6 |
| 江西 | 28382.42 | 14 | 16805.69 | 16 | 240.91 | 13 |
| 山东 | 134249.83 | 2 | 84192.46 | 2 | 851.87 | 3 |
| 河南 | 66031.84 | 4 | 46127.01 | 5 | 627.61 | 5 |
| 湖北 | 41134.69 | 6 | 29915.36 | 9 | 330.05 | 7 |
| 湖南 | 33365.69 | 11 | 19631.12 | 14 | 296.71 | 10 |
| 广东 | 112357.51 | 3 | 81676.43 | 3 | 1430.36 | 1 |
| 广西 | 19303.77 | 18 | 11925.61 | 21 | 152.63 | 16 |
| 海南 | 1555.85 | 30 | 1868.24 | 30 | 9.09 | 30 |
| 重庆 | 19419.76 | 17 | 14634.08 | 18 | 170.1 | 15 |
| 四川 | 33622.89 | 10 | 25884.83 | 10 | 297.74 | 9 |
| 贵州 | 7057.55 | 24 | 7774.07 | 26 | 59.92 | 25 |
| 云南 | 7483.72 | 23 | 9640.28 | 23 | 70.39 | 24 |
| 西藏 | 86.23 | 31 | 196.02 | 31 | 1.04 | 31 |
| 陕西 | 14454.86 | 19 | 16768.26 | 17 | 125.05 | 18 |
| 甘肃 | 5339.69 | 27 | 7746.14 | 27 | 42.6 | 27 |
| 青海 | 1738.55 | 29 | 3503.87 | 29 | 15.02 | 29 |
| 宁夏 | 2465.39 | 28 | 4295.84 | 28 | 22.82 | 28 |
| 新疆 | 5427.52 | 26 | 9624.59 | 24 | 45.93 | 26 |

资料来源：整理自《中国工业统计年鉴2016》。

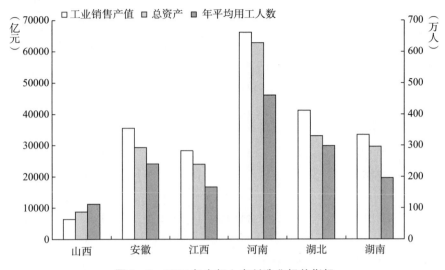

**图1-2　2015年中部六省制造业相关指标**

# 二　相关文献回顾

国内学术界对制造业发展水平的研究主要集中在"新型化"水平、竞争力等方面，其研究范式、研究结果对制造业发展水平评价均有着重要的借鉴意义。整合、吸纳不同研究范式和框架，有利于增强制造业发展水平评价的合理性、有效性和实用性。

## （一）"制造业新型化"评价

李廉水团队系统地研究了制造业"新型化"水平，提出、构建并逐步完善了制造业"新型化"指标体系。李廉水和周勇（2005）将新型制造业界定为依靠科技创新、降低能源消耗、减少环境污染、增加就业、提高经济效益、提升竞争能力、能够实现可持续发展的制造业，并据此建立以"经济创造能力"、"科技创新能力"和"环境保护能力"为支撑的制造业"新型化"评价指标体系。经过多年的努力，他们不断对制造业"新型化"概念的内涵和外延进行拓展，逐步将"能源节约能力""社会服务能力"纳入指标体系（李廉水等，2015）。

诸多学者在不同空间尺度上使用制造业"新型化"评价指标体系对我

国地区制造业进行相关研究。李廉水等（2012，2013，2014，2015）对我国不同地区及 31 个省份的制造业"新型化"水平进行比较。同时，有诸多学者对省域或者市域间制造业"新型化"水平进行研究。其中，甄杰（2007）选择对河南具有较强参考价值的浙、冀、鄂、川四省，比较、分析河南制造业发展的总体状况，认为河南重视制造业技术引进、吸收，科技活动较为频繁，但企业偿还债务的能力较弱；王怀明（2010）对湖北制造业的经济创造、科技创新、资源节约、环境保护等能力进行测度，认为湖北工业基础好，资源丰富，人力资源充沛；陈涛、郑伟（2010）基于江苏 13 个地级市数据进行分析，认为江苏区域制造业发展不均衡，苏北地区亟待提速，而苏中地区具有重要的战略地位。

特别地，部分学者对中部地区制造业进行研究。唐德才等（2016）在制造业"新型化"概念的基础上，构建均值评价体系，认为中部地区制造业"新型化"水平稳步增长，且省域之间差异较大，呈现阶梯状分布。张文君（2011）采用主成分分析法对中部地区制造业进行分析，发现各省在制造业上的优势差异明显，认为中部各省要突破资源依赖的瓶颈，应当转变发展思路，建设服务于制造业的配套环境。

**（二）"制造业竞争力"评价**

国内学术界将产业竞争力界定为产业持续获得财富的能力，认为产业竞争力包含产业绩效、产业环境、市场环境、政府角色等综合反映产业发展水平和发展潜力的维度（赵彦云、张明倩，2004；千庆兰、陈颖彪，2007；郝华，2012；王钰，2013）。受到 IMD、WEF 两大机构研究范式的影响，国内学术界通过竞争实力、成长竞争力、市场竞争力、成本竞争力、创新竞争力、投资竞争力、管理竞争力和地区基础环境中的若干或全部维度来反映、测度制造业竞争力，如杨洪焦等（2007）认为价值创造能力、国际竞争能力、经营效益能力、技术创新能力和可持续发展能力共同决定、影响区域制造业竞争力；税伟（2009）以产出投入、产出效益、技术水平和市场绩效四个要素共 27 个二级指标构建地区制造业竞争力评价模型；王玉等（2011）采用产业盈利能力、产业发展能力、产业增长能力与产业基础能力四个因子，运用 DEA 方法分析地区壁垒、产业壁垒对各地区制造业内部效率造成的差异化影响；余红伟（2016）基于质量转型视角，创造性地将品牌价值、消费者质量满意度、产业连通度等评价因素纳入指标体系，采用质量要素、质量需求、相关产业支持、行业结构与竞争、政府质量管理和城市发展机会六个方面共 16 个指标，比较 30 个省份区域制造业质量竞争力。

钟无涯、傅春（2015）使用 2009～2013 年中部地区 9 个二位数代表性制造业统计数据，通过因子分析法，基于显性竞争力和隐性竞争力，将产业规模、产业绩效、资产效率、环境友好和技术创新五个方面共 16 个子指标纳入指标体系，测度中部地区制造业竞争力差序格局和变化轨迹。研究发现：山西制造业发展阻力最大；传统农业大省河南的制造业发展态势良好；江西、安徽、湖北和湖南制造业则处于中部地区制造业差序格局的中间区域。

### （三）"制造业发展水平"评价

国内学者基于不同视角，创造性地提出制造业发展水平的新型评价模型。伦蕊（2008）探索价值链分析法在竞争力领域中的应用价值，基于产业价值链中增值份额、利润份额、购买份额、核心价值、市场品牌五个要素，分析、研究了制造、销售、研究与开发等增值环节对要素、区位的偏好；郭巍等（2011）使用"先进制造业"概念，从制造技术、管理体制、生产模式、经济效益、社会效益等方面反映我国制造业的先进程度。其创造性在于通过流动资产周转率、成本费用利用率、产权比率、资产负债率和总资产贡献率等指标反映制造业管理水平；郑四华、肖远新（2012）以南昌、景德镇、九江三市为例，通过经济创造能力、科技竞争能力、环境资源保护能力三个方面共 10 个指标综合评价鄱阳湖生态经济区先进制造业发展水平。

国内学术界针对地区制造业发展水平开展了许多有意义的研究，建立起较为完整的分析框架和研究范式，但整体而言，国内学术界对全国范围内 31 个省份（尤其是中部地区，不含港澳台）制造业发展水平的评价、研究较少；"新型化"程度、竞争力水平及其他研究视角相对独立，可以依托现有研究，改进、完善制造业发展水平的评价指标体系。

## 三 评价指标体系设计、研究方法与数据来源说明

### （一）评价指标体系设计

#### 1. 评价指标体系

制造业发展应当是以科技创新、环境友好、能源节约等为导向，各个生产环节与生产部门之间协调、可持续的发展。基于系统性、独立性、完备性和可操作性原则，本章将要素指标、效率指标、显性指标、技术指标、环境与能源指标五个一级指标纳入评价指标体系。其中，要素指标衡量地区制造业获取劳动力资源、资本要素的能力；效率指标衡量地区制造业规模效应、集聚效应、产出效率和管理效率等；显性指标衡量地区制造业市场表现、成长性；技术指标衡量地区制造业技术现状、产业结构高级化程度和技术创新潜力；环境和能源指标衡量地区制造业环境保护能力与能源节约水平。各个一级指标所度量的发展水平维度见表1-6。整体上，本章构建由5个一级指标、27个二级指标组成的地区制造业发展水平评价指标体系，具体如表1-7所示。

**表 1-6 一级指标度量维度说明**

| 一级指标名称 | 指标解释 |
| --- | --- |
| 要素指标 | 测度地区制造业对生产要素（劳动力、资本等）的获取能力 |
| 效率指标 | 测度地区制造业生产效率及影响因素（规模效应、集聚效应、管理效率等） |
| 显性指标 | 测度地区制造业产出结果（市场表现、成长性） |
| 技术指标 | 测度地区制造业技术发展水平（技术现状、产业结构高级化程度、技术创新潜力） |
| 环境与能源指标 | 测度地区制造业环境保护能力（"三废"排放量、废物循环利用）、能源节约水平（能源消耗） |

**表 1-7 地区制造业发展水平评价指标体系**

| 一级指标 | 二级指标 | | 数据来源 |
| --- | --- | --- | --- |
| 要素指标 $A$ | 劳动要素竞争力 | 从业人员百分比 $A_1$（％） | 《中国工业统计年鉴》* |
| | 资本要素竞争力 | 固定资产余额百分比 $A_2$（％） | 《中国工业统计年鉴》 |
| | | 港澳台与外商资本占比 $A_3$（％） | 《中国工业统计年鉴》 |
| | | 负债比 $A_4$（％） | 《中国工业统计年鉴》 |

续表

| 一级指标 | 二级指标 | | 数据来源 |
|---|---|---|---|
| 效率指标 $B$ | 规模效应 | 平均资产拥有量 $B_1$（亿元） | 《中国工业统计年鉴》 |
| | | 平均产值 $B_2$（亿元） | 《中国工业统计年鉴》 |
| | 产业集聚 | 区位商 $B_3$（%） | 《中国工业统计年鉴》《中国统计年鉴》 |
| | 产业效率 | 固定资产回报率 $B_4$（%） | 《中国工业统计年鉴》 |
| | | 人均产值 $B_5$（亿元/万人） | 《中国工业统计年鉴》 |
| | | 产出效率 $B_6$（%） | 《中国工业统计年鉴》 |
| | 管理效率 | 管理效率 $B_7$（%） | 《中国工业统计年鉴》 |
| 显性指标 $C$ | 市场表现 | 市场占有率 $C_1$（%） | 《中国工业统计年鉴》 |
| | | 国外市场占有率 $C_2$（%） | 《中国工业统计年鉴》 |
| | 成长性 | 年增长率 $C_3$（%） | 《中国工业统计年鉴》 |
| 技术指标 $D$ | 技术现状 | 新产品比重 $D_1$（%） | 《中国工业统计年鉴》《中国高技术产业统计年鉴》 |
| | | 资本劳动比 $D_2$（亿元/万人） | 《中国工业统计年鉴》 |
| | | 技术引进与改造费用占比 $D_3$（%） | 《中国工业统计年鉴》《中国高技术产业统计年鉴》 |
| | | 固定资产更新度 $D_4$（%） | 《中国工业统计年鉴》各省份统计年鉴 |
| | 产业结构高级化程度 | 地区高技术产业比重 $D_5$（%） | 《中国工业统计年鉴》《中国高技术产业统计年鉴》 |
| | 技术创新潜力 | 新产品开发效率 $D_6$（%） | 《中国工业统计年鉴》《中国高技术产业统计年鉴》 |
| | | R&D 人员比重 $D_7$（%） | 《中国工业统计年鉴》《中国高技术产业统计年鉴》 |
| | | R&D 费用比重 $D_8$（%） | 《中国工业统计年鉴》《中国高技术产业统计年鉴》 |

续表

| 一级指标 | 二级指标 | | 数据来源 |
|---|---|---|---|
| 环境与能源指标 $E$ | "三废"排放量 | 废水排放指标 $E_1$（万吨/亿元） | 《中国工业统计年鉴》《中国环境统计年鉴》《中国统计年鉴》 |
| | | 废气排放指标 $E_2$（立方米/元） | 《中国工业统计年鉴》《中国环境统计年鉴》《中国统计年鉴》 |
| | | 固体废弃物排放指标 $E_3$（吨/亿元） | 《中国工业统计年鉴》《中国环境统计年鉴》《中国统计年鉴》 |
| | 环境治理 | 环境保护投资 $E_4$（%） | 《中国工业统计年鉴》《中国环境统计年鉴》《中国统计年鉴》 |
| | 能源节约 | 单位产值电力消耗量 $E_5$（千瓦时/元） | 《中国工业统计年鉴》《中国能源统计年鉴》《中国统计年鉴》 |

注：*《中国工业经济统计年鉴》自 2013 年改名为《中国工业统计年鉴》，全书同。

2. 指标计算方式说明

根据地区制造业全部费用、2012～2014 年不同省份地区生产总值与制造业企业数目、地区制造业"三废"排放、污染治理投资和能源消耗等数据的可得性原则，本章对部分指标的计算方式进行调整。具体如下。

（1）负债比＝地区制造业负债总计/地区制造业资产总计。

（2）平均产值＝地区制造业销售产值/地区制造业企业数目。

（3）区位商＝$\dfrac{\text{地区制造业销售产值/地区生产总值}}{\text{全国制造业销售产值/国内生产总值}}$。

（4）人均产值＝地区制造业销售产值/年平均用工人数。

（5）产出效率＝地区制造业主营业务收入/地区制造业主营业务成本。

（6）管理效率＝地区制造业管理费用/地区制造业主营业务成本。

（7）国外市场占有率＝地区制造业出口交货值/全国制造业出口交货值。

（8）固定资产更新度＝地区制造业新增固定资产/地区制造业固定资产余额。

（9）地区高技术产业比重＝地区高技术产业主营业务收入/地区制造业主营业务收入。

（10）使用调整因子 $factor1 = \dfrac{\text{地区制造业销售产值}}{\text{地区高技术产业销售总值}}$ ，对地区高技术产业相关指标进行调整，可得地区制造业相关测度值，进而计算部分技术现状和技术创新潜力指标如下：

新产品比重＝地区制造业新产品销售收入/地区制造业销售产值 $\times factor1$ ；

新产品开发效率＝地区制造业新产品销售收入/地区制造业新产品开发费用 $\times factor1$ ；

R&D 人员比重＝地区制造业 R&D 人员人数/地区制造业年平均用工人数 $\times factor1$ ；

R&D 费用比重＝地区制造业 R&D 费用/地区制造业主营业务成本 $\times factor1$ 。

（11）使用调整因子 $factor2 = \dfrac{\text{地区制造业销售产值}}{\text{地区工业生产总值}}$ 对地区单位产值的"三废"排放、环境治理和能源节约指标进行调整，可得地区制造业"三废"排放指标如下：

废水排放指标 $= \dfrac{\text{地区工业废水排放总量}}{\text{地区工业生产总值}} \times factor2$ ；

废气排放指标 $= \dfrac{\text{地区工业废气排放总量}}{\text{地区工业生产总值}} \times factor2$ ；

固体废弃物排放指标 $= \dfrac{\text{地区工业固体废物排放总量}}{\text{地区工业生产总值}} \times factor2$ ；

环境保护投资 $= \dfrac{\text{地区工业污染源治理投资}}{\text{地区工业生产总值}} \times factor2$ ；

单位产值电力消耗量 $= \dfrac{\text{地区电力消耗总量}}{\text{地区工业生产总值}} \times factor2$ 。

**（二）研究方法**

在评价模型中，采用 AHP - 熵值组合赋权方法，可以兼顾主观偏好和客观信息对指标权重的影响；采用灰色关联投影方法，可以综合衡量不同个体指标向量在大小、方向上的差异。本章采用上述方法对我国的 30 个省份（不含港澳台以及西藏，下同），尤其是中部地区制造业发展水平进行纵向、横向比较，研究地区制造业发展水平的空间分布格局和时空变化趋势。

1. 基于 AHP - 熵值的组合赋权方法

确定评价指标权重的现有方法，主要分为主观权重和客观权重两类：主观权重基本上由相关领域的专家进行评定，可以较好地反映评价对象内部的运行机制、各指标之间的联系与制约，体现的是人们对于评价对象的主观认知；客观权重则衍生于信息论，利用数据所包含信息量的大小来确定指标相对重要性，主要包含熵值法、主成分分析法，体现的是数据质量对其自身重要性的客观影响。本章采用 AHP - 熵值组合赋权方法，兼顾主观权重和客观权重优点，以保证评价指标体系的系统性、科学性和实用性。

（1）主观权重确定。层次分析法（AHP）是一种定量分析定性问题的多维度、多层次决策方法。其主要特点在于通过构建两两比较的主观判断矩阵，在满足个体、整体一致性检验的前提下，可以得出不同层次、不同要素对于决策总目标的相对重要性，即主观权重。在实际应用中，为了简化运算，AHP 一般可以分为和法、积法两种运算方式。本章直接计算判断矩阵的最大特征值、对应的特征向量以求解主观权重，所得结果更为精确。同时，本章构建的各个判断矩阵、准则层和总目标层的一致性指标 CR 均小于 0.1，满足一致性要求。

（2）客观权重确定。熵值法是根据数据本身包含的信息量大小进行赋权的一种客观方法。一个评价指标所能提供的信息量越大（方差较大），其熵值越小，与之相对应的信息冗余度和指标的客观权重就越大。具体方法如下。

建立评价矩阵。设评级指标体系中 $z_{ij}$ 表示 $i$ 地区在第 $j$ 个指标下的得分，则评级矩阵可以表示为 $Z = (z_{ij})_{m \times n}$（其中 $m$ 表示地区数，$n$ 表示指标数）。

评价矩阵标准化。采用极差标准化方式处理评价矩阵，具体如下：

$$y_{ij} = \begin{cases} \dfrac{z_{ij} - \min\limits_{1 \leq i \leq m} z_{ij}}{\max\limits_{1 \leq i \leq m} z_{ij} - \min\limits_{1 \leq i \leq m} z_{ij}}, & \text{当 } z_{ij} \text{ 为正向指标时} \\[4mm] \dfrac{\max\limits_{1 \leq i \leq m} z_{ij} - z_{ij}}{\max\limits_{1 \leq i \leq m} z_{ij} - \min\limits_{1 \leq i \leq m} z_{ij}}, & \text{当 } z_{ij} \text{ 为负向指标时} \end{cases} \qquad (1)$$

评价矩阵归一化。计算各个地区标准化指标值 $y_{ij}$ 在全国指标值中所占的比重。由于本评价体系的指标具有可加性，故公式可表述为：$w_{ij} = y_{ij} \Big/ \sum_{i=1}^{m} y_{ij}$ （$j = 1, 2, 3, \cdots, n$）。

计算各指标熵值。熵值计算公式为 $e_j = -k \sum_{i=1}^{m} p_{ij} \ln p_{ij}$ ，其中 $k = 1/\ln m$ ，且若 $p_{ij} = 0$ ，$p_{ij} \ln p_{ij} = 0$ 。

计算信息冗余度、指标权重。信息冗余度大小与数据本身所含信息量成正比，其计算公式为 $d_j = 1 - e_j$ ；因而，各指标权重计算公式为 $W_{ij} = d_j \Big/ \sum_{j=1}^{n} d_j$ 。

（3）组合权重的确定。分别以 $W_1$、$W_2$、$\omega$ 表示主观权重、客观权重以及对主观权重的偏好程度，则组合权重 $W = \omega W_1 + (1 - \omega) W_2$。本章取 $\omega = 0.5$，以综合衡量主观认知、客观信息量对评价指标的影响。27 个二级指标权重如表 1-8 所示。

表 1-8　地区制造业发展水平评价指标的权重

| 二级指标 | 主观权重 | 客观权重 | 组合权重 |
|---|---|---|---|
| $A_1$ | 0.013842 | 0.034577 | 0.024210 |
| $A_2$ | 0.013363 | 0.037115 | 0.025239 |
| $A_3$ | 0.009125 | 0.026232 | 0.017679 |
| $A_4$ | 0.009125 | 0.042797 | 0.025961 |
| $B_1$ | 0.010868 | 0.039531 | 0.025200 |
| $B_2$ | 0.024202 | 0.042057 | 0.033130 |
| $B_3$ | 0.054205 | 0.041704 | 0.047955 |
| $B_4$ | 0.033074 | 0.041666 | 0.037370 |
| $B_5$ | 0.027893 | 0.039729 | 0.033811 |
| $B_6$ | 0.050130 | 0.037200 | 0.043665 |
| $B_7$ | 0.026902 | 0.043117 | 0.035010 |
| $C_1$ | 0.181818 | 0.034734 | 0.108276 |
| $C_2$ | 0.090909 | 0.024741 | 0.057825 |
| $C_3$ | 0.090909 | 0.025675 | 0.058292 |
| $D_1$ | 0.041762 | 0.032244 | 0.037003 |

续表

| 二级指标 | 主观权重 | 客观权重 | 组合权重 |
|---|---|---|---|
| $D_2$ | 0.014374 | 0.039214 | 0.026794 |
| $D_3$ | 0.030828 | 0.035761 | 0.033295 |
| $D_4$ | 0.015718 | 0.040589 | 0.028154 |
| $D_5$ | 0.102773 | 0.037907 | 0.070340 |
| $D_6$ | 0.063299 | 0.034115 | 0.048707 |
| $D_7$ | 0.029415 | 0.036151 | 0.032783 |
| $D_8$ | 0.020012 | 0.035682 | 0.027847 |
| $E_1$ | 0.008523 | 0.042457 | 0.025490 |
| $E_2$ | 0.008523 | 0.042172 | 0.025348 |
| $E_3$ | 0.008523 | 0.043177 | 0.025850 |
| $E_4$ | 0.011364 | 0.026782 | 0.019073 |
| $E_5$ | 0.008523 | 0.042875 | 0.025699 |

资料来源：笔者整理。

**2. 灰色关联投影方法**

（1）灰色关联方法。灰色关联度是灰色系统理论中测度数据相关性的重要指标，其主要原理在于测度比较序列（不同省份数据向量）与参考序列（各指标最优值的集合向量）几何形状的相似程度。灰色关联度的计算采用绝对值形式，仅注重不同指标的大小差异，而未考虑指标向量方向的不同对两者相关性的影响。以 $y_{0j}$ 表示第 $j$ 个指标在全国范围内的最优值，则 $y_0$ 表示参考序列，在给定分辨系数 $\delta$[①] 的情况下，灰色关联度的计算方式如下：

$$g_{ij} = \frac{\min \min |y_{0j} - y_{ij}| + \delta \max \max |y_{0j} - y_{ij}|}{|y_{0j} - y_{ij}| + \delta \max \max |y_{0j} - y_{ij}|} \tag{2}$$

本章将分辨系数 $\delta$ 设定为 $0.5$[②]。

（2）投影法。如果将比较序列看作一个向量，那么比较序列与参考序列

---

① 灰色关联分辨系数的取值大小会直接影响关联度的取值范围，某些情境下会影响不同个体之间的排序。

② 常见文献中指出，$\delta \in [0, 1]$，且在 $\delta \leq 0.5463$ 时，比较容易观察不同个体在不同情境下关联度的差异。一般而言，在具体应用中常取 $\delta = 0.5$。

因，一是沿海地区制造业逐步向内陆转移，二是中部崛起战略、西部大开发战略和各地方政府的优惠政策促进了新兴制造业企业的成立、发展。

地区制造业技术创新能力差距减小。技术指标得分标准差从 0.021396 下降到 0.008576，年均降幅为 7.98%，表明各省份制造业技术水平和发展潜力趋于一致。究其根本，一方面是由于技术落后省份在前期多依靠发达省份的技术扩散，以及技术引进和改造，制造业发展水平提升速度较快；另一方面，全社会逐渐开始重视技术应用与开发，加之高等教育的推进，各省份逐渐拥有了自己的科研团队，相应制度和设施也逐渐完善。

地区制造业在环境保护与能源节约等方面趋于均衡。技术指标得分标准差从 0.011205 下降到 0.002463，年均降幅为 12.87%。这表明制造业产业转移的同时也造成了污染源的转移。结合 30 个省份环境与能源指标得分，我国制造业污染和能耗强度与制造业发展水平呈倒"U"形。政府政策导向的改变和环境执法力度的增强有效缓解了制造业带来的环境污染和能源消耗。

表 1 - 9　2004～2015 年 30 个省份制造业发展水平一级指标得分标准差

| 年份 | 要素指标 | 效率指标 | 显性指标 | 技术指标 | 环境与能源指标 |
|------|----------|----------|----------|----------|----------------|
| 2004 | 0.001805 | 0.021926 | 0.034716 | 0.021396 | 0.011205 |
| 2005 | 0.001854 | 0.004781 | 0.017649 | 0.010568 | 0.001792 |
| 2006 | 0.001851 | 0.004442 | 0.017443 | 0.009615 | 0.001810 |
| 2007 | 0.001897 | 0.004093 | 0.017266 | 0.010030 | 0.001761 |
| 2008 | 0.001843 | 0.004044 | 0.016820 | 0.010382 | 0.001777 |
| 2009 | 0.001807 | 0.004342 | 0.016766 | 0.008687 | 0.001906 |
| 2010 | 0.001792 | 0.004185 | 0.016524 | 0.010420 | 0.001739 |
| 2011 | 0.001757 | 0.004271 | 0.016273 | 0.009714 | 0.002318 |
| 2012 | 0.001332 | 0.004395 | 0.016582 | 0.008760 | 0.002240 |
| 2013 | 0.001648 | 0.004708 | 0.016588 | 0.008984 | 0.002710 |
| 2014 | 0.001603 | 0.004397 | 0.016655 | 0.008490 | 0.002805 |
| 2015 | 0.001539 | 0.004841 | 0.015425 | 0.008576 | 0.002463 |

资料来源：笔者整理。

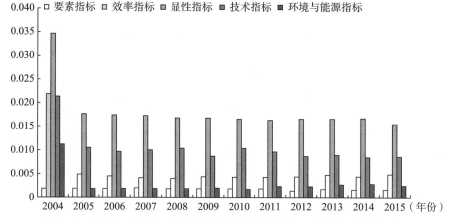

图1-3　2004～2015年30个省份制造业发展水平一级指标得分标准差

## （二）"四大板块"制造业发展水平时空格局变动

本章通过比较2004～2015年东部、中部、西部和东北地区制造业发展水平得分均值（以销售产值占比为权重），探讨四大地区制造业发展水平时空分布格局的演变（见表1-10和图1-4）。

横向比较。2004～2013年，东部地区制造业发展水平最高，东北地区和中部地区次之，西部地区最低，而中部地区制造业发展水平在2013年首次高于东北地区；2004～2015年东部地区制造业发展水平远高于其他三个地区，而中部、西部和东北地区制造业发展水平差异不大。其中，得益于中部崛起战略，中部地区制造业发展水平逐步赶超东部地区。如中部地区技术指标得分从0.009029增长到0.017185，年均增幅为6.03%。

纵向比较。2004～2015年，东部、东北地区制造业发展水平年均降幅分别为0.08%、0.24%，而中部、西部地区制造业发展水平年均增幅分别为1.12%、0.43%。这表明，基于劳动力成本、产业结构调整、环境保护、市场潜力等因素，制造业逐步从东部地区转移到其他三个地区，但东部地区囿于传统发展模式和固有产业结构，制造业竞争力逐渐与中部、西部地区拉开差距。同时，东部地区制造业得分较小的年均降幅量级表明产业转移尚处于初始阶段，"大规模的产业转移尚未出现"①；基于中部崛起战略、

---

① 使用偏离－份额方法进行分析，可以发现中部和西南地区制造业已经超过沿海地区，成为中国制造业集中发展的主要地区。可以说，中国制造业已经逐步开始向中部和西南地区转移，而向全国的大规模转移暂未出现。

已有经济基础和与东部地区的距离优势，中部地区制造业发展速度远高于西部和东北地区。缘于此，中部地区可打造成为新的制造业集群地带，发展自身特色，同时承接东部地区的产业转移。

表 1 - 10　2004 ~ 2015 年"四大板块"制造业发展水平得分

| 年份 | 东部地区 | 中部地区 | 西部地区 | 东北地区 |
|------|----------|----------|----------|----------|
| 2004 | 0.129334 | 0.090712 | 0.090496 | 0.095416 |
| 2005 | 0.130991 | 0.091421 | 0.090666 | 0.096289 |
| 2006 | 0.129203 | 0.093177 | 0.092101 | 0.096433 |
| 2007 | 0.126366 | 0.094142 | 0.090901 | 0.095052 |
| 2008 | 0.125817 | 0.094287 | 0.092045 | 0.098052 |
| 2009 | 0.12576  | 0.092954 | 0.090448 | 0.100614 |
| 2010 | 0.128557 | 0.095789 | 0.093205 | 0.098914 |
| 2011 | 0.124663 | 0.094744 | 0.090720 | 0.096233 |
| 2012 | 0.125016 | 0.096304 | 0.090894 | 0.097623 |
| 2013 | 0.127155 | 0.099650 | 0.092054 | 0.099225 |
| 2014 | 0.126670 | 0.101011 | 0.092506 | 0.096463 |
| 2015 | 0.128177 | 0.102540 | 0.094899 | 0.092971 |

资料来源：笔者整理。

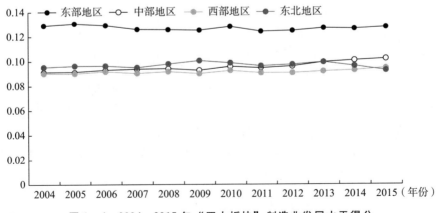

图 1 - 4　2004 ~ 2015 年"四大板块"制造业发展水平得分

### （三）中部六省制造业发展水平演变

#### 1. 中部六省制造业发展水平综合得分

山西、安徽、江西、河南、湖北、湖南六省的制造业发展水平年均增幅分别为 0.33%、0.74%、0.96%、1.62%、0.67% 和 1.03%，中部六省正逐渐成为全国制造业发展新的增长极（见表 1－11 和图 1－5）。

其中，河南制造业的高速发展得益于丰富的劳动力资源和雄厚的固定资产，新产品开发效率和销售收入比重远高于其他五省；江西制造业发展则主要依靠产业集聚、规模效应、较高的管理效率等；安徽制造业的发展主要依靠上海经济圈，其引进外资的能力较强；湖北制造业发展特色为具有丰富的高校资源，R&D 人员比重与费用比重较高；湖南制造业发展的主要特征是具有较高的产出效率和技术引进与改造费用占比；山西由于陷入"资源诅咒"①，制造业发展水平年均增幅显著较低。

**表 1－11　2004 ~ 2015 年中部地区制造业发展水平得分**

| 年份 | 山西 | 安徽 | 江西 | 河南 | 湖北 | 湖南 |
|------|------|------|------|------|------|------|
| 2004 | 0.086848 | 0.090615 | 0.091496 | 0.093014 | 0.090805 | 0.088876 |
| 2005 | 0.087825 | 0.090353 | 0.093069 | 0.094658 | 0.090659 | 0.089221 |
| 2006 | 0.090348 | 0.091416 | 0.095381 | 0.096946 | 0.091378 | 0.090494 |
| 2007 | 0.09723 | 0.090942 | 0.095234 | 0.098535 | 0.090294 | 0.089876 |
| 2008 | 0.092642 | 0.091869 | 0.094555 | 0.098661 | 0.09213 | 0.091467 |
| 2009 | 0.087699 | 0.090773 | 0.094618 | 0.096878 | 0.090666 | 0.092051 |
| 2010 | 0.095814 | 0.093589 | 0.098723 | 0.098007 | 0.093504 | 0.094918 |
| 2011 | 0.087011 | 0.093845 | 0.097429 | 0.097242 | 0.093254 | 0.094425 |
| 2012 | 0.085327 | 0.095181 | 0.099872 | 0.098371 | 0.094712 | 0.096487 |
| 2013 | 0.085531 | 0.09586 | 0.100607 | 0.107584 | 0.096165 | 0.096856 |
| 2014 | 0.08504 | 0.096957 | 0.102093 | 0.110362 | 0.096463 | 0.096181 |
| 2015 | 0.090012 | 0.098264 | 0.101676 | 0.110959 | 0.097742 | 0.099491 |

资料来源：笔者整理。

---

① Auty 通过研究近 30 年世界主要矿产国自然资源丰裕程度与经济增长的关系发现，自然资源贫瘠国家的人均 GDP 增长率（3.5%）是资源丰裕国家（1.3%）的近 3 倍。Auty 用"资源诅咒"来描述这一经济增长中的悖论。

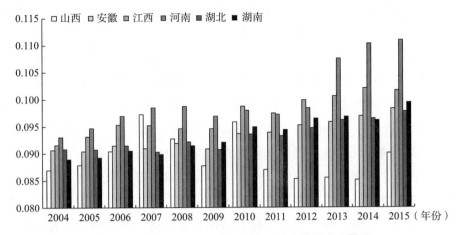

图 1 - 5　2004 ~ 2015 年中部地区制造业发展水平得分

2. 中部地区制造业发展水平一级指标得分

通过对制造业发展水平一级指标得分进行研究、比较（见表 1 - 12 和图 1 -6），可以总结出中部地区制造业发展模式，进而为政策建议的提出提供客观依据。要素指标得分均值从 0.003516 降为 0.002566，年均降幅为 2.82%，表明中部地区在劳动力、资本等方面的获取能力降低。这一点与上文中提到的劳动力和资本向东部、沿海地区聚集有关。效率指标得分均值从 0.019494 增长为 0.023972，年均增幅为 1.9%，表明得益于政策扶持和已有经济基础，中部地区在产出效率、管理效率等方面显著提高。显性指标得分均值从 0.009246 增长为 0.020189，年均增幅为 7.36%，表明中部地区制造业竞争力逐步增强，市场占有率大幅提高，且销售产值的年增长率较高。技术指标得分均值从 0.008554 增长为 0.019126，年均增幅为 7.59%，远超其他地区。这表明中部地区在技术引进、改造和创新方面投入更多的人力、物力和财力，为今后制造业的高速、持续、良性发展注入了动力。环境与能源指标得分均值从 0.009850 增长为 0.010956，年均增幅为 0.97%，表明中部地区地方政府出台了相应法规，加强了执法机制建设，致力于构建可持续的生态型制造业。

表 1 - 12　2004 ~ 2015 年中部地区制造业发展水平一级指标得分均值

| 年份 | 要素指标 | 效率指标 | 显性指标 | 技术指标 | 环境与能源指标 |
|---|---|---|---|---|---|
| 2004 | 0.003516 | 0.019494 | 0.009246 | 0.008554 | 0.009850 |

续表

| 年份 | 要素指标 | 效率指标 | 显性指标 | 技术指标 | 环境与能源指标 |
|------|---------|---------|---------|---------|----------------|
| 2005 | 0.003707 | 0.019619 | 0.009400 | 0.008993 | 0.010157 |
| 2006 | 0.003657 | 0.020847 | 0.009492 | 0.009569 | 0.010520 |
| 2007 | 0.003590 | 0.019037 | 0.010132 | 0.010451 | 0.010783 |
| 2008 | 0.003360 | 0.020349 | 0.010622 | 0.011601 | 0.010903 |
| 2009 | 0.003539 | 0.019287 | 0.010704 | 0.009382 | 0.010910 |
| 2010 | 0.003443 | 0.020721 | 0.011437 | 0.013206 | 0.011278 |
| 2011 | 0.003424 | 0.021218 | 0.013113 | 0.010222 | 0.010750 |
| 2012 | 0.003717 | 0.021550 | 0.015078 | 0.010518 | 0.011221 |
| 2013 | 0.003022 | 0.023840 | 0.015916 | 0.016428 | 0.010587 |
| 2014 | 0.002937 | 0.024209 | 0.017174 | 0.017465 | 0.010714 |
| 2015 | 0.002566 | 0.023972 | 0.020189 | 0.019126 | 0.010956 |

资料来源：笔者整理。

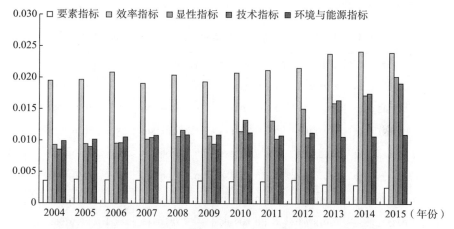

**图 1 - 6 2004～2015 年中部地区制造业发展水平一级指标得分**

3. 中部六省制造业发展水平一级指标得分

通过对各省份一级指标得分进行横向比较（见表 1 - 13、表 1 - 14、表 1 - 15、图 1 - 7 和图 1 - 8），我们发现中部地区制造业具备相同的发展模式或特征：在效率指标、显性指标和技术指标上得分较高，而在要素指标、环境与能源指标上得分较低。前者表明中部地区制造业十分注重技术创新和效率提升，占据越来越大的市场份额，发展迅猛；后者则表明中部地区制造业发展存在缺陷和短板。其中，由于我国劳动力主要迁移至沿海和东部地区，且沿海和东部地区金融市场发达，中部地区在要素指标上得分较低；由于中部地区地方政府对环境保护和能源节约的要求较低，中部地区在环境与能源指标上得分较低。

表 1 - 13　2004 年中部地区制造业发展水平一级指标得分

| | 要素指标 | 排名 | 效率指标 | 排名 | 显性指标 | 排名 | 技术指标 | 排名 | 环境与能源指标 | 排名 |
|---|---|---|---|---|---|---|---|---|---|---|
| 山西 | 0.003729 | 22 | 0.019371 | 11 | 0.005954 | 13 | 0.005543 | 3 | 0.007195 | 4 |
| 安徽 | 0.003164 | 15 | 0.020395 | 15 | 0.007564 | 16 | 0.007195 | 9 | 0.010568 | 21 |
| 江西 | 0.003051 | 13 | 0.01704 | 5 | 0.005284 | 12 | 0.014411 | 21 | 0.009942 | 14 |
| 河南 | 0.004134 | 24 | 0.019948 | 13 | 0.013179 | 22 | 0.007476 | 10 | 0.010331 | 18 |
| 湖北 | 0.003246 | 17 | 0.020478 | 16 | 0.009597 | 19 | 0.008884 | 13 | 0.010396 | 19 |
| 湖南 | 0.003185 | 16 | 0.017983 | 8 | 0.007932 | 17 | 0.010312 | 17 | 0.009486 | 10 |
| 均值 | 0.003418 | — | 0.019203 | — | 0.008252 | — | 0.00897 | — | 0.009653 | — |

资料来源：笔者整理。

表 1 - 14　2009 年中部地区制造业发展水平一级指标得分

| | 要素指标 | 排名 | 效率指标 | 排名 | 显性指标 | 排名 | 技术指标 | 排名 | 环境与能源指标 | 排名 |
|---|---|---|---|---|---|---|---|---|---|---|
| 山西 | 0.003977 | 24 | 0.015262 | 4 | 0.004646 | 8 | 0.008039 | 9 | 0.008106 | 5 |
| 安徽 | 0.003342 | 17 | 0.018273 | 13 | 0.008713 | 16 | 0.006988 | 7 | 0.010961 | 16 |
| 江西 | 0.003081 | 14 | 0.021498 | 20 | 0.007135 | 15 | 0.011866 | 18 | 0.011178 | 20 |
| 河南 | 0.003688 | 21 | 0.022027 | 22 | 0.015386 | 23 | 0.008639 | 10 | 0.011068 | 18 |
| 湖北 | 0.003723 | 22 | 0.016469 | 7 | 0.011136 | 20 | 0.009555 | 14 | 0.011352 | 22 |
| 湖南 | 0.003379 | 18 | 0.019052 | 16 | 0.009181 | 18 | 0.011494 | 17 | 0.011114 | 19 |
| 均值 | 0.003532 | — | 0.018764 | — | 0.009366 | — | 0.00943 | — | 0.01063 | |

资料来源：笔者整理。

表 1 - 15　2015 年中部地区制造业发展水平一级指标得分

| | 要素指标 | 排名 | 效率指标 | 排名 | 显性指标 | 排名 | 技术指标 | 排名 | 环境与能源指标 | 排名 |
|---|---|---|---|---|---|---|---|---|---|---|
| 山西 | 0.003687 | 27 | 0.009883 | 1 | 0.014555 | 16 | 0.015241 | 15 | 0.004985 | 2 |
| 安徽 | 0.002491 | 13 | 0.024091 | 25 | 0.016581 | 19 | 0.015013 | 14 | 0.011206 | 21 |
| 江西 | 0.001730 | 5 | 0.027701 | 30 | 0.013355 | 14 | 0.017226 | 17 | 0.010799 | 16 |

续表

| | 要素指标 | 排名 | 效率指标 | 排名 | 显性指标 | 排名 | 技术指标 | 排名 | 环境与能源指标 | 排名 |
|---|---|---|---|---|---|---|---|---|---|---|
| 河南 | 0.003032 | 24 | 0.025180 | 28 | 0.028184 | 27 | 0.024036 | 24 | 0.011202 | 20 |
| 湖北 | 0.002780 | 20 | 0.022774 | 22 | 0.018785 | 24 | 0.015772 | 16 | 0.011249 | 22 |
| 湖南 | 0.001951 | 8 | 0.022483 | 21 | 0.016836 | 21 | 0.020278 | 22 | 0.011129 | 19 |
| 均值 | 0.002612 | — | 0.022018 | — | 0.018049 | — | 0.017928 | — | 0.010095 | — |

资料来源：笔者整理。

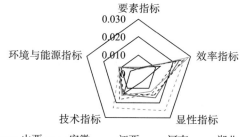

—— 山西 ---- 安徽 —— 江西 ---- 河南 —— 湖北 ---- 湖南

**图 1-7 2015 年中部地区制造业发展水平一级指标得分**

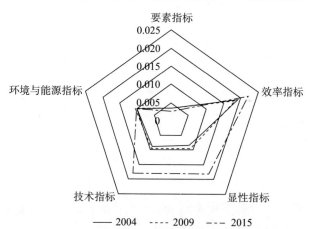

—— 2004 ---- 2009 --- 2015

**图 1-8 2004 年、2009 年和 2015 年中部地区制造业
发展水平一级指标得分均值变动**

# 五 研究结论与政策启示

## （一）主要研究结论

在全国制造业发展水平整体提高的背景下，中部地区制造业发展速度

快于东部、西部和东北地区，中部地区制造业具有很好的发展潜力。同时，基于中部崛起战略和已有经济基础，中部地区是东部制造业产业转移的良好载体。中部地区制造业发展的优势在于技术创新和效率提升，中部地区制造业具有较强的市场竞争力和发展潜力；短板在于要素获取能力较弱，在环境保护和能源节约方面表现欠佳。其中，山西制造业陷入了"资源诅咒"，结构较为单一；河南制造业具有丰富的劳动力资源和雄厚的固定资产，新产品开发效率和销售收入比重较高；江西制造业发展则主要依靠产业集聚、规模效应、较高的管理效率等；安徽制造业的发展主要依靠上海经济圈，其引进外资的能力较强；湖北制造业发展特色为具有丰富的高校资源，R&D人员比重与费用比重较高；湖南制造业发展的主要特征是具有较高的产出效率、技术引进与改造费用占比。

**（二）政策启示**

基于中部地区的客观经济基础，结合国务院印发的《中国制造2025》，立足于"创新驱动、质量为先、绿色发展、结构优化、人才为本"，本章提出以下政策建议。

第一，加强要素获取能力。相对于东部地区发达的金融基础设施、制度，中部地区仍有较大差距。中部地区应当致力于金融环境建设，创建良好的金融秩序，以吸引资本，增强制造业的要素获取能力，为提高制造业产能提供资金支持①。同时，传统意义上，中部地区地方政府在很大程度上以优惠政策吸引外资，引进先进的生产技术和管理经验。在具有良好发展前景的基础上，中部地区如果能够配合发达的金融环境，在引进外资方面必将事半功倍。

第二，维持和提升技术创新能力。在产业转型、升级的经济发展大战略下，科技竞争力是占据市场的重要推动力。尽管中部地区制造业在技术创新和应用上发展迅速，但仍与东部地区有较大差距。为了更好地促进本土制造业发展，承接东部地区产业转移，中部地区应当继续加强科技方面的投入，

---

① 若金融环境良好、稳定有序，则地区制造业产出绩效由要素禀赋决定，此时，要素禀赋使用的倾斜将提高相应产业的产出而损害其他产业；若金融体系不发达，则地区制造业均衡产出受到外部融资约束的影响，此时，改善金融环境会同时改善地区各个行业的产出绩效，带来帕累托改善。

进一步推进高等教育的发展、科研体系的完善以及科研与实业的对接。

第三，加强环境保护与能源节约能力。中部地区制造业在环境保护与能源节约方面略显薄弱。为了实现生态型制造业升级转型，地方政府应当结合当地实际，制定更为严格的环境保护法规，建立完善的执行机制。首先，应督促污染严重的制造企业使用清洁生产技术，建立循环生产路径，实现节能减排；其次，应建立淘汰机制，促进企业淘汰落后产能，责令整改重点污染企业；再次，地方政府应当加大工业污染治理投资，建立"集成化、系统化"的制造业绿色生产链；最后，地方政府应当选择性承接产业转移，避免产业转移中的污染转移，中部地区不应为了追求短期的经济效益而承接高污染制造企业。

第四，充分发挥中部六省各省特色。在当前的制造业分布格局中，中部地区制造业竞合关系主要表现为两方面：一是山西与外省的强互补关系，这与山西自身的煤炭资源优势和制造业产业结构有关；二是其余五省之间的强竞争关系，且竞争关系愈演愈烈。可以说，河南、江西、安徽、湖北与湖南五省的制造业出现了同质化倾向，在相互竞争中浪费了一定的相关资源。因此在发展中部地区制造业时，中央政府应当统筹兼顾，促进中部地区地方政府建立协调机制，分别建立符合本土实际的制造业工业园区，以分别吸引相应制造业，充分实现制造业行业错位配置，共同发展。

**参考文献**

［1］李廉水，周勇．中国制造业"新型化"状况的实证分析——基于我国30个地区制造业评价研究［J］．管理世界，2005（6）．

［2］李廉水，程中华，刘军．中国制造业"新型化"及其评价研究［J］．中国工业经济，2015（2）．

［3］李廉水等．中国制造业发展研究报告2012［M］．北京：科学出版社，2012（12）．

［4］李廉水等．中国制造业发展研究报告2013［M］．北京：科学出版社，2013（12）．

［5］李廉水等．中国制造业发展研究报告2014［M］．北京：北京大学出版社，2015（5）．

［6］李廉水等．中国制造业发展研究报告2015［M］．北京：北京大学出版社，2016（3）．

［7］李廉水，杨浩昌，刘军．我国地区制造业综合发展能力评价研究——基于东、中、西部制造业的实证分析［J］．中国软科学，2014（2）．

［8］甄杰．河南省与浙、冀、鄂、川四省制造业发展水平的比较研究［J］．中州学刊，

2007（1）.

［9］王怀明. 湖北省制造业"新型化"评价实证研究［J］. 华中科技大学学报，2010
　　　（1）.

［10］陈涛，郑伟. 江苏新型制造业发展状况研究——基于江苏13个地级市数据的实证
　　　分析［J］. 现代管理科学，2010（12）.

［11］唐德才，汤杰新，刘昊. 中部6省制造业"新型化"比较与评价［J］. 工业技术
　　　经济，2016（6）.

［12］张文君. 基于主成分分析的中部地区制造业比较与评价［J］. 河南工程学院学报
　　　（社会科学版），2011（11）.

［13］赵彦云，张明倩. 北京市制造业竞争力分析与对策研究［J］. 北京社会科学，2004
　　　（3）.

［14］千庆兰，陈颖彪. 中国地区制造业竞争力的时间变化和空间分异解析［J］. 地理
　　　科学，2007（6）.

［15］郝华. 吉林省制造业竞争力研究［D］. 吉林大学，2012.

［16］王钰. 应用AHP方法对产业国际竞争力评价的研究——1995—2010年中国制造业
　　　低碳经济的验证［J］. 经济学家，2013（3）.

［17］杨洪焦，孙林岩，宫俊涛. 区域制造业竞争力评价体系研究［J］. 经济问题探索，
　　　2007（7）.

［18］税伟. 地区制造业竞争力的评价模型、指标体系构建与应用——基于比较优势与
　　　竞争优势动态平衡的视角［J］. 工业技术经济，2009（3）.

［19］王玉，许俊洋，南洋. 中国各地区制造业竞争力及其影响因素的实证研究［J］.
　　　财经研究，2011（2）.

［20］钟无涯，傅春. 中部地区制造业竞争力差序测度与评价：2009～2013［J］. 工业技
　　　术经济，2015（11）.

［21］伦蕊. 基于价值链视角的区域制造业竞争力解析［J］. 科技管理研究，2008（1）.

［22］郭巍，林汉川，付子墨. 我国先进制造业评价指标体系的构建［J］. 科技进步与
　　　对策，2011（6）.

［23］郑四华，肖远新. 鄱阳湖生态经济区先进制造业发展水平评价及对策——以南昌、
　　　景德镇、九江三市为例［J］. 企业经济，2012（3）.

［24］余红伟. 基于质量转型视角的区域制造业竞争力测评与分类［J］. 湖北社会科学，
　　　2016（2）.

［25］中国制造2025［M］. 北京：人民出版社，2015（6）.

［26］李平，王钦，贺俊，吴滨. 中国制造业可持续发展指标体系构建及目标预测［J］.

中国工业经济，2010（5）.

［27］孟德友，陆玉麒. 中部省区制造业地区专业化分工与竞合关系演进［J］. 地理科学，2012（8）.

［28］郑克强，周绍森. 中国中部经济发展报告2013［M］. 北京：经济科学出版社，2014（1）.

［29］赵璐，赵作权. 中国制造业的大规模空间聚集与变化——基于两次经济普查数据的实证研究［J］. 数量经济技术经济研究，2014（10）.

［30］邵慰. 中国装备制造业竞争力分行业测度研究——来自2003—2010年面板数据的证据［J］. 经济学家，2015（1）.

# 第二章　中部地区装备制造业
# 发展水平评价

## 一　装备制造业分类标准

装备制造业是我国独有的概念，1998 年中央经济工作会议明确提出"要大力发展装备制造业"，揭开了中国装备制造业发展的新篇章。2006 年《国务院关于加快振兴装备制造业的若干意见》将装备制造业作为为国民经济发展和国防建设提供技术装备的基础性产业。对照最新《国民经济行业分类》（GB/T 4754 – 2011），装备制造业包括金属制品业（C33），通用设备制造业（C34），专用设备制造业（C35），汽车制造业（C36），铁路、船舶、航空航天和其他运输设备制造业（C37），电气机械和器材制造业（C38），计算机、通信和其他电子设备制造业（C39），仪器仪表制造业（C40）八大行业。其中，根据《高技术产业（制造业）分类（2013）》，将航空航天器及设备制造、电子及通信设备制造、计算机及办公设备制造、医疗仪器设备及仪器仪表制造划分为高技术制造业。国家统计局 2012 年试行的《战略性新兴产业分类（2012）》将高端装备制造业产业纳入战略性新兴产业七大产业之一，包含航空装备产业、卫星及应用产业、轨道交通装备产业、海洋工程装备产业、智能制造装备产业五大类。

近年来，我国装备制造业发展呈现持续增长趋势，在工业中所占的分量逐渐加重。国家统计局公布的《中华人民共和国 2016 年国民经济和社会发展统计公报》显示，2016 年装备制造业增加值增长 9.5%，占规模以上工业增加值的比重为 32.9%，较 2015 年的比重 31.8% 增加 1.1 个百分点。其中，通用设备制造业增长 5.9%，专用设备制造业增长 6.7%，汽车制造业增长 15.5%，电气机械和器材制造业增长 8.5%，计算机、通信和其他电子设备制造业增长 10.0%，装备制造业越来越成为国民经济体系中的战略性产业、先导产业，支撑国家综合国力的重要基石。2006 年《中共中央国务院关于促进中部地区崛起的若干意见》实施并取得重大进展；2012 年《国务院关于大力实施促进中部地区崛起战略的若干意见》明确要稳步提升中部地区"三基地、一枢纽"地位，建设装备制造业高技术产业基地，增强发展的整体实力和竞争力；2016 年《国家发展改革委关于印发促进中部地区崛起"十三五"规划的通知》进一步规划将中部地区建成全国重要先进制造业中心，推动产业整体迈向中高端水平。装备制造业的发展直接决定着中部各省份能否利用产业转移的契机大力发展主导产业，带动地区其他产业发展，优化产业结构，提升整体竞争力，最终实现中部地区的经济崛起。中部地区装备制造业发展水平的研究与总体评价将为装备制造业在中部六省的发展水平测度提供方向引导。

# 二　相关文献回顾

## （一）装备制造业发展水平评价相关文献回顾

### 1. 装备制造业发展水平综合评价

学术界对装备制造业发展水平的综合评价与比较，可分为区域发展水平（空间产业集聚）和产业竞争力两个主要研究视角。对于装备制造业综合发展水平的评价，学术界主要采用的方法有主成分分析法（崔万田，2005；王庆丰、李雄治，2008；张约翰、张平宇，2011）、因子分析法（李绍东，2011；靳菲菲，2013；齐阳、王英，2014）与随机模拟型系统评价方法（张丹宁、唐晓华，2011；陈阳，2015）等。

从区域装备制造业发展水平评价视角，王庆丰和李雄治（2008）利用主成分分析法对我国 30 个省份装备制造业进行得分排序，结果表明，我国装备制造业区域发展呈现出显著的"东强西弱"格局，发展极不均衡，中部六省处于"三级标准"中的"一般地区"与"较落后地区"；李绍东（2011）通过因子分析和聚类分析对我国 30 个省级单位的装备制造业先进性进行综合评价与分类，并使用 ARIMA 模型对后金融时代我国装备制造业发展进行展望；陈阳（2015）采用双重特征的系统评价模型以产业规模性指标、经济效应性指标、社会责任性指标三个指标对 2011 年我国 30 个省份装备制造业区域发展水平进行研究，发现我国装备制造业区域发展水平存在区域空间自相关和空间异质性双重特征，集聚效应显著，区域发展水平从东向西递减，2002～2011 年，中部六省的综合发展水平排名呈上升趋势。

从装备制造业内部行业发展水平与产业竞争力视角，张丹宁、唐晓华（2011）提出并运用随机模拟型系统评价方法对我国 7 个装备制造业行业2005～2007 年的发展水平进行了实证研究，并将细分行业分为"强均衡性"、"弱均衡性"、"强非均衡性"和"弱非均衡性"四种不同先进性发展形态。孙海洋等（2013）从经济绩效性、技术效果性、科学管理性和节能环保性 4 个方面构建了装备制造业发展绩效综合评价体系，实证分析我国装备制造业 7 个产业 2003～2010 年的综合发展绩效发现：通信设备、计算机及其他电子设备制造业排名第一，通用设备制造业存在产业集中度低、环境污染等问题，其他行业整体较落后。靳菲菲（2013）运用因子分析法对2004～2010 年装备制造业内部行业发展的研究发现，除交通运输设备制造业产值增长缓慢，与其他行业关联较弱外，其他行业产值增长速度均较快，关联紧密。

2. 装备制造业发展水平的相关评价

学术界对装备制造业发展水平的相关评价主要从以下两个方面进行。

一是对装备制造业发展效率的评价，主要测算指标有全要素生产率、企业经营效率、技术效率等效率指标。薛万东（2010）利用 B&C II 模型对1992～2004 年我国装备制造业及其分阶段的全要素生产率进行测算，研究发现我国装备制造业整体上处于规模不经济状态，但技术效率呈现逐年提高的趋势。这与装备制造业长期产业结构不合理、规模效益差、生产潜力有待开发的实际情况吻合。韩晶（2010）采用两阶段分析法对我国 38 个主要装备制造业企业发展水平的研究表明，2003～2008 年我国装备制造业整体处于良性发展状态，中部地区综合技术效率平均值相对领先的原因在于规模效率较高。牛泽东等（2012）则采用超越对数的随机前沿生产函数测算了 1998～2009 年中国各地区装备制造业的全要素生产率（TFP）增长率，研究发现全国及东部、中部、西部地区装备制造业 TFP 均有所增长，其增速皆呈现先增后减再增的趋势，而中部地区的技术效率下降幅度最大。

二是对装备制造业技术创新能力的评价。王章豹、郝峰（2010）结合因子分析法和黄金分割法，对我国 28 个省份制造业产业创新能力进行了综合评价和聚类分析，研究发现装备制造业区域综合创新能力与区域产业整体竞争力间具有高度相关性，中部六省中安徽、河南、湖北、湖南、江西的创新力在全国处于中等和相对较高水平。段婕等（2012）运用改进的 DEA 评价模型对 2007～2009 年我国装备制造业及其细分行业的技术创新效率进行评价，研究发现仅有交通运输设备制造业、通信设备制造业为 DEA 有效，技术创新资源得到有效利用。商小虎（2013）对我国装备制造业行业成长历程的研究发现，装备制造业显著的技术积累、技术专有特性，使得产业集聚有利于其技术创新能力的积累；我国装备制造业生产要素优势依然存在，产业的升级取决于技术创新。

**（二）　中部地区装备制造业专题研究进展**

关于中部地区装备制造业发展水平的研究主要集中于产业发展比较（张文君，2011）、竞争力比较（侯普光，2013）与产业承接力评价（王寅，2013）等方面，主要采用主成分分析法或因子分析法，对中部六省装备制造业的发展能力进行评分与排序。

郑赜意（2013）采用偏离－份额分析法与主成分分析法研究发现，安徽装备制造业在中部六省的装备制造业部门中的整体竞争实力较强，处中上等水平，行业增速大于全国平均水平；刘瑞莉（2012）则基于时间序列、各省比较与行业间比较对河南装备制造业竞争力进行了综合评价；对于湖北（宗艳，2005；刘晓林，2008）、湖南（郭红卫，2011；陈迎秋，2011）、江西（闻琴，2014）、山西（田园，2014；付文利，2015）的装备制造业发展水平也分别从产业竞争力、产业创新能力、技术创新效率等方面进行了实证研究与理论检验。学者们的研究主要从区域装备制造业的行业对比与区域对比方面对各省份装备制造业的发展水平进行测度与定位，但鲜有微观地理层次（市、区）的省份内部比较与微观行业层次（部门、单位）的行业部门比较方面的研究。

### （三）总体评价

学术界关于装备制造业发展水平评价的研究主要有以下特点：一是研究方法集中，主要采用 DEA、偏离－份额分析法、因子分析法或主成分分析法等测算指标体系，采用以实证研究为主的研究方法；二是研究思路趋同，通过构建指标体系或测算模型，运用相关数据进行评价或测算，进而得出我国装备制造业区域间与行业内的生产效率、创新能力与综合发展水平。但指标构建往往缺乏理论依据和选择标准，缺乏代表性，如大多数文献缺少进出口的相关指标。

中部地区装备制造业发展水平的针对性研究相对于中部地区新兴工业化水平、制造业水平测度研究而言，尚处于空白阶段。在中部崛起战略逐步推进与中部地区承接产业转移进程加快、产业升级愈加紧迫的形势下，以中部六省为研究对象，研究六省装备制造业发展水平在全国所处位置、六省之间的装备制造业发展差异与比较优势显得尤为必要与重要。

## 三　中部地区装备制造业在全国格局中的地位

本章以工业销售产值①、资产合计②、利润总额③和出口交货值④四个指标来分析中部地区装备制造业在全国格局中的地位。其中，工业销售产值用以表示地区装备制造业的市场竞争能力；资产合计、利润总额表示地区

---

① 工业销售产值（当年价）指以货币形式表现的，工业企业在报告期内销售的本企业生产的工业产品或提供工业性劳务的总价值量，主要包括销售成品价值和对外加工费收入。其中，销售成品价值指企业在报告期内实际销售的（包括本期生产和非本期生产）全部成品、半成品的总价值；对外加工费收入按不含增值税（销项税额）的价格计算。数据来源于《中国工业经济统计年鉴》（2013～2016 年）。

② 资产合计指企业过去的交易或事项形成的、由企业拥有或者控制的、预期会给企业带来经济利益的资源。按照 2006 年《企业会计准则》或 2011 年《小企业会计准则》统计。数据来源于《中国工业经济统计年鉴》（2013～2015 年）。

③ 利润总额指企业在生产经营过程中各种收入扣除各种耗费后的盈余，反映企业在报告期内实现的盈亏总额。数据来源于《中国工业经济统计年鉴》（2013～2016 年）。

④ 出口交货值指企业生产的交给外贸部门或自营（委托）出口（包括销往中国香港、澳门、台湾）、用外汇价格结算的批量销售、在国内或在边境批量出口等的产品价值，还包括外商来样、来料加工、来件装配和补偿贸易等生产的产品价值。在计算出口交货值时，要把外汇价格按交易时的汇率折成人民币。数据来源于《中国工业经济统计年鉴》（2013～2016 年）。

装备制造业的生产能力及盈利能力，出口交货值表示地区装备制造业的国际竞争力。

**（一）"四大板块"装备制造业相关指标总量及比重**

整体上，中部地区装备制造业相关指标仅次于东部地区，高于西部和东北地区。2012年，中部地区装备制造业工业销售产值、资产合计、利润总额与出口交货值占全国的比重分别为15.08%、14.93%、17.32%、8.70%（见表2-1）；2015年中部地区装备制造业工业销售产值、资产合计、利润总额与出口交货值占全国的比重分别为17.98%、17.22%、19.81%、9.38%（见表2-4）。中部地区装备制造业工业销售产值与资产合计逐年增长，利润总额与出口交货值轻微波动。2012～2015年中部地区装备制造业发展状况见表2-1、表2-2、表2-3和图2-1。

中部地区装备制造业发展速度居"四大板块"之首。就总量而言，2015年中部地区装备制造业工业销售产值、资产合计、利润总额与出口交货值的年增长率分别为11.37%、16.29%、27.81%、15.95%，而占全国比重的年增长率分别为7.34%、7.83%、24.28%、17.10%（见表2-5）。以工业销售产值年增长率为例，中部地区高于东部地区7.73个百分点，其他各项也均高于东部地区。2014年利润总额比重的增长率为负，中部地区装备制造业的增长仍主要由资本投入与资产规模驱动，盈利能力有待加强；而2015年利润总额的比重年增长率为27.81%，占全国比重的年增长率为24.28%，2015年中部六省装备制造业盈利大大增加。

**表2-1　2012年"四大板块"装备制造业相关指标总量及比重**

单位：亿元，%

| 地区 | 工业销售产值 | | 资产合计 | | 利润总额 | | 出口交货值 | |
|---|---|---|---|---|---|---|---|---|
| | 总量 | 比重 | 总量 | 比重 | 总量 | 比重 | 总量 | 比重 |
| 东部地区 | 200390.37 | 68.37 | 157106.05 | 67.18 | 12801.33 | 66.32 | 60329.05 | 83.70 |
| 中部地区 | 44198.74 | 15.08 | 34914.24 | 14.93 | 3344.07 | 17.32 | 6268.11 | 8.70 |
| 西部地区 | 25557.32 | 8.72 | 23341.08 | 9.98 | 1560.76 | 8.09 | 3858.72 | 5.35 |
| 东北地区 | 22959.80 | 7.83 | 18501.66 | 7.91 | 1597.2 | 8.27 | 1625.88 | 2.26 |
| 全国 | 293106.23 | 100.00 | 233863.03 | 100.00 | 19303.36 | 100.00 | 72081.76 | 100.00 |

资料来源：整理自《中国工业统计年鉴2013》。

表 2 – 2　2013 年"四大板块"装备制造业相关指标总量及比重

单位：亿元，%

| 地区 | 工业销售产值 | | 资产合计 | | 利润总额 | | 出口交货值 | |
|---|---|---|---|---|---|---|---|---|
| | 总量 | 比重 | 总量 | 比重 | 总量 | 比重 | 总量 | 比重 |
| 东部地区 | 223906.08 | 67.11 | 175856.54 | 66.45 | 14737.27 | 66.66 | 61339.21 | 83.57 |
| 中部地区 | 53346.14 | 15.99 | 40807.14 | 15.42 | 3686.02 | 16.67 | 5259.27 | 7.17 |
| 西部地区 | 30942.28 | 9.27 | 27587.95 | 10.42 | 1893.47 | 8.56 | 5282.44 | 7.20 |
| 东北地区 | 25464.44 | 7.63 | 20404.05 | 7.71 | 1791.32 | 8.10 | 1517.52 | 2.07 |
| 全国 | 333658.94 | 100.00 | 264655.68 | 100.00 | 22108.08 | 100.00 | 73398.44 | 100.00 |

资料来源：整理自《中国工业统计年鉴 2014》。

表 2 – 3　2014 年"四大板块"装备制造业相关指标总量及比重

单位：亿元，%

| 地区 | 工业销售产值 | | 资产合计 | | 利润总额 | | 出口交货值 | |
|---|---|---|---|---|---|---|---|---|
| | 总量 | 比重 | 总量 | 比重 | 总量 | 比重 | 总量 | 比重 |
| 东部地区 | 243443.79 | 66.32 | 194706.17 | 66.05 | 16161.05 | 67.13 | 63519.77 | 83.58 |
| 中部地区 | 61489.30 | 16.75 | 47075.30 | 15.97 | 3836.85 | 15.94 | 6086.74 | 8.01 |
| 西部地区 | 36598.68 | 9.97 | 31661.86 | 10.74 | 2192.02 | 9.11 | 4873.13 | 6.41 |
| 东北地区 | 25564.47 | 6.96 | 21322.41 | 7.23 | 1884.98 | 7.83 | 1520.93 | 2.00 |
| 全国 | 367096.24 | 100.00 | 294765.74 | 100.00 | 24074.90 | 100.00 | 76000.57 | 100.00 |

资料来源：整理自《中国工业统计年鉴 2015》。

表 2 – 4　2015 年"四大板块"装备制造业相关指标总量及比重

单位：亿元，%

| 地区 | 工业销售产值 | | 资产合计 | | 利润总额 | | 出口交货值 | |
|---|---|---|---|---|---|---|---|---|
| | 总量 | 比重 | 总量 | 比重 | 总量 | 比重 | 总量 | 比重 |
| 东部地区 | 252295.49 | 66.24 | 205255.04 | 64.55 | 16267.61 | 65.73 | 62607.31 | 83.20 |
| 中部地区 | 68482.58 | 17.98 | 54741.92 | 17.22 | 4903.77 | 19.81 | 7057.39 | 9.38 |
| 西部地区 | 20007.67 | 5.25 | 22096.81 | 6.95 | 1313.91 | 5.31 | 1136.32 | 1.51 |
| 东北地区 | 40091.33 | 10.53 | 35861.26 | 11.28 | 2265.36 | 9.15 | 4446.08 | 5.91 |
| 全国 | 380877.07 | 100.00 | 317955.03 | 100.00 | 24750.65 | 100.00 | 75247.1 | 100.00 |

资料来源：整理自《中国工业统计年鉴 2016》。

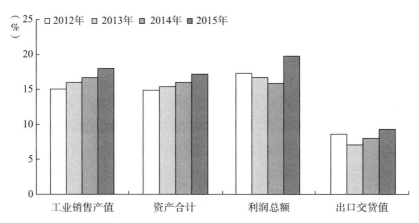

图 2-1 2012~2015 年 "四大板块" 相关指标中部地区所占比重变化趋势

表 2-5 2015 年 "四大板块" 装备制造业相关指标年增长率

单位：%

| 地区 | 工业销售产值 | | 资产合计 | | 利润总额 | | 出口交货值 | |
|---|---|---|---|---|---|---|---|---|
| | 总量 | 比重 | 总量 | 比重 | 总量 | 比重 | 总量 | 比重 |
| 东部地区 | 3.64 | -0.12 | 5.42 | -2.27 | 0.66 | -2.09 | -1.44 | -0.45 |
| 中部地区 | 11.37 | 7.34 | 16.29 | 7.83 | 27.81 | 24.28 | 15.95 | 17.10 |
| 西部地区 | -45.33 | -47.34 | -30.21 | -35.29 | -40.06 | -41.71 | -76.68 | -76.44 |
| 东北地区 | 56.82 | 51.29 | 68.19 | 56.02 | 20.18 | 16.86 | 192.33 | 195.50 |
| 全国 | 3.75 | 0.00 | 7.87 | 0.00 | 2.81 | 0.00 | -0.99 | 0.00 |

资料来源：整理自《中国工业统计年鉴 2016》。

**（二）31 省份装备制造业相关指标总量及排名**

整体上，东部诸省排名有所下降，而中部、西部和东北地区诸省排名有所上升。2015 年中部六省装备制造业相关指标情况见图 2-2。

山西省装备制造业工业销售产值、资产合计、出口交货值在 31 省份（不含港澳台，下同）中的排名分别稳定在第 21 名、第 22 名、第 18 名，利润总额 2013 年下降至第 23 名，2015 年回到第 22 名。山西省装备制造业是位列煤炭、焦炭、冶金、电力之后的重要产业部门。规模以上装备制造业企业主要集中在原机械工业、电子工业、军工、纺织、交通和铁道系统。但近年来装备制造业增加值逐年增长，装备制造业占工业比重有所下降，说明装备制造业对全省工业的贡献率降低，缺乏带动性强的整机产品和规模效应突出的产

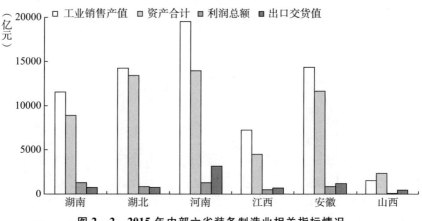

图 2 - 2　2015 年中部六省装备制造业相关指标情况

品。山西省在全国经济实力竞争中处于弱势，装备制造业企业与产品众多，但缺乏在全国有影响力、市场占有率高的名牌产品，也缺少高技术含量、高附加值的产品，行业生产集中度低。振兴山西装备制造业的关键是整合资源。要抓重点优势企业，培育一批装备制造业龙头企业。实行大企业集团战略，增强综合竞争力。以有竞争力的企业为主体，整合关联企业、研发机构等资源，形成一批拥有自主知识产权、核心竞争力强的大企业，提高规模效益和整体竞争力。

安徽省装备制造业工业销售产值、资产合计、利润总额、出口交货值排名靠前，分别保持在第 8 名、第 10 名、第 10 名、第 10 名附近。作为安徽省工业主导产业之一的装备制造业，其经济总量列居全省工业行业第二位。2016 年安徽省装备制造业增加值增长 12.9%，高技术产业增加值增长 19.7%。战略性新兴产业产值增长 16.4%，首批 14 个战略性新兴产业集聚发展基地工业总产值增长 18%，其中计算机、通信和其他电子设备制造业增长 21.6%，汽车制造业增长 18%，金属制品业增长 10%，电气机械和器材制造业增长 9.1%，通用设备制造业增长 8.2%。近年来，安徽省大力实施"工业强省"战略，工业经济结构不断优化，经济实现迅猛发展，但安徽省装备制造业的发展也存在着产出总量偏低、结构布局不合理、科技投入不足、未形成规模集聚发展等许多问题。安徽省应加大装备制造业企业的技术改造力度，将先进制造技术应用于装备制造业企业，发展高端装备制造业，加大科研经费的投入；同时优先发展其优势行业，培育若干优势产业基地，通过建立健全相关的配套基础设施、形成规模化生产经营等途径，在安徽省内建立起大规模的产业组织群，提高区域产业间集群效应，提高其区位竞争力和生产专业化水平。

江西省装备制造业在全国内的发展状况并不乐观，竞争力较弱，处于全国中等偏下水平，工业销售产值、资产合计、利润总额、出口交货值在31省份中居中后位。装备制造业各行业发展程度参差不齐，电气机械和器材制造业、交通运输设备制造业属于江西省的支柱产业，计算机、通信和其他电子设备制造业，金属制品业是江西省的优势产业，这些产业相对而言具有更强的竞争力；其他行业属于弱势产业，竞争力低下。装备制造业经济效益不高、市场占有率较低等发展问题使得江西省装备制造业在国内市场难以壮大。江西省应加强产业集群，形成规模效应，并将国家级和省级的装备制造业相关政策落到实处；通过创设装备制造业振兴基金来支撑相关产品与关键技术的研发，鼓励相关行业加强技术创新。

河南省装备制造业在中部六省中实力强劲，各项指标均保持在全国前10，且排名愈加靠前。河南省已经形成了门类较为齐全、技术水平较高的装备制造业工业体系，装备制造业在河南省经济发展过程中起到了重要作用。河南省装备制造业存在传统产业比重过大、创新能力不足、产品结构不尽合理等诸多方面的问题，因此，在提升装备制造业竞争力的同时，应注意淘汰相对落后的产能，实现自主创新，在自身优势的基础上发展特色产业。

湖北省装备制造业工业销售产值、资产合计、利润总额处于中部领先、全国前10水平，但是出口交货值较低。湖北省装备制造业大省的地位初步确立，但与装备制造业强省尚有较大的差距。受传统体制和条状分割等因素的影响，湖北省装备制造业形成了"企业有数量，缺规模；产品有亮点，缺成套；出口有市场，缺档次"的局面；湖北省装备制造业缺少强势的关联产业支持，装备制造业本身也未能形成按专业划分的产业集聚效应和合理的生产规模。湖北省应立足重工业强、科教大省、处内陆经济腹地等特点，扩大外商进入领域，允许外商以合资、合作、兼并、收购等方式进入湖北省装备制造业，努力开拓国际市场。对于能够带动出口和有效益的境外投资，要在能源、交通、原材料和流动资金、出口信贷等方面给予有效保证，并优先保证这些项目所需出口的设备、散件、零部件以及原材料的优惠政策。

湖南省装备制造业各项指标处于中部六省中游，均排在 15 名前后，2012～2015 年整体排名有所下降。湖南省各级政府应通过公共采购政策安排，为装备制造企业创造和增加新的市场需求，产生"市场拉动"效应。特别的，在合同采购总额中，应预留一定比例给进行技术创新的中小企业，激励和支持中小企业的发展。同时应完善激励企业技术创新的市场制度，通过市场竞争的外力来促进企业技术创新；加大对不正当竞争行为的打击力度，保证装备制造企业竞争行为的规范有序，增强企业技术创新动力。另外，湖南省应引导建立和完善技术产权交易市场、高新技术成果展示市场、技术交易中介服务等直接促进技术创新成果交易的配套设施，健全规范技术创新交易秩序有关制度，从而降低创新技术交易成本。

# 四　基于因子分析法的中部装备制造业发展水平评价

## （一）研究时段与产业范围

基于 2015 年对应的《国民经济行业分类》（GB/T 4754 – 2011），装备制造业包括八大两位数行业（见表 2 – 6）。

表 2 – 6　装备制造业两位数行业代码及名称

| 行业代码 | 行业名称 |
| --- | --- |
| C33 | 金属制品业 |
| C34 | 通用设备制造业 |
| C35 | 专用设备制造业 |
| C36 | 汽车制造业 |
| C37 | 铁路、船舶、航空航天和其他运输设备制造业 |
| C38 | 电气机械和器材制造业 |
| C39 | 计算机、通信和其他电子设备制造业 |
| C40 | 仪器仪表制造业 |

## （二）评价指标设计与数据来源

考虑到先进装备制造业的特征以及数据的可得性，本章从技术创新、综合竞争力、经济贡献以及环境友好程度四个方面构建指标体系，对 2015

年我国中部地区六个省份的装备制造业发展水平进行评价。相关数据来源于《中国工业统计年鉴 2016》、《中国科技统计年鉴 2016》、《中国高技术产业统计年鉴 2016》、《中国环境统计年鉴 2016》以及 2015 年和 2016 年各城市统计年鉴等。结合中部六省装备制造业发展特点，本章拟构建装备制造业发展水平的三级评价指标体系，见表 2 – 7。

1. 技术先进性指标

行业技术装备率（$A_{11}$）= 年末行业自有机械设备净值/从业人员数。

行业固定资产新度指数（$A_{12}$）= 期末设备固定资产净值/期末设备固定资产原值 =（期末设备固定资产原值 – 逐年提取累计折旧）/期末设备固定资产原值。

2. 国际竞争力指标

显示性竞争优势指数 $CA(B_{31})$

$$CA = RCA - (M_{ia}/M_{it})/(M_{wa}/M_{wt})。$$

其中，$RCA$ 表示 $a$ 产品的显示性比较优势指数，$RCA = (X_{ia}/X_{it})/(W_{ia}/W_{it})$，$X_{ia}$ 表示国家 $i$ 产品 $a$ 的出口额，$X_{it}$ 表示国家 $i$ 商品出口总额，$W_{ia}$ 表示世界产品 $a$ 的出口总额，$W_{it}$ 表示世界商品出口总额；$M_{ia}$ 表示国家 $i$ 产品 $a$ 的进口额，$M_{it}$ 表示产品 $a$ 在世界市场中的总进口额，$M_{wa}$ 表示 $i$ 国在 $t$ 时期的总进口额，$M_{wt}$ 表示世界市场在 $t$ 时期的总进口额。$CA$ 值大于 0，则表明该产品具有国际竞争优势；$CA$ 值小于 0，则表示该产品具有竞争劣势；$CA$ 值等于 0，则表明该产品既无竞争优势又无竞争劣势。

3. 经济贡献与产业关联指标

投入产出完全就业贡献率（$C_{21}$）$= (1 - H)^{-1} \cdot DL$。

其中，$DL = (DL_1, DL_2, \cdots, DL_n)^{\mathrm{T}}$，$DL_j = W_j/X_j$，

$$H = \begin{pmatrix} h_{11} & h_{12} & \cdots & h_{1n} \\ h_{21} & h_{22} & \cdots & h_{2n} \\ \vdots & \vdots & \vdots & \vdots \\ h_{n1} & h_{n2} & \cdots & h_{nn} \end{pmatrix}$$

$DL_j$ 是第 $j$ 部门的直接就业贡献率，$W_j$ 是第 $j$ 部门付给劳动者的总报酬，$X_j$ 是第 $j$ 部门的总投入，$h_{ij}$ 表示 $i$ 部门产出中被 $j$ 部门用作中间产品的数量

占 $i$ 部门产出的比率，$h_{ij} = X_{ij}/X_i (i, j = 1, 2, \cdots, n)$。

产业部门影响力系数$(C_{31}) = \sum_{i=1}^{n} c_{ij}f_j \Big/ \left( \frac{1}{n} \cdot \sum_{j=1}^{n} \sum_{i=1}^{n} c_{ij}f_j \right)$, $j = 1, 2, \cdots, n$。

本章采用考虑产出规模的加权影响力系数（杨灿，2005），其中，$c_{ij}$ 是第 $j$ 部门对第 $i$ 部门的完全需求系数，$f_j$ 为 $j$ 的部门最终产出。

4. 环境保护与资源节约

环境保护指标以每万元工业产值"三废"排放量和"三废"综合利用率来衡量，资源节约指标以每万元工业产值能源消耗量和每万元工业产值用水量来衡量。

表 2-7　中部六省装备制造业发展水平评价指标体系

| 一级指标 | 二级指标 | 三级指标 | 数据来源 |
|---|---|---|---|
| 技术先进性指标（A） | 行业关键技术指标（$A_1$） | 行业技术装备率（$A_{11}$）（+） | 《中国工业统计年鉴》 |
| | | 行业固定资产新度指数（$A_{12}$）（+） | 《中国工业统计年鉴》 |
| | | 行业主要生产设备达国际先进水平比重（$A_{13}$）（+） | 《中国工业统计年鉴》 |
| | 技术创新投入指标（$A_2$） | R&D 经费占工业增加值比重（$A_{21}$）（+） | 《中国工业统计年鉴》 |
| | | 科技活动人员中科学家和工程师比重（$A_{22}$）（+） | 《中国工业统计年鉴》 |
| | | 从业人员中科技人员比重（$A_{23}$）（+） | 《中国工业统计年鉴》《中国科技统计年鉴》 |
| | 技术创新产出指标（$A_3$） | 新产品产值比重（$A_{31}$）（+） | 《中国工业统计年鉴》《中国高技术产业统计年鉴》 |
| | | 人均拥有发明专利数（$A_{32}$）（+） | 《中国工业统计年鉴》《中国高技术产业统计年鉴》 |
| 国际竞争力指标（B） | 生产率指标（$B_1$） | 劳动生产率/工资率（$B_{11}$）（+） | 《中国工业统计年鉴》 |
| | 利润指标（$B_2$） | 销售利润率（$B_{21}$）（+） | 《中国工业统计年鉴》 |
| | 进出口指标（$B_3$） | 显示性竞争优势指数（$B_{31}$）（+） | 《中国工业统计年鉴》《中国统计年鉴》 |
| 经济贡献与产业关联指标（C） | 经济增长贡献指标（$C_1$） | 工业增加值占 GDP 比重（$C_{11}$）（+） | 《中国工业统计年鉴》 |
| | 就业贡献指标（$C_2$） | 投入产出完全就业贡献率（$C_{21}$）（+） | 《中国工业统计年鉴》 |
| | 产业关联度指标（$C_3$） | 产业部门影响力系数（$C_{31}$）（+） | 《中国工业统计年鉴》 |

续表

| 一级指标 | 二级指标 | 三级指标 | 数据来源 |
|---|---|---|---|
| 环境保护与资源节约（D） | 环境保护指标（$D_1$） | 每万元工业产值"三废"排放量（$D_{11}$）（-） | 《中国工业统计年鉴》《中国环境统计年鉴》 |
| | | "三废"综合利用率（$D_{12}$）（+） | 《中国工业统计年鉴》《中国环境统计年鉴》 |
| | 资源节约指标（$D_2$） | 每万元工业产值能源消耗量（$D_{21}$）（-） | 《中国工业统计年鉴》《中国环境统计年鉴》 |
| | | 每万元工业产值用水量（$D_{22}$）（-） | 《中国工业统计年鉴》《中国环境统计年鉴》 |

**（三）因子分析法适用性检验**

因子分析法的基本思想是根据相关性大小把变量分组，使同组内的变量之间相关性较高，不同组的变量不相关或相关性较低，每组变量代表一个基本结构即公共因子。其数学模型如下：

$$\begin{cases} X_1 = a_{11}f_1 + a_{12}f_2 + \cdots + a_{1m}f_m + p_1 \\ X_2 = a_{21}f_1 + a_{22}f_2 + \cdots + a_{2m}f_m + p_2 \\ \cdots\cdots \\ X_p = a_{p1}f_1 + a_{p2}f_2 + \cdots + a_{pm}f_m + p_p \end{cases}$$

经筛选后选取 11 个二级指标、18 个三级指标作为因子分析变量。运用功效系数法将指标进行无量纲化处理，消除变量间的量纲关系，处理后的数据见表 2-8。

表 2-8 1998~2015 年中部六省装备制造业发展水平评价标准化后指标平均值

| 指标 | | | 金属制品业 | 通用设备制造业 | 专用设备制造业 | 交通运输设备制造业 | 电气机械和器材制造业 | 计算机、通信和其他电子设备制造业 | 仪器仪表及文化、办公用机械制造业 |
|---|---|---|---|---|---|---|---|---|---|
| A | $A_1$ | $A_{11}$ | 0.4678 | 0.6036 | 0.7822 | 0.5748 | 0.6484 | 0.4999 | 0.8272 |
| | | $A_{12}$ | 0.6754 | 0.6383 | 0.5627 | 0.6998 | 0.5799 | 0.6675 | 0.8823 |
| | | $A_{13}$ | 0.9283 | 0.5993 | 0.3288 | 0.8720 | 0.7499 | 1.0000 | 0.7928 |

续表

| 指标 | | | 金属制品业 | 通用设备制造业 | 专用设备制造业 | 交通运输设备制造业 | 电气机械和器材制造业 | 计算机、通信和其他电子设备制造业 | 仪器仪表及文化、办公用机械制造业 |
|---|---|---|---|---|---|---|---|---|---|
| A | $A_2$ | $A_{21}$ | 0.3828 | 0.6229 | 0.4738 | 0.6272 | 0.6749 | 1.0000 | 0.3287 |
| | | $A_{22}$ | 0.3722 | 0.5393 | 0.5832 | 1.0000 | 0.6783 | 1.0000 | 0.3772 |
| | | $A_{23}$ | 0.4738 | 0.4934 | 0.6029 | 1.0000 | 0.5990 | 0.6248 | 0.2738 |
| | $A_3$ | $A_{31}$ | 0.4829 | 0.4322 | 0.4990 | 0.5983 | 0.8394 | 0.7432 | 0.6654 |
| | | $A_{32}$ | 0.5732 | 0.3929 | 0.4729 | 0.7278 | 0.7389 | 1.0000 | 0.3774 |
| B | $B_1$ | $B_{11}$ | 0.2999 | 0.4838 | 0.3892 | 0.3504 | 0.8832 | 0.5782 | 0.2822 |
| | $B_2$ | $B_{21}$ | 0.3728 | 0.6383 | 0.5620 | 0.5994 | 0.3684 | 0.8439 | 0.5627 |
| | $B_3$ | $B_{31}$ | 0.3947 | 0.4382 | 0.5002 | 0.2784 | 0.4883 | 0.9922 | 1.0000 |
| C | $C_1$ | $C_{11}$ | 0.4382 | 0.7383 | 0.3728 | 0.8399 | 0.4382 | 0.3992 | 1.0000 |
| | $C_2$ | $C_{21}$ | 0.3772 | 0.5362 | 0.4672 | 0.9304 | 0.3882 | 0.4289 | 0.6638 |
| | $C_3$ | $C_{31}$ | 0.2009 | 0.3843 | 0.6832 | 0.8439 | 0.2394 | 0.3822 | 0.6322 |
| D | $D_1$ | $D_{11}$ | 0.5729 | 0.3823 | 0.5526 | 0.8855 | 0.4823 | 0.4792 | 0.5727 |
| | | $D_{12}$ | 0.4592 | 0.7373 | 0.5592 | 0.8849 | 0.6883 | 0.4233 | 0.6322 |
| | $D_2$ | $D_{21}$ | 0.3468 | 0.5843 | 0.2899 | 0.6863 | 0.7483 | 0.3822 | 0.5773 |
| | | $D_{22}$ | 0.2738 | 0.3889 | 0.3827 | 0.3849 | 0.8839 | 0.2273 | 0.8322 |

为判断样本数据是否适应于因子分析，本章对其进行适用性检验，见表2-9。检验结果的卡方值统计量为478.922，显著性水平值为0.001，相关矩阵与单位矩阵存在显著差异，故可对原变量数据进行因子分析。取样足够多的 KMO 测试值为0.578，偏离1，变量适用于因子分析。

表 2-9  因子分析法适用性检验

| 适用性检验 | | 检验结果 |
|---|---|---|
| 取样足够多的 KMO 测试 | | 0.578 |
| 巴特利特球体检验 | 卡方值 | 478.922 |
| | 自由度 | 70 |
| | 显著性 | 0.001 |

### （四）提取因子与因子旋转

采用因子分析法对原数据进行因子分析（见表 2 – 10），总方差分析显示：初始特征值大于 1 的主成分有 6 个，分别为 2.9424、2.5482、2.4573、2.1416、2.0982、2.0625，取特征值大于 1 的主成分作为初始因子表达信息含量，这 6 个主因子解释的累计总方差达 80.17%，累计解释的方差比例超过 80%，且经正交旋转后的主因子所解释的累计总方差不变，仅分配在各指标的方差贡献度有微小变动，丢失信息量较少，足以代表原统计指标大部分信息，可以代替原指标进行装备制造业先进水平评价。

表 2 – 10 总方差分析

| 成分 | 初始特征值 | | | 负载平方和提取 | | | 旋转后的负载平方和提取 | | |
|---|---|---|---|---|---|---|---|---|---|
| | 特征值 | 方差百分比 | 累计百分比 | 方差 | 方差百分比 | 累计百分比 | 方差 | 方差百分比 | 累计百分比 |
| 1 | 3.4359 | 0.1951 | 0.1951 | 2.9424 | 0.1635 | 0.1635 | 3.0635 | 0.1702 | 0.1654 |
| 2 | 3.1312 | 0.1778 | 0.3728 | 2.5482 | 0.1416 | 0.3050 | 2.8432 | 0.1580 | 0.3866 |
| 3 | 2.3923 | 0.1358 | 0.5086 | 2.4573 | 0.1365 | 0.4415 | 2.5883 | 0.1438 | 0.4466 |
| 4 | 2.0888 | 0.1186 | 0.6272 | 2.1416 | 0.1190 | 0.5605 | 2.3040 | 0.1280 | 0.5777 |
| 5 | 1.7419 | 0.0989 | 0.7261 | 2.0982 | 0.1166 | 0.6771 | 2.1986 | 0.1221 | 0.7445 |
| 6 | 1.3616 | 0.0773 | 0.8034 | 2.0625 | 0.1146 | 0.8017 | 2.1679 | 0.1204 | 0.8017 |
| 7 | 0.8771 | 0.0498 | 0.8532 | | | | | | |
| 8 | 0.7881 | 0.0447 | 0.8979 | | | | | | |
| 9 | 0.5440 | 0.0309 | 0.9288 | | | | | | |
| 10 | 0.3398 | 0.0193 | 0.9481 | | | | | | |
| 11 | 0.3057 | 0.0174 | 0.9654 | | | | | | |
| 12 | 0.2475 | 0.0141 | 0.9795 | | | | | | |
| 13 | 0.1710 | 0.0097 | 0.9892 | | | | | | |
| 14 | 0.1095 | 0.0062 | 0.9954 | | | | | | |
| 15 | 0.0791 | 0.0045 | 0.9999 | | | | | | |
| 16 | 0.0199 | 0.0011 | 1.0010 | | | | | | |
| 17 | 0.0000 | 0.0000 | 1.0010 | | | | | | |
| 18 | -0.01805 | -0.0010 | 1.0000 | | | | | | |

碎石图（见图 2 – 3）是表示因子的特征值随因子个数变化的散点图，

特征值等于 1 处的水平线标示了保留主成分的常用分界点，图 2 - 3 中在 6 处出现拐点，故选择的因子数为 6，这与特征值准则及根据累计解释方差得到的结果一致。

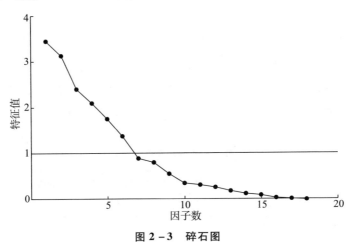

图 2 - 3 碎石图

为清晰界定每个因子的实际意义，通过因子旋转解释因子分析的结果，重新分配 6 个因子所解释的方差比例，本章运用最大方差正交旋转（Varimax），通过因子旋转使 6 个因子的负载尽可能拉开距离，一部分变量的负载趋近于 ±1，另一部分变量的负载趋近于 0，解释因子将忽略小负载，一般绝对值大于 0.3 的因子负载是显著的（见图 2 - 4）。

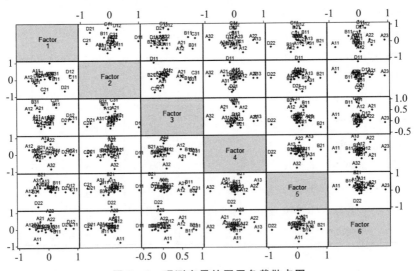

图 2 - 4 观测变量的因子负载散点图

从表 2-11 旋转后的主成分矩阵来看，可根据其负载程度与变量含义将各因子划归为六大主因子，分别为"创新因子""环境因子""竞争力因子""技术因子""资源因子""经济贡献因子"，见表 2-12。

表 2-11 主成分矩阵

| 变量 | 旋转前的主成分矩阵 | | | | | | 旋转后的主成分矩阵 | | | | | |
| --- | --- | --- | --- | --- | --- | --- | --- | --- | --- | --- | --- | --- |
| | 1 | 2 | 3 | 4 | 5 | 6 | 1 | 2 | 3 | 4 | 5 | 6 |
| $A_{11}$ | -0.406 | 0.518 | 0.002 | -0.361 | -0.354 | 0.397 | -0.386 | 0.338 | 0.125 | 0.657 | 0.050 | -0.388 |
| $A_{12}$ | -0.194 | 0.757 | 0.759 | 0.062 | -0.033 | -0.341 | -0.648 | -0.062 | 0.465 | 0.301 | -0.178 | 0.063 |
| $A_{13}$ | 0.171 | 0.290 | 0.581 | -0.564 | -0.113 | -0.103 | -0.093 | 0.049 | 0.049 | 0.879 | 0.431 | -0.135 |
| $A_{21}$ | 0.082 | 0.451 | 0.196 | 0.605 | 0.485 | 0.071 | -0.282 | 0.194 | 0.503 | -0.864 | 0.231 | 0.463 |
| $A_{22}$ | 0.558 | 0.185 | 0.247 | -0.261 | 0.079 | -0.360 | 0.080 | 0.066 | 0.034 | 0.646 | 0.076 | 0.389 |
| $A_{23}$ | 0.618 | 0.044 | 0.003 | 0.168 | 0.584 | -0.357 | 0.952 | 0.735 | -0.055 | 0.159 | 0.029 | 0.890 |
| $A_{31}$ | -0.629 | -0.094 | 0.352 | 0.246 | 0.412 | 0.070 | -0.788 | -0.437 | 0.016 | -0.314 | 0.479 | 0.093 |
| $A_{32}$ | -0.218 | -0.155 | -0.237 | 0.542 | 0.132 | 0.465 | 0.099 | 0.157 | 0.707 | -0.651 | -0.005 | -0.100 |
| $B_{11}$ | 0.022 | 0.120 | 0.618 | 0.275 | -0.456 | 0.192 | 0.283 | -0.185 | 0.675 | 0.039 | 0.324 | -0.333 |
| $B_{21}$ | -0.275 | -0.049 | 0.594 | -0.381 | 0.402 | 0.222 | -0.238 | 0.031 | -0.267 | 0.197 | 0.618 | -0.062 |
| $B_{31}$ | -0.228 | 0.646 | 0.153 | 0.467 | -0.201 | -0.244 | -0.427 | -0.226 | 0.784 | 0.001 | -0.205 | 0.005 |
| $C_{11}$ | 0.595 | -0.515 | 0.040 | 0.150 | -0.314 | 0.059 | 0.854 | -0.048 | 0.041 | -0.022 | -0.074 | 0.866 |
| $C_{21}$ | -0.666 | -0.524 | 0.258 | 0.085 | 0.047 | -0.218 | -0.108 | -0.576 | -0.178 | -0.080 | 0.201 | -0.906 |
| $C_{31}$ | 0.383 | 0.455 | 0.271 | 0.483 | -0.362 | 0.107 | 0.231 | 0.841 | 0.447 | -0.052 | -0.040 | -0.059 |
| $D_{11}$ | 0.536 | 0.328 | -0.296 | -0.234 | 0.294 | 0.513 | 0.064 | 0.993 | -0.208 | -0.148 | 0.082 | -0.017 |
| $D_{12}$ | 0.826 | -0.223 | 0.190 | 0.164 | -0.073 | 0.151 | 0.658 | 0.259 | 0.166 | 0.032 | 0.139 | 0.241 |
| $D_{21}$ | -0.020 | -0.768 | 0.188 | 0.208 | -0.276 | -0.195 | 0.584 | -0.672 | -0.050 | -0.039 | -0.901 | 0.059 |
| $D_{22}$ | -0.195 | 0.229 | -0.845 | 0.003 | -0.197 | -0.257 | -0.343 | 0.044 | -0.120 | -0.130 | -0.878 | -0.089 |

表 2-12 主成分因子

| 主因子 | 具有较大负载因子 |
| --- | --- |
| 创新因子 $f_1$ | 从业人员中科技人员比重（$A_{23}$）<br>新产品产值比重（$A_{31}$）<br>"三废"综合利用率（$D_{12}$） |

续表

| 主因子 | 具有较大负载因子 |
|--------|------------------|
| 环境因子 $f_2$ | 产业部门影响力系数（$C_{31}$）<br>每万元工业产值"三废"排放量（$D_{11}$）<br>每万元工业产值能源消耗量（$D_{21}$） |
| 竞争力因子 $f_3$ | 人均拥有发明专利数（$A_{32}$）<br>劳动生产率/工资率（$B_{11}$）<br>显示性竞争优势指数 $CA$（$B_{31}$） |
| 技术因子 $f_4$ | 行业技术装备率（$A_{11}$）<br>R&D 经费占工业增加值比重（$A_{21}$）<br>行业主要生产设备达国际先进水平比重（$A_{13}$） |
| 资源因子 $f_5$ | 销售利润率（$B_{21}$）<br>每万元工业产值能源消耗量（$D_{21}$）<br>每万元工业产值用水量（$D_{22}$） |
| 经济贡献因子 $f_6$ | 从业人员中科技人员比重（$A_{23}$）<br>工业增加值占 GDP 比重（$C_{11}$）<br>投入产出完全就业贡献率（$C_{21}$） |

另外，为检验各因子间的相关性，避免因子得分综合评价的多重共线性，对 6 个因子的得分进行相关系数估计。表 2 – 13 显示，6 个因子间的相关系数在不同程度上趋近于 0，不存在相关性，故可以代表不同的评价维度。

表 2 – 13　因子得分相关系数矩阵

| | $f_1$ | $f_2$ | $f_3$ | $f_4$ | $f_5$ | $f_6$ |
|------|--------|--------|--------|--------|--------|--------|
| $f_1$ | 1.0000 | | | | | |
| $f_2$ | 0.0383 | 1.0000 | | | | |
| $f_3$ | − 0.0322 | 0.1984 | 1.0000 | | | |
| $f_4$ | 0.1233 | 0.2637 | 0.1231 | 1.0000 | | |
| $f_5$ | − 0.0501 | − 0.1325 | 0.0403 | − 0.0808 | 1.0000 | |
| $f_6$ | 0.0738 | 0.1993 | 0.0996 | − 0.0502 | − 0.0032 | 1.0000 |

**（五）综合得分及排序**

表 2 – 14 表明，2015 年中部六省装备制造业发展水平排序依次为河南、

湖南、湖北、安徽、江西、山西。图 2 - 5 对比了六省各因子得分："创新因子 $f_1$"排名靠前的为湖南、安徽;"环境因子 $f_2$"排名靠前的为河南、湖南;湖北与山西的"竞争力因子 $f_3$"在六省中居前列;"技术因子 $f_4$"体现的技术贡献中湖北与河南较大;"资源因子 $f_5$"体现的资源贡献中安徽、湖南较大;"经济贡献因子 $f_6$"排名靠前的正是总排名靠前的河南、湖南两省。

表 2 - 14 2015 年中部装备制造业发展水平评价得分及排序

| 地区 | $f_1$ | 排序 | $f_2$ | 排序 | $f_3$ | 排序 | $f_4$ | 排序 | $f_5$ | 排序 | $f_6$ | 排序 | 综合 | 排序 |
|---|---|---|---|---|---|---|---|---|---|---|---|---|---|---|
| 河南 | -0.057 | 5 | 2.269 | 1 | -2.339 | 6 | 0.207 | 2 | -0.182 | 6 | 1.209 | 1 | 0.378 | 1 |
| 湖南 | 0.211 | 1 | 0.871 | 2 | -0.672 | 5 | 0.187 | 3 | 0.272 | 2 | 0.100 | 2 | 0.273 | 2 |
| 湖北 | 0.021 | 4 | -0.800 | 6 | 0.662 | 1 | 0.822 | 1 | 0.181 | 4 | -0.271 | 6 | 0.100 | 3 |
| 安徽 | 0.182 | 2 | -0.289 | 5 | -0.001 | 4 | -0.128 | 5 | 0.266 | 1 | -0.188 | 4 | -0.078 | 4 |
| 江西 | 0.030 | 3 | 0.118 | 3 | 0.002 | 3 | -0.382 | 6 | 0.192 | 3 | -0.266 | 5 | -0.388 | 5 |
| 山西 | -0.721 | 6 | -0.189 | 4 | 0.116 | 2 | 0.001 | 4 | -0.028 | 5 | 0.005 | 3 | -0.664 | 6 |

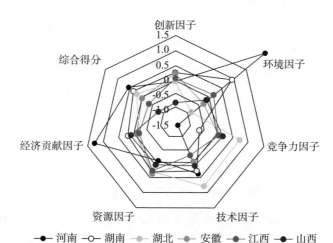

图 2 - 5 2015 年中部六省装备制造业综合得分与各因子贡献

# 五 中部地区装备制造业发展水平聚类分析

## (一) 变量及聚类方法的选择

本章对中部地区装备制造业发展水平的聚类分析采用表 2 - 14 中得到的

"创新因子 $f_1$""环境因子 $f_2$""竞争力因子 $f_3$""技术因子 $f_4$""资源因子 $f_5$""经济贡献因子 $f_6$"数据，由表 2 - 13 中 6 因子相关系数矩阵可知，6 个因子基本不存在相关性，高度满足聚类分析变量的选择准则。

本章选择层次聚类法进行聚类分析，即视每一个观测案例为独立的"组"，最接近的两组被合并，重复这一过程直至一个设定的停止点。然后采用加权平均联结法（Weighted-average Linkage）进行聚类分析，即使用两个组之间观测案例的平均相异性进行聚类，产生的属性居于最短联结法与最长联结法之间。聚类过程从相异性（或相似性）定义入手，相异性反映两个观测案例在设定的一套变量中的差异或距离，两个相同的观测案例间的相异性为 0，而两个最大的观测案例间的相异性为 1。

**（二）聚类结果分析**

图 2 - 6 的系统树状图提供了层次聚类分析的主要解释工具，是一个从每个观测案例作为自身的聚类到顶部的所有观测案例聚合成一个聚类的聚集过程。湖南与湖北是最少相异或最为相似的一对，两省首先聚集，在高度相异处（1 左右）形成了最早的观测案例聚类；河南与湖北、湖南，以及安徽与江西在相异性约为 2 处聚集；河南与湖北、湖南，安徽与江西这两个聚类在更高相异处（6 左右）前仍保持稳定，直到 6 处最后聚合；在相异性超过 8 的水平时，山西与其他省份最终聚合。

就装备制造业发展水平而言，中部六省最终可划分为几个类型取决于我们能接受每一类型内有多大相异性。图 2 - 6 上部的三聚类与四聚类间长长的垂线表明有三种不同的类型。我们可以将此减少到两种，仅聚合与其同组中的其他省份极不相似的观测案例（如山西）。我们还可以将其拓展到五种类型，只需要画出这些省份组（如河南与湖南、湖北）间的差别，但作为中部六省，其间差别并不是很大，因此，图 2 - 6 系统树状图提供了一个三类型方案。

表 2 - 15 聚类结果表明，第一类为河南、湖南与湖北，三省装备制造业发展水平较相似，且处于较为先进水平。三省装备制造业起步较早，发展基础良好，整体经济实力和制造业整体竞争力在中部中较强，装备制造业作为制造业的战略性支撑产业在中部也居领先地位。第二类包括安徽、江西两省，发展水平相似且属于第二档次，与河南、湖南、湖北差距甚微。

第三类为山西，装备制造业发展水平相对滞后。

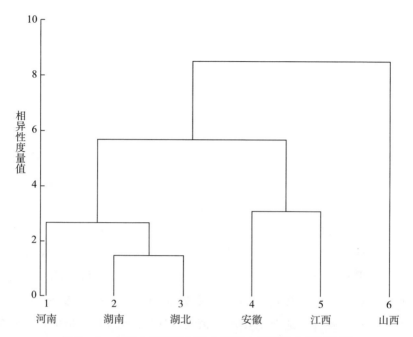

图 2 - 6　中部六省装备制造业发展水平聚类分析树状图

表 2 - 15　中部六省装备制造业发展水平聚类分析结果

| 类别 | 省份 | 类规模 |
| --- | --- | --- |
| 1 | 河南、湖南、湖北 | 2 |
| 2 | 安徽、江西 | 3 |
| 3 | 山西 | 8 |

# 六　中部地区装备制造业发展趋势预测

在对 2015 年中部地区装备制造业发展水平进行因子分析与聚类分析后，笔者仍对中部地区装备制造业在 2004 年国家提出中部崛起战略后的发展态势与是否具有新动力十分感兴趣。因此，本章将利用自回归移动平均模型（ARIMA，Auto Regressive Integrated Moving Average）对 2004 ~ 2015 年中部六省装备制造业在全国格局中的发展地位与未来发展趋势进行研究与预测。

### （一）数据来源与平稳性检验

本章使用 ARIMA 模型对 2004～2015 年中部地区装备制造业工业增加值占 GDP 比重的时间序列进行拟合与预测，数据来源于《中国统计年鉴》（2005～2015 年）、《中国工业经济统计年鉴》（2005～2012 年）、《中国工业统计年鉴》（2013～2016 年）和《中国经济普查年鉴》部分年份数据。

基于研究时段，本章主要参照《国民经济行业分类》（GB/T 4754 - 2011）进行装备制造业行业分类与数据加总。2004～2011 年装备制造业工业增加值占 GDP 比重由金属制品业，通用设备制造业，专用设备制造业，交通运输设备制造业，电气机械和器材制造业，电子及通信设备制造业，仪器仪表及文化、办公用机械制造业七个产业部门加总得出。2012～2015 年装备制造业工业增加值占 GDP 比重由金属制品业，通用设备制造业，专用设备制造业，汽车制造业，铁路、船舶、航空航天和其他运输设备制造业，电气机械和器材制造业、电子及通信设备制造业、仪器仪表制造业八个产业部门加总得出，均以 2004 年为基期的 GDP 平减指数调整当年价格。

表 2 – 16 为装备制造业工业增加值占 GDP 比重（$IVA/GDP$）序列的单位根检验结果，Perron 检验在 1% 显著性水平下拒绝了单位根的虚无假设（$P < 0.01$）。所以 ARIMA（$p$，$d$，$q$）模型中的 $d$ 值为 1。

**表 2 – 16　Phillips-Perron 单位根检验结果**

|  | Test Statistic | 1% Critical Value | 5% Critical Value | 10% Critical Value |
|---|---|---|---|---|
| Z（rho） | – 8.272 | – 17.200 | – 12.500 | – 10.200 |
| Z（t） | – 12.940 | – 3.750 | – 3.000 | – 2.630 |

\* Mackinnon approximate p-value for z(t) = 0.0000

### （二）模型识别与检验

通过平稳性检验确定 ARIMA（$p$，$d$，$q$）模型中的 $d$ 值为 1 后，只需确定模型中的 $p$ 和 $q$。由于 MA（$q$）模型中的自相关系数是在 $q$ 阶以后截尾的，而 AR（$p$）模型的偏自相关系数是在 $p$ 阶截尾的，所以可以通过自相关系数和偏自相关系数识别 ARIMA（$p$，$d$，$q$）模型。从图 2 – 7 来看，序列自相关系数在 1 阶处截尾，偏自相关系数在 1 阶截尾，则取模型的阶数 $p = 1$、$q = 1$ 建立 ARIMA 模型，并通过模型拟合结果选择最优的拟合模型，自相关系数在 1 阶落入 5% 显著性水平的置信带，自相关系数与 0 显著无差异，用更高阶的 AR 模型并不会对拟合有什么改进。故可以认为模型的残差序列为纯随机序列，即白噪声序列。

从表 2 - 17 的估计结果看，截距项在 5% 显著性水平上拒绝为零的原假设，AR（1）、MA（1）的系数均在 5% 显著性水平上拒绝原假设，序列不存在相关性，满足过程平稳的基本要求，模型拟合效果较为理想。

| LAG | AC | PAC | Q | PROB>Q | -1  0  1 [Autocorrelation] | -1  0  1 [Partial Autocor] |
|---|---|---|---|---|---|---|
| 1 | -0.5246 | -0.5232 | 3.9359 | 0.0473 | | |
| 2 | 0.1424 | -0.0669 | 4.2579 | 0.1190 | | |
| 3 | -0.0856 | -0.0937 | 4.389 | 0.2224 | | |
| 4 | -0.0097 | | 4.3909 | 0.3557 | | |
| 5 | 0.1234 | | 4.7536 | 0.4467 | | |
| 6 | -0.1900 | | 5.786 | 0.4476 | | |
| 7 | 0.0976 | | 6.1267 | 0.5250 | | |
| 8 | -0.0116 | | 6.1331 | 0.6323 | | |
| 9 | 0.0457 | | 6.2824 | 0.7114 | | |
| 10 | -0.0874 | | 7.3754 | 0.6896 | | |

图 2 - 7 *IVA/GDP* 自相关与偏自相关分析

表 2 - 17 ARIMA（1，1，1）模型估计结果

| *IVA/GDP* | Coef. | OPG Std. Err. | z | P > | z | | [95% Conf. Interval] |
|---|---|---|---|---|---|
| *IVA/GDP*_cons | | | | | |
| _cons | 0.1202 | 2.3185 | 11.35 | 0.000 | - 2.3564  2.0045 |
| AMRA | | | | | |
| ARL1 | 0.4981 | | | | |
| MAL1 | 1.0007 | 0.5542 | 3.64 | 0.016 | 0.1123  0.8282 |
| /sigma | 0.3883 | 0.7432 | 11.23 | 0.001 | 0.3232  0.6998 |

**（三）模型预测**

随着预测时间的延长，预测数值的方差会变大，ARIMA 模型长期预测结果与实际值的偏差可能较大，故 ARIMA 较适用于短期预测。本章使用 ARIMA（1，1，1）模型预测 2016 ~ 2020 年的中部地区装备制造业工业增加值占 GDP 比重的发展趋势。图 2 - 8 中的预测值为经过以 2004 年为基期的 GDP 平减指数调整后的中部地区装备制造业工业增加值占 GDP 比重。从预测值来看，中部地区装备制造业工业增加值占 GDP 比重在 2004 年有较大

幅度的提升，2007 年以后呈较大幅度的波动上升，2013 年小幅下降，2017
年将波动下降，之后将呈现上扬态势。

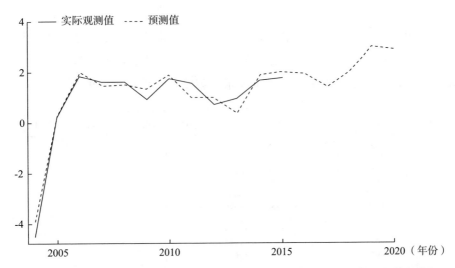

**图 2 – 8 中部地区装备制造业工业增加值占 GDP 比重预测值与实际观测值对比**

# 七 总结与展望

本章通过因子分析与聚类分析对中部地区装备制造业发展水平从技术
先进性、国际竞争力、经济贡献与产业关联、环境保护与资源节约四个维
度进行综合评价、比较与分类，研究发现，2015 年中部六省装备制造业发
展水平排序依次为河南、湖南、湖北、安徽、江西、山西。

第一，通过提取 6 个主要因子，分析得出"创新因子 $f_1$"排名靠前的为
湖南、安徽；"环境因子 $f_2$"排名靠前的为河南、湖南；湖北与山西的"竞
争力因子 $f_3$"在六省中居前列；"技术因子 $f_4$"体现的技术贡献中湖北与河
南较大；"资源因子 $f_5$"体现的资源贡献中安徽、湖南较大；"经济贡献因
子 $f_6$"排名靠前的正是总排名靠前的河南、湖南两省。

第二，聚类分析显示河南、湖南与湖北为第一类，装备制造业发展水平
相似；第二类包括安徽、江西两省，发展水平相似且处于第二档次，与河南、
湖南、湖北差距甚微；第三类为山西，装备制造业发展水平相对滞后。

第三，中部地区装备制造业工业的发展趋势将呈现波动上升态势，ARI-

MA 模型预测 2016～2020 年中部地区装备制造业工业增加值占 GDP 比重将在 2017 年波动下降，之后呈现上扬态势。

为促进装备制造业立足中部地区优势获得长足发展，本章提出以下几点政策建议与发展展望。

第一，充分发挥装备制造业产业技术经济关联性。加大自主创新的投入力度，保持企业规模优势的同时，提高技术创新的效率，充分发挥大型企业在资金、人才、技术等方面的规模经济优势。对于中部地区具有国际竞争优势的装备制造企业，以国际、国内两个市场的需求为导向，支持有条件的企业兼并重组境外企业和研发机构，积极参与国际竞争并扩大市场份额，提高出口产品的技术水平、附加值和成套水平。

第二，中部六省发挥各自优势，做好专业化的分工与协作，做好装备制造业的梯度转移与区域经济的协调发展。第一梯队河南、湖南、湖北加快装备制造业科技人才的培养，提高装备制造业的自主创新能力与科技含量；第二梯队安徽、江西在自身各因子发展较为均衡的基础上，寻找资源或技术上的竞争比较优势；第三梯队山西发挥自身资源优势，发展资源密集型与劳动密集型装备制造业的同时减排治污。

第三，充分发挥市场和政府的作用，加大对装备制造业增长的需求拉动。加大装备制造业产能利用、项目核准等信息的披露力度，为装备制造企业投资决策、银行贷款等提供信息指导，避免装备制造业的盲目投资、过度投资和重复投资，加大对装备制造企业的技术进步和技术改造、产品出口、兼并重组的政策支持力度，为中部地区装备制造业发展提供良好环境。

**参考文献**

[1] 中华人民共和国国家统计局. 中华人民共和国 2015 年国民经济和社会发展统计公报 [N]. 人民日报, 2015 – 03 – 01 (10).

[2] 崔万田. 中国装备制造业三大基地的比较分析 [J]. 经济理论与经济管理, 2005 (11).

[3] 王庆丰, 李雄治. 中国装备制造业区域发展水平研究 [J]. 统计与决策, 2008 (9).

[4] 张约翰, 张平宇. 东北装备制造业竞争力评价及影响因素研究 [J]. 中国科学院研究生院学报, 2011 (4).

[5] Kevin Honglin Zhang. How does Foreign Direct Investment Affect Industrial Competitive-

ness? Evidence from China [J]. China Economic Review, 2013.

[6] 齐阳, 王英. 基于空间布局的中国装备制造业产业竞争力评价研究 [J]. 经济问题初探, 2014 (8).

[7] 李绍东. 中国装备制造业先进水平实证研究 [D]. 辽宁大学, 2011.

[8] 张丹宁, 唐晓华. 中国装备制造业 "先进性" 发展水平研究——基于系统评价模型的实证分析 [J]. 产业经济评论: 山东大学, 2011 (3).

[9] 陈阳. 基于双重特征的中国装备制造业发展水平实证研究 [D]. 辽宁大学, 2015.

[10] 和军, 李绍东. 中国装备制造业先进水平省际比较 [J]. 国有经济评论, 2013 (9).

[11] 王章豹, 郝峰. 基于因子分析和黄金分割法的我国装备制造业区域产业创新力综合评价研究 [J]. 工业技术经济, 2010 (1).

[12] 薛万东. 我国装备制造业全要素生产率测算及实证分析 [J]. 产业经济评论, 2010 (5).

[13] 牛泽东, 张倩肖, 王文. 中国装备制造业全要素生产率增长的分解: 1998—2009——基于省际面板数据的研究 [J]. 上海经济研究, 2012 (3).

[14] 赵琳, 范德成. 我国装备制造业技术创新能力评价及提升对策研究——基于微粒群算法的实证分析 [J]. 科技进步与对策, 2012 (7).

[15] 和军. 装备制造业发展水平评价与比较研究综述 [J]. 经济学动态, 2012 (8).

[16] 韩晶. 中国装备制造业上市公司生产力和生产效率研究 [J]. 财经问题研究, 2010 (1).

[17] 张丹宁, 陈阳. 中国装备制造业发展水平及模式研究 [J]. 数量经济技术经济研究, 2014 (7).

[18] 商小虎. 我国装备制造业技术创新模式研究 [D]. 上海社会科学院, 2013.

[19] 逄红梅. 我国装备制造业技术效率测算与空间分布研究 [J]. 财经问题研究, 2014 (1).

[20] 李雯. 装备制造业升级与生产性服务业辩证发展关系研究 [D]. 哈尔滨理工大学, 2014.

[21] 王寅. 中部六省装备制造业产业承接力的评价研究 [D]. 合肥工业大学, 2013.

[22] 李廉水, 程中华, 刘军. 中国制造业 "新型化" 及其评价研究 [J]. 中国工业经济, 2015 (2).

[23] 董景荣, 刘冬冬, 王亚飞. 装备制造业技术进步路径选择: 理论分析与实证研究 [J]. 科技进步与对策, 2015 (23).

[24] 刘春晖, 赵玉林. 创新驱动的航空航天装备制造业空间演化——基于演化计量经济学的实证分析 [J]. 宏观经济研究, 2016 (5).

［25］侯普光．中部地区装备制造业竞争力的国内比较——基于主成分分析的方法研究［J］．未来与发展，2013（2）．

［26］葛继平，林莉，黄明．信息化提升中国装备制造业国际竞争力的机理与路径研究［J］．工业技术经济，2010（6）．

［27］张超．中国省域装备制造业的空间计量经济分析［J］．科学决策，2010（7）．

［28］靳菲菲．中国装备制造业产业水平实证分析［D］．西北师范大学，2013．

［29］孙海洋，李延喜，陈克兢．中国装备制造业发展绩效实证研究——基于2003～2010年面板数据［J］．大连理工大学学报（社会科学版），2013，34（3）．

［30］段婕、刘勇、王艳红．基于DEA改进模型的装备制造业技术创新效率实证研究［J］．科学进步与对策，2012（6）．

［31］张文君．中部地区装备制造业发展比较与评价［J］．湖南财政经济学院学报，2011（5）．

［32］郑赜意．安徽省装备制造业竞争力研究［D］．安徽工业大学，2013．

［33］刘瑞莉．河南省装备制造业产业竞争力研究［D］．重庆工商大学，2012．

［34］宗艳．湖北装备制造业竞争力分析及发展对策［D］．武汉理工大学，2005．

［35］刘晓林．湖北装备制造业技术创新能力研究［D］．武汉理工大学，2008．

［36］郭红卫．国际化网络视角下装备制造业发展水平分析——以湖南省为例［J］．技术经济与管理研究，2011（10）．

［37］陈迎秋．湖南省装备制造业竞争力及其影响因素研究［D］．湘潭大学，2011．

［38］闻琴．江西省装备制造业竞争力评价及发展对策研究［D］．南昌大学，2014．

［39］田园．山西省装备制造业自主创新能力评价［D］．太原理工大学，2014．

［40］付文利．山西省装备制造业竞争力分析研究［D］．山西大学，2015．

［41］杨灿．产业关联测度方法及其应用问题探析［J］．统计研究，2005（9）．

# 第三章 中部地区高技术制造业
# 发展水平评价

## 一 引言

后金融危机时代，新一轮科技革命和产业变革正在孕育，发达国家纷纷实施创新增长战略和再工业化战略，全球产业分工格局正在深度重塑。《中国制造2025》强调必须紧紧抓住当前难得的战略机遇，积极应对挑战，建设制造强国。具有知识技术密集、能源资源消耗少、产业增长率高、产业关联效应强等特点的高技术制造业是国民经济体系中最为活跃的制造业部门，对提高制造业国际竞争力至关重要。《促进中部地区崛起"十三五"规划》明确将中部地区定位为全国先进制造业中心，高技术制造业对实现这一目标定位意义重大。中部地区高技术制造业发展水平与其他区域相比是否具有优势？在哪些方面具有优势？中部各省份的空间分异如何？本章重点探究上述三个问题。

目前学术界大多采用传统测评方法进行高技术制造业发展水平评价，即先建立指标体系，再赋权，进而计算加权综合指标值。赋权方法主要有主观赋权法和客观赋权法两大类。主观赋权法依赖于分析者的主观判断，包括德尔菲法、层次分析法、多因子等权评价模型、突变级数法、模糊综合评价法等（周叶，2012；胡剑波等，2016；张小薇等，2009）。客观赋权法不依赖于分析者的主观判断，只取决于数据间的相对关系，包括熵权法、因子分析法、主成分分析法等（王海龙等，2011；李刚等，2014；何师元，2015；李伟铭等，2014），不能体现分析者对不同指标的重视程度，甚至与分析者的意图南辕北辙。为克服两种赋权法的局限，学术界开始采用主客观综合的赋权方法，如武玉英等（2016）利用协同学思想，建立要素和高技术制造业子系统发展指标体系，基于目标规划评价模型的主旋律分析方法，识别子系统序参量，运用 TOPSIS、灰色关联和距离协同模型及熵理论构建要素与产业协同度测度模型，并将京津冀作为实例进行分析；陈伟等（2016）结合高技术产业以及知识产权保护的特点，构建包含专利和非专利产出"2 维度 – 7 指标"的高技术产业知识产权保护能力评价指标体系，通过熵值法客观确定指标权重，再根据 TOPSIS 法测度并综合评价 2009～2013 年我国高技术产业知识产权能力，并构建评价模型。有学者更进一步，基于测评分析结果进行聚类分析，从而使测评分析结果更加具体、直观，如刘昌年和张银银（2014）从高新技术产业投入、产出和发展潜力三个方面构建高新技术产业竞争力评价模型，采用因子分析、结构方程模型和聚类分析相结合的方法，对我国 30 个省份高新技术产业的竞争力现状进行了评价；戴万亮等（2016）基于创新投入、创新产出、创新扩散与创新支持四个维度，采用因子分析法和聚类分析法，评价了 2013 年我国 31 个省份的高技术产业竞争力；王正新等（2016）从基础条件、产业结构、创新投入和创新产出四个维度，构建包含 4 个一级指标、18 个二级指标的评价指标体系，采用因子分析法提取高技术服务业发展水平的主要因子，并利用基于加权马氏距离改进的聚类分析方法对我国各省份的高技术服务业发展水平进行综合评价。少数学者直接进行聚类分析，如陈红川（2010）采用 K – means 聚类分析方法，重点分析了广东高新技术产业竞争力。一些学者另辟蹊径，如聂高辉和黄明清（2016）采用三阶段 DEA 研究方法，对我国中东部 16 个省份 2012 年的高新技术产业效率进行分析；黄蕾等（2016）从全要素生产率的视角研究高技术制造业发展水平。

已有研究在进行高技术制造业发展水平评价时，并未考虑高技术制造业本身的特点，所采用的多是"放之四海而皆准"的一般评价方法，并且缺乏空间视角的研究。

## 二　中部地区高技术制造业发展概况

以主营业务收入来大致代表高技术制造业发展水平，如图 3 – 1 所示。从

"四大板块"（东部、中部、西部、东北）来看，2004～2010年，东部地区高技术制造业平均发展水平远远领先于中、西部地区和东北地区，且发展势头最为迅猛，中、西部地区和东北地区始终在低水平徘徊，且发展差距不大；2011～2015年，东部地区高技术制造业仍保持较高的发展水平与较快的发展速度，但中、西部地区的发展速度开始加快，尤其是西部地区，继2006年平均发展水平超过东北地区后，2014年又超过了中部地区，2015年其高技术制造业平均发展水平已与东部地区相差不大。从中部地区内部来看，2004～2010年，湖北领跑中部省份，山西垫底；2011～2015年，河南后来居上，在中部省份遥遥领先，且与湖北之间的差距越来越大，山西虽略有增长，但增长幅度远远小于其他中部省份，仍垫底。2015年，中部省份可分为三大梯队，河南为第一梯队，江西、湖北、湖南、安徽发展水

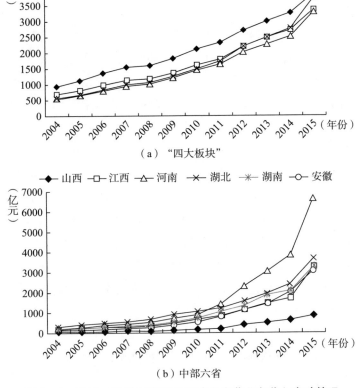

（a）"四大板块"

（b）中部六省

图 3 - 1　2004～2015 年高技术制造业主营业务收入变动情况

平较为接近，为第二梯队，山西为第三梯队。

# 三　研究思路与方法

## （一）研究思路

本章将中部地区置于全国地理空间范围内，旨在通过中部六省与其他省份的比较分析获得对中部地区高技术制造业发展水平的科学评价。并且，考虑到高技术制造业发展水平与其研发创新水平密切相关，而创新一般被认为是突变过程而非渐变过程，本章采用了突变级数法进行发展水平评价；考虑到高技术制造业发展水平大大依赖于空间技术外溢，所以在发展水平评价的基础上，采用局部 G 系数进行空间聚类分析。

## （二）研究方法

### 1. 数据预处理

数据预处理过程分三步。首先，为了便于不同年份间的纵向比较，采用以 2004 年为基期的各省份价格指数对各指标进行价格因子剔除处理（所有价格数据均来源于《中国价格统计年鉴》）。具体来说，主营业务收入、利润总额、利税总额、出口交货值和新产品销售收入采用工业生产者出厂价格指数进行剔除，新增固定资产、人均金融机构贷款余额和实际利用外资金额采用固定资产投资价格指数进行剔除，人均 GDP 采用 GDP 平减指数进行剔除，R&D 经费内部支出、新产品开发经费支出和技术改造经费支出采用组合价格指数进行剔除。其中，GDP 平减指数根据定义和 GDP 指数计算得到；组合价格指数是研发经费中的劳务费、固定资产和原材料的比重（依次为 40%、30%、30%）分别乘以居民消费价格指数、固定资产投资价格指数和工业生产者购进价格指数的结果之和。其次，采用移动平均法和线性插值法对部分缺失数据进行弥补。最后，采用坐标平移法对存在负值的指标（利润总额、利税总额）进行处理。

### 2. 指标体系建立与优化

高技术制造业发展水平指的是高技术制造业在各个时期所能达到的产业规模和发展程度。在总结现有资料的基础上，本章从生产经营水平、研发创新水平和环境匹配水平三个方面构建高技术制造业发展水平评价指标体系，如表 3 - 1 所示。

表 3 - 1　高技术制造业发展水平评价指标体系

| 系统层 | 目标层 | 指标层 | 数据来源 |
|---|---|---|---|
| X 生产经营水平 | $X_1$ 产业发展规模 | $X_{11}$ 主营业务收入（亿元） | 《中国高技术产业统计年鉴》 |
| | | $X_{12}$ 从业人员平均人数（人） | 《中国高技术产业统计年鉴》 |
| | | $X_{13}$ 企业数（家） | 《中国高技术产业统计年鉴》 |
| | | $X_{14}$ 出口交货值（亿元） | 《中国高技术产业统计年鉴》 |
| | $X_2$ 产业盈利能力 | $X_{21}$ 利税总额（亿元） | 《中国高技术产业统计年鉴》 |
| | | $X_{22}$ 利润总额（亿元） | 《中国高技术产业统计年鉴》 |
| | $X_3$ 产业经济实力 | $X_{31}$ 新增固定资产（亿元） | 《中国高技术产业统计年鉴》 |
| Y 研发创新水平 | $Y_1$ 研发创新产出 | $Y_{11}$ 新产品销售收入（万元） | 《中国高技术产业统计年鉴》 |
| | | $Y_{12}$ 有效发明专利数（件） | 《中国高技术产业统计年鉴》 |
| | $Y_2$ 研发创新投入 | $Y_{21}$ 新产品开发经费支出（万元） | 《中国高技术产业统计年鉴》 |
| | | $Y_{22}$ R&D 经费内部支出（万元） | 《中国高技术产业统计年鉴》 |
| | | $Y_{23}$ R&D 人员折合全时当量（人时） | 《中国高技术产业统计年鉴》 |
| | | $Y_{24}$ 技术改造经费支出（万元） | 《中国高技术产业统计年鉴》 |
| | $Y_3$ 研发创新意识 | $Y_{31}$ 专利申请量（件） | 《中国高技术产业统计年鉴》 |
| Z 环境匹配水平 | $Z_1$ 对外开放程度 | $Z_{11}$ 实际利用外资金额占固定资产投资比重（%） | 各省份统计年鉴 |
| | | $Z_{12}$ 人均进出口总额（万元） | 各省份统计年鉴 |
| | $Z_2$ 金融发展水平 | $Z_{21}$ 人均金融机构贷款余额（万元/人） | 各省份统计年鉴 |
| | $Z_3$ 政策支持力度 | $Z_{31}$ 科技经费支出占财政支出比重（%） | 各省份统计年鉴 |
| | $Z_4$ 市场发展潜力 | $Z_{41}$ 人均 GDP（元/人） | 各省份统计年鉴 |

　　具体来说，生产经营水平包括产业发展规模、产业盈利能力和产业经济实力。产业发展规模是发展水平衡量的题中应有之义；产业盈利能力是产业扩大规模和转型升级的先驱条件和基础；产业经济实力反映了产业的影响力和面临不利冲击时的稳定性。研发创新水平包括研发创新意识、研发创新投入和研发创新产出。高技术制造业具有知识、技术、人才高度密集的特征，其发展离不开研发创新水平的提升。研发创新意识可以说是产业的"软实力"；研发创新投入是增强产业竞争力和实现产业升级的直接动

力；研发创新产出衡量了研发创新投入的效果，直接体现了产业研发创新水平。环境匹配水平包括对外开放程度、金融发展水平、政策支持力度和市场发展潜力。相对于传统制造业而言，高技术制造业对发展环境要求更高。对外开放程度反映了区域利用国际技术、资金、人才资源的情况；金融发展水平衡量了高技术制造业利用本地市场资金的难易程度；政策支持力度反映了政府对高技术制造业的重视程度；市场发展潜力是产业不断扩大规模和优化升级的保障。

初建的评价指标体系可能存在有效性不足的问题，必须进行指标测试和信度检验以实现评价指标体系优化。如果绝大多数区域的某项指标得分比较接近，我们就认为该指标鉴别力不足，可以剔除。本章采用变差系数来衡量指标鉴别力，其计算公式为：

$$\overline{Y}_{ij} = \sum_{i=1}^{m} Y_{ij}/m \tag{1}$$

$$V_j = \sqrt{\frac{1}{m-1}\sum_{i=1}^{m}(Y_{ij}-\overline{Y}_{ij})^2} \bigg/ \overline{Y}_{ij} \tag{2}$$

其中，$Y_{ij}$是第 $i$ 个省份第 $j$ 项指标标准化之后的结果，$m$ 是区域数。一般来说变差系数高于 0.3 就认为指标鉴别力可以接受。初建的指标体系中，变差系数最小的人均 GDP 指标的变差系数也有 0.60，所以，本章全部指标的鉴别力均较强，指标的选取是合意的。

此外，还需要对整个指标体系进行信度检验，以测算指标体系的内部一致性。本章采用 Cranach's Alpha 系数法进行信度检验，其计算公式为：

$$Alpha = \frac{n\overline{r}}{1+(n-1)\overline{r}} \tag{3}$$

其中，$n$ 是指标数，$\overline{r}$ 是 $n$ 个指标相关系数的均值。Cranach's Alpha 系数取值为 0~1。一般认为 Cranach's Alpha 系数为 0.9~0.94 时，该指标体系能得到最好结果；Cranach's Alpha 系数为 0.8~0.9 时，该指标体系可以接受；Cranach's Alpha 系数为 0.7~0.79 时，该指标体系的设计存在问题，但其结果仍有一定的参考价值；Cranach's Alpha 系数小于 0.7 时，该指标体系应当重新设计，其结果不具参考性。本章所建指标体系的 Cranach's Alpha 系数为 0.94，表明指标变量间相关性较大，指标体系内在信度较为理想，测评结果可靠。

### 3. 层次分析法

层次分析法（AHP）是一种将定性与定量分析方法相结合的多目标决策分析方法。该方法的主要思想是通过将复杂问题分解为若干层次和若干因素，对两两指标之间的重要程度进行比较判断，建立判断矩阵，通过计算判断矩阵的最大特征值以及对应特征向量就可得出不同方案重要性程度的权重，为最佳方案的选择提供依据。其主要特点是从评价者对评价问题本质、要素的理解出发，把人们的思维过程数学化、系统化，比一般的定量方法更讲求定性的分析和判断。

本章通过广泛征求专家意见，获得了大量的判断矩阵。由于客观事物的复杂性以及专家经验、认识的差异性，判断矩阵只有通过检验，才能证明其在逻辑上是合理的，才能继续对其结果进行分析。通过如下公式对判断矩阵进行一致性检验：

$$CR = CI/RI \tag{4}$$

$$RI = (\lambda_{max} - n)/(n-1) \tag{5}$$

其中，$CR$ 为一致性比例，$CI$ 为一致性指标，$RI$ 为平均随机一致性指标，其取值范围如表 3－2 所示，$\lambda_{max}$ 为判断矩阵的最大特征值，$n$ 为成对比较因子的个数。

表 3－2　平均随机一致性 $RI$ 的取值

| 阶数 | 1 | 2 | 3 | 4 | 5 | 6 | 8 | 9 | 10 | 11 | 12 | 13 |
|------|------|------|------|------|------|------|------|------|------|------|------|------|
| $RI$ | 0.00 | 0.00 | 0.58 | 0.90 | 1.12 | 1.24 | 1.41 | 1.45 | 1.49 | 1.52 | 1.54 | 1.56 |

一般来说，当 $CR < 0.10$ 时，判断矩阵具有令人满意的一致性，否则就需要调整和修正。本章直接剔除所有不合意的判断矩阵，只保留满足内部一致性的判断矩阵，用根法计算出每个合意判断矩阵最大特征值所对应的特征向量，就可以得到不同指标的权重。

### 4. 突变级数法

突变理论是 20 世纪 70 年代发展起来的一门新的数学学科，建立在拓扑动力学、奇点理论等数学理论基础上，被广泛应用于许多学科。其中一种常见的应用，是利用突变模型衍生出来的突变级数法来解决多准则决策问题。突变级数法是一种对评价目标进行多层次矛盾分解，然后将突变理论与模糊数学相结合产生突变模糊隶属函数，再由归一公式进行综合量化运算，最后归一为一个参数，即求出总的隶属函数，从而对评价目标进行排序分析的综合评价方法。其主要特点是没有对指标采用权重，但它考虑了各评价指标的相对重要性，从而减少了主观性又不失科学性、合理性，而且计算简易准确。

突变系统模型由指标分解个数决定。一个指标若只分解为一个子指标，则被视为折叠突变系统；一个指标若分解为两个子指标，则被视为尖点突变系统；一个指标若分解为三个子指标，则适用燕尾突变系统；一个指标若分解为四个子指标，则被视为蝴蝶突变模型系统。不同突变系统对应模型、控制变量和归一公式如表 3-3 所示。对突变系统的诸控制变量来说，若不可相互替代，即不可相互弥补不足，则为非互补型，按归一公式求系统状态变量值时遵循"大中取小"原则；否则为互补型，按归一公式求系统状态变量值时"取平均值"。应用归一公式逐层计算指标得分，直至计算出总体层得分。

表 3-3 突变系统模型、控制变量与归一公式

| 类型 | 模型 | 控制变量 | 归一公式 |
|---|---|---|---|
| 折叠突变系统 | $f(x) = x^3 + ax$ | $a$ | $x_a = \sqrt{a}$ |
| 尖点突变系统 | $f(x) = x^4 + ax^2 + bx$ | $a,\ b$ | $x_a = \sqrt{a},\ x_b = \sqrt[3]{b}$ |
| 燕尾突变系统 | $f(x) = \frac{1}{5}x^5 + \frac{1}{3}ax^3 + \frac{1}{2}bx^2 + cx$ | $a,\ b,\ c$ | $x_a = \sqrt{a},\ x_b = \sqrt[3]{b},\ x_c = \sqrt[4]{c}$ |
| 蝴蝶突变系统 | $f(x) = \frac{1}{6}x^6 + \frac{1}{4}ax^4 + \frac{1}{3}bx^3 + \frac{1}{2}cx^2 + dx$ | $a,\ b,\ c,\ d$ | $x_a = \sqrt{a},\ x_b = \sqrt[3]{b},$ $x_c = \sqrt[4]{c},\ x_d = \sqrt[5]{d}$ |

**5. AHP - 突变级数法评价步骤**

第一步：数据标准化。构建原始数据矩阵，$X_{\theta ij}$ 为 $\theta$ 省第 $i$ 年第 $j$ 个指标的原始值。采用归一化法进行标准化，计算公式为：

$$X'_{\theta ij} = X_{\theta ij} / \sum X_{\theta ij} \tag{6}$$

该标准化方法较真实地反映了原指标值间的相互关系，并且具有越大越好的特性，满足 AHP - 突变级数法的要求。

第二步：采用层次分析法进行指标排序。根据由不同判断矩阵计算的指标权重的加权几何平均值对指标重要性进行排序，即指标权重越大越靠前。

第三步：采用突变级数法进行综合评价。根据指标分解情况，确定突变系统模型种类，得到高技术制造业发展水平评价指标体系各层次的突变模型，如图 3 - 2 所示。根据突变系统的各控制变量是否可替代，确定各层次控制变量类型：控制变量 $Y_{11}$、$Y_{12}$，$X_1$、$X_2$、$X_3$，$Y_1$、$Y_2$、$Y_3$，$Z_1$、$Z_2$、$Z_3$、$Z_4$，$X$、$Y$、$Z$ 为非互补型；控制变量 $X_{11}$、$X_{12}$、$X_{13}$、$X_{14}$，$Y_{21}$、$Y_{22}$，$Y_{21}$、$Y_{22}$、$Y_{23}$、$Y_{24}$，$Z_{11}$、$Z_{12}$ 为互补型。

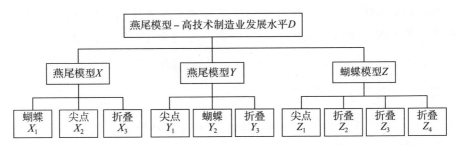

**图 3 - 2　高技术制造业发展水平评价指标体系逐层突变模型**

最后，应用归一公式逐层计算指标得分。

### 6. K - means 聚类分析方法

聚类就是按照特定标准把一个数据集分割成若干类别。K - means 聚类分析方法是最经典的聚类算法之一，以 $k$ 为参数，把 $n$ 个对象分成 $k$ 个簇，使簇内具有较高的相似度，而簇间的相似度较低。其处理过程如下：首先，随机地选择 $k$ 个对象，每个对象初始地代表了一个簇的平均值或中心；对剩余的每个对象，根据其与各簇中心的距离，将它赋给最近的簇；然后重新计算每个簇的平均值。这个过程不断重复，直到准则函数收敛。准则函数一般定义为数据集内所有数据的误差平方和。

### 7. 局部 G 系数

局部 G 系数是 Ord 和 Getis（1995）提出的一种基于距离权重矩阵的局

部空间自相关指标，相对于局部 Moran 指数而言，其对距离聚集区域的探测更为准确，计算公式为：

$$G_i = \sum_j^n W_{ij}x_j \bigg/ \sum_j^n x_j \qquad (7)$$

其中，$W_{ij}$ 是区域 $i$、$j$ 之间的距离权重，$x_j$ 是区域 $j$ 的指标观测值。显著的正 $G_i$ 表明高值区域 $i$ 附近区域观测值也高，即存在高值空间聚类，显著的负 $G_i$ 表明低值区域 $i$ 附近区域观测值也低，即存在低值空间聚类。

# 四 研究结果与分析

## （一）测评结果

采用 AHP - 突变级数法进行全国分板块和分省份高技术制造业发展水平评价，结果如表 3 - 4 至表 3 - 7 所示。囿于篇幅所限，文中仅呈现"四大板块"及中部地区高技术制造业测评结果，其他结果略。

表 3 - 4　2004 ~ 2015 年"四大板块"及中部地区高技术制造业生产经营水平

| 地区 | 2004 | 2005 | 2006 | 2007 | 2008 | 2009 | 2010 | 2011 | 2012 | 2013 | 2014 | 2015 |
|---|---|---|---|---|---|---|---|---|---|---|---|---|
| 全国 | 0.3272 | 0.3441 | 0.3514 | 0.3540 | 0.3550 | 0.3568 | 0.3664 | 0.3718 | 0.3810 | 0.3848 | 0.3901 | 0.3754 |
| 东部 | 0.3939 | 0.4045 | 0.4136 | 0.4146 | 0.4164 | 0.4109 | 0.4245 | 0.4311 | 0.4385 | 0.4382 | 0.4429 | 0.4499 |
| 中部 | 0.3240 | 0.3311 | 0.3424 | 0.3473 | 0.3518 | 0.3600 | 0.3686 | 0.3786 | 0.3983 | 0.4069 | 0.4144 | 0.4196 |
| 西部 | 0.2531 | 0.2875 | 0.2913 | 0.2939 | 0.2914 | 0.2968 | 0.3053 | 0.3096 | 0.3156 | 0.3214 | 0.3272 | 0.3220 |
| 东北 | 0.3363 | 0.3371 | 0.3416 | 0.3454 | 0.3482 | 0.3524 | 0.3528 | 0.3479 | 0.3535 | 0.3560 | 0.3580 | 0.3605 |
| 山西 | 0.2869 | 0.2941 | 0.3162 | 0.3207 | 0.3170 | 0.3272 | 0.3302 | 0.3306 | 0.3578 | 0.3644 | 0.3683 | 0.3713 |
| 安徽 | 0.3155 | 0.3225 | 0.3350 | 0.3418 | 0.3453 | 0.3535 | 0.3644 | 0.3726 | 0.3894 | 0.4005 | 0.4220 | 0.4300 |
| 江西 | 0.3271 | 0.3342 | 0.3467 | 0.3534 | 0.3587 | 0.3702 | 0.3777 | 0.3819 | 0.3908 | 0.3965 | 0.4044 | 0.4125 |
| 河南 | 0.3422 | 0.3468 | 0.3522 | 0.3566 | 0.3572 | 0.3656 | 0.3756 | 0.4108 | 0.4406 | 0.4534 | 0.4641 | 0.4708 |
| 湖北 | 0.3421 | 0.3562 | 0.3672 | 0.3719 | 0.3817 | 0.3919 | 0.4024 | 0.3962 | 0.4102 | 0.4122 | 0.4132 | 0.4179 |
| 湖南 | 0.3306 | 0.3327 | 0.3369 | 0.3395 | 0.3510 | 0.3517 | 0.3615 | 0.3795 | 0.4010 | 0.4147 | 0.4144 | 0.4243 |

资料来源：笔者计算整理。

表 3 - 5  2004~2015 年"四大板块"及中部地区高技术制造业研发创新水平

| 地区 | 2004 | 2005 | 2006 | 2007 | 2008 | 2009 | 2010 | 2011 | 2012 | 2013 | 2014 | 2015 |
|---|---|---|---|---|---|---|---|---|---|---|---|---|
| 全国 | 0.1332 | 0.1385 | 0.1431 | 0.1516 | 0.1562 | 0.1675 | 0.1680 | 0.1824 | 0.1880 | 0.2029 | 0.2120 | 0.1804 |
| 东部 | 0.1910 | 0.1952 | 0.2030 | 0.2158 | 0.2257 | 0.2368 | 0.2415 | 0.2542 | 0.2655 | 0.2778 | 0.2856 | 0.2888 |
| 中部 | 0.1105 | 0.1065 | 0.1187 | 0.1259 | 0.1254 | 0.1488 | 0.1525 | 0.1629 | 0.1760 | 0.2125 | 0.2242 | 0.2269 |
| 西部 | 0.0881 | 0.0971 | 0.0999 | 0.1034 | 0.1048 | 0.1119 | 0.1074 | 0.1252 | 0.1200 | 0.1272 | 0.1385 | 0.1218 |
| 东北 | 0.1171 | 0.1329 | 0.1162 | 0.1286 | 0.1339 | 0.1360 | 0.1309 | 0.1488 | 0.1543 | 0.1615 | 0.1626 | 0.1585 |
| 山西 | 0.0747 | 0.0791 | 0.0915 | 0.1146 | 0.0975 | 0.0973 | 0.1173 | 0.1021 | 0.1158 | 0.1194 | 0.1305 | 0.1457 |
| 安徽 | 0.0973 | 0.1184 | 0.1240 | 0.1241 | 0.1159 | 0.1473 | 0.1420 | 0.1842 | 0.2050 | 0.2098 | 0.2251 | 0.2433 |
| 江西 | 0.1134 | 0.1176 | 0.1221 | 0.1229 | 0.1242 | 0.1405 | 0.1476 | 0.1510 | 0.1662 | 0.1805 | 0.1882 | 0.1894 |
| 河南 | 0.1281 | 0.1262 | 0.1272 | 0.1350 | 0.1359 | 0.1588 | 0.1551 | 0.1536 | 0.1541 | 0.3014 | 0.3165 | 0.3297 |
| 湖北 | 0.1131 | 0.0944 | 0.1363 | 0.1530 | 0.1546 | 0.1875 | 0.1922 | 0.1962 | 0.2161 | 0.2253 | 0.2370 | 0.2381 |
| 湖南 | 0.1367 | 0.1030 | 0.1109 | 0.1060 | 0.1245 | 0.1616 | 0.1610 | 0.1902 | 0.1985 | 0.2387 | 0.2479 | 0.2588 |

资料来源：笔者计算整理。

表 3 - 6  2004~2015 年"四大板块"及中部地区高技术制造业环境匹配水平

| 地区 | 2004 | 2005 | 2006 | 2007 | 2008 | 2009 | 2010 | 2011 | 2012 | 2013 | 2014 | 2015 |
|---|---|---|---|---|---|---|---|---|---|---|---|---|
| 全国 | 0.2694 | 0.2704 | 0.2752 | 0.2813 | 0.2799 | 0.2686 | 0.2759 | 0.2815 | 0.2817 | 0.2814 | 0.2835 | 0.2842 |
| 东部 | 0.3341 | 0.3364 | 0.3411 | 0.3485 | 0.3456 | 0.3328 | 0.3403 | 0.3437 | 0.3425 | 0.3405 | 0.3407 | 0.3487 |
| 中部 | 0.2348 | 0.2377 | 0.2436 | 0.2514 | 0.2485 | 0.2352 | 0.2419 | 0.2507 | 0.2530 | 0.2529 | 0.2566 | 0.2575 |
| 西部 | 0.2155 | 0.2158 | 0.2203 | 0.2249 | 0.2257 | 0.2169 | 0.2242 | 0.2302 | 0.2309 | 0.2316 | 0.2358 | 0.2354 |
| 东北 | 0.2815 | 0.2761 | 0.2795 | 0.2831 | 0.2822 | 0.2727 | 0.2800 | 0.2867 | 0.2850 | 0.2869 | 0.2870 | 0.2871 |
| 山西 | 0.2098 | 0.2163 | 0.2246 | 0.2517 | 0.2399 | 0.2101 | 0.2186 | 0.2327 | 0.2320 | 0.2312 | 0.2319 | 0.2315 |
| 安徽 | 0.2247 | 0.2295 | 0.2432 | 0.2560 | 0.2525 | 0.2409 | 0.2511 | 0.2578 | 0.2641 | 0.2659 | 0.2689 | 0.2691 |
| 江西 | 0.2596 | 0.2582 | 0.2615 | 0.2631 | 0.2590 | 0.2511 | 0.2612 | 0.2698 | 0.2691 | 0.2672 | 0.2720 | 0.2751 |
| 河南 | 0.2130 | 0.2158 | 0.2213 | 0.2285 | 0.2299 | 0.2216 | 0.2282 | 0.2491 | 0.2603 | 0.2601 | 0.2623 | 0.2644 |
| 湖北 | 0.2570 | 0.2605 | 0.2616 | 0.2595 | 0.2590 | 0.2481 | 0.2534 | 0.2550 | 0.2515 | 0.2523 | 0.2575 | 0.2583 |
| 湖南 | 0.2447 | 0.2461 | 0.2492 | 0.2499 | 0.2508 | 0.2393 | 0.2389 | 0.2398 | 0.2411 | 0.2409 | 0.2470 | 0.2490 |

资料来源：笔者计算整理。

表 3 - 7　2004～2015 年 "四大板块" 及中部地区高技术制造业发展水平

| 地区 | 2004 | 2005 | 2006 | 2007 | 2008 | 2009 | 2010 | 2011 | 2012 | 2013 | 2014 | 2015 |
|---|---|---|---|---|---|---|---|---|---|---|---|---|
| 全国 | 0.4552 | 0.4980 | 0.5038 | 0.5104 | 0.5151 | 0.5297 | 0.5307 | 0.5485 | 0.5531 | 0.5678 | 0.5758 | 0.5775 |
| 东部 | 0.5286 | 0.5550 | 0.5636 | 0.5692 | 0.5795 | 0.5932 | 0.5992 | 0.6128 | 0.6253 | 0.6315 | 0.6358 | 0.6869 |
| 中部 | 0.4780 | 0.4727 | 0.4905 | 0.5005 | 0.4995 | 0.5277 | 0.5330 | 0.5434 | 0.5577 | 0.5919 | 0.6028 | 0.6097 |
| 西部 | 0.3520 | 0.4481 | 0.4516 | 0.4545 | 0.4562 | 0.4662 | 0.4617 | 0.4874 | 0.4766 | 0.4909 | 0.5031 | 0.5111 |
| 东北 | 0.4841 | 0.5061 | 0.4848 | 0.5014 | 0.5071 | 0.5124 | 0.5043 | 0.5266 | 0.5337 | 0.5421 | 0.5438 | 0.5443 |
| 山西 | 0.4211 | 0.4293 | 0.4506 | 0.4857 | 0.4603 | 0.4599 | 0.4895 | 0.4674 | 0.4875 | 0.4925 | 0.5072 | 0.5074 |
| 安徽 | 0.4599 | 0.4911 | 0.4986 | 0.4988 | 0.4876 | 0.5281 | 0.5217 | 0.5690 | 0.5896 | 0.5942 | 0.6083 | 0.6110 |
| 江西 | 0.4841 | 0.4900 | 0.4961 | 0.4972 | 0.4990 | 0.5198 | 0.5285 | 0.5325 | 0.5498 | 0.5652 | 0.5730 | 0.5834 |
| 河南 | 0.5041 | 0.5016 | 0.5029 | 0.5130 | 0.5141 | 0.5415 | 0.5373 | 0.5355 | 0.5361 | 0.6705 | 0.6812 | 0.6913 |
| 湖北 | 0.4836 | 0.4553 | 0.5146 | 0.5348 | 0.5367 | 0.5724 | 0.5771 | 0.5811 | 0.6001 | 0.6085 | 0.6188 | 0.6373 |
| 湖南 | 0.5152 | 0.4688 | 0.4804 | 0.4733 | 0.4993 | 0.5446 | 0.5440 | 0.5751 | 0.5833 | 0.6203 | 0.6282 | 0.6741 |

资料来源：笔者计算整理。

### （二）聚类分析

以 2004～2015 年全国 30 个省份（未研究数据缺失过多的西藏自治区，也不包含港澳台）的测评分析结果为数据源，进行 K - means 聚类分析，进而得到基于聚类分析结果的高技术制造业发展水平等级划分标准，如表 3 - 8 所示。

表 3 - 8　高技术制造业发展水平等级划分标准

| 等级划分 | 第一梯队 | 第二梯队 | 第三梯队 | 第四梯队 | 第五梯队 |
|---|---|---|---|---|---|
| 生产经营水平 | 0.48 以上 | 0.38～0.48 | 0.30～0.38 | 0.18～0.30 | 0～0.18 |
| 研发创新水平 | 0.37 以上 | 0.24～0.37 | 0.16～0.24 | 0.09～0.16 | 0～0.09 |
| 环境匹配水平 | 0.39 以上 | 0.34～0.39 | 0.28～0.34 | 0.22～0.28 | 0～0.22 |
| 综合发展水平 | 0.61 以上 | 0.51～0.61 | 0.40～0.51 | 0.25～0.40 | 0～0.25 |

1. 中部地区高技术制造业生产经营水平

由表 3 - 4 和表 3 - 8 可知，2004～2015 年，中部地区高技术制造业生产经营水平呈上升趋势。分板块来看，2004 年，全国高技术制造业生产经营水平属于第三梯队，中部地区略低于全国水平，同属第三梯队，东部、西部和东北地区分别属于第二梯队、第四梯队、第三梯队。2009 年，中部地区高技术制造业生产经营水平超过了全国平均水平，2012 年，中部地区进入第二梯队，但仍落后于同属第二梯队的东部地区。分省份来看，2004 年，山西省属第四梯队，其余五省均属第三梯队，并且，山西省于 2006 年进入第三梯队，湖北省、河南省、江西省、湖南省、安徽省分别于 2008 年、2011 年、2011 年、2012 年、2012 年进入第二梯队。山西省高技术制造业生产经营水平始终居中部地区最末，2004 ~ 2010 年，湖北省居首，2011 ~ 2015 年，河南省居首。2004 年，中部地区高技术制造业生产经营水平分布为"第三梯队—第四梯队"两阶段分布，到 2015 年发展为"第二梯队—第三梯队"两阶段分布，整体发展水平上升一个台阶。

2. 中部地区高技术制造业研发创新水平

由表 3 – 5 和表 3 – 8 可知，2004 ~ 2015 年，中部地区高技术制造业研发创新水平呈上升趋势。分板块来看，2004 年，全国高技术制造业研发创新水平属于第四梯队，中部地区略低于全国水平，同属第四梯队，东部、西部和东北地区分别属于第三梯队、第五梯队、第四梯队。2011 年，中部地区进入第三梯队，相对应地，全国已于 2009 年进入第三梯队，东部地区已于 2010 年进入第二梯队。直到 2013 年，中部地区高技术制造业研发创新水平才超过全国平均水平，但始终远远落后于东部地区。分省份来看，2004 年，山西省属第五梯队，其余五省均属第四梯队，并且，山西省于 2006 年进入第四梯队，湖北省、湖南省、安徽省、江西省分别于 2009 年、2009 年、2011 年、2012 年进入第三梯队，河南省由于新产品销售收入的大幅增加于 2013 年跳过第三梯队发展阶段，直接由第四梯队进入第二梯队，湖南省于 2014 年由第三梯队进入第二梯队。山西省高技术制造业研发创新水平始终居中部地区最末，2004 ~ 2012 年，湖北省居首，2013 ~ 2015 年，河南省居首。2004 年，中部地区高技术制造业生产经营水平分布为"第四梯队—第五梯队"两阶段分布，到 2015 年发展为"第二梯队—第三梯队—第四梯队"三阶段分布，整体发展水平上升一个台阶。

3. 中部地区高技术制造业环境匹配水平

由表 3 – 6 和表 3 – 8 可知，2004 ~ 2015 年，中部地区高技术制造业环境匹配水平呈上升趋势，但上升幅度相当小。分板块来看，2004 年，全国高技术制造业环境匹配水平属于第四梯队，中部地区略低于全国水平，同属第四梯队，东部、西部和东北地区分别属于第三梯队、第五梯队、第三梯队。2006 年，东部地区高技术制造业环境匹配水平进入第二梯队，2011 年，全国进入第三梯队，但中部地区始终处于第四梯队，既落后于东部地区，也落后于全国平均水平。分省份来看，2004 年，山西省与河南省属第五梯队，其余四省均属第四梯队，并且，山西、河南两省均于 2006 年进入第四梯队，直到 2015 年，中部六省并无省份进入第三梯队。2004 年，中部地区高技术制造业环境匹配水平分布为"第四梯队—第五梯队"两阶段分布，到 2015 年发展为"第四梯队"一阶段分布，整体发展水平有所上升，但上升幅度很小。

4. 中部地区高技术制造业发展水平

由表 3-7 和表 3-8 可知，2004~2015 年，中部地区高技术制造业发展水平呈上升趋势，且省份空间分异明显。分板块来看，2004 年，全国高技术制造业发展水平属于第三梯队，中部地区略高于全国水平，同属第三梯队，东部、西部和东北地区分别属于第二梯队、第四梯队、第三梯队。2007 年，全国进入第二梯队，2009 年，中部地区进入第二梯队，2004~2011 年，中部地区高技术制造业发展水平基本滞后于全国平均水平，2012~2015 年，中部地区发展水平超过全国平均水平。2004~2015 年，中部地区高技术制造业发展水平始终滞后于东部地区，但差距在不断缩小。分省份来看，2004 年，湖南省属于第二梯队，其余中部五省均属第三梯队，湖北省、河南省、江西省、湖南省、安徽省分别于 2006 年、2007 年、2009 年、2009 年、2009 年进入第二梯队，且河南省、湖南省、湖北省分别于 2013 年、2013 年、2014 年进入第一梯队，山西省始终处于第三梯队。山西省高技术制造业发展水平始终居中部地区最末。2004 年，湖南省居首，2006~2012 年，湖北省居首，2013~2015 年，河南省居首。2004 年，中部地区高技术制造业发展水平分布为"第二阶段第三梯队"两阶段分布，到 2015 年发展为"第一梯队—第二梯队—第三梯队"三阶段分布，一方面显示出中部地区高技术制造业整体发展水平上了一个台阶，另一方面表明中部地区各省份间的发展水平差距拉大了。

### （三）空间聚类分析

基于全国省份数据计算局部 G 系数（冷－热点分析），得到空间聚类分析结果，如表 3－9 所示。可以发现，无论从哪个评价模块来说，高技术制造业高值空间聚类区域绝大多数在东部地区，低值空间聚类区域绝大多数在西部地区，中部地区越来越多地成为高值空间聚类区域，从未成为低值空间聚类区域。从生产经营水平来看，2004 年中部地区只有安徽省属于高值空间聚类区域，2015 年，中部地区河南省、江西省、安徽省三省属于高值聚类区域；从研发创新水平来说，2004 年，没有中部省份属于高值空间聚类区域，2015 年，只有安徽省属于高值空间聚类区域；从环境匹配水平来看，2004 年和 2015 年，没有中部省份属于高值空间聚类区域；从发展水平来看，2004 年，中部地区只有安徽省属于高值空间聚类区域，2015 年，中部地区湖北省、河南省、安徽省三省属于高值空间聚类区域。

表 3－9　空间聚类分析结果

| 评价模块 | 年份 | 高值空间聚类 | 低值空间聚类 |
|---|---|---|---|
| 生产经营水平 | 2004 | 上海市、山东省、福建省、浙江省、江苏省、安徽省、广东省 | 四川省 |
| | 2015 | 上海市、山东省、河南省、福建省、浙江省、江苏省、江西省、安徽省、广东省 | 新疆维吾尔自治区、甘肃省、青海省 |
| 研发创新水平 | 2004 | 上海市、山东省、福建省、浙江省、江苏省、广东省 | 青海省 |
| | 2015 | 上海市、山东省、福建省、浙江省、江苏省、安徽省、广东省 | 青海省 |
| 环境匹配水平 | 2004 | 上海市、北京市、天津市、河北省、山东省、浙江省、江苏省、广东省 | 重庆市、甘肃省、贵州省、四川省 |
| | 2015 | 上海市、浙江省、江苏省 | 甘肃省、宁夏回族自治区、青海省 |
| 发展水平 | 2004 | 上海市、山东省、福建省、浙江省、江苏省、安徽省、广东省 | 内蒙古自治区、青海省、四川省 |
| | 2015 | 上海市、山东省、湖北省、河南省、福建省、浙江省、江苏省、安徽省、广东省 | 新疆维吾尔自治区、青海省 |

# 五　研究结论与政策启示

基于对高技术制造业发展水平的理解，从生产经营水平、研发创新水平和环境匹配水平三个方面构建评价指标体系，采用 AHP - 突变级数法进行测评分析，采用 K - means 聚类分析方法和局部 G 系数进行聚类分析，并结合 GIS 空间分析技术，初步揭示了中部地区高技术制造业发展水平的时空演变特征，获得了对中部地区高技术制造业发展水平的科学评价，得到如下结论。

（1）分板块来看，中部地区高技术制造业发展水平显著提升。2004～2015 年，中部地区高技术制造业发展水平从第三梯队上升到了第二梯队；从低于全国平均水平上升到了高于全国平均水平；虽然仍低于东部地区，但与东部地区的差距日趋缩小；始终高于西部和东北地区，且差距日趋扩大。基于分维度层面，中部地区高技术制造业生产经营水平和研发创新水平都上了一个台阶，前者从第三梯队提升至第二梯队，后者从第四梯队提升至第三梯队，环境匹配水平始终处于第四梯队。其中，中部地区生产经营水平与东部地区的差距最小，且差距缩小的态势最为明显，2015 年，东、中部高技术制造业生产经营水平同属第二梯队；研发创新水平提升幅度最大，2015 年中部地区高技术制造业研发创新水平是 2004 年的两倍有余，但由于东部地区研发创新水平提升幅度同样显著，两者差距缩小的态势并不明显；环境匹配水平始终很低，提升幅度较小，甚至低于全国平均水平。

（2）分省份来看，中部地区高技术制造业发展水平空间分异越发明显。2004 年，中部五省（湖南省除外）高技术制造业发展水平同属第三梯队，2015 年，中部六省高技术制造业发展水平呈"第一梯队—第二梯队—第三梯队"三阶段分布。安徽省始终是高值空间聚类区域，到 2015 年，河南省和湖北省也成为高值空间聚类区域，其余省份空间聚类结果并不显著。基于分维度层面，2015 年，中部六省高技术制造业生产经营水平呈"第二梯队—第三梯队"两阶段分布，其中，安徽省、河南省、湖北省、湖南省、江西省高技术制造业生产经营水平同属第二梯队，山西省生产经营水平属第三梯队，河南省生产经营水平最高，且河南省、安徽省、江西省均为高值空间聚类区域；2015 年，中部六省高技术制造业研发创新水平的空间分异最大，呈"第二梯队—第三梯队—第四梯队"三阶段分布，其中，安徽省、河南省、湖南省属第二梯队，湖北省、江西省属第三梯队，山西省属第四梯队，河南省研发创新水平最高，只有安徽省为高值空间聚类区域；2015 年，中部六省高技术制造业环境匹配水平呈"第四梯队"一阶段分布，所有省份环境匹配水平均低于全国平均水平，且没有省份是高值空间聚类区域。

（3）高技术制造业发展水平差异是多种因素综合作用的结果，在不同时期，针对不同研究对象，其主要影响因素也不同。对中部地区而言，2004 ~ 2015 年，高技术制造业研发创新水平对其发展水平影响最大。

综上所述，可以得到以下政策启示。

（1）提升研发创新水平。基于中部地区高技术制造业研发创新水平对其发展水平影响最大，一个显而易见的政策启示是，通过深化改革、理顺创新体制机制、加大科技创新政策支持、鼓励全区全员全域创新、挖掘企业创新主体潜力、发挥产学研优势、加快创建一批服务功能完备的新型孵化载体等手段，营造创新氛围，加大研发投入，提高创新效率，促进创新成果产品化、产业化，全面提升高技术制造业研发创新水平，有利于中部地区高技术制造业发展水平迈上新台阶。

（2）弥补发展环境短板。虽然短期内环境匹配水平不是中部地区高技术制造业发展水平的主要影响因素，但环境匹配水平长期低于全国平均水平显然不利于产业良性发展。通过加大对外开放、放宽金融管制、扩展企业融资渠道、加大政策支持、完善基础设施、提升公共服务等措施提高环境匹配水平，有助于吸引区外人才、资金，加强区内外技术、管理经验交流，实现创新成果本地产业化，提高高技术制造业生产经营水平和研发创新水平，进而提升其发展水平。

（3）制定差异化的产业支持政策。中部地区省份间差异明显，不同省份的高技术制造业支持政策应有所区别。对山西省而言，其生产经营水平还有待进一步提升；对湖北省而言，虽然其高校众多，但研发创新水平不高，应将重点放在如何将科教优势转化为创新优势乃至产业优势上；对安徽省而言，虽然其自身发展水平不高，但位居长三角的区位优势使其面临相当多的技术、管理溢出，应当积极融入江浙沪，充分利用这种溢出效应。

**参考文献**

[1] 周叶.江西高新技术产业发展水平分析——基于多因子等权评价模型 [J].江西社会科学,2012 (10).

[2] 胡剑波,王欣.基于突变级数法的高技术产业竞争力差异评估 [J].统计与决策,2016 (5).

[3] 张小薇,李岱松.京津冀高新技术产业竞争力评价研究 [J].工业技术经济,2009,28 (12).

[4] 王海龙,刘佳.我国省区高技术产业发展水平评价与模式分析 [J].科技进步与对策,2011,28 (22).

[5] 李刚.我国高技术产业发展水平与集群水平评价及相关关系研究 [J].工业技术经济,2014 (1).

[6] 何师元.长江经济带高技术制造业竞争力的统计评价 [J].统计与决策,2015 (16).

[7] 李伟铭,陈杰,王浩.我国区域高技术产业发达程度与聚类特征比较研究——基于竞争力指标的评价 [J].工业技术经济,2014 (9).

[8] 武玉英,魏国丹,何喜军.京津冀高技术制造业与要素协同度测度及实证研究 [J].软科学,2016,30 (5).

[9] 陈伟,李传云,杨早立等.基于熵值法-TOPSIS法的高技术产业知识产权保护能力评价研究 [J].科技管理研究,2016,36 (10).

[10] 刘昌年,张银银.中国高新技术产业竞争力评价研究 [J].工业技术经济,2014 (4).

[11] 戴万亮,李庆满,李大庆.基于创新过程系统的区域高技术产业竞争力评价 [J].河北工业科技,2016,33 (1).

[12] 王正新,朱洪涛,陈雁南.我国高技术服务业区域发展水平综合评价——基于因子分析与改进聚类分析的实证研究 [J].科技管理研究,2016,36 (15).

[13] 黄蕾,李莉,熊若晨.我国高技术制造业的创新效率差异 [J].科技管理研究,2016,36 (9).

[14] 陈红川.高新技术产业竞争力评价实证研究 [J].软科学,2010,24 (8).

[15] 聂高辉,黄明清.基于环境约束的我国中东部地区高新技术产业效率评价 [J].商业研究,2016 (2).

[16] Ord J. K. ,Getis A. . Local Spatial Autocorrelation Statistics:Distribution Issues and an Application [J]. Geographical Analysis,1995,27 (4).

# 第四章 中部地区传统优势制造业发展水平评价

## 一 引言

传统制造业隶属于制造业的分类范畴，本身并不具备严格的产业类别概念，主要区别于现代制造业，主要以资本密集和劳动密集为特征，通过传统、通用的加工方式把原材料转化为产品，借助劳动分工、机械化和自动化实现高效率大量生产。相较于现代制造业，传统制造业表现出缺乏知识和科技元素、生产效率低、技术含量低、附加值小、资源利用率低、在可持续发展理念方面的符合度较低的特点。《国民经济行业分类》（GB/T 4754 – 2011）将我国行业共分为 15 类，又将制造业分为 31 个大类，本章选取的传统制造业包括传统制造业中最具代表性的钢铁工业、有色金属工业、石化工业、建材工业、食品工业、家用电器工业和纺织服装业共 7 类。本章选取的传统制造业类别与《国民经济行业分类》（GB/T 4754 – 2011）中各行业门类的对应关系如表 4 – 1 所示。

表 4 – 1　传统制造业对应国民经济行业门类及代码

| 类别 | 国民经济行业大类 | 具体分类 | 代码 |
|---|---|---|---|
| 钢铁工业 | 黑色金属冶炼和压延加工业（31） | 炼铁 | 311 |
| | | 炼钢 | 312 |
| | | 黑色金属铸造 | 313 |
| | | 钢压延加工 | 314 |
| | | 铁合金冶炼 | 315 |

续表

| 类别 | 国民经济行业大类 | 具体分类 | 代码 |
|---|---|---|---|
| 有色金属工业 | 有色金属冶炼和压延加工业（32） | 常用有色金属冶炼 | 321 |
| | | 贵金属冶炼 | 322 |
| | | 稀有稀土金属冶炼 | 323 |
| | | 有色金属合金制造 | 324 |
| | | 有色金属铸造 | 325 |
| | | 有色金属压延加工 | 326 |
| 石化工业 | 石油加工、炼焦和核燃料加工业（25） | 精炼石油产品制造 | 251 |
| | | 炼焦 | 252 |
| | | 核燃料加工 | 253 |
| 建材工业 | 非金属矿物制品业（30） | 水泥、石灰和石膏制造 | 301 |
| | | 石膏、水泥制品及类似制品制造 | 302 |
| | | 砖瓦、石材等建筑材料制造 | 303 |
| | | 玻璃制造 | 304 |
| | | 玻璃制品制造 | 305 |
| | | 玻璃纤维和玻璃纤维增强塑料制品制造 | 306 |
| | | 陶瓷制品制造 | 307 |
| | | 耐火材料制品制造 | 308 |
| | | 石墨及其他非金属矿物制品制造 | 309 |
| 食品工业 | 食品制造业（14） | 焙烤食品制造 | 141 |
| | | 糖果、巧克力及蜜饯制造 | 142 |
| | | 方便食品制造 | 143 |
| | | 乳制品制造 | 144 |
| | | 罐头食品制造 | 145 |
| | | 调味品、发酵制品制造 | 146 |
| | | 其他食品制造 | 149 |
| 家用电器工业 | 电气机械和器材制造业（38） | 电机制造 | 381 |
| | | 输配电及控制设备制造 | 382 |
| | | 电线、电缆、光缆及电工器材制造 | 383 |
| | | 电池制造 | 384 |

续表

| 类别 | 国民经济行业大类 | 具体分类 | 代码 |
|------|------------------|----------|------|
| 家用电器工业 | 电气机械和器材制造业（38） | 家用电力器具制造 | 385 |
| | | 非电力家用器具制造 | 386 |
| | | 照明器具制造 | 387 |
| | | 其他电气机械及器材制造 | 389 |
| 纺织服装业 | 纺织服装、服饰业（18） | 机织服装制造 | 181 |
| | | 针织或钩针编织服装制造 | 182 |
| | | 服饰制造 | 183 |

资料来源：《国民经济行业分类》（GB/T 4754－2011）。

制造业是国民经济的主体，是立国之本、兴国之器、强国之基。提升制造业竞争力，有利于进一步提升我国综合国力，保障国家安全，建设世界强国；有利于促进中部地区崛起战略的实施，提升中部地区发展综合实力。制造业是支撑中部地区经济持续健康发展的重点领域，在促进中部地区创新发展、绿色发展、开放发展、共享发展方面具有重要的战略地位。针对中部六省传统制造业发展，2006 年《中共中央国务院关于促进中部地区崛起的若干意见》和 2012 年《国务院关于大力实施促进中部地区崛起战略的若干意见》明确提出要利用高新技术和先进适用技术改造提升传统制造业，促进产业结构优化升级，推进新型工业化进程。《中国制造 2025》要求"组织实施传统制造业能效提升、清洁生产、节水治污、循环利用等专项技术改造"，提升传统制造业创新能力。2016 年《促进中部地区崛起"十三五"规划》提出中部地区发展过程中要实施工业强基工程，推动传统制造业提升改造，全面提升食品加工、家电、纺织服装、建材等行业的设计、制造、工艺和管理水平。

对中部地区传统优势制造业发展水平的测算和分析，有利于对中部地区传统优势制造业发展地位进行科学定位，发掘中部地区传统制造业发展过程中的比较优势，预测中部地区各省份传统制造业发展方向，对于中部地区选择具有比较优势的传统制造业门类，促进传统制造业在中部六省科学分工、合理布局，促进中部地区传统制造业转型升级，进一步提升中部地区传统制造业发展水平和国际、国内市场竞争力，具有一定指导意义。

## 二　相关文献回顾

在中部地区钢铁工业发展水平的研究中，张清学等（2003）着重对河南省钢铁工业竞争力进行总结分析；黎玉柱等（2006）从品种结构角度出发对湖北省钢铁工业竞争力进行分析；基于因子分析法，黄永强（2007）对江西钢铁工业竞争力状况进行细致研究。学界主要从国际竞争力、国家钢铁工业发展水平、省份钢铁工业发展水平研究三个视角对钢铁工业发展水平进行分析，涉及中部六省钢铁工业发展水平的研究尚不多见；从研究深度来看，学术界对钢铁工业发展水平的研究集中于竞争力的测评，钢铁工业发展水平的地区差异、动态演化、影响因素的实证分析尚显不足；在研究方法上，学术界对钢铁工业发展水平进行测评的主要方法包括 DEA、层次分析法、专家调研法、Tobit 模型。

在有色金属工业发展现状的研究中，邱定蕃等（2001）对再生有色金属工业的现状和发展趋势进行讨论；禹智潭（2005）从供应链联盟角度完成对我国有色金属工业国际竞争力的研究；赵石德（2010）则对广西有色金属工业发展现状、存在问题和发展设想进行系统总结。在中部地区有色金属工业发展状况的研究中，李梦觉等（2008）从产业集群角度出发完成对湖南有色金属工业国际竞争力的研究。目前学界对有色金属工业发展水平的研究尚不多见，在现有研究中，学界主要采用相关指标对比的方式对有色金属工业发展现状和发展趋势进行总结和分析。现有的研究成果在有色金属工业发展水平的定量分析、综合指标评价方面有所不足，涉及中部地区有色金属工业发展水平的研究有所欠缺，因此本章采取综合指标法对我国 30 个省份（不包括港澳台和西藏）有色金属工业发展水平进行测算，并着重对中部六省有色金属工业发展水平进行分析。

在石化工业发展现状的研究中，高敏惠（2006）、周建忠（2009）分别以中东、东南亚石化工业为对象进行分析；卢莉芳（2005）、康灿华等（2006）、李南南（2007）、胡晓军（2006）、刘均安（2007）、舒朝霞等（2009）对我国石化工业的现状和发展进行细致分析；陈明杰（2014）、河南大学国际工商学院（2003）、周浩等（2008）、胡兴尔（2006）分别对我国台湾、江苏、辽宁老工业基地、宁波石化工业发展特点和现状进行概述。现有石化工业发展水平的研究集中在通过具体产品产量来比较石化工业发展水平上，通过综合性指标对石化工业发展水平的测算和比较仍不多见，对于中部六省石化工业发展水平的研究仍显不足。

在建材工业发展水平的研究中，赵愚等（1994）从市场经济思路出发对湖南省建材工业发展现状进行分析；张平（2007a，2007b）建立指标体系完成湖南省建材工业竞争力的测评，并提出提升竞争力的政策。目前关于建材工业发展水平的研究主要集中于对我国建材工业国际竞争力和各省份建材工业发展水平的比较和评价，对于中部六省建材工业发展水平的研究还不多见；在建材工业发展水平的测算和比较中，学界采取的方法主要包括关联分析法、GM（1，1）模型、具体指标比较等，采用综合性指标对中部六省建材工业发展水平的分析尚显不足。

在食品工业发展水平的研究中，石子敬等（2015）、肖卫等（2006）、冯力婉（2014）分别对湖南、湖北、河南食品工业现状及发展对策进行分析；任红燕等（2007）利用区位商对山西食品工业集群竞争力进行分析；苏静（2011a，2011b）、孙中叶等（2015）基于主成分和SSM等分析方法对河南食品工业国内竞争力进行对比；幸翔等（2014）基于河南、四川、青海三省食品工业的调查对中国食品工业可持续发展现状进行分析。在我国食品工业发展水平的分析方面，学术界主要集中于对我国各省份食品工业发展现状和现存问题进行总结分析，在对中部六省食品工业发展水平的测评方面尤显不足，对主成分分析、SSM等分析方法的运用尚显不足，在利用综合指标对中部地区食品工业发展水平进行测算和评价方面有待进一步突破。

在家用电器工业发展研究中，天津市第二轻工业局技术情报站（1981）对欧美家用电器工业的现状与发展趋势进行总结；卢太宏（1982）对日本家用电器工业发展水平进行评价；叶宗林（1983）对国外家用电器发展水平和生产技术水平进行分析；于建国等（1985）对上海家用电器工业的发展前景进行展望。目前学术界对于家用电器工业发展水平的研究尚不多见，借助综合指标对中部六省家用电器工业发展水平的测算和评价更有待进一步深入和改进。

在中部地区纺织服装业发展水平的研究中，吴宣润等（1998）对武汉服装工业发展水平进行评价。目前纺织服装业发展水平的研究，主要包括对我国纺织服装业国际竞争力和发展现状的研究、对各省份纺织服装业发展水平的研究，对中部地区纺织服装业发展水平的研究还不多见；在方法选择上主要包括具体指标的比较、主成分分析等规范分析和实证分析方法，但采用综合指标进行分析的研究尚显不足。

现有传统制造业发展水平的研究尚不多见，主要分析方法包括主成分分析法、层次分析法和多级模糊综合评价法，对中部六省传统制造业发展水平的测算和评价有待进一步改进和探索。借助主成分分析方法，原利侠（2006）建立评价模型，对东北传统制造业发展水平进行分析，对信息化对于传统制造业产业链调整改造的影响和作用进行分析；郑四华等（2012）以鄱阳湖生态经济区三市为例，对2010年南昌、景德镇、九江先进制造业发展水平进行评价；马亮等（2014）完成对我国高技术产业和传统制造业联动发展水平的综合评价。张震宇（2013）则针对我国传统制造业中小企业的自主创新进行分析；张瑞芳（2010）结合层次分析法和多级模糊综合评价法，完成对广西传统制造业绿色供应链绿色度的评价。

本章基于主成分分析方法，构建评价指标体系，对我国各省市钢铁工业、有色金属工业、石化工业、建材工业、食品工业、家用电器工业、纺织工业发展水平进行测算和排名，并着重对中部六省发展水平进行分析。最后，根据各具体工业发展水平对中部六省传统制造业发展水平进行分析。

# 三 研究方法

基于中部地区传统制造业发展水平的研究现状，本章将构建传统制造业发展水平测算指标体系，利用主成分分析方法对中部地区传统制造业发展水平进行测算。在传统制造业发展水平测算指标体系建立的基础上，本章借助 PCA 分析方法完成传统制造业发展水平的测算。

慕容平（2003）从竞争实力、竞争潜力、竞争环境、竞争态势 4 个方面对高技术产业国际竞争力进行分析；国家计委宏观经济研究院产业发展研究院所课题组则从竞争实力、竞争能力、竞争潜力、竞争压力、竞争动力和竞争活力6个方面对产业国际竞争力进行评价；黄永强（2007）从产业的经济实力、产业效益、产业的市场影响力、产业增长能力和产业贡献5个方面对钢铁产业竞争力进行评价。参照现有产业竞争力评价指标体系研究，基于指标体系设计中的针对性、科学性、可行性原则，本章将从生产水平、市场水平、竞争水平3个方面构建指标体系（见表4-2），利用2005~2014年统计数据，借助主成分分析方法，对中部地区钢铁工业发展水平进行测算和比较。

表4-2　传统制造业发展水平测算指标体系

| 一级指标 | 二级指标 | 单位 | 变量标签 | 预测方向 | 数据来源 |
|---|---|---|---|---|---|
| 生产水平 | 工业销售总产值 | 亿元 | $X_1$ | + | 《中国工业统计年鉴》 |
| | 资产总计 | 亿元 | $X_2$ | + | 《中国工业统计年鉴》 |
| | 固定资产总额 | 亿元 | $X_3$ | − | 《中国工业统计年鉴》 |
| | 资产负债率 | % | $X_4$ | + | 《中国工业统计年鉴》 |
| | 人均固定资产额 | 亿元 | $X_5$ | + | 《中国工业统计年鉴》 |
| | 人均总产值 | 亿元 | $X_6$ | + | 《中国工业统计年鉴》 |
| | 地区税收贡献率 | % | $X_7$ | + | 《中国统计年鉴》 |
| | 地区经济贡献率 | % | $X_8$ | + | 《中国统计年鉴》 |
| | 传统制造业产品产量 | — | $X_9$ | + | 《中国工业统计年鉴》 |
| 市场水平 | 工业销售产值区位商 | — | $X_{10}$ | + | 《中国工业统计年鉴》 |
| | 市场占有率区位商 | — | $X_{11}$ | + | 《中国工业统计年鉴》 |
| | 市场占有率 | % | $X_{12}$ | + | 《中国工业统计年鉴》 |
| | 其他反映市场水平指标 | — | $X_{13}$ | + | 《中国统计年鉴》 |
| 竞争水平 | 销售收入增长率 | % | $X_{14}$ | + | 《中国工业统计年鉴》 |
| | 固定资产增长率 | % | $X_{15}$ | + | 《中国工业统计年鉴》 |
| | 利润总额 | 亿元 | $X_{16}$ | + | 《中国工业统计年鉴》 |
| | 销售利润率 | % | $X_{17}$ | + | 《中国工业统计年鉴》 |
| | 资金利润率 | % | $X_{18}$ | + | 《中国工业统计年鉴》 |
| | 成本费用利润率 | % | $X_{19}$ | + | 《中国工业统计年鉴》 |
| | 总资产贡献率 | % | $X_{20}$ | + | 《中国工业统计年鉴》 |
| | 其他反映竞争水平指标 | — | $X_{21}$ | + | 《中国统计年鉴》 |

参考现有研究成果，本章从传统制造业生产水平、传统制造业市场水平、传统制造业竞争水平3个方面构建传统制造业发展水平测算指标体系，如表4-2所示，各项指标说明如下。

$X_1$：工业销售总产值，以货币表现，在报告期内生产最终有效产品的价值总和，反映一个地区工业经济实力。

$X_2$：资产总计，包括固定资产和流动资产。

$X_3$：固定资产总额，从经济规模方面反映钢铁工业经济实力的大小，以及是否达到规模经济。

$X_4$：资产负债率，资产负债率 = 负债总额/资产总额 = 负债总额/（固定资产 + 流动资产），主要衡量资信状况及对经营风险的抵御能力。

$X_5$：人均固定资产额，反映人均拥有的装备状况。

$X_6$：人均总产值，人均总产值 = 工业总产值/全部从业人员年平均数，反映一个地区的工业经济实力。

$X_7$：地区税收贡献率，地区税收贡献率 = （应交增值税 + 应交所得税）/地区税收总额。

$X_8$：地区经济贡献率，地区经济贡献率 = 地区钢铁产业销售总产值/地区生产总值。

$X_9$：传统制造业产品产量，本章根据不同制造业分类选取相应的传统制造业产品，钢铁工业选取钢材和铁合金产量，有色金属工业选取十种有色金属和铜材产量，石化工业选取初级形态的塑料、合成橡胶和化学纤维产量，建材工业选取硅酸盐水泥熟料、水泥和平板玻璃产量，食品工业选取乳制品和罐头产量，纺织服装业选取布产量。

$X_{10}$：工业销售产值区位商，工业销售产值区位商 = （地区钢铁产业销售总值/地区制造业销售总值）/（全国钢铁产业销售总产值/全国制造业销售总值）。

$X_{11}$：市场占有率区位商，市场占有率区位商 = （地区钢铁产业主营业务收入/地区制造业主营业务收入）/（全国钢铁产业主营业务收入/全国制造业主营业务收入）。

$X_{12}$：市场占有率，地区钢铁工业市场占有率 = 地区钢铁产业主营业务收入／全国钢铁产业主营业务收入。

$X_{13}$：其他反映市场水平指标，本章根据不同制造业特点选取能够反映市场水平的指标，石化工业选取石油、原油消费量，建材工业选取建筑业签订合同数和建筑业企业数，食品工业、家用电器工业和纺织服装业选取地区人口总数和人均消费支出。

$X_{14}$：销售收入增长率，销售收入增长率 =（本期主营业务收入 – 基期主营业务收入）／基期主营业务收入。

$X_{15}$：固定资产增长率，固定资产增长率 =（本期固定资产总额 – 基期固定资产总额）／基期固定资产总额。

$X_{16}$：利润总额，反映获得利润的能力。

$X_{17}$：销售利润率，销售利润率 = 利润总额／钢铁工业主营业务收入，反映每单位产品销售收入的获利能力。

$X_{18}$：资金利润率，资金利润率 = 利润总额／（固定资产原价 + 流动资金），衡量对所有经济资源的运用效率。

$X_{19}$：成本费用利润率，成本费用利润率 = 利润总额／（销售费用 + 管理费用 + 财务费用），反映产业生产成本及相关费用投入的经济效益。

$X_{20}$：总资产贡献率，总资产贡献率 =（利润总额 + 税金总额 + 利息支出）／资产总额，反映产业内部所有企业全部资产的获利能力，是企业经营业绩和管理水平的集中体现。

$X_{21}$：其他反映竞争水平指标，本章根据不同制造业门类选取不同代表性指标，对于有色金属工业，将地区年发电量纳入指标体系。

# 四　测算结果

## （一）中部地区钢铁工业发展处于全国中等水平

### 1. 钢铁工业发展具备竞争优势

本章对我国 30 个省区市（港澳台和西藏除外，下同）2005～2014 年钢铁工业发展水平进行了测算。从测度结果平均值来看，除 2009 年、2012年、2013 年中部六省平均值低于全国平均水平外，其他年份中部六省钢铁工业发展水平平均值均高于全国平均水平，由此可见，钢铁工业作为中部六省的传统优势制造业，发展基础好，竞争力强；就 30 个省区市钢铁工业发展水平而言，河北钢铁工业发展水平领先于其他省份，中部六省中山西钢铁工业发展水平较高（见表 4－3），但与河北等省份相比还存在一定差距，可见我国中部六省钢铁工业还存在一定提升空间。

表 4－3 2005～2014 年中部六省钢铁工业发展水平统计

| 年份 | 2005 | 2006 | 2007 | 2008 | 2009 | 2010 | 2011 | 2012 | 2013 | 2014 |
|------|------|------|------|------|------|------|------|------|------|------|
| 山西 | 0.53 | 0.43 | 0.29 | 0.06 | －0.03 | 0.03 | 0.04 | 0.17 | 0.15 | 0.21 |
| 安徽 | 0.05 | 0.06 | －0.06 | 0.08 | －0.12 | 0.17 | 0 | －0.12 | －0.08 | 0.19 |
| 江西 | 0.33 | －0.14 | －0.17 | －0.1 | －0.26 | －0.12 | －0.04 | －0.32 | －0.2 | 0.11 |
| 河南 | 1.21 | 0.19 | 0.23 | 0.17 | 0.25 | 0.14 | 0.16 | 0.12 | 0.07 | 0.55 |
| 湖北 | －0.42 | 0.32 | 0.21 | 0.25 | －0.03 | 0.08 | 0.04 | 0.26 | 0.03 | －0.23 |
| 湖南 | 0.29 | 0 | －0.08 | 0.13 | －0.26 | －0.21 | －0.18 | －0.31 | －0.24 | 0.05 |
| mean1 | －0.0003 | －0.0013 | －0.0003 | －0.0003 | 0.0003 | －0.0010 | －0.0003 | －0.0007 | 0.0007 | 0.001 |
| mean2 | 0.3317 | 0.1433 | 0.0700 | 0.0983 | －0.0750 | 0.0150 | 0.0033 | －0.0333 | －0.045 | 0.1467 |

注：mean1 表示我国 30 个省区市钢铁工业发展水平平均值；mean2 表示中部六省钢铁工业发展水平平均值。

资料来源：笔者根据《中国统计年鉴》《中国工业统计年鉴》《中国工业经济统计年鉴》相关数据计算整理。

2. 钢铁工业发展水平全国排名处于中等位置

从我国 30 个省区市 2005～2014 年钢铁工业发展水平全国排名来看，河北、江苏、山东、天津钢铁工业发展水平长期领先于其他省份，具有发展优势；宁夏、海南、青海、北京、贵州等省份钢铁工业发展水平相对落后，钢铁工业发展优势不明显。中部六省钢铁工业发展水平全国排名集中于第 5～20 名，可见我国中部六省钢铁工业发展水平处于中等位置，虽然具备一定的发展优势，但发展优势仍不够明显。从 2005～2014 年中部六省钢铁工业发展水平全国排名动态演变来看（见表 4－4），山西、河南两省钢铁工业发展水平全国排名波动较小，长期处于第 5～10 名；湖北钢铁工业发展水平全国排名波动幅度相对较大。

并对中部六省进行内部排名和动态分析。

1. 有色金属工业发展水平指数领先于全国平均水平

从我国 30 个省区市 2005～2014 年有色金属工业发展水平测算结果来看，中部六省有色金属工业发展水平平均值整体高于全国平均水平，由此可见，有色金属工业作为中部六省的传统优势制造业，发展基础好，发展竞争力强；就 30 个省区市有色金属工业发展水平而言，江西、河南、山东三省有色金属工业发展水平领先于其他省份，由此可见，中部地区有色金属工业发展水平领先于其他省份；就中部六省有色金属工业发展水平而言，湖北、山西两省有色金属工业发展水平相对落后于其他四省（见表 4－7）。

表 4－7　2005～2014 年中部六省有色金属工业发展水平统计

| 年份 | 2005 | 2006 | 2007 | 2008 | 2009 | 2010 | 2011 | 2012 | 2013 | 2014 |
|---|---|---|---|---|---|---|---|---|---|---|
| 山西 | 0.18 | 0.24 | 0.24 | － 0.15 | － 0.63 | － 0.33 | － 0.36 | 0.08 | － 0.42 | － 0.46 |
| 安徽 | 0.27 | 0.11 | － 0.28 | 0.09 | 0.15 | 0.06 | 0.02 | 0.03 | 0.1 | 0.07 |
| 江西 | 0.61 | 0.74 | 0.7 | 0.99 | 0.9 | 0.95 | 1.12 | 0.41 | 1.17 | 1.23 |
| 河南 | 0.82 | 0.86 | 1.43 | 0.87 | 0.79 | 0.7 | 0.62 | 1.35 | 0.47 | 0.47 |
| 湖北 | － 0.2 | － 0.26 | － 0.35 | － 0.24 | － 0.22 | － 0.2 | － 0.29 | － 0.06 | － 0.23 | － 0.3 |
| 湖南 | 0.05 | 0.02 | － 0.1 | 0.28 | 0.3 | 0.54 | 0.6 | 0.08 | 0.34 | 0.24 |
| mean1 | － 0.0010 | － 0.0003 | － 0.0010 | 0.0003 | 0.0007 | 0.0003 | 0.0003 | － 0.0003 | － 0.0003 | 0.0007 |
| mean2 | 0.2883 | 0.2850 | 0.2733 | 0.3067 | 0.2150 | 0.2867 | 0.2850 | 0.3150 | 0.2383 | 0.2083 |

注：mean1 表示我国 30 个省区市有色金属工业发展水平平均值；mean2 表示中部六省有色金属工业发展水平平均值。

资料来源：笔者根据《中国统计年鉴》《中国工业统计年鉴》《中国工业经济统计年鉴》相关数据计算整理。

2. 有色金属工业发展水平全国排名地区差异明显

从我国 30 个省区市 2005～2014 年有色金属工业发展水平全国排名来看，江西、河南、山东有色金属工业发展水平长期领先于其他省份，具有发展优势；海南、吉林、黑龙江、北京等省份有色金属工业发展水平相对落后，发展优势尚不明显。中部六省钢铁工业发展水平全国排名分布较为分散，江西、河南两省排名长期居于全国前列，而湖北、山西两省排名则相对靠后，中部六省有色金属工业发展水平地区差异明显。从 2005～2014

年中部六省有色金属工业发展水平全国排名动态演变来看（见表4－8），江西、山西、河南、湖北、安徽五省有色金属工业发展水平全国排名波动较小，湖南有色金属工业发展水平全国排名波动幅度相对较大；在有色金属工业发展水平动态变化过程中，山西有色金属工业发展水平全国排名呈现出下降的趋势，而湖南有色金属工业正逐步发展，2005～2014年有色金属工业发展水平得到整体提升（见表4－8）。

表4－8　2005～2014年中部六省有色金属工业发展水平全国排名统计

| 年份<br>省份 | 2005 | 2006 | 2007 | 2008 | 2009 | 2010 | 2011 | 2012 | 2013 | 2014 |
|---|---|---|---|---|---|---|---|---|---|---|
| 山西 | 11 | 9 | 10 | 17 | 29 | 24 | 25 | 10 | 28 | 29 |
| 安徽 | 9 | 11 | 20 | 10 | 12 | 12 | 12 | 12 | 12 | 12 |
| 江西 | 4 | 2 | 6 | 1 | 1 | 1 | 1 | 7 | 1 | 1 |
| 河南 | 1 | 1 | 1 | 2 | 2 | 2 | 3 | 2 | 3 | 3 |
| 湖北 | 19 | 21 | 23 | 23 | 18 | 19 | 22 | 13 | 20 | 22 |
| 湖南 | 12 | 16 | 17 | 7 | 8 | 5 | 4 | 11 | 4 | 6 |

资料来源：笔者根据《中国统计年鉴》《中国工业统计年鉴》《中国工业经济统计年鉴》相关数据计算整理。

### 3. 有色金属工业发展水平分层差异较大

为进一步分析中部六省有色金属工业发展水平在全国有色金属工业发展中的定位，本章将30个省区市分为4个发展水平层次，即领先层、发展层、潜力层和落后层。如表4－9所示，就全国30个省区市有色金属工业发展水平而言，各省份集中于发展层和潜力层，领先层和落后层省份相对较少；中部六省中，河南、江西有色金属工业发展水平位于领先层，发展水平高，竞争力强；湖南、安徽有色金属工业发展水平位于发展层，有色金属工业发展处于全国中上水平；山西、湖北有色金属工业发展水平位于潜力层，有色金属工业发展处于全国中下水平。

表4－9　2005～2014年我国30个省区市有色金属工业发展水平分层分析

| 分层类别 | 所含省份 |
|---|---|
| 领先层 | 河南、山东、江西、甘肃、江苏 |

| 分层类别 | 所含省份 |
|---|---|
| 发展层 | 内蒙古、广东、湖南、云南、浙江、青海、安徽、福建 |
| 潜力层 | 陕西、辽宁、广西、山西、天津、湖北、四川、宁夏、贵州、河北、新疆、重庆 |
| 落后层 | 上海、海南、吉林、北京、黑龙江 |

资料来源：笔者根据《中国统计年鉴》《中国工业统计年鉴》《中国工业经济统计年鉴》相关数据计算整理。

### 4. 有色金属工业发展水平内部排名波动较小

中部六省2005～2014年有色金属工业发展水平内部排名如表4-10所示。江西、河南两省有色金属工业发展水平领先于中部六省中其他地区，有色金属工业发展水平高；湖北、山西两省有色金属工业发展水平相对落后于其他地区，发展优势不够明显。动态来看，江西、河南、湖北、山西、安徽、湖南六省有色金属工业发展水平内部排名波动较小。

表4-10　2005～2014年中部六省有色金属工业发展水平内部排名统计

| 年份<br>省份 | 2005 | 2006 | 2007 | 2008 | 2009 | 2010 | 2011 | 2012 | 2013 | 2014 |
|---|---|---|---|---|---|---|---|---|---|---|
| 湖北 | 6 | 6 | 6 | 6 | 5 | 5 | 5 | 6 | 5 | 5 |
| 湖南 | 5 | 5 | 4 | 3 | 3 | 3 | 3 | 4 | 3 | 3 |
| 江西 | 2 | 2 | 2 | 1 | 1 | 1 | 1 | 2 | 1 | 1 |
| 安徽 | 3 | 4 | 5 | 4 | 4 | 4 | 4 | 5 | 4 | 4 |
| 河南 | 1 | 1 | 1 | 2 | 2 | 2 | 2 | 1 | 2 | 2 |
| 山西 | 4 | 3 | 3 | 5 | 6 | 6 | 6 | 3 | 6 | 6 |

资料来源：笔者根据《中国统计年鉴》《中国工业统计年鉴》《中国工业经济统计年鉴》相关数据计算整理。

### 5. 有色金属工业发展水平测算结论

根据有色金属工业发展水平测算和排名，关于中部六省有色金属工业发展水平，本章得出以下结论。

（1）从有色金属工业发展水平测算结果来看，中部六省有色金属工业发展水平均值高于全国平均水平，具备一定的竞争优势。

（2）从有色金属工业发展水平全国排名来看，中部六省有色金属工业发展水平全国排名分布于全国不同层次，地区发展差距较大，江西、河南两省有色金属工业发展水平领先于其他地区，山西、湖北两省有色金属工业发展水平则相对落后，山西、湖南有色金属工业发展水平全国排名分别呈现出下降和提升的趋势。

（3）从有色金属工业发展水平分层来看，河南、江西有色金属工业发展水平位于领先层，发展水平高，竞争力强；湖南、安徽位于发展层，有色金属工业发展处于全国中上水平；山西、湖北位于潜力层，有色金属工业发展处于全国中下水平。

（4）从中部六省有色金属工业发展水平内部排名来看，江西、河南有色金属工业发展水平长期领先于另外四省，湖北有色金属工业发展水平相对落后，中部六省有色金属工业发展水平内部排名波动幅度相对较小。

**（三）中部地区石化工业竞争力尚存不足**

采用石油加工、炼焦和核燃料加工业统计数据作为石化工业发展分析数据，本章基于主成分分析方法对我国30个省区市2005～2014年石化工业发展水平进行测算和排名，并对中部六省进行内部排名和动态分析。

1. 石化工业发展落后于全国平均水平

从我国30个省区市2005～2014年石化工业发展水平测算结果来看，中部六省石化工业发展水平平均值整体低于全国平均水平，由此可见，中部六省石化工业竞争力尚存不足；就30个省区市石化工业发展水平而言，山西、河南两省石化工业发展水平领先于其他四省，安徽、江西石化工业发展水平则相对不足（见表4－11）。

表4－11　2005～2014年中部六省石化工业发展水平统计

| 年份 | 2005 | 2006 | 2007 | 2008 | 2009 | 2010 | 2011 | 2012 | 2013 | 2014 |
|---|---|---|---|---|---|---|---|---|---|---|
| 山西 | -0.17 | 0.61 | 0.76 | -0.46 | -0.11 | 2.52 | -0.12 | 0.36 | -0.2 | -0.12 |
| 安徽 | 0.03 | -0.48 | -0.51 | -0.31 | -0.59 | -0.81 | -0.54 | -0.72 | -0.45 | -0.24 |
| 江西 | 0.04 | -0.49 | -0.53 | -0.31 | -0.59 | -0.72 | -0.55 | -0.62 | -0.34 | -0.29 |
| 河南 | -0.26 | -0.05 | -0.25 | -0.19 | -0.26 | -0.22 | -0.17 | -0.07 | 0.01 | -0.08 |
| 湖北 | 0.01 | -0.1 | -0.31 | -0.14 | -0.28 | -0.6 | -0.27 | -0.44 | -0.29 | -0.21 |
| 湖南 | 0 | -0.24 | -0.3 | -0.22 | -0.48 | -0.54 | -0.24 | -0.44 | -0.25 | -0.3 |

| 年份 | 2005 | 2006 | 2007 | 2008 | 2009 | 2010 | 2011 | 2012 | 2013 | 2014 |
|------|------|------|------|------|------|------|------|------|------|------|
| mean1 | − 0.001 | − 0.001 | 0 | 0.0007 | 0.0000 | 0.0010 | 0.0000 | 0.0000 | 0.0000 | − 0.0003 |
| mean2 | − 0.0583 | − 0.1250 | − 0.1900 | − 0.2717 | − 0.3850 | − 0.0617 | − 0.3150 | − 0.3217 | − 0.2533 | − 0.2067 |

注：mean1 表示我国 30 个省区市石化工业发展水平平均值；mean2 表示中部六省石化工业发展水平平均值。

资料来源：笔者根据《中国统计年鉴》《中国工业统计年鉴》《中国工业经济统计年鉴》相关数据计算整理。

### 2. 石化工业发展水平全国排名波动较小

从我国 30 个省区市 2005 ~ 2014 年石化工业发展水平全国排名来看，中部六省石化工业发展水平全国排名基本处于前 10 名之后，中部六省石化工业发展相对落后。从 2005 ~ 2014 年中部六省石化工业发展水平全国排名动态演变来看，中部六省石化工业发展水平全国排名整体波动较小，近年来山西、河南两省石化工业发展水平呈现出下降的趋势（见表 4 - 12）。

**表 4 - 12　2005 ~ 2014 年中部六省石化工业发展水平全国排名统计**

| 年份 / 省份 | 2005 | 2006 | 2007 | 2008 | 2009 | 2010 | 2011 | 2012 | 2013 | 2014 |
|------|------|------|------|------|------|------|------|------|------|------|
| 山西 | 20 | 6 | 4 | 26 | 13 | 3 | 10 | 8 | 18 | 19 |
| 安徽 | 10 | 21 | 20 | 18 | 21 | 23 | 23 | 25 | 30 | 24 |
| 江西 | 9 | 22 | 22 | 19 | 22 | 21 | 25 | 22 | 27 | 25 |
| 河南 | 22 | 11 | 15 | 16 | 14 | 12 | 11 | 11 | 12 | 16 |
| 湖北 | 12 | 12 | 17 | 15 | 16 | 19 | 16 | 18 | 22 | 22 |
| 湖南 | 13 | 18 | 16 | 17 | 20 | 16 | 15 | 19 | 20 | 26 |

资料来源：笔者根据《中国统计年鉴》《中国工业统计年鉴》《中国工业经济统计年鉴》相关数据计算整理。

### 3. 石化工业发展水平集中分布在潜力层

为进一步分析中部六省石化工业发展水平在全国石化工业发展中的定位，本章将 30 个省区市分为 4 个发展水平层次，即领先层、发展层、潜力层和落后层。如表 4 - 13 所示，就全国 30 个省区市石化工业发展水平而言，各省份集中于发展层和潜力层，领先层和落后层省份相对较少；关于中部六省石化工业发展水平，山西、河南石化工业发展水平位于发展层，石化工业发展处于全国中上水平；安徽、江西、湖北、湖南石化工业发展水平位于潜力层，石化工业发展处于全国中下水平。由此可见，中部六省石化工业发展整体处于中下水平，石化工业发展竞争力尚显不足。

表 4 - 13　2005 ~ 2014 年我国 30 个省区市石化工业发展水平分层分析

| 分层类别 | 所含省份 |
|---|---|
| 领先层 | 辽宁、江苏、浙江、山东、广东 |
| 发展层 | 天津、河北、山西、黑龙江、上海、河南、陕西、甘肃、新疆 |
| 潜力层 | 北京、内蒙古、吉林、安徽、福建、江西、湖北、湖南、广西、海南、四川、宁夏 |
| 落后层 | 重庆、贵州、云南、青海 |

资料来源：笔者根据《中国统计年鉴》《中国工业统计年鉴》《中国工业经济统计年鉴》相关数据计算整理。

4. 石化工业发展水平内部排名波动较小

中部六省 2005 ~ 2014 年石化工业发展水平内部排名如表 4 - 14 所示。山西、河南两省石化工业发展水平领先于中部六省中其他地区，石化工业发展水平高；安徽、江西两省石化工业发展水平相对落后于其他地区，发展优势不够明显。动态来看，江西、河南、湖北、山西、安徽、湖南六省石化工业发展水平内部排名波动较小。

表 4 - 14　2005 ~ 2014 年中部六省石化工业发展水平内部排名统计

| 年份\省份 | 2005 | 2006 | 2007 | 2008 | 2009 | 2010 | 2011 | 2012 | 2013 | 2014 |
|---|---|---|---|---|---|---|---|---|---|---|
| 湖北 | 3 | 3 | 3 | 1 | 3 | 4 | 4 | 3 | 4 | 5 |
| 湖南 | 4 | 4 | 4 | 2 | 4 | 3 | 3 | 4 | 3 | 6 |
| 江西 | 1 | 6 | 2 | 5 | 5 | 5 | 5 | 5 | 5 | 3 |
| 安徽 | 2 | 5 | 5 | 4 | 5 | 6 | 5 | 6 | 6 | 4 |
| 河南 | 6 | 2 | 2 | 2 | 2 | 2 | 2 | 2 | 1 | 2 |
| 山西 | 5 | 1 | 1 | 6 | 1 | 1 | 1 | 1 | 2 | 1 |

资料来源：笔者根据《中国统计年鉴》《中国工业统计年鉴》《中国工业经济统计年鉴》相关数据计算整理。

5. 石化工业发展水平测算结论

根据石化工业发展水平测算和排名，关于中部六省石化工业发展水平，本章得出以下结论。

（1）从石化工业发展水平测算结果来看，中部六省石化工业发展水平均值低于全国平均水平，石化工业发展不具优势。

（2）从石化工业发展水平全国排名来看，中部六省石化工业发展水平处于全国中后等位置，但动态波动较小，山西、河南石化工业发展水平呈现出下降的趋势。

（3）从石化工业发展水平分层分析来看，山西、河南位于发展层，石化工业发展处于全国中上水平；安徽、江西、湖北、湖南位于潜力层，石化工业发展处于全国中下水平，中部六省石化工业发展整体处于中下水平，石化工业发展竞争力尚显不足。

（4）从中部六省石化工业发展水平内部排名来看，山西、河南石化工业发展水平长期领先于另外四省，江西、安徽两省石化工业发展水平相对落后，中部六省石化工业发展水平内部排名波动幅度相对较小。

**（四）中部地区建材工业发展水平较高**

采用非金属矿物制品业数据作为建材工业发展分析数据，本章基于主成分分析方法对我国31个省区市（不包括港澳台，下同）2005～2014年建材工业发展水平进行测算和排名，并对中部六省进行内部排名和动态分析。

1. 建材工业发展水平指数高于全国平均水平

从我国31个省区市2005～2014年建材工业发展水平测算结果和中部六省建材工业发展水平测度结果平均值来看，中部六省建材工业发展水平平均值整体高于全国平均水平，由此可见，建材工业作为中部六省的传统优势制造业，发展基础好，发展竞争力强；就31个省区市建材工业发展水平而言，江苏、浙江、山东、广东四省建材工业发展水平领先于其他省份，中部六省内部湖北、河南两省建材工业发展领先于其他四省（见表4－15）。

表4－15　2005～2014年中部六省建材工业发展水平统计

| 年份 | 2005 | 2006 | 2007 | 2008 | 2009 | 2010 | 2011 | 2012 | 2013 | 2014 |
|------|------|------|------|------|------|------|------|------|------|------|
| 山西 | －0.29 | －0.32 | －0.35 | －0.43 | －0.51 | －0.32 | －0.51 | －0.49 | －0.3 | －0.36 |
| 安徽 | 0 | 0.07 | 0.18 | 0.04 | 0.83 | 0 | 0.34 | 0.36 | 0.08 | 0.1 |
| 江西 | 0 | －0.04 | 0.07 | －0.23 | 0.18 | 1.01 | －0.34 | －0.33 | －0.26 | －0.21 |

续表

| 年份 | 2005 | 2006 | 2007 | 2008 | 2009 | 2010 | 2011 | 2012 | 2013 | 2014 |
|------|------|------|------|------|------|------|------|------|------|------|
| 河南 | 0.44 | 0.54 | 0.9 | 0.43 | 1.14 | 0.49 | 0.42 | 0.44 | 0.32 | 0.42 |
| 湖北 | 0.15 | 0.16 | 0.22 | 0.1 | 0.34 | 0.28 | 0.13 | 0.13 | 0.78 | 0.74 |
| 湖南 | 0.05 | 0.07 | 0.24 | 0.1 | 0.43 | 0.86 | 0.12 | 0.13 | 0.15 | 0.18 |
| mean1 | 0.0003 | 0.0000 | 0.0000 | 0.0003 | 0.0000 | −0.0210 | 0.0006 | 0.0000 | −0.0003 | 0.0006 |
| mean2 | 0.0583 | 0.0800 | 0.2100 | 0.0017 | 0.4017 | 0.3867 | 0.0267 | 0.0400 | 0.1283 | 0.1450 |

注：mean1 表示我国 31 个省区市建材工业发展水平平均值；mean2 表示中部六省建材工业发展水平平均值。

资料来源：笔者根据《中国统计年鉴》《中国工业统计年鉴》《中国工业经济统计年鉴》相关数据计算整理。

### 2. 建材工业发展水平全国排名差异明显

从我国 31 个省区市 2005～2014 年建材工业发展水平全国排名来看，江苏、浙江、山东、广东建材工业发展水平长期领先于其他省份，具有发展优势；西藏、宁夏、青海等省份建材工业发展水平相对落后，发展优势尚不明显。中部六省钢铁工业发展水平全国排名主要位于中等位置，河南、湖北建材工业发展水平靠前，山西、江西建材工业发展水平则相对落后。从 2005～2014 年中部六省建材工业发展水平全国排名动态演变来看，河南、山西建材工业发展水平全国排名波动较小，江西、湖北建材工业发展水平全国排名动态波动相对较大，两省分别呈现出下降和提升的态势（见表 4－16）。

表 4－16　2005～2014 年中部六省建材工业发展水平全国排名统计

| 省份 ＼ 年份 | 2005 | 2006 | 2007 | 2008 | 2009 | 2010 | 2011 | 2012 | 2013 | 2014 |
|------|------|------|------|------|------|------|------|------|------|------|
| 山西 | 19 | 19 | 19 | 22 | 21 | 20 | 25 | 23 | 18 | 21 |
| 安徽 | 11 | 9 | 10 | 14 | 7 | 12 | 9 | 9 | 13 | 13 |
| 江西 | 12 | 14 | 11 | 17 | 12 | 3 | 20 | 19 | 17 | 17 |
| 河南 | 6 | 6 | 6 | 7 | 4 | 7 | 8 | 6 | 8 | 8 |
| 湖北 | 8 | 8 | 9 | 12 | 10 | 10 | 12 | 13 | 5 | 4 |
| 湖南 | 9 | 10 | 8 | 11 | 9 | 4 | 13 | 14 | 11 | 11 |

资料来源：笔者根据《中国统计年鉴》《中国工业统计年鉴》《中国工业经济统计年鉴》相关数据计算整理。

### 3. 建材工业发展水平集中分布在发展层

为进一步分析中部六省建材工业发展水平在全国建材工业发展中的定位，本章将 31 个省区市分为 4 个发展水平层次，即领先层、发展层、潜力层和落后层。如表 4 - 17 所示，就全国 31 个省区市建材工业发展水平而言，各省份集中于发展层，其他层次省份分布较为平均；关于中部六建材工业发展水平，河南建材工业发展水平处于领先层，发展水平领先于其他省份；安徽、江西、湖北、湖南建材工业发展水平位于发展层，建材工业发展处于全国中上水平；山西建材工业发展水平位于潜力层，建材工业发展处于全国中下水平。由此可见，中部六省建材工业发展水平整体处于中上水平，建材工业发展具备一定竞争力。

表 4 - 17　2005 ~ 2014 年我国 31 个省区市建材工业发展水平分层分析

| 分层类别 | 所含省份 |
|---|---|
| 领先层 | 河北、江苏、浙江、山东、河南、广东 |
| 发展层 | 北京、辽宁、上海、安徽、福建、江西、湖北、湖南、重庆、四川 |
| 潜力层 | 天津、山西、内蒙古、吉林、广西、贵州、云南、陕西 |
| 落后层 | 黑龙江、海南、西藏、甘肃、青海、宁夏、新疆 |

资料来源：笔者根据《中国统计年鉴》《中国工业统计年鉴》《中国工业经济统计年鉴》相关数据计算整理。

### 4. 建材工业发展水平内部排名波动较小

中部六省 2005 ~ 2014 年建材工业发展水平内部排名如表 4 - 18 所示。湖北、河南两省建材工业发展水平领先于中部六省其他地区，建材工业发展水平高；山西、江西两省建材工业发展水平则相对落后于其他地区，发展优势不够明显。动态来看，湖北建材工业发展水平内部排名逐步提升，其他五省内部排名波动较小。

表 4 - 18　2005 ~ 2014 年中部六省建材工业发展水平内部排名统计

| 年份<br>省份 | 2005 | 2006 | 2007 | 2008 | 2009 | 2010 | 2011 | 2012 | 2013 | 2014 |
|---|---|---|---|---|---|---|---|---|---|---|
| 湖北 | 2 | 2 | 3 | 3 | 4 | 4 | 3 | 3 | 1 | 1 |
| 湖南 | 3 | 4 | 2 | 2 | 3 | 2 | 4 | 4 | 3 | 3 |

| 年份<br>省份 | 2005 | 2006 | 2007 | 2008 | 2009 | 2010 | 2011 | 2012 | 2013 | 2014 |
|------|------|------|------|------|------|------|------|------|------|------|
| 江西 | 5 | 5 | 5 | 5 | 5 | 1 | 5 | 5 | 5 | 5 |
| 安徽 | 4 | 3 | 4 | 4 | 2 | 5 | 2 | 2 | 4 | 4 |
| 河南 | 1 | 1 | 1 | 1 | 1 | 3 | 1 | 1 | 2 | 2 |
| 山西 | 6 | 6 | 6 | 6 | 6 | 6 | 6 | 6 | 6 | 6 |

资料来源：笔者根据《中国统计年鉴》《中国工业统计年鉴》《中国工业经济统计年鉴》相关数据计算整理。

5. 建材工业发展水平测算结论

根据建材工业发展水平测算和排名，关于中部六省建材工业发展水平，本章得出以下结论。

（1）从建材工业发展水平测算结果来看，中部六省建材工业发展水平均值高于全国平均水平，具备一定的竞争优势。

（2）从建材工业发展水平全国排名来看，中部六省建材工业发展水平全国排名分布于中等位置，湖北、河南两省建材工业发展水平领先于其他地区，山西、江西两省建材工业发展水平则相对落后。

（3）河南处于领先层，发展水平领先于其他省份；安徽、江西、湖北、湖南建材工业发展水平位于发展层，建材工业发展处于全国中上水平；山西位于潜力层，建材工业发展处于全国中下水平。

（4）从中部六省建材工业发展水平内部排名来看，湖北、河南建材工业发展水平长期领先于另外四省，山西、江西两省建材工业发展水平相对落后。

**（五）中部地区食品工业发展水平相对落后**

采用食品制造业统计数据作为食品工业发展分析数据，本章基于主成分分析方法对我国 31 个市省区 2005～2014 年食品工业发展水平进行测算和排名，并对中部六省进行内部排名和动态分析。

1. 食品工业发展水平指数低于全国平均水平

从我国 31 个省区市 2005～2014 年食品工业发展水平测算结果和中部六省食品工业发展水平测度结果平均值来看，中部六省食品工业发展水平平均值整体低于全国平均水平；就 31 个省区市食品工业发展水平而言，云南、西藏、贵州三省食品工业发展水平相对落后于其他省份，中部六省内部河南食品工业发展领先于其他五省（见表4-19）。

表4-19　2005~2014年中部六省食品工业发展水平统计

| 年份 | 2005 | 2006 | 2007 | 2008 | 2009 | 2010 | 2011 | 2012 | 2013 | 2014 |
|---|---|---|---|---|---|---|---|---|---|---|
| 山西 | -0.13 | -0.31 | 0.05 | -0.3 | -0.48 | -0.45 | -0.44 | -0.69 | -0.53 | -0.62 |
| 安徽 | -0.04 | 0.21 | 0.52 | 0.67 | -0.2 | -0.14 | -0.26 | -0.13 | -0.47 | -0.58 |
| 江西 | -0.25 | -0.17 | 0.31 | 0.04 | -0.4 | -0.25 | -0.42 | -0.5 | -0.51 | -0.39 |
| 河南 | 0.42 | 1.07 | 1.21 | 1.83 | 0.56 | 1 | -0.16 | 0.7 | -0.35 | 1.02 |
| 湖北 | -0.35 | -0.05 | 0.29 | 0.53 | -0.02 | 0.05 | -0.17 | 0.05 | -0.22 | -0.02 |
| 湖南 | -0.35 | 0.1 | 0.44 | 0.76 | 0.1 | 0.12 | -0.16 | 0.14 | -0.24 | -0.37 |
| mean1 | -0.0003 | 0.0003 | 0.0003 | 0.0003 | 0.0000 | 0.0006 | 0.0000 | -0.0006 | -0.0006 | -0.0003 |
| mean2 | -0.1167 | 0.1417 | 0.4700 | 0.5883 | -0.0733 | 0.0550 | -0.2683 | -0.0717 | -0.3867 | -0.1600 |

注：mean1 表示我国31个省区市食品工业发展水平平均值；mean2 表示中部六省食品工业发展水平平均值。

资料来源：笔者根据《中国统计年鉴》《中国工业统计年鉴》《中国工业经济统计年鉴》相关数据计算整理。

## 2. 食品工业发展水平全国排名处于中后等位置

从我国31个省区市2005~2014年食品工业发展水平全国排名来看，云南、西藏、贵州食品工业发展水平长期落后于其他省份，食品工业发展优势尚不明显。中部六省钢铁工业发展水平全国排名主要处于中后等位置，河南食品工业发展水平领先于其他省份，而山西食品工业发展水平则相对落后。从2005~2014年食品工业发展水平全国排名动态演变来看，北京、上海食品工业发展水平全国排名出现较大提升，中部六省中山西食品工业发展水平全国排名则呈现出波动下降的趋势（见表4-20）。

表4-20　2005~2014年中部六省食品工业发展水平全国排名统计

| 省份＼年份 | 2005 | 2006 | 2007 | 2008 | 2009 | 2010 | 2011 | 2012 | 2013 | 2014 |
|---|---|---|---|---|---|---|---|---|---|---|
| 山西 | 16 | 23 | 17 | 19 | 23 | 23 | 22 | 24 | 26 | 30 |
| 安徽 | 14 | 7 | 5 | 8 | 16 | 16 | 17 | 15 | 24 | 26 |
| 江西 | 22 | 16 | 7 | 14 | 21 | 18 | 21 | 21 | 25 | 23 |
| 河南 | 4 | 2 | 1 | 3 | 6 | 3 | 11 | 7 | 21 | 3 |

续表

| 年份省份 | 2005 | 2006 | 2007 | 2008 | 2009 | 2010 | 2011 | 2012 | 2013 | 2014 |
|---|---|---|---|---|---|---|---|---|---|---|
| 湖北 | 24 | 14 | 11 | 9 | 13 | 13 | 14 | 14 | 14 | 14 |
| 湖南 | 25 | 10 | 6 | 7 | 11 | 12 | 12 | 13 | 15 | 22 |

资料来源：笔者根据《中国统计年鉴》《中国工业统计年鉴》《中国工业经济统计年鉴》相关数据计算整理。

### 3. 食品工业发展水平集中于发展层

为进一步分析中部六省食品工业发展水平在全国食品工业发展中的定位，本章将 31 个省区市区分为 4 个发展水平层次，即领先层、发展层、潜力层和落后层。如表 4 - 21 所示，就全国 31 个省区市食品工业发展水平而言，各省份集中于发展层和潜力层，领先层的省份较少；关于中部六省食品工业发展水平，河南食品工业发展水平处于领先层，发展水平领先于其他省份；安徽、湖北、湖南食品工业发展水平位于发展层，食品工业发展处于全国中上水平；山西、江西食品工业发展水平位于潜力层，食品工业发展处于全国中下水平。

表 4 - 21　2005 ~ 2014 年我国 31 个省区市食品工业发展水平分层分析

| 分层类别 | 所含省份 |
|---|---|
| 领先层 | 山东、河南、广东 |
| 发展层 | 河北、内蒙古、辽宁、黑龙江、上海、江苏、浙江、安徽、福建、湖北、湖南、四川 |
| 潜力层 | 北京、天津、山西、吉林、江西、广西、重庆、云南、陕西、宁夏、新疆 |
| 落后层 | 海南、贵州、西藏、甘肃、青海 |

资料来源：笔者根据《中国统计年鉴》《中国工业统计年鉴》《中国工业经济统计年鉴》相关数据计算整理。

### 4. 食品工业发展水平内部排名波动较小

中部六省 2005 ~ 2014 年食品工业发展水平内部排名如表 4 - 22 所示。河南食品工业发展水平领先于中部六省其他地区，食品工业发展水平高；山西食品工业发展水平则长期相对落后于其他地区，发展优势不够明显。动态来看，湖北、湖南两省食品工业发展水平内部排名呈现出提升趋势，而安徽食品工业发展水平内部排名则逐步下降，山西、河南内部排名较为稳定，分别长期表现出竞争劣势和优势。

表 4 - 22  2005～2014 年中部六省食品工业发展水平内部排名统计

| 年份 省份 | 2005 | 2006 | 2007 | 2008 | 2009 | 2010 | 2011 | 2012 | 2013 | 2014 |
|---|---|---|---|---|---|---|---|---|---|---|
| 湖北 | 5 | 4 | 5 | 4 | 3 | 3 | 3 | 3 | 1 | 2 |
| 湖南 | 6 | 3 | 3 | 2 | 2 | 2 | 2 | 2 | 2 | 3 |
| 江西 | 4 | 5 | 4 | 5 | 5 | 5 | 5 | 5 | 5 | 4 |
| 安徽 | 2 | 2 | 2 | 3 | 4 | 4 | 4 | 4 | 4 | 5 |
| 河南 | 1 | 1 | 1 | 1 | 1 | 1 | 1 | 1 | 3 | 1 |
| 山西 | 3 | 6 | 6 | 6 | 6 | 6 | 6 | 6 | 6 | 6 |

资料来源：笔者根据《中国统计年鉴》《中国工业统计年鉴》《中国工业经济统计年鉴》相关数据计算整理。

5. 食品工业发展水平测算结论

根据食品工业发展水平测算和排名，关于中部六省食品工业发展水平，本章得出以下结论。

（1）从食品工业发展水平测算结果来看，中部六省食品工业发展水平均值低于全国平均水平，竞争优势不够明显。

（2）从食品工业发展水平全国排名来看，中部六省食品工业发展水平全国排名分布于中后等位置。

（3）从食品工业发展水平分层分析来看，河南食品工业发展水平处于领先层，发展水平领先于其他省份；安徽、湖北、湖南位于发展层，食品工业发展处于全国中上水平；山西、江西位于潜力层，食品工业发展处于全国中下水平。

（4）从中部六省食品工业发展水平内部排名来看，河南食品工业发展水平长期领先于另外五省，山西两省食品工业发展水平相对落后，湖南、湖北发展水平内部排名呈现提升趋势，安徽食品工业发展水平则波动下降。

（六）中部地区家用电器工业发展水平相对领先

采用电气机械和器材制造业统计数据作为家用电器工业发展分析数据，本章基于主成分分析方法对我国 30 个省区市 2005～2014 年家用电器工业发展水平进行测算和排名，并对中部六省进行内部排名和动态分析。

1. 家用电器工业发展水平指数高于全国平均水平

从我国 30 个省区市 2005 ~ 2014 年家用电器工业发展水平测算结果和中部六省家用电器工业发展水平测度结果平均值来看，中部六省家用电器工业发展水平平均值整体高于全国平均水平，由此可见，家用电器工业作为中部六省的传统优势制造业，发展基础好，发展竞争力强；就 30 个省区市家用电器工业发展水平而言，广东、上海、山东、江苏、浙江 5 个省份家用电器工业发展水平领先于其他省份，中部六省排名处于全国中等位置，山西家用电器工业发展水平相对落后（见表 4 – 23）。

表 4 – 23　2005 ~ 2014 年中部六省家用电器工业发展水平统计

| 年份 | 2005 | 2006 | 2007 | 2008 | 2009 | 2010 | 2011 | 2012 | 2013 | 2014 |
|------|------|------|------|------|------|------|------|------|------|------|
| 山西 | – 0.14 | – 0.26 | – 0.16 | – 0.38 | – 0.34 | – 0.49 | – 0.42 | – 0.32 | – 0.4 | – 0.43 |
| 安徽 | 0.55 | – 0.38 | 0.46 | – 0.03 | 0.28 | 0.16 | – 0.2 | 0.09 | 0.13 | 0.55 |
| 江西 | 0.11 | – 0.38 | 0.07 | – 0.32 | – 0.07 | – 0.24 | – 0.37 | – 0.19 | – 0.2 | 0.1 |
| 河南 | 1.35 | – 0.52 | 1.25 | 0.41 | 0.65 | 0.47 | 0.01 | 0.83 | 0.56 | 0.26 |
| 湖北 | 0.41 | – 0.25 | 0.37 | 0.07 | 0.07 | – 0.01 | – 0.12 | 0.18 | 0.07 | – 0.05 |
| 湖南 | 0.56 | – 0.28 | 0.53 | 0.14 | 0.16 | 0.1 | – 0.08 | 0.34 | 0.21 | – 0.1 |
| mean1 | 0.0000 | – 0.0003 | 0.0003 | 0.0000 | 0.0003 | 0.0000 | 0.0003 | 0.0010 | – 0.0003 | 0.0000 |
| mean2 | 0.4733 | – 0.3450 | 0.4200 | – 0.0183 | 0.1250 | – 0.0017 | – 0.1967 | 0.1550 | 0.0617 | 0.0550 |

注：mean1 表示我国 30 个省区市家用电器工业发展水平平均值；mean2 表示中部六省家用电器工业发展水平平均值。

资料来源：笔者根据《中国统计年鉴》《中国工业统计年鉴》《中国工业经济统计年鉴》相关数据计算整理。

2. 家用电器工业发展水平全国排名动态波动较小

从我国 30 个省区市 2005 ~ 2014 年家用电器工业发展水平全国排名来看，广东、上海、山东、江苏、浙江五省份家用电器工业发展水平长期领先于其他省份，具有家用电器工业发展优势；新疆、宁夏、青海、甘肃、海南、吉林等省份家用电器工业发展水平相对落后，发展优势尚不明显。中部六省家用电器工业发展水平全国排名主要集中于中等位置，河南家用电器工业发展水平靠前，山西家用电器工业发展水平则相对落后。从 2005 ~ 2014 年中部六省家用电器工业发展水平全国排名动态演变来看，近年来安徽家用电器工业发展水平全国排名呈现出提升趋势（见表4－24）。

表4－24　2005～2014年中部六省家用电器工业发展水平全国排名统计

| 年份<br>省份 | 2005 | 2006 | 2007 | 2008 | 2009 | 2010 | 2011 | 2012 | 2013 | 2014 |
|---|---|---|---|---|---|---|---|---|---|---|
| 山西 | 18 | 18 | 18 | 23 | 20 | 21 | 23 | 20 | 23 | 22 |
| 安徽 | 8 | 24 | 8 | 15 | 8 | 9 | 16 | 13 | 11 | 5 |
| 江西 | 12 | 25 | 12 | 21 | 12 | 15 | 19 | 17 | 16 | 7 |
| 河南 | 1 | 30 | 1 | 7 | 5 | 5 | 10 | 3 | 6 | 6 |
| 湖北 | 9 | 17 | 9 | 14 | 10 | 12 | 13 | 11 | 12 | 10 |
| 湖南 | 7 | 19 | 7 | 10 | 9 | 11 | 12 | 9 | 10 | 11 |

　　资料来源：笔者根据《中国统计年鉴》《中国工业统计年鉴》《中国工业经济统计年鉴》相关数据计算整理。

### 3. 家用电器工业发展水平集中于发展层

　　为进一步分析中部六省家用电器工业发展水平在全国家用电器工业发展中的定位，本章将30个省区市分为4个发展水平层次，即领先层、发展层、潜力层和落后层。如表4－25所示，就全国30个省区市家用电器工业发展水平而言，各省份集中于发展层和潜力层，领先层和落后层的省份较少；关于中部六省家用电器工业发展水平，河南家用电器工业发展水平处于领先层，发展水平领先于其他省份；安徽、湖北、湖南家用电器工业发展水平位于发展层，家用电器工业发展处于全国中上水平；山西、江西家用电器工业发展水平位于潜力层，家用电器工业发展处于全国中下水平。

表4－25　2005～2014年我国30个省区市家用电器工业发展水平分层分析

| 分层类别 | 所含省份 |
|---|---|
| 领先层 | 江苏、浙江、山东、河南、广东 |
| 发展层 | 北京、河北、辽宁、上海、安徽、福建、湖北、湖南、四川 |
| 潜力层 | 天津、山西、内蒙古、吉林、黑龙江、江西、广西、重庆、贵州、云南、陕西 |
| 落后层 | 海南、甘肃、青海、宁夏、新疆 |

　　资料来源：笔者根据《中国统计年鉴》《中国工业统计年鉴》《中国工业经济统计年鉴》相关数据计算整理。

4. 家用电器工业发展水平内部排名较稳定

中部六省 2005~2014 年家用电器工业发展水平内部排名如表 4-26 所示。河南、山西两省家用电器工业发展水平长期处于中部六省的两极。动态来看，山西、河南内部排名长期稳定，湖北、湖南、江西、安徽四省排名则相对稳定。

表 4-26　2005~2014 年中部六省家用电器工业发展水平内部排名统计

| 年份<br>省份 | 2005 | 2006 | 2007 | 2008 | 2009 | 2010 | 2011 | 2012 | 2013 | 2014 |
|---|---|---|---|---|---|---|---|---|---|---|
| 湖北 | 4 | 1 | 4 | 3 | 4 | 4 | 3 | 3 | 4 | 4 |
| 湖南 | 2 | 3 | 2 | 2 | 3 | 3 | 2 | 2 | 2 | 5 |
| 江西 | 5 | 5 | 5 | 5 | 5 | 5 | 5 | 5 | 5 | 3 |
| 安徽 | 3 | 4 | 3 | 4 | 2 | 2 | 4 | 4 | 3 | 1 |
| 河南 | 1 | 6 | 1 | 1 | 1 | 1 | 1 | 1 | 1 | 2 |
| 山西 | 6 | 2 | 6 | 6 | 6 | 6 | 6 | 6 | 6 | 6 |

资料来源：笔者根据《中国统计年鉴》《中国工业统计年鉴》《中国工业经济统计年鉴》相关数据计算整理。

5. 家用电器工业发展水平测算结论

根据家用电器工业发展水平测算和排名，关于中部六省家用电器工业发展水平，本章得出以下结论。

（1）从家用电器工业发展水平测算结果来看，中部六省家用电器工业发展水平均值高于全国平均水平，具备一定的竞争优势。

（2）从家用电器工业发展水平全国排名来看，中部六省家用电器工业发展水平全国排名处于中等位置，河南家用电器工业发展水平靠前，而山西家用电器工业发展水平则相对落后。

（3）从家用电器工业发展水平分层分析来看，河南处于领先层，发展水平领先于其他省份；安徽、湖北、湖南位于发展层，家用电器工业发展处于全国中上水平；山西、江西位于潜力层，家用电器工业发展处于全国中下水平。

（4）从中部六省家用电器工业发展水平内部排名来看，河南、山西两省家用电器工业发展水平内部排名分居两极，整体来看，中部六省家用电器工业发展水平内部排名较为稳定。

### （七）中部地区纺织服装业具备发展优势

采用纺织服装、服饰业数据作为纺织服装业发展分析数据，本章基于主成分分析方法对我国 29 个省区市（港澳台、海南、西藏除外，下同）2005～2014 年纺织服装业发展水平进行测算和排名，并对中部六省进行内部排名和动态分析。

1. 纺织服装业发展水平指数高于全国平均水平

从我国 29 个省区市 2005～2014 年纺织服装业发展水平测算结果和中部六省纺织服装业发展水平测度结果平均值来看，中部六省纺织服装业发展水平平均值整体高于全国平均水平，由此可见，纺织服装业作为中部六省的传统优势制造业，发展基础好，发展竞争力强；就 29 个省区市纺织服装业发展水平而言，河南、广东、江苏、上海等省份纺织服装业发展水平领先于其他省份，中部六省排名分布较广，湖南、河南两省纺织服装业发展水平靠前，而山西、江西纺织服装业发展水平则相对靠后（见表 4－27）。

表 4－27　2005～2014 年中部六省纺织服装业发展水平统计

| 年份 | 2005 | 2006 | 2007 | 2008 | 2009 | 2010 | 2011 | 2012 | 2013 | 2014 |
|------|------|------|------|------|------|------|------|------|------|------|
| 山西 | -0.43 | -0.39 | -0.41 | -0.3 | -0.32 | -0.35 | -0.36 | -0.35 | -0.4 | -0.28 |
| 安徽 | 0.3 | 0.01 | -0.05 | 0.63 | 0.15 | 0.11 | -0.38 | 0.08 | 0.07 | 0.36 |
| 江西 | -0.3 | -0.4 | -0.46 | -0.03 | -0.12 | -0.12 | -0.4 | -0.41 | -0.5 | -0.02 |
| 河南 | 1.32 | 0.64 | 0.43 | 1.75 | 0.69 | 0.65 | -0.68 | 0.93 | 0.94 | 1.22 |
| 湖北 | 0.29 | 0.09 | 0.05 | 0.46 | 0.14 | 0.15 | -0.33 | 0.08 | 0.08 | 0.3 |
| 湖南 | 0.58 | 0.26 | 0.17 | 0.75 | 0.21 | 0.19 | -0.41 | 0.47 | 0.59 | 0.51 |
| mean1 | 0.0003 | 0.0010 | 0.0003 | -0.0007 | -0.0003 | 0.0007 | 0.0007 | 0.0000 | 0.0010 | 0.0003 |
| mean2 | 0.2933 | 0.0350 | -0.0450 | 0.5433 | 0.1250 | 0.1050 | -0.4267 | 0.1333 | 0.1300 | 0.3483 |

注：mean1 表示我国 29 个省区市纺织服装业发展水平平均值；mean2 表示中部六省纺织服装业发展水平平均值。

资料来源：笔者根据《中国统计年鉴》《中国工业统计年鉴》《中国工业经济统计年鉴》相关数据计算整理。

2. 纺织服装业发展水平全国排名动态波动较小

从我国 29 个省区市 2005～2014 年纺织服装业发展水平全国排名来看，河南、广东、江苏、上海等省份纺织服装业发展水平领先于其他省份，新疆、宁夏、青海、贵州等省份纺织服装业发展水平则相对落后。中部六省排名分布较广，湖南、河南两省纺织服装业发展水平靠前，而山西、江西纺织服装业发展水平则相对靠后。从 2005～2014 年中部六省纺织服装业发展水平全国排名动态演变来看，近年来六省纺织服装业发展水平全国排名动态波动较小（见表 4－28）。

表 4－28　2005～2014 年中部六省纺织服装业发展水平全国排名统计

| 年份<br>省份 | 2005 | 2006 | 2007 | 2008 | 2009 | 2010 | 2011 | 2012 | 2013 | 2014 |
|---|---|---|---|---|---|---|---|---|---|---|
| 山西 | 20 | 20 | 23 | 18 | 19 | 19 | 18 | 21 | 22 | 18 |
| 安徽 | 9 | 14 | 14 | 7 | 9 | 11 | 20 | 10 | 12 | 8 |
| 江西 | 18 | 23 | 24 | 12 | 14 | 13 | 21 | 22 | 24 | 12 |
| 河南 | 2 | 5 | 5 | 1 | 4 | 5 | 29 | 3 | 4 | 3 |
| 湖北 | 10 | 11 | 11 | 8 | 10 | 9 | 17 | 11 | 10 | 9 |
| 湖南 | 7 | 8 | 9 | 6 | 8 | 8 | 22 | 8 | 8 | 7 |

资料来源：笔者根据《中国统计年鉴》《中国工业统计年鉴》《中国工业经济统计年鉴》相关数据计算整理。

### 3. 纺织服装业发展水平集中于发展层和潜力层

为进一步分析中部六省纺织服装业发展水平在全国纺织服装业发展中的定位，本章将 29 个省区市分为 4 个发展水平层次，即领先层、发展层、潜力层和落后层。如表 4－29 所示，就 29 个省区市纺织服装业发展水平而言，各省份集中于发展层和潜力层，领先层和落后层的省份较少；对于中部六省纺织服装业发展水平，河南纺织服装业发展水平处于领先层，发展水平领先于其他省份；安徽、湖北、湖南纺织服装业发展水平位于发展层，纺织服装业发展处于全国中上水平；山西、江西纺织服装业发展水平位于潜力层，纺织服装业发展处于全国中下水平。

表 4－29　2005～2014 年我国 29 个省区市纺织服装业发展水平分层分析

| 分层类别 | 所含省份 |
|---|---|
| 领先层 | 山东、河南、广东、四川 |
| 发展层 | 北京、河北、辽宁、上海、江苏、浙江、安徽、湖北、湖南、广西 |

| 分层类别 | 所含省份 |
|---|---|
| 潜力层 | 天津、山西、内蒙古、吉林、黑龙江、福建、江西、重庆、云南、陕西 |
| 落后层 | 贵州、甘肃、青海、宁夏、新疆 |

资料来源：笔者根据《中国统计年鉴》《中国工业统计年鉴》《中国工业经济统计年鉴》相关数据计算整理。

**4. 纺织服装业发展水平内部排名波动较小**

中部六省2005~2014年纺织服装业发展水平内部排名如表4-30所示。河南纺织服装业发展水平内部排名长期靠前，山西、江西两省纺织服装业发展水平内部排名则相对靠后，动态来看，中部六省纺织服装业发展水平内部排名波动较小。

表4-30 2005~2014年中部六省纺织服装业发展水平内部排名统计

| 省份＼年份 | 2005 | 2006 | 2007 | 2008 | 2009 | 2010 | 2011 | 2012 | 2013 | 2014 |
|---|---|---|---|---|---|---|---|---|---|---|
| 湖北 | 4 | 3 | 3 | 4 | 4 | 3 | 1 | 4 | 3 | 4 |
| 湖南 | 2 | 2 | 2 | 2 | 2 | 2 | 5 | 2 | 2 | 2 |
| 江西 | 5 | 6 | 6 | 5 | 5 | 5 | 4 | 6 | 6 | 5 |
| 安徽 | 3 | 4 | 4 | 3 | 3 | 4 | 3 | 3 | 4 | 3 |
| 河南 | 1 | 1 | 1 | 1 | 1 | 1 | 5 | 1 | 1 | 1 |
| 山西 | 6 | 5 | 5 | 6 | 6 | 6 | 2 | 5 | 5 | 6 |

资料来源：笔者根据《中国统计年鉴》《中国工业统计年鉴》《中国工业经济统计年鉴》相关数据计算整理。

**5. 纺织服装业发展水平测算结论**

根据纺织服装业发展水平测算和排名，关于中部六省纺织服装业发展水平，本章得出以下结论。

（1）从纺织服装业发展水平测算结果来看，中部六省纺织服装业发展水平均值高于全国平均水平，具备一定的竞争优势。

（2）从纺织服装业发展水平全国排名来看，中部六省纺织服装业发展水平全国排名分布较广，河南、湖南两省纺织服装业发展水平靠前，而山西和江西纺织服装业发展水平则相对落后。

（3）从纺织服装业发展水平分层分析来看，河南纺织服装业发展水平处于领先层，发展水平领先于其他省份；安徽、湖北、湖南位于发展层，纺织服装业发展处于全国中上水平；山西、江西位于潜力层，纺织服装业发展处于全国中下水平。

（4）从中部六省纺织服装业发展水平内部排名来看，山西、江西两省纺织服装业发展水平内部排名相对靠后，而河南纺织服装业发展水平则相对靠前，整体来看，中部六省纺织服装业发展水平内部排名较为稳定。

### （八）中部地区传统优势制造业发展水平分析

借助钢铁工业、有色金属工业、石化工业、建材工业、食品工业、家用电器工业、纺织服装业发展水平的测算和比较结果，本章对中部六省传统优势制造业发展水平的现状进行总结和比较。

1. 湖北省传统优势制造业发展水平分析

湖北省传统制造业发展水平如表4-31和表4-32所示，就传统制造业发展水平全国排名而言，湖北省钢铁工业、建材工业、食品工业、家用电器工业、纺织服装业居于全国中等水平，而有色金属工业、石化工业相对薄弱，湖北省建材工业、食品工业在中部六省内部竞争力逐步提升。

表 4-31 2005~2014 年湖北省传统制造业发展水平全国排名统计

| 年份<br>类别 | 2005 | 2006 | 2007 | 2008 | 2009 | 2010 | 2011 | 2012 | 2013 | 2014 |
|---|---|---|---|---|---|---|---|---|---|---|
| 钢铁 | 24 | 7 | 9 | 7 | 11 | 10 | 10 | 6 | 8 | 21 |
| 有色金属 | 19 | 21 | 23 | 23 | 18 | 19 | 22 | 13 | 20 | 22 |
| 石化 | 12 | 12 | 17 | 15 | 16 | 19 | 16 | 18 | 22 | 22 |
| 建材 | 8 | 8 | 9 | 12 | 10 | 10 | 12 | 13 | 5 | 4 |
| 食品 | 24 | 14 | 11 | 9 | 13 | 13 | 14 | 14 | 14 | 14 |
| 家用电器 | 9 | 17 | 9 | 14 | 10 | 12 | 13 | 11 | 12 | 10 |
| 纺织服装 | 10 | 11 | 11 | 8 | 10 | 9 | 17 | 11 | 10 | 9 |

表 4-32 2005~2014 年湖北省传统制造业发展水平内部排名统计

| 年份<br>类别 | 2005 | 2006 | 2007 | 2008 | 2009 | 2010 | 2011 | 2012 | 2013 | 2014 |
|---|---|---|---|---|---|---|---|---|---|---|
| 钢铁 | 6 | 5 | 3 | 1 | 3 | 3 | 3 | 1 | 3 | 6 |

续表

| 类别 \ 年份 | 2005 | 2006 | 2007 | 2008 | 2009 | 2010 | 2011 | 2012 | 2013 | 2014 |
|---|---|---|---|---|---|---|---|---|---|---|
| 有色金属 | 6 | 6 | 6 | 6 | 5 | 5 | 5 | 6 | 5 | 5 |
| 石化 | 3 | 3 | 3 | 1 | 3 | 4 | 4 | 3 | 4 | 5 |
| 建材 | 2 | 2 | 3 | 3 | 4 | 4 | 3 | 3 | 1 | 1 |
| 食品 | 5 | 4 | 5 | 4 | 3 | 3 | 3 | 3 | 1 | 2 |
| 家用电器 | 4 | 1 | 4 | 3 | 4 | 4 | 3 | 3 | 4 | 4 |
| 纺织服装 | 4 | 3 | 3 | 4 | 4 | 3 | 1 | 4 | 3 | 4 |

**2. 湖南省传统优势制造业发展水平分析**

湖南省传统制造业发展水平如表4-33和表4-34所示，有色金属工业、家用电器工业、纺织服装业居于全国中上等水平，而钢铁工业、石化工业发展水平则相对较低；在中部六省之中，湖南省建材工业、食品工业、家用电器工业、纺织服装业具备比较优势，发展水平居六省前列。

表4-33　2005~2014年湖南省传统制造业发展水平全国排名统计

| 类别 \ 年份 | 2005 | 2006 | 2007 | 2008 | 2009 | 2010 | 2011 | 2012 | 2013 | 2014 |
|---|---|---|---|---|---|---|---|---|---|---|
| 钢铁 | 13 | 13 | 14 | 9 | 18 | 20 | 15 | 17 | 17 | 13 |
| 有色金属 | 12 | 16 | 17 | 7 | 8 | 5 | 4 | 11 | 4 | 6 |
| 石化 | 13 | 18 | 16 | 17 | 20 | 16 | 15 | 19 | 20 | 26 |
| 建材 | 9 | 10 | 8 | 11 | 9 | 4 | 13 | 14 | 11 | 11 |
| 食品 | 25 | 10 | 6 | 7 | 11 | 12 | 12 | 13 | 15 | 22 |
| 家用电器 | 7 | 19 | 7 | 10 | 9 | 11 | 12 | 9 | 10 | 11 |
| 纺织服装 | 7 | 8 | 9 | 6 | 8 | 8 | 22 | 8 | 8 | 7 |

表4-34　2005~2014年湖南省传统制造业发展水平内部排名统计

| 类别 \ 年份 | 2005 | 2006 | 2007 | 2008 | 2009 | 2010 | 2011 | 2012 | 2013 | 2014 |
|---|---|---|---|---|---|---|---|---|---|---|
| 钢铁 | 4 | 6 | 5 | 3 | 6 | 6 | 6 | 5 | 6 | 5 |
| 有色金属 | 5 | 5 | 4 | 3 | 3 | 3 | 3 | 4 | 3 | 3 |
| 石化 | 4 | 4 | 4 | 2 | 4 | 3 | 3 | 4 | 3 | 6 |

续表

| 类别 \ 年份 | 2005 | 2006 | 2007 | 2008 | 2009 | 2010 | 2011 | 2012 | 2013 | 2014 |
|---|---|---|---|---|---|---|---|---|---|---|
| 建材 | 3 | 4 | 2 | 2 | 3 | 2 | 4 | 4 | 3 | 3 |
| 食品 | 6 | 3 | 3 | 2 | 2 | 2 | 2 | 2 | 2 | 3 |
| 家用电器 | 2 | 3 | 2 | 2 | 3 | 3 | 2 | 2 | 2 | 5 |
| 纺织服装 | 2 | 2 | 2 | 2 | 2 | 2 | 5 | 2 | 2 | 2 |

3. 江西省传统优势制造业发展水平分析

江西省传统制造业发展水平如表4-35和表4-36所示，在传统优势制造业中，江西省有色金属工业居于全国领先水平，而石化工业、食品工业发展水平则相对靠后，竞争优势尚不明显。在中部六省传统制造业中，江西省钢铁工业、石化工业、建材工业、食品工业、家用电器工业、纺织服装业相对落后，发展水平不高。

表4-35　2005~2014年江西省传统制造业发展水平全国排名统计

| 类别 \ 年份 | 2005 | 2006 | 2007 | 2008 | 2009 | 2010 | 2011 | 2012 | 2013 | 2014 |
|---|---|---|---|---|---|---|---|---|---|---|
| 钢铁 | 11 | 17 | 19 | 13 | 17 | 17 | 12 | 18 | 16 | 10 |
| 有色金属 | 4 | 2 | 6 | 1 | 1 | 1 | 1 | 7 | 1 | 1 |
| 石化 | 9 | 22 | 22 | 19 | 22 | 21 | 25 | 22 | 27 | 25 |
| 建材 | 12 | 14 | 11 | 17 | 12 | 3 | 20 | 19 | 17 | 17 |
| 食品 | 22 | 16 | 7 | 14 | 21 | 18 | 21 | 21 | 25 | 23 |
| 家用电器 | 12 | 25 | 12 | 21 | 12 | 15 | 19 | 17 | 16 | 7 |
| 纺织服装 | 18 | 23 | 24 | 12 | 14 | 13 | 21 | 22 | 24 | 12 |

表4-36　2005~2014年江西省传统制造业发展水平内部排名统计

| 类别 \ 年份 | 2005 | 2006 | 2007 | 2008 | 2009 | 2010 | 2011 | 2012 | 2013 | 2014 |
|---|---|---|---|---|---|---|---|---|---|---|
| 钢铁 | 3 | 3 | 6 | 6 | 5 | 5 | 5 | 6 | 5 | 4 |
| 有色金属 | 2 | 2 | 2 | 1 | 1 | 1 | 1 | 2 | 1 | 1 |
| 石化 | 1 | 6 | 2 | 5 | 6 | 5 | 6 | 5 | 5 | 3 |
| 建材 | 5 | 5 | 5 | 5 | 5 | 5 | | 5 | 5 | 5 |

续表

| 年份<br>类别 | 2005 | 2006 | 2007 | 2008 | 2009 | 2010 | 2011 | 2012 | 2013 | 2014 |
|---|---|---|---|---|---|---|---|---|---|---|
| 食品 | 4 | 5 | 4 | 5 | 5 | 5 | 5 | 5 | 5 | 4 |
| 家用电器 | 5 | 5 | 5 | 5 | 5 | 5 | 5 | 5 | 5 | 3 |
| 纺织服装 | 5 | 6 | 6 | 5 | 5 | 5 | 4 | 6 | 6 | 5 |

4. 安徽省传统优势制造业发展水平分析

安徽省传统优势制造业发展水平如表 4-37 和表 4-38 所示，安徽省钢铁工业、有色金属工业、建材工业、家用电器工业、纺织服装业发展处于全国中上等水平，而石化工业、食品工业处于全国劣势地位。在中部六省传统制造业发展中，安徽省各传统制造业比较优势相对较弱，内部排名相对靠后。

表 4-37 2005~2014 年安徽省传统制造业发展水平全国排名统计

| 年份<br>类别 | 2005 | 2006 | 2007 | 2008 | 2009 | 2010 | 2011 | 2012 | 2013 | 2014 |
|---|---|---|---|---|---|---|---|---|---|---|
| 钢铁 | 17 | 11 | 11 | 10 | 13 | 7 | 11 | 11 | 11 | 9 |
| 有色金属 | 9 | 11 | 20 | 10 | 12 | 12 | 12 | 12 | 12 | 12 |
| 石化 | 10 | 21 | 20 | 18 | 21 | 23 | 23 | 25 | 30 | 24 |
| 建材 | 11 | 9 | 10 | 14 | 7 | 12 | 9 | 9 | 13 | 13 |
| 食品 | 14 | 7 | 5 | 8 | 16 | 16 | 17 | 15 | 24 | 26 |
| 家用电器 | 8 | 24 | 8 | 15 | 8 | 9 | 16 | 13 | 11 | 5 |
| 纺织服装 | 9 | 14 | 14 | 7 | 9 | 11 | 20 | 10 | 12 | 8 |

表 4-38 2005~2014 年安徽省传统制造业发展水平内部排名统计

| 年份<br>类别 | 2005 | 2006 | 2007 | 2008 | 2009 | 2010 | 2011 | 2012 | 2013 | 2014 |
|---|---|---|---|---|---|---|---|---|---|---|
| 钢铁 | 5 | 2 | 4 | 4 | 4 | 1 | 4 | 4 | 4 | 3 |
| 有色金属 | 3 | 4 | 5 | 4 | 4 | 4 | 4 | 5 | 4 | 4 |
| 石化 | 2 | 5 | 5 | 4 | 5 | 6 | 5 | 6 | 6 | 4 |
| 建材 | 4 | 3 | 4 | 4 | 2 | 5 | 2 | 4 | 4 | 4 |
| 食品 | 2 | 2 | 2 | 3 | 4 | 4 | 4 | 4 | 4 | 5 |
| 家用电器 | 3 | 4 | 3 | 4 | 2 | 2 | 4 | 4 | 3 | 1 |
| 纺织服装 | 3 | 4 | 4 | 3 | 3 | 4 | 3 | 3 | 4 | 3 |

5. 河南省传统优势制造业发展水平分析

河南省传统优势制造业发展水平如表4-39和表4-40所示。作为传统制造业大省，河南省石化工业发展处于全国中等水平，而其他制造业发展水平位于全国前列；在中部六省内部，河南省传统制造业发展水平排名均处于靠前的位置，传统制造业比较优势较大，发展基础好，竞争力强。

表4-39 2005~2014年河南省传统制造业发展水平全国排名统计

| 类别 ＼ 年份 | 2005 | 2006 | 2007 | 2008 | 2009 | 2010 | 2011 | 2012 | 2013 | 2014 |
|---|---|---|---|---|---|---|---|---|---|---|
| 钢铁 | 1 | 10 | 8 | 8 | 6 | 8 | 6 | 8 | 7 | 5 |
| 有色金属 | 1 | 1 | 1 | 2 | 2 | 2 | 3 | 2 | 3 | 3 |
| 石化 | 22 | 11 | 15 | 16 | 14 | 12 | 11 | 11 | 12 | 16 |
| 建材 | 6 | 6 | 6 | 7 | 4 | 7 | 8 | 6 | 8 | 8 |
| 食品 | 4 | 2 | 1 | 3 | 6 | 3 | 11 | 7 | 21 | 3 |
| 家用电器 | 1 | 30 | 1 | 7 | 5 | 5 | 10 | 3 | 6 | 6 |
| 纺织服装 | 2 | 5 | 5 | 1 | 4 | 5 | 29 | 3 | 4 | 3 |

表4-40 2005~2014年河南省传统制造业发展水平内部排名统计

| 类别 ＼ 年份 | 2005 | 2006 | 2007 | 2008 | 2009 | 2010 | 2011 | 2012 | 2013 | 2014 |
|---|---|---|---|---|---|---|---|---|---|---|
| 钢铁 | 1 | 4 | 2 | 2 | 1 | 2 | 1 | 3 | 2 | 1 |
| 有色金属 | 1 | 1 | 1 | 2 | 2 | 2 | 2 | 1 | 2 | 2 |
| 石化 | 6 | 2 | 2 | 2 | 2 | 2 | 2 | 2 | 1 | 2 |
| 建材 | 1 | 1 | 1 | 1 | 1 | 3 | 1 | 1 | 2 | 2 |
| 食品 | 1 | 1 | 1 | 1 | 1 | 1 | 1 | 1 | 3 | 1 |
| 家用电器 | 1 | 6 | 1 | 1 | 1 | 1 | 1 | 1 | 1 | 2 |
| 纺织服装 | 1 | 1 | 1 | 1 | 1 | 1 | 5 | 1 | 1 | 1 |

6. 山西省传统优势制造业发展水平分析

山西省传统制造业发展水平如表4-41和表4-42所示。在传统制造业发展水平相关排名中，山西省钢铁工业发展水平处于全国和中部六省前列，山西省石化工业发展居于全国中等水平，而有色金属工业、建材工业、食品工业、家用电器工业发展水平相对落后。中部六省传统制造业发展过程中，钢铁工业、石化工业发展水平领先，而有色金属工业、建材工业、食品工业、家用电器工业、纺织服装业发展水平则相对靠后。

综合来看，中部六省传统制造业发展水平整体处于中等水平，各省具有优势的传统制造业各有不同，整体而言，河南省作为传统制造业大省，发展水平相对领先。在其他五省中，山西省钢铁工业、江西省有色金属工业具备一定的发展优势，而其他省传统制造业在全国与中部六省中的发展优势尚不明显。

表 4 – 41   2005～2014 年山西省传统制造业发展水平全国排名统计

| 年份<br>类别 | 2005 | 2006 | 2007 | 2008 | 2009 | 2010 | 2011 | 2012 | 2013 | 2014 |
|---|---|---|---|---|---|---|---|---|---|---|
| 钢铁 | 5 | 5 | 6 | 11 | 10 | 12 | 9 | 7 | 6 | 8 |
| 有色金属 | 11 | 9 | 10 | 17 | 29 | 24 | 25 | 10 | 28 | 29 |
| 石化 | 20 | 6 | 4 | 26 | 13 | 3 | 10 | 8 | 18 | 19 |
| 建材 | 19 | 19 | 19 | 22 | 21 | 20 | 25 | 23 | 18 | 21 |
| 食品 | 16 | 23 | 17 | 19 | 23 | 23 | 22 | 24 | 26 | 30 |
| 家用电器 | 18 | 18 | 18 | 23 | 20 | 21 | 23 | 20 | 23 | 22 |
| 纺织服装 | 20 | 20 | 23 | 18 | 19 | 19 | 18 | 21 | 22 | 18 |

表 4 – 42   2005～2014 年山西省传统制造业发展水平内部排名统计

| 年份<br>类别 | 2005 | 2006 | 2007 | 2008 | 2009 | 2010 | 2011 | 2012 | 2013 | 2014 |
|---|---|---|---|---|---|---|---|---|---|---|
| 钢铁 | 2 | 1 | 1 | 5 | 2 | 1 | 2 | 2 | 1 | 2 |
| 有色金属 | 4 | 3 | 3 | 5 | 6 | 6 | 6 | 3 | 6 | 6 |
| 石化 | 5 | 1 | 1 | 6 | 1 | 1 | 1 | 1 | 2 | 1 |
| 建材 | 6 | 6 | 6 | 6 | 6 | 6 | 6 | 6 | 6 | 6 |
| 食品 | 3 | 6 | 6 | 6 | 6 | 6 | 6 | 6 | 6 | 6 |
| 家用电器 | 6 | 2 | 6 | 6 | 6 | 6 | 6 | 6 | 6 | 6 |
| 纺织服装 | 6 | 5 | 5 | 6 | 6 | 6 | 2 | 5 | 5 | 6 |

# 五　研究结论与政策建议

根据传统制造业中钢铁工业、有色金属工业、石化工业、建材工业、食品工业、家用电器工业、纺织服装业发展水平的测算和排名结果，本章对中部六省传统优势制造业发展水平进行分析，并得出以下结论。

（1）从全国平均水平来看，中部六省钢铁工业发展居于全国中等水平，有色金属工业整体发展水平高于全国平均水平，石化工业整体发展水平低于全国平均水平，建材工业发展整体水平高于全国平均水平，食品工业发展整体水平低于全国平均水平，家用电器工业发展整体水平高于全国平均水平，纺织服装业发展整体水平高于全国平均水平。

（2）从各传统制造业发展水平来看，山西、河南钢铁工业发展水平领先，湖南、江西钢铁工业发展水平相对落后，湖北、安徽钢铁工业发展水平全国排名和内部排名波动幅度较大；湖北、山西两省有色金属工业发展水平相对落后，地区差异较大，就全国排名而言，山西、湖南两省全国排名分别呈现出下降和提升的趋势，中部六省有色金属工业发展水平内部排名动态波动幅度较小；中部六省石化工业发展水平全国排名和内部排名整体波动较小；湖北、河南建材工业发展水平领先，山西、江西两省全国排名与内部排名则相对落后；河南、山西两省食品工业发展水平分处两极；河南、山西两省家用电器工业发展水平分居中部地区的两极；河南纺织服装业发展水平排名靠前，而山西等省排名则相对靠后，整体而言，中部六省纺织服装业发展水平排名动态波动较小。

（3）从各省传统制造业发展水平来看，整体而言，河南省作为传统制造业大省，发展水平相对领先；在其他五省中，山西省钢铁工业、江西有色金属工业具备一定的发展优势，而其他省传统制造业在全国与中部六省中的发展优势尚不明显。

传统制造业发展时间长，基础好，但传统制造业发展自身具有资源密集、劳动密集、资本密集、市场密集等特点，发展过程中会受到极大限制。根据对中部六省传统优势制造业发展水平的测算和比较分析，本章提出以下政策建议。

（1）传统制造业虽然附加值低，发展前景不够明朗，但关乎国计民生，中部六省必须高度重视传统制造业的发展，稳步提升传统制造业发展水平，满足中部崛起所需。

（2）中部六省需充分发挥各自传统制造业的比较优势，整体布局，科学规划，大力发展各自具备比较优势的传统制造业，互补优劣，稳步提升中部六省传统制造业整体发展水平，增强市场竞争力。

（3）把握创新时代脉搏，积极促进中部六省传统制造业转型升级，促进传统制造业科技创新，促使夕阳产业焕发活力，取得长远发展。

**参考文献**

[1] 张清学，陈四平．河南钢铁工业竞争力方法初探［J］．决策探索，2003，（8）．

[2] 黎玉柱，张芳．湖北省钢铁工业产品品种结构竞争力研究［J］．冶金经济与管理，2006，（3）．

[3] 黄永强．江西钢铁产业竞争力提升研究［D］．南昌大学，2007．

[4] 邱定蕃，王成彦，江培海．中国再生有色金属工业的现状及发展趋势［J］．有色金属，2001，（2）．

[5] 禹智潭．基于供应链联盟提升有色金属工业国际竞争力研究［D］．中南大学，2005．

[6] 赵石德．广西有色金属工业现状与未来发展设想［J］．南方国土资源，2010，（9）．

[7] 李梦觉，彭小平．浅析产业集群与提高湖南有色金属工业国际竞争力［J］．改革与战略，2008，（3）．

[8] 高敏惠．中东石化工业发展现状与展望［J］．当代石油石化，2006，（5）．

[9] 周建忠．东南亚石化工业现状及发展展望［J］．当代石油石化，2009，（5）．

[10] 卢莉芳．我国石化工业的现状和可持续发展［J］．化工管理，2005，（3）．

[11] 康灿华，胡晓军．中国石油石化工业的竞争力分析及其提升对策［J］．武汉理工大学学报（信息与管理工程版），2006，（5）．

[12] 李南南．我国石油石化工业发展现状及趋势［J］．化工之友，2007，（7）．

[13] 胡晓军．中国石油石化工业现状及发展对策研究［D］．武汉理工大学，2006．

[14] 刘均安．中国石油石化工业的现状和发展［J］．中外能源，2007，（5）．

[15] 舒朝霞，肖冰，骆红静．中国石化工业现状及未来发展趋势［J］．当代石油石化，2009，（7）．

[16] 陈明杰．中国台湾省石化工业发展现状和未来趋势［J］．当代石油石化，2014，

（3）.

[17] 河南大学国际工商学院. 江苏省电子工业和石化工业核心竞争力评价与分析 [J].
江苏科技信息，2003，（3）.

[18] 周浩，荆浩. 辽宁老工业基地石化产业核心竞争力构筑探析 [J]. 商场现代化，
2008，（5）.

[19] 胡兴尔. 宁波石化工业发展现状及 2006 年发展目标和重点 [J]. 经济丛刊，2006，
（3）.

[20] 赵愚，刁兆峰. 试论湖南建材工业现状及发展构想 [J]. 国外建材科技，1994，
（2）.

[21] 张平. 湖南建材工业产业竞争力评析 [J]. 衡阳师范学院学报，2007a，（4）.

[22] 张平. 提升湖南建材工业产业竞争力对策 [J]. 经济地理，2007b，（3）.

[23] 石子敬，向波，邓放明. 湖南省医药食品工业发展现状与对策分析 [J]. 粮食科
技与经济，2015，（1）.

[24] 肖卫，张俊飚，刘渝. 湖北食品工业现状分析与发展对策研究 [J]. 湖北社会科
学，2006，（4）.

[25] 冯力婉. 河南食品工业发展现状与对策分析 [J]. 企业改革与管理，2014，（15）.

[26] 任红燕，李晋陵. 山西食品工业区域集群竞争力分析 [J]. 农业系统科学与综合
研究，2007，（2）.

[27] 苏静. 河南食品工业国内竞争力的比较 [J]. 管理工程师，2011a，（3）.

[28] 苏静. 河南省食品工业竞争力的 SSM 分析 [J]. 管理工程师，2011b，（2）.

[29] 孙中叶，黄向阳. 河南省食品工业的竞争力比较及发展战略 [J]. 粮食问题研究，
2015，（3）.

[30] 幸翔，孙静，廖梦洁. 中国食品工业可持续发展现状分析与对策——基于河南、
四川、青海三省食品企业的调查 [J]. 再生资源与循环经济，2014，（7）.

[31] 天津市第二轻工业局技术情报站. 欧美家用电器工业的现状与发展趋势 [J]. 家
用电器科技，1981，（1）.

[32] 卢太宏. 日本家用电器工业的发展 [J]. 赣江经济，1982，（2）.

[33] 叶宗林. 国外家用电器工业发展概况与生产技术水平 [J]. 家用电器科技，1983，
（4）.

[34] 于建国，忻元凯. 上海家用电器工业的发展前景 [J]. 上海经济研究，1985，
（1）.

[35] 吴宣润，冯昌. 武汉服装工业发展水平评价 [J]. 中国纺织，1998，（10）.

[36] 原利侠. 信息化对东北传统制造业产业链改造的影响及对策研究 [D]. 哈尔滨理

工大学，2006.

[37] 郑四华，肖远新. 鄱阳湖生态经济区先进制造业发展水平评价及对策——以南昌、景德镇、九江三市为例 [J]. 企业经济，2012，(3).

[38] 马亮，惠树鹏. 我国高技术产业与传统制造业联动发展研究 [J]. 统计与决策，2014，(6).

[39] 张震宇. 中国传统制造业中小企业自主创新动力要素及其作用路径研究 [D]. 西南交通大学，2013.

[40] 张瑞芳. 广西传统制造业绿色供应链绿色度评价研究 [D]. 广西工学院，2010.

# 第五章　中部地区高耗能产业
# 发展态势分析

## 一　引言

　　高耗能产业是指对矿产资源进行初加工、在高温焙烧或冶炼的过程中大量消耗能源，并伴随大量工业废弃物和环境污染的产业。历年国家统计局发布的《国民经济和社会发展统计公报》都将高耗能产业明确地定义为六类，即石油加工、炼焦和核燃料加工业，化学原料和化学制品制造业，非金属矿物制品业，黑色金属冶炼和压延加工业，有色金属冶炼和压延加工业，电力、热力生产和供应业。高耗能产业以高能耗为主要特征，与此同时高耗能产业还表现出高物耗、高排放的特点。高耗能产业属于资源消耗型产业，高耗能产业初加工的生产过程决定了其资源利用率低和"三废"排放量高的特征。

　　2006年《中共中央国务院关于促进中部地区崛起的若干意见》、2012年《国务院关于大力实施促进中部地区崛起战略的若干意见》、2016年《促进中部地区崛起"十三五"规划》等文件均强调加快中部地区崛起，提出激发中部地区内需潜能、拓展发展空间，有利于支撑全国经济长期平稳较快发展。同时，中部地区发展文件中明确要求大力推进节能减排，淘汰落后产能，限制高耗能、高排放行业低水平重复建设，严禁污染产业和落后生产能力转入，在中部地区发展过程中应坚持以保护优先和自然恢复为主，加大重点生态功能区保护力度，划定生态保护红线。高耗能产业具有高能耗、高产能、高污染的特征，中部地区在绿色发展过程中如何促进高耗能产业转型升级、淘汰落后产能、调整能源结构、规范污染排放成为我们必须考虑的问题。

在"生态优先、绿色发展"的背景下，高耗能产业成为提高能源使用率、提高资源利用率、降低污染排放的主要产业。然而中部六省高耗能产业发展现状如何？在全国处于何种地位？对中部六省高耗能产业发展现状进行比较分析，有利于更为准确地定位中部六省高耗能产业发展趋势，明确中部六省高耗能产业发展存在的问题，对于中部六省高耗能产业的绿色发展具有实践指导意义。

## 二　文献综述

当前学术界对于高耗能产业的研究主要集中在高耗能产业发展影响分析和高耗能产业绿色发展政策分析两方面。

关于高耗能产业发展影响相关研究中，冀文海（2004）、向明（2006）、耿海清（2008）和蒋金荷（2010）分别完成高耗能产业对用电、产品价格、区域城市化影响机理的分析研究；龚健健等（2011）则基于动态面饭数据完成高耗能产业污染排放影响因素的实证研究；王健华（2017）基于成本核算视角对宁夏高耗能产业的发展进行比较分析。

关于高耗能产业绿色发展战略，郑季良等（2008，2009，2010，2014，2015）进行了一系列研究，完成了高耗能产业循环经济分析指标体系、集群、协同发展的相关研究；强毅等（2007）、闫晶等（2014）研究证明高耗能产业已成为社会经济可持续发展的主要障碍；沈可挺等（2011）、吴卫红等（2016）认为高耗能产业的发展取决于技术进步和系统协同；郭本海等（2012）、汤维祺等（2016）、王艳丽等（2016）则基于演化博弈论、区域间CGE模型等方法对高耗能产业发展过程中政府作用机制的研究分析；郭腾等（2016）基于低碳经济视角，对高耗能产业发展模式转型对策进行研究；吴卫红等（2016，2017）完成高耗能产业技术创新、节能效率和减排效率协同发展的比较研究。

现有关于高耗能产业的研究，从空间地域来看，主要集中在全国整体和单个省份的研究上，对于中部六省的研究尚不多见；从研究视角来看，主要集中在高耗能产业影响因素和绿色发展战略的研究上，对高耗能产业发展趋势的评价尚不多见。本章从高耗能产业特点和已有研究出发，建立高耗能产业发展趋势评价指标体系，在比较分析31省份高耗能产业发展趋势的基础上，着重比较中部六省高耗能产业的发展水平。

## 三 研究方法

在已有的高耗能产业发展现状研究中，学者使用的分析指标主要包括经济、环境、社会三个层面，如表5-1所示。从高耗能产业高能耗、高物耗、高污染的特点出发，借鉴现有研究成果，本章从经济、社会两个层面构建评价指标，如表5-2所示。

表5-1 高耗能产业发展现状评价指标综述

| 作者 | 使用指标 |
| --- | --- |
| 耿海清 | 就业吸纳力、经济增长贡献、发展潜力 |
| 吴卫红、王建英、张爱美、刘安国、李娜娜 | 技术创新、节能效率、减排效率 |
| 郑季良、陈春燕、王娟、吴桐 | 经济、环境、社会 |
| 郑季良 | 经济、环境、社会 |
| 郑季良、郑晨、陈盼 | 经济、环境 |
| 郑季良、陈志芳 | 经济、环境、社会 |
| 闫晶、韩洁平 | 能源、环境、经济 |

表5-2 高耗能产业发展趋势评价指标

| 分析层面 | 目标层 | 指标层 | 数据来源 |
| --- | --- | --- | --- |
| 经济 | 生产规模 | 工业销售产值 | 《中国工业统计年鉴》 |
| | | 主营业务收入 | 《中国工业统计年鉴》 |
| | | 产品生产量 | 《中国工业统计年鉴》 |
| | 发展潜力 | 资产总额 | 《中国工业统计年鉴》 |
| | | 所有者权益总额 | 《中国工业统计年鉴》 |
| 社会 | 社会贡献 | 平均就业人数 | 《中国工业统计年鉴》 |

# 四 高耗能产业发展趋势分析

## （一）石油加工、炼焦和核燃料加工业发展趋势

如图 5 - 1 所示，在 2015 年石油加工、炼焦和核燃料加工业发展过程中，东部地区工业销售产值占比最大，达到了 56%，而中部地区石油加工、炼焦和核燃料加工业工业销售产值占比较小，占全国的 12%。

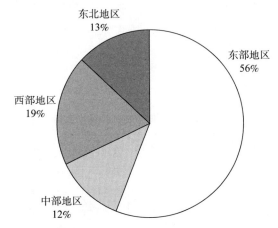

图 5 - 1  2015 年 "四大板块" 石油加工、炼焦和核燃料加工业工业销售产值占比

### 1. 生产规模发展趋势

如图 5 - 2 所示，中部六省石油加工、炼焦和核燃料加工业工业销售产值、主营业务收入发展趋势大抵相同。2005 ~ 2011 年山西省石油加工、炼焦和核燃料加工业生产规模波动上升，且工业销售产值、主营业务收入均高于其他五省，2011 年后山西省石油加工、炼焦和核燃料加工业生产规模不断缩小，并在 2013 年后低于河南省。河南省 2005 ~ 2013 年石油加工、炼焦和核燃料加工业工业销售产值、主营业务收入平滑上升，波动较小，2013 年后生产规模呈现下降趋势，但下降速度与山西相比较为平缓。湖北、湖南两省石油加工、炼焦和核燃料加工业工业销售产值、主营业务收入自 2005 年以来表现出不断上升的趋势，整体生产规模处于中部六省中等水平。江西、安徽两省石油加工、炼焦和核燃料加工业工业销售产值、主营业务收入整体表现出上升的趋势，但增长速度最慢，2005 ~ 2011 年，江西、安

徽两省生产规模差距较小，增长速度较慢，2011 年后两省差距扩大，增长速度提升，至 2015 年江西、安徽石油加工、炼焦和核燃料加工业生产规模差距又缩小到相当水平。

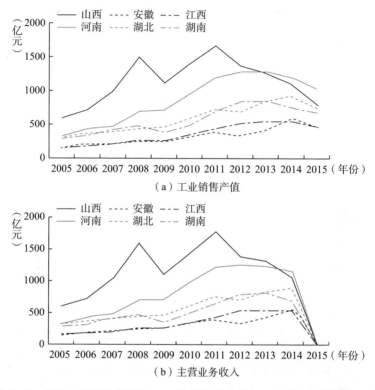

**图 5 - 2  2005 ~ 2015 年石油加工、炼焦和核燃料加工业生产规模变化趋势**

2. 发展潜力变化趋势

如图 5 - 3 所示，中部六省石油加工、炼焦和核燃料加工业资产总额、所有者权益总额的发展趋势大抵相同。山西省石油加工、炼焦和核燃料加工业资产总额不断提升，所有者权益总额则在 2005 ~ 2011 年波动上升，2011 年后则波动下降，但山西省石油加工、炼焦和核燃料加工业资产总额、所有者权益总额远领先于其他五省。安徽、江西、河南、湖北、湖南五省石油加工、炼焦和核燃料加工业资产总额、所有者权益总额发展趋势相同，2005 年以来缓慢提升，省际差距较小，整体表现出提升的趋势。

3. 社会贡献发展趋势

如图 5 -4 所示，山西省石油加工、炼焦和核燃料加工业平均就业人数

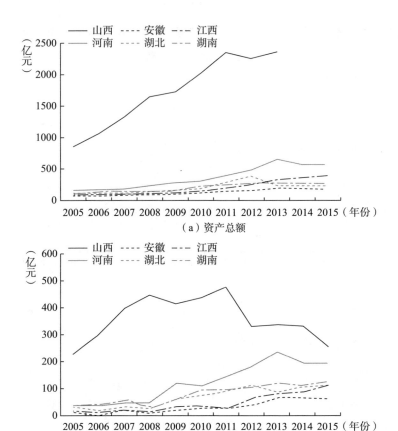

**图 5 - 3    2005～2015 年石油加工、炼焦和核燃料加工业发展潜力变化趋势**

自 2005 年缓慢增加后不断下降，但平均就业人数仍远多于其他五省。河南省石油加工、炼焦和核燃料加工业平均就业人数自 2005 年表现出缓慢增加的趋势。安徽、江西、湖北、湖南四省石油加工、炼焦和核燃料加工业平均

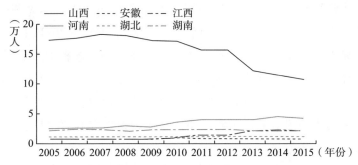

**图 5 - 4    2005～2015 年石油加工、炼焦和核燃料加工业平均就业人数变化趋势**

就业人数省际差异较小，2005～2015年平均就业人数相对平稳，变化较小。

**（二）化学原料和化学制品制造业发展趋势**

如图5-5所示，2015年东部地区化学原料和化学制品制造业工业销售产值占全国64%，中部地区化学原料和化学制品制造业工业销售产值在全国中的占比为19%。

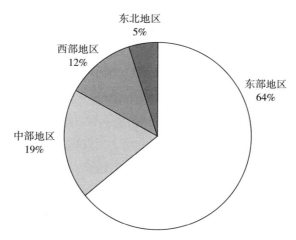

**图5-5　2015年"四大板块"化学原料和化学制品制造业工业销售产值占比**

1. 生产规模发展趋势

如图5-6所示，中部六省化学原料和化学制品制造业工业销售产值和主营业务收入的变化趋势大致相同，河南省、湖北省、湖南省化学原料和化学制品制造业工业销售产值、主营业务收入以最快速度增长；安徽省、江西省化学原料和化学制品制造业工业销售产值、主营业务收入总额与增长速度处于中等水平；山西省化学原料和化学制品制造业工业销售产值、主营业务收入总额与增长速度相对落后。

中部六省化学原料和化学制品制造业主要产品产量变化如图5-7、图5-8所示。山西省、安徽省、江西省、河南省氮肥产量波动变化频率较高，但产量水平整体变化趋势尚不明显；湖北省氮肥产量呈现上升的趋势；湖南省氮肥产量则在2010年前后开始持续下降。湖北省磷肥产量自2005年以来大幅增长，而山西省、安徽省、江西省、河南省、湖南省磷肥产量则相对平稳，整体水平变化不大，区域差异较小。湖南省合成橡胶产量领先于其他五省，2006年波动下降后2013年又回到高产量水平；河南省、湖北省合

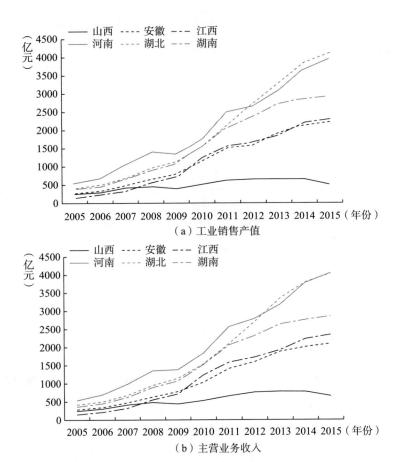

图 5-6　2005~2015 年化学原料和化学制品制造业生产规模变化趋势

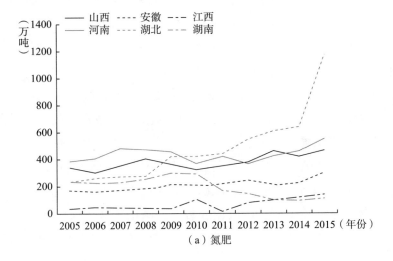

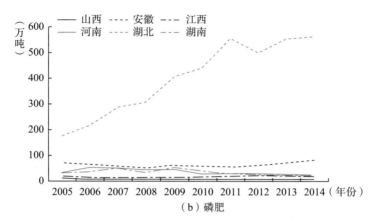

（b）磷肥

**图 5 - 7  2005～2014 年中部六省化学原料和化学制品制造业主要产品产量变化趋势**

成橡胶产量分别自 2011 年和 2012 年开始不断上升，增长速度较快；山西省、安徽省、江西省合成橡胶产量水平相对稳定，产量变化不大，区域差异较小。

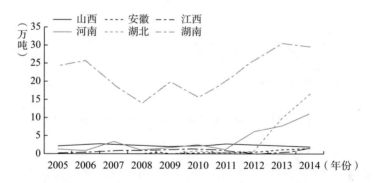

**图 5 - 8  2005～2014 年中部六省合成橡胶产量变化趋势**

2. 发展潜力变化趋势

如图 5 - 9 所示，中部六省化学原料和化学制品制造业资产总额和所有者权益总额变化趋势大致相同。2005～2007 年中部六省化学原料和化学制品制造业资产总额和所有者权益总额较低，省际差异较小，整体表现出缓慢增长的趋势。河南省、湖北省化学原料和化学制品制造业资产总额、所有者权益总额整体领先于其他四省，增长速度也最快。山西省、安徽省、江西省、湖南省化学原料和化学制品制造业资产总额、所有者权益总额省际差异较小，整体表现出增长态势，但增长速度慢于河南省、湖北省化学原料和化学制品制造业资产总额、所有者权益总额增长速度。

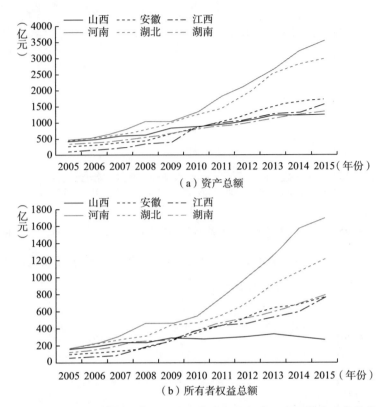

（a）资产总额

（b）所有者权益总额

图 5 - 9　2005～2015 年化学原料和化学制品制造业发展潜力变化趋势

3. 社会贡献发展趋势

中部六省化学原料和化学制品制造业平均就业人数变化趋势如图 5 - 10 所示，湖南省、河南省化学原料和化学制品制造业平均就业人数多于其他四省，且表现出不断增长的趋势。湖北省化学原料和化学制品制造业平均

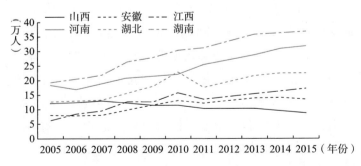

图 5 - 10　2005～2015 年化学原料和化学制品制造业平均就业人数变化趋势

就业人数 2005～2010 年不断增长，2011 年就业人数波动减少后缓慢增加，增长速度减慢。江西省、安徽省化学原料和化学制品制造业平均就业人数差距较小，但江西省平均就业人数略高于安徽省，整体表现出缓慢增长的趋势。山西省化学原料和化学制品制造业平均就业人数在 2005～2007 年保持平稳，2007 年后缓慢减少。

### （三）非金属矿物制品业发展趋势

如图 5-11 所示，2015 年东部和中部地区非金属矿物制品业工业销售产值占比达到 76%，中部地区非金属矿物制品业在全国占有重要位置。

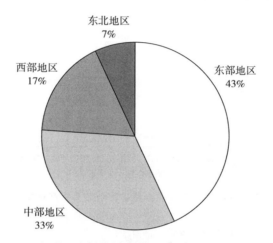

**图 5-11　2015 年"四大板块"非金属矿物制品业工业销售产值占比**

#### 1. 生产规模发展趋势

非金属矿物制品业生产规模发展趋势如图 5-12 所示。非金属矿物制品业工业销售产值、主营业务收入变化趋势相似，河南省非金属矿物制品业工业销售产值、主营业务收入自 2005 年以来长期保持高速增长，领先于其他五省。山西省、安徽省、江西省、湖北省、湖南省非金属矿物制品业工业销售产值、主营业务收入保持了持续增长的趋势，但增长速度较慢，省际差异较小。

中部六省非金属矿物制品业产品中水泥总产量呈现波动上升的趋势，河南省水泥产量领先于其他五省，增长速度最快；安徽省、江西省、湖北省、湖南省水泥产量绝对值和增长速度均低于河南省，但省际差异较小；山西省水泥产量较小，增长速度最慢（见图 5-13）。

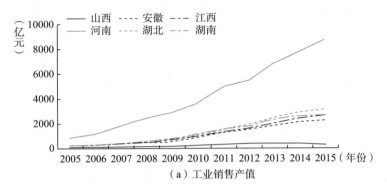

（a）工业销售产值

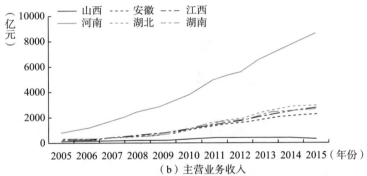

（b）主营业务收入

**图 5 - 12　2005 ～ 2015 年非金属矿物制品业生产规模变化趋势**

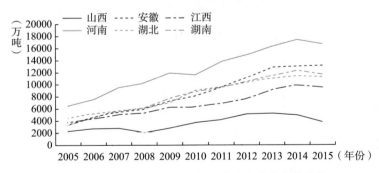

**图 5 - 13　2005 ～ 2015 年中部六省水泥产量变化趋势**

2. 发展潜力变化趋势

如图 5 - 14 所示，中部六省非金属矿物制品业资产总额、所有者权益总额的变化趋势大致相同，河南省非金属矿物制品业资产总额、所有者权益总额领先于其他五省，增长速度最快；安徽省、江西省、湖北省、湖南省非金属矿物制品业资产总额、所有者权益总额处于中等水平，增长速度慢

于河南省，省际差异较小；山西省非金属矿物制品业资产总额、所有者权
益总额落后于其他五省，增长速度最慢。

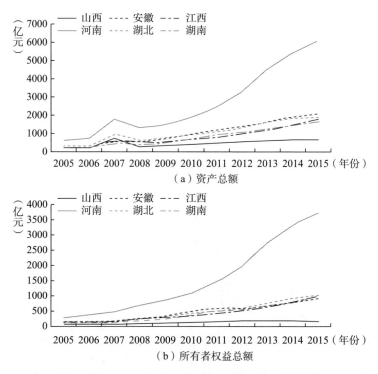

图 5 - 14 2005～2015 年非金属矿物制品业发展潜力变化趋势

3. 社会贡献发展趋势

如图 5 - 15 所示，河南省非金属矿物制品业平均就业人数最多，增长速
度最快，远领先于其他五省；安徽省、江西省、湖北省、湖南省非金属矿

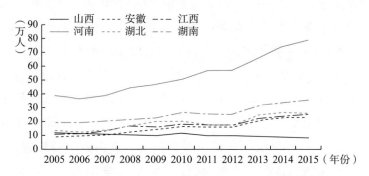

图 5 - 15 2005～2015 年非金属矿物制品业平均就业人数变化趋势

物制品业平均就业人数增长速度较慢，省际差异较小；山西省非金属矿物制品业平均就业人数最少，呈现缓慢减少的趋势。

**（四）黑色金属冶炼和压延加工业发展趋势**

如图 5-16 所示，2015 年东部地区黑色金属冶炼和压延加工业工业销售产值占 57%，领先于中部、西部和东北地区，中部地区黑色金属冶炼和压延加工业工业销售产值占全国的 19%，处于全国第二位。

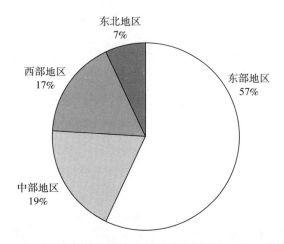

**图 5-16 2015 年"四大板块"黑色金属冶炼和压延加工业工业销售产值占比**

1. 生产规模发展趋势

如图 5-17 所示，中部六省黑色金属冶炼和压延加工业工业销售产值、主营业务收入变化趋势大致相同。山西省、河南省、湖北省黑色金属冶炼和压延加工业工业销售产值、主营业务收入总量高于其他三省，2005 年以来整体波动上升，但山西省、湖北省 2013 年左右开始出现下降的趋势；安徽省、江西省、湖南省黑色金属冶炼和压延加工业工业销售产值、主营业务收入自 2005 年以来整体波动上升，但增长速度逐渐放缓。

如图 5-18、图 5-19 所示，从生铁和粗钢产量来看，山西省生铁和粗钢产量领先于其他五省，2005 年后波动上升，2013 年出现下降趋势；安徽省、江西省、河南省、湖北省、湖南省生铁和粗钢产量整体呈现增长的态势，但增长速度不断放缓。就钢材产量而言，山西省、安徽省、河南省、湖北省钢材产量较高，增长速度较快；江西省和湖南省钢材产量相对落后于其他四省，同时两省钢材产量增长速度逐渐放缓，趋于稳定。从铁合金

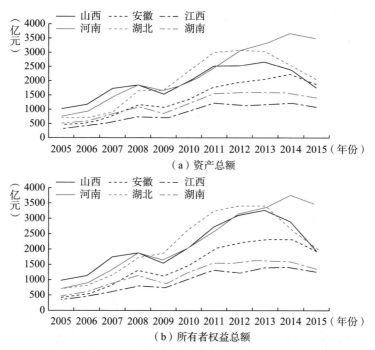

**图 5 - 17  2005~2015 年黑色金属冶炼和压延加工工业工业生产规模变化趋势**

产量来看，湖南省铁合金产量经过快速增长后出现波动下降的趋势，但总产量仍然高于其他五省；山西省、河南省铁合金产量居于中等水平，长期保持波动增长的趋势，但增长速度趋于平缓；安徽省、江西省、湖北省铁合金产量相对落后于其他三省，除湖北省缓慢增长外，安徽、江西两省铁合金产量增长并不明显。

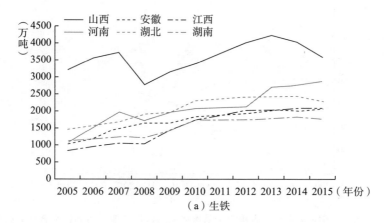

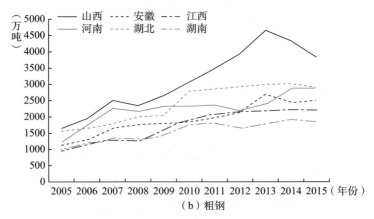

（b）粗钢

**图 5 – 18　2005～2015 年中部六省黑色金属冶炼和压延加工业生铁和粗钢产量变化趋势**

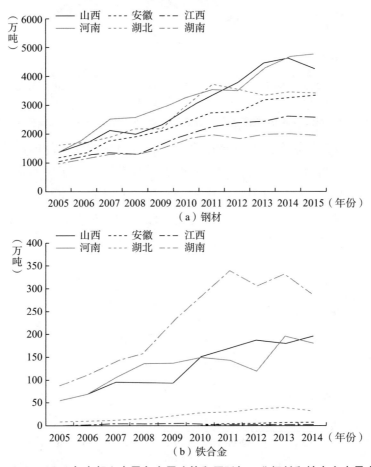

（a）钢材

（b）铁合金

**图 5 – 19　2005～2014 年中部六省黑色金属冶炼和压延加工业钢材和铁合金产量变化趋势**

2. 发展潜力变化趋势

如图 5 - 20 所示，湖北省、山西省黑色金属冶炼和压延加工业资产总额和所有者权益总额领先于其他四省，增长速度较快；安徽省、河南省和湖南省黑色金属冶炼和压延加工业资产总额和所有者权益总额在 2005 ~ 2011年缓慢增长，2011 年后河南省黑色金属冶炼和压延加工业资产总额和所有者权益总额增长速度加快；江西省黑色金属冶炼和压延加工业资产总额和所有者权益总额较低，增长速度缓慢。

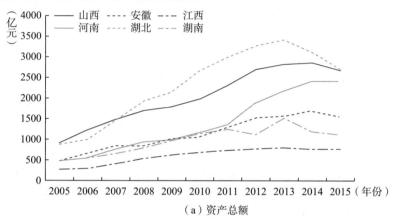

（a）资产总额

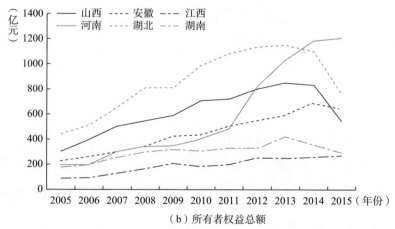

（b）所有者权益总额

**图 5 - 20　2005 ~ 2015 年中部六省黑色金属冶炼和压延加工业发展潜力变化趋势**

3. 社会贡献发展趋势

如图 5 - 21 所示，山西省、湖北省、河南省黑色金属冶炼和压延加工业平均就业人数领先于其他三省，河南省平均就业人数自 2012 年出现大幅增长；

安徽省、江西省、湖南省黑色冶炼和压延加工业平均就业人数变化较为稳定，增长速度较为慢；江西省就业人数总量较少，平均就业人数较为稳定。

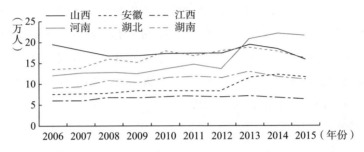

**图 5 - 21 2006 ~ 2015 年黑色金属冶炼和压延加工业平均就业人数变化趋势**

### （五）有色金属冶炼和压延加工业发展趋势

如图 5 - 22 所示，2015 年东部地区有色金属冶炼和压延加工业工业销售产值占 42%，中部地区有色金属冶炼和压延加工业工业销售产值占到 34%，可见中部地区有色金属冶炼和压延加工业在全国占有重要地位。

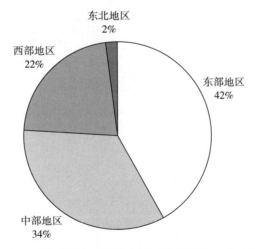

**图 5 - 22 2015 年"四大板块"有色金属冶炼和压延加工业工业销售产值占比**

#### 1. 生产规模发展趋势

如图 5 - 23 所示，2005 年以来中部六省有色金属冶炼和压延加工业工业销售产值、主营业务收入省际差异不断扩大，其中江西省、河南省有色金属冶炼和压延加工业工业销售产值、主营业务收入增长速度最快；安徽省、湖南省有色金属冶炼和压延加工业工业销售产值、主营业务收入增长速度逐步趋缓,整体处于中等水平;湖北省、山西省有色金属冶炼和压延加工业工业销售产值、主营业务收入低于其他四省,增长速度最慢,山西省基本处于平稳状态。

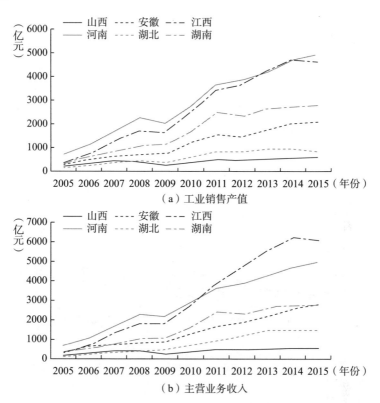

(a)工业销售产值

(b)主营业务收入

**图 5 - 23  2005～2015 年有色金属冶炼和压延加工业生产规模变化趋势**

如图 5 - 24 所示,安徽省和江西省铜材产量自 2006 年快速增长,其中

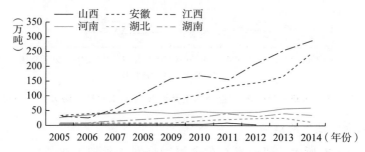

**图 5 - 24  2005～2014 年中部六省铜材产量变化趋势**

注:山西部分数据缺失。

江西省铜材产量领先于其他五省，山西省、河南省、湖北省、湖南省铜材产量较为稳定，其中山西省铜材产量相对较少。

2. 发展潜力变化趋势

如图 5-25 所示，中部六省有色金属冶炼和压延加工业资产总额和所有者权益总额变化趋势相同，2005 年以来中部六省省际差异不断扩大。江西省、河南省有色金属冶炼和压延加工业资产总额和所有者权益总额自 2005 年开始持续高速增长，领先于其他四省；山西省、安徽省、湖北省、湖南省有色金属冶炼和压延加工业资产总额和所有者权益总额增长速度较慢，其中山西省、湖南省增长速度最为慢。

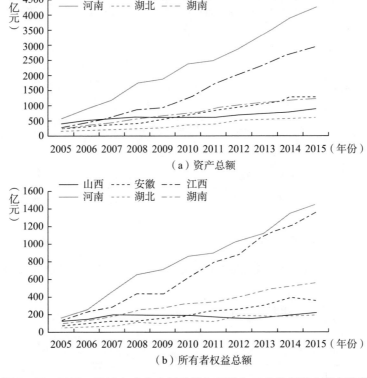

（a）资产总额

（b）所有者权益总额

图 5-25　2005~2015 年有色金属冶炼和压延加工业发展潜力变化趋势

3. 社会贡献发展趋势

如图 5-26 所示，河南省有色金属冶炼和压延加工业平均就业人数最多，同时保持增长趋势；江西省、湖南省有色金属冶炼和压延加工业平均就业人数处于中等地位；安徽省和湖北省有色金属冶炼和压延加工业平均就业人数相对靠后，且较为平稳，增长速度较慢；山西省有色金属冶炼和压延加工业平均就业人数不断下降。

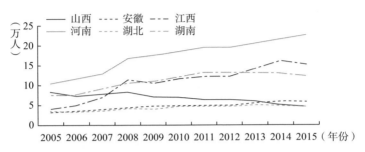

**图 5 - 26　2005～2015 年有色金属冶炼和压延加工业平均就业人数变化趋势**

### （六）电力、热力生产和供应业发展趋势

如图 5 - 27 所示，在 2015 年电力、热力和供应业发展中，东部地区工业销售产值约占全国的 55%，中部地区电力、热力生产和供应业工业销售产值的占比为 18%，相对较低。

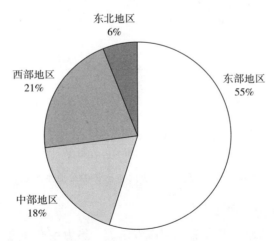

**图 5 - 27　2015 年"四大板块"电力、热力生产和供应业工业销售产值占比**

1. 生产规模发展趋势

如图 5 - 28 所示，中部六省电力、热力生产和供应业工业销售产值、主营业务收入的变化趋势大致相同。河南省电力、热力生产和供应业工业销售产值、主营业务收入领先于其他五省，2005 年以来波动上升，但增长速度逐步趋缓并表现出缓慢下降的趋势；山西省、安徽省、江西省、湖

北省、湖南省电力、热力生产和供应业工业销售产值、主营业务收入增长速度大致相同，但湖北省电力、热力生产和供应业工业销售产值、主营业务收入在 2012 年后表现出下降的趋势；山西省、江西省、湖南省电力、热力生产和供应业工业销售产值、主营业务收入相对较低，且增长速度逐步趋缓。

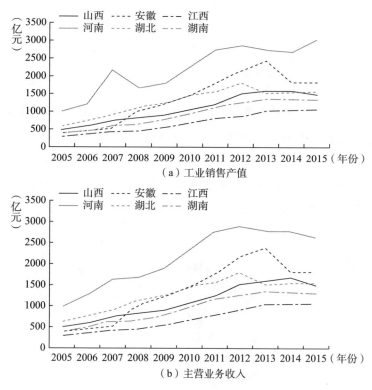

（a）工业销售产值

（b）主营业务收入

**图 5 – 28　2005～2015 年电力、热力生产和供应业生产规模变化趋势**

2. 发展潜力变化趋势

如图 5 – 29 所示，湖北省、河南省电力、热力生产和供应业资产总额和所有者权益总额领先于其他四省，湖北省电力、热力生产和供应业资产总额和所有者权益总额 2009 年左右下降后缓慢增长；山西省、安徽省、湖南省电力、热力生产和供应业资产总额、所有者权益总额处于中等水平，增长速度慢于河南省、湖北省，但整体波动较小；江西省电力、热力生产和供应业资产总额和所有者权益总额相对较低，增长缓慢。

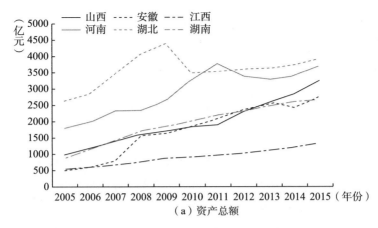

（a）资产总额

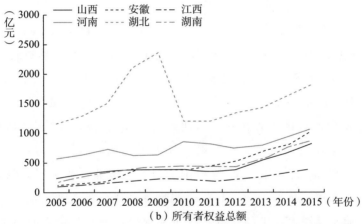

（b）所有者权益总额

**图 5 - 29　2005～2015 年电力、热力生产和供应业发展潜力变化趋势**

**3. 社会贡献发展趋势**

如图 5 - 30 所示，中部六省电力、热力生产和供应业平均就业人数虽然存在波动，但整体平稳，其中河南省电力、热力生产和供应业平均就业人

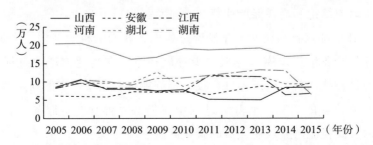

**图 5 - 30　2005～2015 年电力、热力生产和供应业平均就业人数变化趋势**

数多于其他五省，且出现波动下降的趋势；山西省、安徽省、江西省、湖北省、湖南省电力、热力生产和供应业平均就业人数相对较少，波动频繁，但增长趋势尚不明显。

# 五　研究结论与政策建议

根据对中部六省高耗能产业发展趋势的分析，本章得出以下结论。

（1）东部地区高耗能制造业在全国高耗能制造业发展中占有主要地位，中部六省同样发挥了重要作用，但较东部地区还有一定差距。

（2）从六类高耗能制造业发展趋势来看，中部六省石油加工、炼焦和核燃料加工业生产规模整体呈现扩大趋势；化学原料和化学制品制造业、有色金属冶炼和压延加工业生产规模省际差异不断扩大；非金属矿物制品业生产规模以上升为主要趋势；黑色金属冶炼和压延加工业发展逐步放缓，发展速度出现下滑的趋势；电力、热力生产和供应业整体呈现出波动增长的态势。

（3）从中部地区六省来看，山西省石油加工、炼焦和核燃料加工业，黑色金属冶炼和压延加工业发展规模领先于其他五省；河南省石油加工、炼焦和核燃料加工业，化学原料和化学制品制造业，非金属矿物制品业，黑色金属冶炼和压延加工业，有色金属冶炼和压延加工业，电力、热力生产和供应业发展规模在中部六省占据重要地位；湖北省化学原料和化学制品制造业，黑色金属冶炼和压延加工业，电力、热力生产和供应业发展规模相对领先；湖南省高耗能产业发展相对落后；江西省有色金属冶炼和压延加工业发展规模领先于其他五省；安徽省高耗能产业发展则处于中等水平，增长速度较慢。

基于研究结论和高耗能产业特征，本章提出以下政策建议。

（1）在中部六省高耗能产业发展过程中，我们应科学规划，合理布局，控制高耗能产业生产规模，合理减少过剩产量；在高耗能产业发展过程中我们应促进科技创新，引进先进科技，提高能源利用率、资源利用率。

（2）在高耗能产业转型升级过程中我们必须做好专业服务工作，解决好中部六省高耗能产业从业人员的就业问题。

（3）中部地区六省在高耗能产业发展中应充分发挥地区优势，发展具有比较优势的制造业,控制地区劣势制造业,山西省在石油加工、炼焦和核燃料加工业,黑色金属冶炼和压延加工业发展中要加快行业系统改造,提高余热余压回收利用率;河南省在加快推进绿色清洁生产的工程中应整体提升高耗能产业发展水平;湖北省在化学原料和化学制品制造业,黑色金属冶炼和压延加工业,电力、热力生产和供应业发展中应促进中小企业清洁生产,增强能源综合利用能力;湖南省和安徽省则需要加快经济转型,促进经济可持续增长;江西省在有色金属冶炼和压延加工业发展中应进一步注重地区生态环境保护,提高有色金属矿产资源的利用率。

**参考文献**

[1] 冀文海. 审判"电耗子"——高耗能产业与"电荒"现象透视 [J]. 中国改革,2004 (4).

[2] 向明. 贵州省高耗能产业发展状况与价格指数变化的关系 [J]. 西南金融,2006 (9).

[3] 耿海清. 高耗能产业和低耗能产业对我国城市化影响的对比分析 [J]. 地理与地理信息科学,2008 (5).

[4] 蒋金荷. 高耗能产业对我国能源需求形势变化的影响程度分析 [J]. 经济研究参考,2010 (11).

[5] 龚健健,沈可挺. 中国高耗能产业及其环境污染的区域分布——基于省际动态面板数据的分析 [J]. 数量经济技术经济研究,2011 (2).

[6] 郑季良,陈卫萍,陈志芳. 云南高耗能产业循环经济发展战略分析 [J]. 科技管理研究,2008 (8).

[7] 郑季良,陈志芳. 高耗能产业循环经济的指标体系构建 [J]. 经济管理,2008 (5).

[8] 郑季良,陈卫萍. 基于循环经济的高耗能产业集群发展探讨 [J]. 科技管理研究,2009 (9).

[9] 郑季良,陈卫萍. 论高耗能产业群在循环经济中的协同发展 [J]. 科技进步与对策,2010 (2).

[10] 郑季良. 高耗能产业群循环经济进程中的多绩效协同性及演进研究 [C]. 第十六届中国管理科学学术年会,太原,2014.

[11] 郑季良,郑晨,陈盼. 高耗能产业群循环经济协同发展评价模型及应用研究——基于序参量视角 [J]. 科技进步与对策,2014 (11).

[12] 郑季良，陈墙．基于循环经济的高耗能产业群供应链协同管理运营系统研究 [J]．科技管理研究，2015（7）.

[13] 郑季良，陈春燕，王娟，吴桐．高耗能产业群循环经济发展的多绩效协同效应调控研究 [J]．中国管理科学，2015（S1）.

[14] 强毅，韩冰．提升宁夏高耗能产业的战略思考 [J]．宁夏社会科学，2007（06）.

[15] 闫晶，韩洁平．高耗能产业生态系统构建与运行机制研究 [J]．科技管理研究，2014（23）.

[16] 沈可挺，龚健健．环境污染、技术进步与中国高耗能产业——基于环境全要素生产率的实证分析 [J]．中国工业经济，2011（12）.

[17] 吴卫红，王建英，张爱美，等．高耗能产业技术创新与节能减排效率协同发展实证研究 [J]．中国科技论坛，2016（7）.

[18] 郭本海，方志耕，刘卿．基于演化博弈的区域高耗能产业退出机制研究 [J]．中国管理科学，2012（4）.

[19] 汤维祺，吴力波，钱浩祺．从"污染天堂"到绿色增长——区域间高耗能产业转移的调控机制研究 [J]．经济研究，2016（6）.

[20] 王艳丽，钟奥．地方政府竞争、环境规制与高耗能产业转移——基于"逐底竞争"和"污染避难所"假说的联合检验 [J]．山西财经大学学报，2016（8）.

[21] 吴卫红，王建英，张爱美，刘安国，李娜娜．六大高耗能产业技术创新、节能效率和减排效率协同发展比较研究 [J]．软科学，2017（1）.

[22] 王健华．对宁夏高耗能产业发展的思考——基于成本核算视角 [J]．经济论坛，2017（1）.

[23] 郭藤，孙凤莲．低碳经济视角下我国高耗能产业发展模式转型的对策研究 [J]．经济论坛，2016（7）.

[24] 吴卫红，王建英，张爱美，刘安国，李娜娜．高耗能产业技术创新与节能减排效率协同发展实证研究 [J]．中国科技论坛，2016（7）.

# 第六章 中部地区制造业全要素生产率评价

## 一 引言

18 世纪中叶开启工业文明以来，世界强国的兴衰史和中华民族的奋斗史一再证明，没有强大的制造业，就没有国家和民族的强盛。打造具有国际竞争力的制造业，是我国提升综合国力、保障国家安全、建设世界强国的必由之路（国务院，2015）。改革开放以来，我国经济的持续快速增长在相当大程度上有赖于制造业的飞速发展。然而，与世界先进水平相比，我国制造业大而不强仍是一个不可回避的事实，其中的一个重要原因就是制造业发展效率较低，驱动要素不合理，持续增长的后劲不足。随着我国经济新常态的特征越发明显，为应对制造业转型升级的巨大挑战，迫切需要提高制造业全要素生产率（Total Factor Productivity，TFP），实现从要素驱动、投资驱动向创新驱动转变。

近年来，学术界关于全要素生产率的研究成果层出不穷，已成为制造业转型升级领域的一个热点。从研究维度来看，现有文献主要包括对制造业全要素生产率的测算分解、增长态势、地区或行业差异以及相关影响因素的分析。由于方法、数据和研究区间的差异，不同学者的测算结果不尽相同，但制造业全要素生产率总体上处于增长态势。沈能（2006）、赵伟和张萃（2008）、Li 和 Yang（2013）、杨汝岱（2015）等的测算结果显示，中国制造业全要素生产率年均增长率为 1.5% ~ 6.5%，区域和行业间制造业全要素生产率差异并没有显著的收敛趋势（Savvides and Zachariadis，2005；沈能，

2006；严兵，2008；孙晓华等，2014）。针对制造业全要素生产率的可能影响因素，学者主要从资源分配、产业集聚、对外贸易、科技投入和环境规制等方面展开研究。Hsieh 和 Klenow（2009）、Machicado 等（2012）、王文等（2015）、Gong 和 Hu（2016）证实了生产要素资源的错误配置会在很大程度上降低制造业全要素生产率。王燕和徐妍（2012）基于双门限回归模型发现，产业集聚可以显著提高制造业的技术进步率，但对技术效率的促进作用比较小。余淼杰（2010）、戴觅和余淼杰（2012）、汤毅和尹翔硕（2014）、张翊等（2015）分别基于中国工业企业数据库和 COMTRADE、WIOD 数据库指出，商品贸易（尤其是中间投入的出口）对制造业全要素生产率具有显著的提升作用。孙晓华等（2012）的研究表明科技投入力度的增强和行业间 R&D 外溢对制造业全要素生产率存在显著的正效应，但行业自身的 R&D 外溢具有一定的抑制效应。殷宝庆（2012）认为环境规制与制造业全要素生产率之间存在 U 形关系，即随着环境规制强度加大，制造业全要素生产率将先降后升；而田娜等（2015）、吴朝霞和张智颖（2016）则认为环境规制可以促进制造业全要素生产率增长，但行业间存在异质性。

从研究尺度来看，现有文献主要涉及国家、地区和企业三个层面。国家层面的研究基于制造业整体的时间序列数据或两位数细分行业的面板数据，侧重全要素生产率的测算分解与异质性解释，也有学者针对具体制造业行业展开研究（徐盈之和赵豫，2007；刘艳，2014）。地区层面的研究主要以省级单元为主，鲜有针对地级和县级层面制造业全要素生产率的研究。企业层面的研究立足中国工业企业数据库的微观数据，主要考察了全国制造业内外资企业、不同所有制企业和进出口企业全要素生产率（杨汝岱，2015；严兵，2008；苏锦红等，2015；李唐等，2016）。

中部地区是我国重要的制造业基地之一。改革开放以来，中部地区经济发展总体水平低于东部地区、发展速度低于西部地区，出现事实上的"中部塌陷"问题。2006 年 4 月，《中共中央国务院印发关于促进中部地区崛起的若干意见》正式提出促进中部崛起的战略构想。十年来，中部地区经济取得了长足发展，尤其是制造业发展速度显著。然而，中部地区制造业发展的总体效率水平仍然低下，增长主要依靠投资要素，资源浪费和环境污染的代价巨大。根据李廉水（2016）提出的制造业"新型化"能力指数，中部地区大部分省份制造业发展效率和竞争力处于全国中下游水平，制造业转型升级的压力巨大。未来促进中部地区制造业持续快速发展的一条重要路径就是摆脱传统的要素驱动机制，转向由全要素生产率带动的创新驱动机制。因此，有必要首先从理论上考察中部地区制造业全要素生产率的总体水平和贡献来源，从而明确改善中部地区制造业全要素生产率的思路和方向。

遗憾的是，目前学术界尚无针对中部地区制造业全要素生产率的系统研究，既有研究侧重考察中部地区制造业总体水平和竞争力（钟无涯和傅春，2015）、制造业产业集聚与地理集中（敖荣军，2005；周明，2011；朱慧等，2015）、承接制造业转移的动力机制（王寅，2013）以及制造业服务化（张三峰和杨德才，2009）等。另外，虽然关于省级层面制造业全要素生产率的研究文献涉及中部地区，但仅仅是出于比较分析的需要，缺乏对中部地区内部制造业全要素生产率的深入讨论。与已有文献相比，本章的创新之处在于：一是运用随机前沿分析方法考察了中部地区制造业全要素生产率总体水平、增长态势和分解状况；二是描绘了中部地区制造业全要素生产率的空间差异和动态演化。

## 二 随机前沿模型与全要素生产率分解框架

对全要素生产率的测算始于对生产函数的估计，基于生产函数估计方法的差异，全要素生产率的测算方法也不尽相同。根据 Massimo 等（2011）提出的分类维度，一方面可以将全要素生产率测算方法分为参数和非参数两类，另一方面可以将其分为前沿分析和非前沿分析，具体如表 6-1 所示。

表 6-1 全要素生产率测算方法分类

| 测算方法 | 非参数方法 | 参数方法 | |
| --- | --- | --- | --- |
| | | 参数法 | 半参数法 |
| 前沿分析方法 | 数据包络分析（DEA、FDH 等） | 随机前沿分析（宏观/微观） | OP 法、LP 法（微观） |
| 非前沿分析方法 | 增长核算法（宏观） | 增长率回归法（宏观） | 代理变量法（微观） |

资料来源：Massimo 等（2011）。略有修改完善。

鉴于中部地区地级市制造业原始数据属宏观数据，且为了更好地反映测算结果的经济含义，本章选择参数法的随机前沿分析模型测算中部地区制造业全要素生产率。随机前沿分析（Stochastic Frontier Analysis，SFA）理论最初由 Aigner 等提出，目前已成为计量经济学的一个重要分支，并被广泛应用于生产率分析领域。早期的 SFA 模型主要适用于横截面数据，随着经济的发展和技术的完善，面板数据 SFA 模型逐渐成为主流，其中，Battese 和 Coelli（1992，1995）提出的时变随机前沿生产函数模型最具代表性。该模型的基本形式为：

$$y_{it} = f\left(x_{it},\ t,\ \beta\right)\ \exp\left(\nu_{it} - \mu_{it}\right) \tag{1}$$

$$\mu_{it} = \mu_i \exp\left[-\eta\left(t - T\right)\right] \tag{2}$$

$$i = 1,\ 2,\ \cdots,\ N;\ t = 1,\ 2,\ \cdots,\ T$$

Battese 和 Coelli 的模型包含两部分：式（1）是随机前沿生产函数，反映生产过程的基本增长框架，其中，$f(\cdot)$ 是前沿生产函数的确定核；式（2）为技术无效率函数且 $\mu_{it} > 0$，表示生产单位自身原因导致技术无效率而造成的产出损失，这就意味着技术无效率水平是可以人为控制的。模型中的具体参数和变量说明如下。

$y_{it}$ 为决策单元 $i$ 在 $t$ 时期的产出；$x_{it}$ 为决策单元 $i$ 在 $t$ 时期的投入要素向量；$t$ 是时间趋势变量，在式（1）中可作为生产技术是否变化的代理变量，在式（2）中可反映技术效率随时间变动的过程；$\beta$ 为前沿生产函数的待估参数向量；$\nu_{it}$ 为随机误差项，且是均值为 0、方差为 $\sigma_\nu^2$ 的白噪声；$\mu_i$ 为非负随机变量，反映生产过程中的技术无效率状况，且 $\mu_i \sim \mathrm{i.i.d.}\ N^+\left(\mu,\ \sigma_\mu^2\right)$ 是一个独立同分布的半正态过程；$\eta$ 是技术无效率函数的待估参数，且 $\eta < 0$、$\eta = 0$ 和 $\eta > 0$ 分别表示技术无效率随时间递增、不变和递减。

为检验随机前沿模型的适用性，定义 $\gamma = \sigma_\mu^2 / \left(\sigma_\mu^2 + \sigma_\nu^2\right)$ 表示人为可控的技术无效率占总体无效率的比重。$\gamma = 0$，表明产出偏离生产前沿面是不受人为控制而完全由随机误差导致的，这时就没有必要进行随机前沿分析；反之，$\gamma \neq 0$，表明实际产出偏离生产前沿面在一定程度上是由生产的无效率导致的，因而需要进行随机前沿分析。

本章根据 Nishinizu 和 Page（1982）的做法，将全要素生产率（TFP）的增长分解为前沿技术进步（Frontier Technology Progress，FTP）和相对前沿面的技术效率变化（Technical Efficiency Change，TEC）两部分[1]。此时，确定性生产前沿函数为：

$$y_{it} = f(x_{it}, t, \beta) \exp(-\mu_{it})[2] \tag{3}$$

将前沿生产函数确定核 $f(\cdot)$ 的对数形式关于时间趋势变量 $t$ 求导，可得：

$$\frac{\mathrm{d}\ln f(x,t,\beta)}{\mathrm{d}t} = \frac{\partial \ln f(x,t,\beta)}{\partial t} + \sum_{j=1}^{P} \frac{\partial \ln f(x,t,\beta)}{\partial x_j/x_j} \frac{\mathrm{d}x_j/x_j}{\mathrm{d}t} \tag{4}$$

式（4）中，等号右边第一项为前沿技术进步（$FTP$），表示要素投入不变条件下产出随时间的变动率。假设第 $j$（$j=1, 2, \cdots, P$）种投入要素的产出弹性为 $s_j$，则式（4）转化为：

$$\frac{\mathrm{d}\ln f(x,t,\beta)}{\mathrm{d}t} = FTP + \sum_{j=1}^{P} s_j \dot{x}_j \tag{5}$$

式（5）中，符号"·"表示变量的变动率。进一步对式（3）的对数形式关于时间 $t$ 取全微分，可得：

$$\frac{\mathrm{d}y}{\mathrm{d}t} = \frac{\mathrm{d}\ln f(x,t,\beta)}{\mathrm{d}t} - \frac{\mathrm{d}\mu}{\mathrm{d}t} \tag{6}$$

令 $\dot{y} = \mathrm{d}y/\mathrm{d}t$，将式（5）代入式（6），可得产出的变动率构成，即

$$\dot{y} = FTP + \sum_{j=1}^{P} s_j \dot{x}_j - \frac{\mathrm{d}\mu}{\mathrm{d}t} \tag{7}$$

按照 Kumbhakar（2000）的分析，技术效率变化是相对生产技术前沿而言的，据此可定义技术效率变化率 $TEC = -\mathrm{d}\mu/\mathrm{d}t$。另外，全要素生产率的变动（Total Factor Productivity Change，TFPC）是除确定性投入要素变动外能导致产出变动的其他要素的变动，从而全要素生产率的变动率为：

$$TFPC = \dot{y} - \sum_{j=1}^{P} s_j \dot{x}_j \tag{8}$$

---

[1]　事实上，技术效率变化可详细分解为相对前沿的技术效率变化、规模经济效率变化和要素配置效率变化，但有学者对中国全要素生产率的研究表明，只有第一项分解对产出的影响较为显著（涂正革和肖耿，2005；王志刚等，2006），因此本章不对 TEC 做进一步的分解。

[2]　为了方便数理推导，下文将去掉决策单元和时间变量下标"$i$"和"$t$"。

将式（7）代入式（8），可得随机前沿模型下全要素生产率的分解公式：

$$TFPC = FTP + TEC \qquad\qquad (9)$$

# 三　变量、数据与模型设定

## （一）指标变量选取

（1）产出指标。学术界关于制造业全要素生产率的研究多采用制造业"工业总产值"或"工业增加值"作为产出的衡量指标，二者都可以反映制造业企业在一定时期内从事生产活动所形成的最终成果，二者的区别在于"工业增加值"剔除了中间投入。然而，就企业生产的最终目的而言，不论是"工业总产值"还是"工业增加值"，它们都无法体现制造业企业以价值为导向的生产目的。因此，与已有研究不同，本章选取制造业"工业销售产值"衡量制造业产出，它反映了制造业企业在一定时期内生产产品所获得的总价值量。

（2）劳动投入指标。考虑数据的易得性和可靠性，沿袭既有研究的一般思路，本章选取制造业"全部从业人员平均人数"作为劳动投入的衡量指标。有些观测年份和区域没有"全部从业人员平均人数"这一指标，只有"从业人员年末数"，本章取前后两年数值的算术平均数作为替代指标[①]，单位统一为万人。

（3）资本投入指标。按照国外经济学家测算全要素生产率的通行做法，资本投入要素一般采取"固定资本存量"这一指标。由于长期以来我国的国民经济核算体系与西方存在较大差异，且没有规范的固定资本存量统计数据。目前，国内学者大多采取永续盘存法估算固定资本存量。但是，这一方法需要解决基期固定资本存量、当期固定资产投资、资本折旧率的确定等问题，在处理宏观经济整体数据时尚可一试。由于制造业行业分类较多，且数据统计立足于微观企业，现行统计体系不仅难以获得上述的基期初始数据，而且采用统一的假定折旧率也往往不符合具体行业的实际情况。为避免这些问题，综合考

---

① 严格来讲，全部从业人员平均人数是指企业（或行业）一年内各月平均拥有的从业人数，即全部从业人员平均人数 =（1 月末从业人员数 + 2 月末从业人员数 + ⋯ + 12 月末从业人员数）/12，鉴于月度数据难以获取，本章采取较为简单的处理办法，把制造业上年从业人员年末数与本年年末数之和的算术平均数作为本年制造业全部从业人员平均人数的替代值。

虑国内制造业统计体系和方法，本章选取制造业"固定资产合计"作为资本投入要素的代理变量，因为根据会计记账准则，该指标包含固定资产原值、固定资产累计折旧、固定资产清理、工程物资和待处理固定资产净损失等项目，可以相对准确全面地概括制造业资本状况（鲁晓东和连玉君，2012）。

**（二）数据来源与处理**

（1）省级层面数据来源。中部六省制造业总体和二位数细分行业"工业销售产值"、"固定资产合计"和"全部从业人员平均人数"三项指标的数据主要来源于《中国工业经济统计年鉴》、1999～2009 年中国工业企业数据库[①]和各省统计年鉴。关于制造业总体数据，由于《中国工业经济统计年鉴》从 2012 年才开始公布分地区（省级层面）制造业加总的相关指标数据，之前仅列举了 20 个主要制造业行业的分地区指标数据，无法涵盖制造业总体发展情况。因此，本章中部六省 2001～2008 年制造业投入和产出指标数据根据中国工业企业数据库中的行政区划代码和行业代码进行筛选加总获得，2009～2011 年数据通过各省统计年鉴"按行业分规模以上工业企业主要经济指标"加总得到[②]，2012～2014 年数据直接取自相应年度的《中国工业经济统计年鉴》。关于制造业二位数细分行业数据，其来源于 2002～2015 年《中国工业经济统计年鉴》，其中，2004 年数据为第一次全国经济普查数据。

（2）地级市层面数据来源[③]。各类统计年鉴均没有对地级市制造业相关

---

① 中国工业企业数据库全称为"全部国有及规模以上非国有工业企业数据库"，其样本范围包括全部国有工业企业和规模以上非国有工业企业，统计单位为企业法人，《中国工业经济统计年鉴》实质上是对中国工业企业数据库中的企业数据进行加总，从而得到中观层面的行业数据和宏观层面的区域与国家数据，二者统计口径一致，具有可比性。

② 通过数据比对发现，中国工业企业数据库中 2009 年中部各省制造业分行业加总数据与相应年度《中国工业经济统计年鉴》公布的数据存在相当大的差异，因此本章认为该年度的数据质量存在问题，故采取中部各省统计年鉴所公布的数据。事实上，由于中国工业企业数据库并不是学术机构发布的数据库，其在很多方面不太符合学术研究规范，存在样本匹配混乱、指标大小异常、测度误差明显和变量定义模糊等缺陷（聂辉华等，2012）。

③ 安徽省巢湖市于 2011 年撤销，其下辖的居巢区、庐江县划归合肥市，无为县划归芜湖市，含山县、和县划归马鞍山市。为了数据的一致性和可比性，本章将 2001～2010 年巢湖市的制造业工业销售产值、固定资产合计和全部从业人员平均人数数据分解到合肥、芜湖和马鞍山三市。具体做法如下：2001～2008 年根据中国工业企业数据库中的行政区划代码提取巢湖市下辖县区数据，分别加到上述三市中；2009 年、2010 年把之前八年居巢区与庐江县、无为县、含山县与和县所占巢湖市总量数据比重的均值作为系数，分别乘以巢湖市相应年度的总量数据并加到上述三市中。

指标数据进行全面规范统计，即使中部地区各地级市的统计年鉴也仅公布了"规模以上工业企业主要经济指标"，这就使得数据的获得难度加大。幸运的是，中国工业企业数据库提供了县级以上工业企业的微观数据，本章在此基础上以地级市行政区划代码和制造业行业代码为标准筛选并加总得出了中部六省地级市 2001～2008 年制造业三项指标数据，2009 年数据因质量问题舍去。现在需要解决 2009～2014 年地级市制造业数据的缺失问题，本章的处理方式是采用移动平均法进行估算预测，具体操作步骤如下：①计算 2001～2008 年中部六省地级市三项指标占各自省份指标总量的比重；②对各地级市前五年三项指标所占比重分别求均值，得到待预测第一年（即 2009 年）三项指标各自所占的比重；③用得到的指标比重去乘对应年度各省三项指标的总量数据得到各地级市的绝对指标数据。依此类推，之后年份的数据均利用之前五年地级市指标比重的移动均值计算得到。

（3）产出与资本变量的平减处理。制造业"工业销售产值"和"固定资产合计"两项指标的原始数据均为当年价格，没有考虑价格变动因素的影响。为使数据在不同年度具有可比性，本章分别利用"工业生产者出厂价格指数"和"固定资产投资价格指数"对中部六省制造业上述两项指标进行平减，基期价格水平确定为 2000 年不变价，平减价格指数均来自相应年份的《中国统计年鉴》。对于制造业分行业数据，《中国城市（镇）生活与价格年鉴》提供了 2005 年以来的"工业生产者出厂价格指数"，但各地区分行业的"固定资产投资价格指数"缺失，因此，本章在考察中部地区制造业分行业全要素生产率时暂且用指标的当年价格。

（三）模型设定与检验

在进行随机前沿分析之前，首先设定模型中生产函数的具体形式，并对其适用性进行检验。目前学术界常用的生产函数主要有柯布－道格拉斯（C－D）生产函数和超越对数（Translog）生产函数两种。由于 C－D 生产函数属于 Translog 生产函数的一种特殊形式，本章首先构建超越对数生产函数的时变随机前沿模型，然后对模型的适用性和具体形式进行检验，从而确定最终的计量分析模型。

超越对数生产函数的时变随机前沿模型一般形式如下：

$$\ln y_{it} = \beta_0 + \sum_{j=1}^{P} \beta_j x_{j,it} + \beta_T t + \frac{1}{2} \sum_{j=1}^{P} \sum_{h=1}^{P} \beta_{jh} \ln x_{j,it} \ln x_{h,it}$$

$$+ \sum_{j=1}^{P} \beta_{Tj} t \ln x_{j,it} + \frac{1}{2} \beta_{TT} t^2 + \nu_{it} - \mu_{it}$$

$$\mu_{it} = \mu_i \exp[-\eta(t-T)] \tag{10}$$

式（10）中，下标 $h$ 的含义与 $j$ 相同，表示某种投入要素，其他参数与变量含义如前文所述。

为保证模型的准确性和可靠性，依次进行以下五个方面的检验。①SFA 模型是否适用，即技术无效率项是否存在，原假设为 $H_0$：$\gamma = \mu = \eta = 0$。如果接受原假设，则模型不存在技术无效率，SFA 模型不具适用性，采取普通面板模型回归即可。②生产函数是否为严格的 Translog 形式，原假设 $H_0$：模型中的二次项系数为零，即 $\beta_{jh} = \beta_{Tj} = \beta_{TT} = 0$。如果接受原假设，则生产函数退化为 C-D 形式，且无须检验假设技术变化的性质。③是否存在技术变化，原假设 $H_0$：模型中与时间变量有关的各项系数为零，即 $\beta_T = \beta_{Tj} = \beta_{TT} = 0$。如果接受原假设，则模型不存在技术变化，无须对④进行检验；反之，需要进行下一步检验。④技术变化是否为希克斯中性，原假设 $H_0$：模型中时间变量与投入要素变量交叉项的系数为零，即 $\beta_{Tj} = 0$。如果接受原假设，技术变化为希克斯中性。⑤技术效率变化是否具有时变性，原假设 $H_0$：$\eta = 0$。如果接受原假设，则时变 SFA 模型的设定不合适，需剔除时间趋势变量。

检验主要通过似然比（Likelihood Ratio，LR）完成。LR 服从混合卡方分布，即 $LR \sim \chi^2(n)$，自由度 $n$ 为模型受约束变量的个数。如果 $LR > \chi^2_\alpha(n)$，则拒绝原假设；否则，接受原假设。这里，$\alpha$ 为检验的显著性水平，一般取值 0.05 或 0.01。分别利用全国省级制造业数据、中部地区两位数制造业行业数据和中部地区地级市数据对方程（10）的适用性与具体生产函数形式进行检验，结果如表 6-2 所示。可以看出，省级层面和中部地区地级市层面的制造业数据，均拒绝了随机前沿模型的所有原假设，说明方程（10）具有适用性且生产函数应采取 Translog 形式；但是，中部地区两位数制造业行业数据则接受了原假设 $H_0$：$\gamma = \mu = \eta = 0$（$LR = 4.24$，小于 5% 显著性水平下的混合卡方检验临界值），说明随机前沿模型不适用于测算制造业细分行业全要素生产率，因此，对中部地区制造业分行业全要素生产率的测算，本章采用普通面板回归方法进行估计，生产函数采取灵活性较强的 Translog 形式，加入时间趋势变量 $t$ 以反映技术进步对全要素生产率的贡献。

表 6 - 2    随机前沿模型适用性及生产函数形式检验结果

| 检验 | 原假设 | 自由度 | LR 值 | | 临界值 $\chi^2_\alpha(n)$ | | 检验结果 |
|---|---|---|---|---|---|---|---|
| | | | 全国省级 | 中部地级市 | $\alpha = 0.05$ | $\alpha = 0.01$ | |
| SFA 模型是否适用 | $\gamma = \mu = \eta = 0$ | 3 | 179.04 | 72.67 | 7.05 | 10.50 | 拒绝 |
| 生产函数是否为严格的 Translog 形式 | $\beta_{jh} = \beta_{Tj} = \beta_{TT} = 0$ | 6 | 212.10 | 391.28 | 11.91 | 16.07 | 拒绝 |
| 是否存在技术变化 | $\beta_T = \beta_{Tj} = \beta_{TT} = 0$ | 4 | 398.78 | 1441.80 | 8.76 | 12.48 | 拒绝 |
| 技术变化是否为希克斯中性 | $\beta_{Tj} = 0$ | 2 | 24.58 | 6.50 | 5.14 | 8.27 | 拒绝 |
| 技术效率是否具有时变性 | $\eta = 0$ | 1 | 178.44 | 113.86 | 2.71 | 5.41 | 拒绝 |

资料来源：笔者计算整理。

根据检验结果，考虑资本和劳动两种投入要素，对省级层面和中部地区地级市层面制造业全要素生产率的测算模型如方程（11）所示，对中部地区两位数制造业行业全要素生产率的测算模型如方程（12）所示。

$$\ln y_{it} = \beta_0 + \beta_T t + \frac{1}{2}\beta_{TT}t^2 + \beta_K \ln K_{it} + \frac{1}{2}\beta_{KK}(\ln K_{it})^2 + \beta_{TK}t(\ln K_{it})$$

$$+ \beta_L \ln L_{it} + \frac{1}{2}\beta_{LL}(\ln L_{it})^2 + \beta_{TL}t(\ln L_{it}) + \frac{1}{2}\beta_{KL}(\ln K_{it})(\ln L_{it}) + \nu_{it} - \mu_{it}$$

$$\mu_{it} = \mu_i \exp\left[-\eta(t-T)\right] \tag{11}$$

$$\ln y_{it} = \beta_0 + \beta_T t + \frac{1}{2}\beta_{TT}t^2 + \beta_K \ln K_{it} + \frac{1}{2}\beta_{KK}(\ln K_{it})^2 + \beta_{TK}t(\ln K_{it})$$

$$+ \beta_L \ln L_{it} + \frac{1}{2}\beta_{LL}(\ln L_{it})^2 + \beta_{TL}t(\ln L_{it}) + \frac{1}{2}\beta_{KL}(\ln K_{it})(\ln L_{it}) + \varepsilon_{it} \tag{12}$$

## 四    中部地区省级制造业全要素生产率评价

为便于比较，本章在估计中部地区省级层面制造业全要素生产率的同时，对全国、东部、西部和东北省级层面制造业全要素生产率进行测算。在方程（11）的基础上，运用 Frontier 4.1 软件对省级层面制造业全要素生产率的随机前沿模型进行估计，结果如表 6 - 3 所示。大部分参数的统计检验结果较为显著，且具有符合理论预期的符号。参数 $\gamma = 0.9449$，表明人为可控的技术无效率占比高达 94.49%，制造业效率提高的潜力还很大。参数

$\eta < 0$，表明制造业技术无效率具有随时间恶化的趋势，这与软件给出的技术效率值呈下降趋势相一致。

表 6 – 3　全国省级层面超越对数生产函数随机前沿模型估计结果

| 变量/参数 | 系数 | 标准误 | $t$ 检验值 |
|---|---|---|---|
| $C$ | 0.3099 | 0.6809 | 0.4551 |
| $t$ | 0.1912 | 0.0352 | 5.4302 *** |
| $t^2/2$ | – 0.0017 | 0.0006 | – 3.0502 *** |
| $\ln K$ | 1.2980 | 0.4064 | 3.1939 *** |
| $(\ln K)^2/2$ | – 0.1767 | 0.0656 | – 2.6944 *** |
| $t\ln K$ | – 0.0034 | 0.0111 | – 0.3097 |
| $\ln L$ | – 0.1764 | 0.3292 | – 0.5358 |
| $(\ln L)^2/2$ | – 0.1919 | 0.0491 | – 3.9108 *** |
| $t\ln L$ | – 0.0062 | 0.0092 | – 0.6790 |
| $(\ln K)(\ln L)/2$ | 0.3591 | 0.1101 | 3.2619 *** |
| $\sigma^2$ | 0.1604 | 0.0710 | 2.2581 ** |
| $\gamma$ | 0.9449 | 0.0249 | 37.8899 *** |
| $\mu$ | 0.5928 | 0.1576 | 3.7603 *** |
| $\eta$ | – 0.0161 | 0.0042 | – 3.8330 *** |

注：*、**、*** 分别表示在 10%、5%、1% 水平下显著。

Frontier 4.1 软件直接给出了省级层面制造业技术效率水平值，但没有给出技术效率变化值，也没有直接测算前沿技术进步率。为考察中部各省及全国、东部、西部和东北地区制造业全要素生产率的变动情况，本章根据式（13）和式（14）进行估计测算，从而借助式（9）得出全要素生产率的变动率。

$$TEC_{it} = \frac{TE_{i,t}}{TE_{i,t-1}} - 1 \tag{13}$$

$$FTP_{it} = \frac{\partial \ln y_{it}}{\partial t} = \hat{\beta}_T + \hat{\beta}_{TT}t + \hat{\beta}_{TK}\ln K_{it} + \hat{\beta}_{TL}\ln L_{it} \tag{14}$$

另外，根据全要素生产率的定义，由式（11）可以得到制造业全要素生产率的绝对水平值：

$$\ln TFP_{it} = \ln y_{it} - \beta_T t - \frac{1}{2}\beta_{TT}t^2 - \beta_K \ln K_{it} - \frac{1}{2}\beta_{KK}(\ln K_{it})^2 - \beta_{TK}t(\ln K_{it})$$

$$-\beta_L \ln L_{it} - \frac{1}{2}\beta_{LL}(\ln L_{it})^2 - \beta_{TL}t(\ln L_{it}) - \frac{1}{2}\beta_{KL}(\ln K_{it})(\ln L_{it}) \qquad (15)$$

经过计算，可以得到 2001～2015 年中部和东部、西部、东北以及全国制造业全要素生产率水平值、增长率及其分解，结果如表 6-4 所示。研究期内，制造业全要素生产率水平值最高的是东部地区，其次是中部、东北和西部，但只有东部地区高于全国制造业全要素生产率平均水平值。就增长态势而言，全国制造业全要素生产率年均增长 11.28%，东部、中部、西部和东北分别增长 11.04%、10.62%、11.90% 和 11.11%，中部地区增长速度最慢。从制造业全要素生产率的分解来看，推动各地区制造业全要素生产率增长的源泉是技术进步，而技术效率则起着抑制作用，且中部地区制造业技术效率恶化形势严峻，仅次于西部地区。同时，图 6-1 给出了 2001～2015 年各地区制造业全要素生产率增长率的演变趋势，可以看出，虽然制造业全要素生产率一直保持增长态势，但增速在逐步放缓，全要素生产率对制造业发展的驱动作用呈减弱趋势。

表 6-4　2001～2015 年中部地区制造业全要素生产率水平值、
增长率及与全国其他地区的比较

|  | 全要素生产率水平值 | 全要素生产率增长率 | 前沿技术进步率 | 技术效率变化率 |
|---|---|---|---|---|
| 全国平均 | 0.5769 | 0.1128 | 0.1220 | -0.0093 |
| 东部地区 | 0.8054 | 0.1104 | 0.1145 | -0.0040 |
| 中部地区 | 0.5201 | 0.1062 | 0.1179 | -0.0117 |
| 西部地区 | 0.4299 | 0.1190 | 0.1314 | -0.0124 |
| 东北地区 | 0.5164 | 0.1111 | 0.1204 | -0.0093 |

资料来源：笔者计算整理。

表 6-5 给出了研究期内中部地区各省制造业全要素生产率的水平值和增长率及其分解。从水平值来看，除山西外，其他五省制造业全要素生产率水平值均高于中部地区平均值，排名前三的是湖南、河南与安徽。从制造业全要素生产率增长率来看，江西、安徽、湖南分居前三位且高于中部地区平均增长率。与全国总体态势一致，中部六省制造业全要素生产率增长主要依靠技术进步，技术无效率现象普遍，且山西面临的形势尤为严峻。

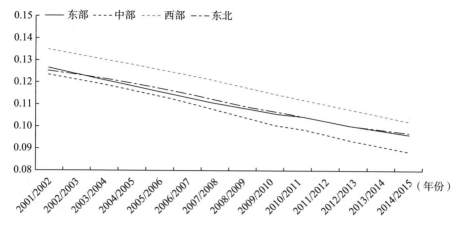

图 6 - 1　2001～2015 年各地区制造业全要素生产率增长率演变趋势

表 6 - 5　2001～2015 年中部六省制造业全要素生产率水平值、增长率及其分解

| 省份 | 全要素生产率水平值 | 全要素生产率增长率 | 前沿技术进步率 | 技术效率变化率 |
|------|------|------|------|------|
| 山西 | 0.2731 | 0.1024 | 0.1220 | - 0.0197 |
| 安徽 | 0.5777 | 0.1091 | 0.1184 | - 0.0093 |
| 江西 | 0.5276 | 0.1099 | 0.1212 | - 0.0113 |
| 河南 | 0.5805 | 0.1013 | 0.1119 | - 0.0107 |
| 湖北 | 0.5649 | 0.1063 | 0.1157 | - 0.0094 |
| 湖南 | 0.5969 | 0.1082 | 0.1181 | - 0.0099 |

资料来源：笔者计算整理。

　　为考察中部六省制造业全要素生产率水平在全国所处的位置，本章计算了全国 31 个省份（港澳台除外）制造业全要素生产率水平值和增长率，并进行系统聚类划分。根据聚类结果，将制造业全要素生产率水平值由低到高分成五类：山西处于最低水平组（0.2361～0.3075），江西、湖北处于中间的第三组（0.4106～0.5649），湖南、河南、安徽处于较高的第四组（0.5650～0.6652）。相比之下，东部大部分省份处于最高水平组（0.6653～1.0259），西部地区大多处于较低水平组。全国各省份制造业全要素生产率水平具有明显的等级分层特点，中部六省总体处于中游偏上的位置。

　　从全要素生产率增长情况来看，研究期内全国省级层面制造业全要素生产率年均增长 11.28%，高于平均增长率的省份有 13 个，大多分布在西部地区；低于平均增长率的省份有 18 个，主要分布在中部和东部地区。中部六省制造业全要素生产率增长率均低于全国平均增长率，六省制造业全要素生产率年均增长 10.62%，落后全国 0.66 个百分点。其中，山西、河南两省制造业全要素生产率又低于中部六省平均增长率。

## 五　中部地区地级市制造业全要素生产率评价

经过检验，根据方程（11），运用中部 80 个地级市制造业数据估计随机前沿模型，结果如表 6 - 6 所示。大部分参数的统计检验结果较为显著，且具有符合理论预期的符号。参数 $\gamma = 0.9495$，表明人为可控的技术无效率占比高达 94.95%，制造业效率尚有巨大的提升空间。参数 $\eta < 0$，表明制造业技术无效率具有随时间恶化的趋势，这与软件给出的技术效率值呈下降趋势相一致。由式（13）、式（14）和式（15）计算 2001～2015 年中部地区 80 个地级市制造业技术效率变化、技术进步率和全要素生产率水平值，再由式（9）计算全要素生产率变动率。结果显示，2001～2015 年中部地区地级市层面制造业全要素生产率平均水平值为 6.9117[①]，年均增长 15.07%，其中，年均前沿技术进步率为 17.97%，而技术效率年均下降 2.70%。

表 6 - 6　中部地区地级市层面超越对数生产函数随机前沿模型估计结果

| 变量/参数 | 系数 | 标准误 | $t$ 检验值 |
| --- | --- | --- | --- |
| $C$ | 2.6135 | 0.1609 | 16.2482 *** |
| $t$ | 0.2445 | 0.0130 | 18.7690 *** |
| $t^2/2$ | - 0.0031 | 0.0004 | - 7.8619 *** |
| $\ln K$ | - 0.0178 | 0.1239 | - 0.1437 |
| $(\ln K)^2/2$ | 0.0537 | 0.0302 | 1.7775 * |
| $t\ln K$ | - 0.0080 | 0.0050 | - 1.6157 |
| $\ln L$ | 1.1127 | 0.1189 | 9.3554 *** |
| $(\ln L)^2/2$ | 0.0987 | 0.0409 | 2.4127 ** |

---

[①]　由于 SFA 模型数据源的差异，参数估计结果具有较大的差异，由此得出的全要素生产率水平值也会有较大的差异。从这个角度来看，地级市层面的制造全要素生产率水平值与省级层面和行业层面的全要素生产率水平值不具有可比性。

续表

| 变量/参数 | 系数 | 标准误 | t 检验值 |
|---|---|---|---|
| $t\ln L$ | 0.0006 | 0.0047 | 0.1236 |
| $(\ln K)(\ln L)/2$ | − 0.1501 | 0.0654 | − 2.2962 ** |
| $\sigma^2$ | 0.2648 | 0.0455 | 5.8200 *** |
| $\gamma$ | 0.9495 | 0.0085 | 112.2107 *** |
| $\mu$ | 1.0030 | 0.1182 | 8.4841 *** |
| $\eta$ | − 0.0332 | 0.0031 | − 10.7304 *** |

注：*、**、*** 分别表示在 10%、5%、1% 水平下显著。

从全要素生产率水平值来看（见表 6 - 7），研究期内中部地区地级市制造业全要素生产率平均水平值为 6.9117，高于平均值的城市有 38 个，低于平均值的城市有 42 个。按照制造业全要素生产率水平由低到高，将所有城市分为五个档次，第一档的城市有 8 个，全要素生产率平均值为 12.4888；第二档的城市有 19 个，全要素生产率平均值为 8.5462；第三档的城市有 18 个，全要素生产率平均值为 6.8743；第四档的城市有 28 个，全要素生产率平均值为 5.2031；第五档的城市有 7 个，全要素生产率平均值为 3.0324。六个省会城市太原、合肥、南昌、郑州、武汉、长沙制造业全要素生产率平均水平值为 9.3058，高于全部城市平均水平。

表 6 - 7　2001 ~ 2015 年中部地区 80 个地级市制造业全要素生产率水平值与分类

| TFP 分档 | 城市数量（个） | 所含城市 | 平均 TFP |
|---|---|---|---|
| 2.3621 < TFP ≤ 3.6153（第五档） | 7 | 阳泉、忻州、晋城、大同、朔州、晋中、淮南 | 3.0324 |
| 3.6153 < TFP ≤ 5.9061（第四档） | 28 | 六安、吉安、宜春、淮北、运城、宿州、黄冈、亳州、赣州、邵阳、益阳、长治、咸宁、驻马店、抚州、吕梁、南阳、张家界、开封、株洲、池州、怀化、上饶、新乡、永州、信阳、孝感、太原 | 5.2031 |
| 5.9061 < TFP ≤ 7.6603（第三档） | 18 | 荆州、景德镇、滁州、商丘、衡阳、阜阳、蚌埠、宣城、萍乡、周口、临汾、湘潭、随州、九江、平顶山、常德、许昌、襄阳 | 6.8743 |

续表

| TFP 分档 | 城市数量（个） | 所含城市 | 平均 TFP |
|---|---|---|---|
| 7. 6603 < TFP ≤ 10. 1066（第二档） | 19 | 黄山、宜昌、洛阳、焦作、三门峡、新余、鹤壁、安庆、郴州、娄底、安阳、长沙、南昌、黄石、漯河、郑州、濮阳、鄂州、十堰 | 8. 5462 |
| 10. 1066 < TFP < 17. 0635（第一档） | 8 | 合肥、马鞍山、荆门、铜陵、芜湖、武汉、岳阳、鹰潭 | 12. 4888 |

资料来源：笔者计算整理。

从全要素生产率增长率来看，研究期内中部地区地级市制造业全要素生产率年均增长 15.07%，高于和低于平均增长率的城市各有 40 个。其中，山西全省所有城市制造业全要素生产率增速均低于中部地区平均增速，制造业全要素生产率增速较高的城市也多为各省经济发展水平较高的城市。就省会城市而言，太原、合肥、南昌、郑州、武汉、长沙制造业全要素生产率年均增长 14.93%，略低于全部样本城市制造业全要素生产率的平均增长速度。

## 六　中部地区两位数制造业行业全要素生产率评价

由于中部地区分行业制造业全要素生产率不适合采用 SFA 模型进行估计，因而通过普通面板回归方法对方程（12）进行估计。在进行面板回归分析之前，首先对模型进行单位根检验和协整检验。根据 LLC 检验，方程（12）中自变量 $\ln K$、$\ln L$ 及其平方项和交互项均存在一阶单整，取差分后的格兰杰检验显示模型变量间不具有协整关系，可进一步展开回归分析。针对面板固定效应和随机效应选择的 Hausman 检验认为，应采取固定效应模型对中部地区两位数制造业行业全要素生产率进行测算，模型回归结果如表 6-8 所示。在此基础上，根据式（15）可以得到中部地区两位数制造业行业全要素生产率水平值，结果如图 6-2 所示。需要说明的是，普通面板回归方法并不能对全要素生产率进行分解，因此本章在分析两位数制造业行业全要素生产率时，仅分析其效率水平值。

表 6 – 8　中部地区行业层面超越对数生产函数 OLS 估计结果

| 变量/参数 | 系数 | 标准误 | $t$ 检验值 |
|---|---|---|---|
| $C$ | – 0.7068 | 0.5960 | – 1.1860 |
| $t$ | 0.0913 | 0.0522 | 1.7501 * |
| $t^2/2$ | – 0.0054 | 0.0019 | – 2.8238 *** |
| $\ln K$ | 0.8275 | 0.3646 | 2.2697 ** |
| $(\ln K)^2/2$ | 0.1064 | 0.0728 | 1.4611 |
| $t\ln K$ | – 0.0039 | 0.0195 | – 0.2021 |
| $\ln L$ | 1.2134 | 0.3520 | 3.4476 *** |
| $(\ln L)^2/2$ | 0.1546 | 0.0714 | 2.1665 ** |
| $t\ln L$ | 0.0339 | 0.0178 | 1.9062 * |
| $(\ln K)(\ln L)/2$ | – 0.3839 | 0.1407 | – 2.7277 *** |

注：* 、** 、*** 分别表示在 10% 、5% 、1% 水平下显著。

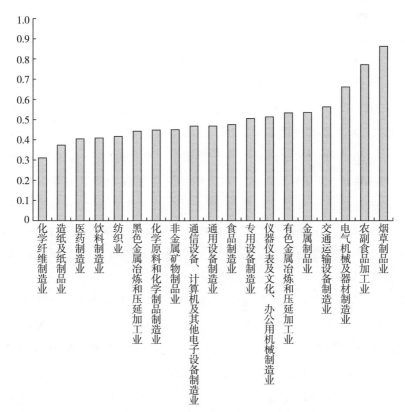

图 6 – 2　2001～2015 年中部地区两位数制造业行业全要素生产率水平值

　　2001～2015 年中部地区 19 个两位数制造业行业中，全要素生产率水平值超过 0.6 的行业有三个，分别是烟草制品业（0.8644）、农副食品加工业（0.7738）和电气机械及器材制造业（0.6638），全要素生产率水平为 0.5～0.6 的行业有交通运输设备制造业（0.5653）、金属制品业（0.5361）、有色金属冶炼和压延加工业（0.5347）、仪器仪表及文化、办公用机械制造业（0.5144）和专用设备制造业（0.5067），其他行业全要素生产率水平低于0.5。从这个角度看，中部地区制造业行业全要素生产率处于较低水平。特别地，作为技术密集型行业，中部地区通信设备、计算机及其他电子设备制造业的全要素生产率水平值仅有 0.4686，表明中部地区这一行业发展还主要依靠传统要素投入，亟待向由全要素生产率驱动转变。

# 七　研究结论与政策启示

## （一）研究结论

　　（1）中部地区制造业全要素生产率平均水平较低和增长速度较慢，还有较大的提升空间。2001～2015 年中部地区制造业全要素生产率平均水平值为 0.5201，略低于全国平均的 0.5769，在"四大板块"中低于东部地区的 0.8054，高于西部地区的 0.4299 和东北地区的 0.5164。从增长速度来看，2001～2015 年中部地区制造业全要素生产率年均增长 10.62%，低于全国平均增速 0.66 个百分点，在"四大板块"中增速最低，且增长速度呈现逐年减弱的趋势。中部地区较低的制造业全要素生产率水平和较慢的增长速度，一方面说明中部地区制造业发展效率不足，主要依靠传统要素驱动，另一方面意味着中部地区制造业发展亟待向由全要素生产率驱动转变，尚有较大的潜力。

　　（2）前沿技术进步是中部地区制造业全要素生产率增长的主要动力，技术效率严重拖累了中部地区制造业全要素生产率的增长。2001～2015 年，中部地区制造业全要素生产率增长 10.62%，其中前沿技术进步率为 11.79%，而制造业技术效率下降 1.17%，在"四大板块"中仅略好于西部地区。

　　（3）中部地区省级层面制造业全要素生产率水平存在一定的差异。山西制造业全要素生产率（0.2731）在中部地区最低，不仅远远低于中部地区平均水平的 0.5201，而且仅为中部其他五省的一半左右。湖南、河南和安徽三省全要素生产率水平位居前三。从增长速度来看，山西、河南两省制造业全要素生产率增速低于中部平均水平，江西、安徽、湖南制造业全要素生产率增速排名前三。前沿技术进步对山西和江西制造业全要素生产率增长贡献较大，但两省技术效率恶化形势也较为严峻。

（4）中部地区地级市制造业全要素生产率总体水平较低，且具有明显的分层特点。从绝对水平值来看，中部地区地级市制造业全要素生产率均值为 6.9117，有一半以上城市制造业全要素生产率水平低于平均值。将制造业全要素生产率聚类分档，多达 53 个城市制造业全要素生产率位于第三档、第四档和第五档。六个省会城市太原、合肥、南昌、郑州、武汉、长沙制造业全要素生产率水平相对较高，平均为 9.3058。从增长速度来看，有一半城市制造业的全要素生产率增速高于全部城市平均增速，但六个省会城市制造业全要素生产率平均增速略低。

（5）中部地区两位数制造业行业全要生产率水平亟待提升。分行业来看，中部地区制造业全要素生产率水平最高的行业是烟草制品业（0.8644），农副食品加工业（0.7738）和电气机械及器材制造业（0.6638），三者远远高于其他行业。全要素生产率最低的行业主要是资本密集型的装备制造业和能源加工业，劳动密集型制造业全要素生产率水平稍高一点，技术密集型的通信设备、计算机及其他电子设备制造业全要素生产率水平值仅有 0.4686。

**（二）政策启示**

（1）推动制造业转型升级。一方面，中部地区各省、市政府应加快推动制造业发展向依靠持续的知识积累、技术进步和劳动力素质提升转变，强化科技创新和技术进步在制造业全要素生产率提升和全面创新中的引领作用，着力解决制造业技术效率水平低这一难题。另一方面，中部地区各省、市政府应深入贯彻《中国制造 2025》行动方案，推进制造业集聚区改造提升，建设一批新兴工业化产业示范基地，培育若干先进制造业中心，实现制造业集聚、高效发展。

（2）强化中部地区省际、城市之间的协同合作创新。从制造业全要素生产率在中部各省、各地级市之间的分布来看，绝对水平值和增长速度均存在较大的差异，大多数城市制造业全要素生产率水平较低。为推动中部地区制造业全要素生产率进一步提高，有必要从省级层面设计区域协同合作创新机制，在地级市层面出台详细的合作创新方案，并建立协调领导小组，保障制造业发展效率稳中有升。

（3）严格监管产业转移承接。研究发现，中部地区制造业细分行业全要素生产率水平较低，尤其是作为优势行业的装备制造和能源加工行业。虽然本章未对影响制造业全要素生产率的因素加以深究，但一个可能的原因是中部地区在长期以来承接产业转移过程中存在低门槛、弱监管的问题，导致一些能耗高、效率低的行业或企业被引进。因此，未来中部地区要改善制造业全要素生产率必须严格设置产业转移承接的门槛，做到优化引进、强化监管。

**参考文献**

［1］国务院．中国制造 2025［M］．北京：人民出版社，2015.

［2］沈能．中国制造业全要素生产率地区空间差异的实证研究［J］．中国软科学，2006，（6）．

［3］赵伟，张萃．中国制造业区域集聚与全要素生产率增长［J］．上海交通大学学报（哲学社会科学版），2008，16（5）．

［4］Li, M., L. Yang. A Shift-Share Analysis on TFP Change in Chinese Manufacturing［C］. International Conference on Social Science and Health, Los Angeles, 2013.

［5］杨汝岱．中国制造业全要素生产率研究［J］．经济研究，2015，（2）．

［6］Savvides, A., M. Zachariadis. International Technology Diffusion and the Growth of TFP in the Manufacturing Sector of Developing Economies［J］. Review of Development Economics, 2005, 9（4）.

［7］严兵．效率增进、技术进步与全要素生产率增长——制造业内外资企业生产率比较［J］．数量经济技术经济研究，2008，（11）．

［8］孙晓华，王昀，郑辉．R&D影响全要素生产率的行业异质性——来自中国制造业的经验证据［J］．管理工程学报，2014，（3）．

［9］Hsieh, C. T., P. J. Klenow. Misallocation and Manufacturing TFP in China and India［J］. Quarterly Journal of Economics, 2009, 124（4）.

［10］Machicado, C. G., J. C. Birbuet. Misallocation and Manufacturing TFP in Bolivia during the Market Liberalization Period［J］. Journal of Macroeconomics, 2012, 12（1）.

［11］王文，孙早，牛泽东．资源配置与中国非农部门全要素生产率——基于制造业和

服务业之间资源错配的分析［J］. 经济理论与经济管理，2015，（7）.

［12］Gong, G. , G. L. Hu. The Role of Returns to Scale in Measuring Frictions in Resource Allocation：Revisiting Misallocation and Manufacturing TFP in China［J］. Economics Letters, 2016, 138（1）.

［13］王燕，徐妍. 中国制造业空间集聚对全要素生产率的影响机理研究——基于双门限回归模型的实证分析［J］. 财经研究，2012，（3）.

［14］余淼杰. 中国的贸易自由化与制造业企业生产率［J］. 经济研究，2010，（12）.

［15］戴觅，余淼杰. 企业出口前研发投入、出口及生产率进步——来自中国制造业企业的证据［J］. 经济学（季刊），2012，（1）.

［16］汤毅，尹翔硕. 贸易自由化、异质性企业与全要素生产率——基于我国制造业企业层面的实证研究［J］. 财贸经济，2014，（11）.

［17］张翊，陈雯，骆时雨. 中间品进口对中国制造业全要素生产率的影响［J］. 世界经济，2015，（9）.

［18］孙晓华，王昀，郑辉. R&D 溢出对中国制造业全要素生产率的影响——基于产业间、国际贸易和 FDI 三种溢出渠道的实证检验［J］. 南开经济研究，2012，（5）.

［19］殷宝庆. 环境规制与我国制造业绿色全要素生产率——基于国际垂直专业化视角的实证［J］. 中国人口·资源与环境，2012，（12）.

［20］田娜，Myeong – Kee Chung. 基于环境修正的中韩制造业全要素生产率比较研究［J］. 世界经济研究，2015，（9）.

［21］吴朝霞，张智颖. 环境规制对中国制造业全要素生产率的影响研究［J］. 湘潭大学学报（哲学社会科学版），2016，（4）.

［22］徐盈之，赵豫. 中国信息制造业全要素生产率变动、区域差异与影响因素研究［J］. 中国工业经济，2007，（10）.

［23］刘艳. 中国现代制造业全要素生产率研究［J］. 当代经济研究，2014，（2）.

［24］苏锦红，兰宜生，夏怡然. 异质性企业全要素生产率与要素配置效率——基于1999～2007 年中国制造业企业微观数据的实证分析［J］. 世界经济研究，2015，（11）.

［25］李唐，韩笑，余凡. 企业异质性、人力资本质量与全要素生产率——来自 2015 年广东制造业企业－员工匹配调查的经验证据［J］. 武汉大学学报（哲学社会科学版），2016，69（1）.

［26］李廉水. 中国制造业发展研究报告 2015［M］. 北京：北京大学出版社，2016.

［27］钟无涯，傅春. 中部地区制造业竞争力差序测度与评价：2009～2013［J］. 工业技术经济，2015，（11）.

［28］敖荣军. 制造业集中、劳动力流动与中部地区的边缘化［J］. 南开经济研究，2005，（2）.

［29］周明. 中国产业集聚的地区差异性分析：兼论中部地区制造业发展［M］. 北京：经济科学出版社，2011.

［30］朱慧，周根贵，任国岩. 制造业与物流业的空间共同集聚研究——以中部六省为例［J］. 经济地理，2015，（11）.

［31］王寅. 中部六省装备制造业产业承接力的评价研究［D］. 合肥工业大学，2013.

［32］张三峰，杨德才. 产业转移背景下的制造业与服务业互动研究——基于我国中部地区的分析［J］. 经济管理，2009，（8）.

［33］Massimo, D. G. , A. Di Liberto, P. Carmelo. Measuring Productivity［J］. Journal of Economic Surveys, 2011, 25 (5).

［34］Battese, G. E. , T. J. Coelli. Frontier Production Functions, Technical Efficiency and Panel Data: With Application to Paddy Farmers in India［J］. Journal of Productivity Analysis, 1992, 3 (1).

［35］Battese, G. E. , T. J. Coelli. A Model for Technical Inefficiency Effects in a Stochastic Frontier Production Function for Panel Data［J］. Empirical Economics, 1995, 20 (2).

［36］Nishimizu, M. , J. M. Page. Total Factor Productivity Growth, Technical Progress and Technical Efficiency Change: Dimensions of Productivity Change in Yugoslavia, 1965 – 1978［J］. The Economic Journal, 1982, 92 (368).

［37］涂正革，肖耿. 中国的工业生产力革命——用随机前沿生产模型对中国大中型工业企业全要素生产率增长的分解及分析［J］. 经济研究，2005，（3）.

［38］王志刚，龚六堂，陈玉宇. 地区间生产效率与全要素生产率增长分解（1978～2003）［J］. 中国社会科学，2006，（2）.

［39］Kumbhakar, S. C. . Estimation and Decomposition of Productivity Change when Production is not Efficient: A Panel Data Approach［J］. Econometric Reviews, 2000, 19 (4).

［40］鲁晓东，连玉君. 中国工业企业全要素生产率估计：1999—2007［J］. 经济学（季刊），2012，11 (2).

［41］聂辉华，江艇，杨汝岱. 中国工业企业数据库的使用现状和潜在问题［J］. 世界经济，2012，（5）.

# 第七章　中部地区高技术制造业
## 全要素生产率评价

## 一　引言

2006 年 4 月出台的《中共中央国务院关于促进中部地区崛起的若干意见》提出要把中部地区建成"三基地、一枢纽"（即粮食生产基地、能源原材料基地、现代装备制造及高技术产业基地和综合交通运输枢纽）。2016 年 3 月，《中华人民共和国国民经济和社会发展第十三个五年规划纲要》正式发布，纲要指出要促进中部地区崛起，建设一批战略性新兴产业和高技术产业基地。2016 年 12 月，《促进中部地区崛起"十三五"规划》在巩固提升中部地区原有"三基地、一枢纽"定位的基础上，根据新形势新任务，进一步提出中部地区"一中心、四区"（即全国重要先进制造业中心、全国新型城镇化重点区、全国现代农业发展核心区、全国生态文明建设示范区、全方位开放重要支撑区）的新战略定位。高技术产业包括高技术制造业[①]和高技术服务业，高技术制造业是体现一个国家和地区创新驱动发展水平的重要产业门类。高技术制造业全要素生产率是衡量高技术制造业发展水平和质量的重要指标，那么中部地区高技术制造业全要素生产率的测算结果是怎样的？全国视野中的中部地区高技术制造业发展状况如何？中部地区

---

① 根据《高技术产业（制造业）分类（2013）》，高技术制造业包括：医药制造，航空、航天器及设备制造，电子及通信设备制造，计算机及办公设备制造，医疗仪器设备及仪器仪表制造，信息化学品制造六大类。2016 年之前的《中国高技术产业统计年鉴》统计口径不包含信息化学品制造。

高技术制造业全要素生产率的省际差异如何？对这些问题进行论证研究，具有极为重要的理论价值和实践意义。

## 二 相关文献综述

关于我国中部地区高技术制造业全要素生产率的文献可以分为以下四类。①对全国 31 个省份（不包括港澳台）高技术制造业全要素生产率及其分解指数进行测算分析（刘志迎，2006；叶蓁，2006；徐阳发，2007；魏世红，2008；武鹏、余泳泽等，2010；易春，2010；吴卓贤、刘满凤，2011；曾国平、罗航艳等，2012；姜彤彤，2013；李洪伟、任娜等，2013；徐敏，2013；夏斌武，2015；张美恋，2015）。②对"四大板块"①高技术制造业全要素生产率及其分解指数进行测算分析（刘志迎、叶蓁，2006；李雪冬，2010；王大鹏、朱迎春，2010；余泳泽、张妍，2012；严威、俞立平等，2014；张同斌、范庆泉等，2015；张同斌、李金凯等，2016）。③对中部地区整体的高技术制造业全要素生产率及其分解指数进行测算分析（吴海兵、李华，2013；胡建辉，2014）。④对中部六省的高技术制造业全要素生产率及其分解指数进行测算分析（王文娟，2012）。现有文献对高技术制造业全要素生产率的测算主要采用 DEA - Malmquist 指数法和随机前沿生产函数法，DEA - Malmquist 指数法因其不需要设定具体的生产函数形式、不需要特定的行为和制度假设以及无须对无效率分布做出先定假设等，被学术界广泛采用。

综上所述，目前国内学者对我国中部地区高技术制造业全要素生产率已有初步研究并取得了一系列研究成果，但是仍有待完善之处，如对中部六省高技术制造业全要素生产率的研究尚少。因此，本章在借鉴现有理论的基础上，使用最为广泛的 DEA - Malmquist 指数法，对我国中部地区高技术制造业全要素生产率进行测算和分析。

---

① "四大板块"指东部、中部、西部、东北地区。东部地区包括北京、天津、河北、上海、江苏、浙江、福建、山东、广东、海南 10 个省份；中部地区包括山西、安徽、江西、河南、湖北、湖南 6 省；西部地区包括重庆、四川、贵州、云南、陕西、西藏、甘肃、青海、宁夏、新疆、内蒙古、广西 12 个省份；东北地区包括辽宁、吉林、黑龙江 3 省。

# 三　测算方法和数据来源

## （一）DEA – Malmquist 指数法

根据 Coelli 等（2005）的研究，以 DEA 为基础的 Malmquist 指数方法，可以分为投入导向型和产出导向型两种。前者以企业产出水平一定、最小化投入为假设估计效率；后者以投入一定、最大化产出为假设估计效率。在规模效益不变的假设下，两种方法所得结果相同。本章采用产出导向型方法，具体解释如下。

假设样本区域共有 $K$ 个主体，第 $k$ 个主体在时期 $t$ 的要素投入向量为 $x_t^k$，产出为 $y_t^k$。同期，生产技术将要素转化为产出，记为：

$$S_t = \{(x_t, \ y_t) \,|\, x_t \text{ 通过 } S_t \text{ 转化为 } y_t\} \tag{1}$$

$S_t$ 表示生产可能性集合。第 $k$ 个主体在第 $t$ 期的产出距离函数可定义为：

$$D_t^k(x_t^k, y_t^k) = \inf\left\{\theta : \left(x_t^k, \frac{y_t^k}{\theta}\right) \in S_t\right\} \tag{2}$$

其中，$\theta$ 表示产出技术效率。同理，第 $k$ 个主体在第 $t+1$ 期的产出距离函数为：

$$D_{t+1}^k(x_{t+1}^k, y_{t+1}^k) = \inf\left\{\theta : \left(x_{t+1}^k, \frac{y_{t+1}^k}{\theta}\right) \in S_t\right\} \tag{3}$$

同样，可分别定义以 $t$ 期生产技术为参照的 $t+1$ 期产出距离函数 $D_t^k(x_{t+1}^k, \ y_{t+1}^k)$、以 $t+1$ 期生产技术为参照的 $t$ 期产出距离函数 $D_{t+1}^k(x_t^k, \ y_t^k)$：

$$D_t^k(x_{t+1}^k, y_{t+1}^k) = \inf\left\{\theta : \left(x_{t+1}^k, \frac{y_{t+1}^k}{\theta}\right) \in S_t\right\} \tag{4}$$

$$D_{t+1}^k(x_t^k, y_t^k) = \inf\left\{\theta : \left(x_t^k, \frac{y_t^k}{\theta}\right) \in S_t\right\} \tag{5}$$

那么，第 $k$ 个主体以 $t$ 期和 $t+1$ 期的生产技术为参照的 Malmquist 指数分别为：

$$M_t^k = \frac{D_t^k(x_{t+1}^k, y_{t+1}^k)}{D_t^k(x_t^k, y_t^k)} \tag{6}$$

$$M_{t+1}^k = \frac{D_{t+1}^k(x_{t+1}^k, y_{t+1}^k)}{D_{t+1}^k(x_t^k, y_t^k)} \tag{7}$$

实际分析通常采用公式（6）和公式（7）的几何平均值作为 Malmquist 指数的度量，主要是为了规避参照选择时的随意性。因此，从 $t$ 到 $t+1$ 期，测度全要素生产率的 Malmquist 指数为：

$$M^k(x_{t+1}^k, y_{t+1}^k, x_t^k, y_t^k) = \left[ \frac{D_t^k(x_{t+1}^k, y_{t+1}^k)}{D_t^k(x_t^k, y_t^k)} \times \frac{D_{t+1}^k(x_{t+1}^k, y_{t+1}^k)}{D_{t+1}^k(x_t^k, y_t^k)} \right]^{\frac{1}{2}}$$

$$= \frac{D_{t+1}^k(x_{t+1}^k, y_{t+1}^k)}{D_t^k(x_t^k, y_t^k)} \times \left[ \frac{D_t^k(x_{t+1}^k, y_{t+1}^k)}{D_{t+1}^k(x_{t+1}^k, y_{t+1}^k)} \times \frac{D_t^k(x_t^k, y_t^k)}{D_{t+1}^k(x_t^k, y_t^k)} \right]^{\frac{1}{2}} \tag{8}$$

将公式（8）两边分别记为 *TFPCH*、*EFFCH* 和 *TECHCH*，则第 $k$ 个主体单位时期内全要素生产率可表示为：

$$TFPCH = EFFCH \times TECHCH \tag{9}$$

其中，*TFPCH* 代表 $t$ 期到 $t+1$ 期全要素生产率变化指数，*EFFCH* 代表 $t$ 期到 $t+1$ 期的技术效率变化指数，*TECHCH* 代表 $t$ 期到 $t+1$ 期的技术进步变化指数。若这三个指标大于 1，则分别意味着全要素生产率、技术效率和技术进步得到改善，反之表明三者恶化。

**（二）指标选取**

本章测算全要素生产率所需要的指标包括产出指标、劳动投入指标和资本投入指标，具体解释如下。

（1）产出指标。产出一般用总产值或增加值等指标来衡量，但由于统计年鉴的变动，这些指标的数据不完整，因此本章选取高技术制造业的主营业务收入作为衡量指标，并根据 2003 年为基期的工业生产者出厂价格指数进行平减。

（2）劳动投入指标。劳动投入一般用劳动时间来衡量，但数据难以得到，因此本章选取相应年份高技术制造业的企业从业人员平均人数作为衡量劳动投入的指标。

（3）资本投入指标。资本投入一般用资本存量来衡量，但我国相关统计年鉴上并没有资本存量的数据。目前已被普遍采用的资本存量测算方法是 Goldsmith（1951）开创的永续盘存法，这里参照张军（2004）的表述，把这一方法写作：

$$K_{i,t} = I_{i,t} + (1 - \delta_{i,t})K_{i,t-1} \tag{10}$$

其中，$K_{i,t}$ 表示样本区域内第 $i$ 个主体在 $t$ 期的固定资本存量，$K_{i,t-1}$ 表示样本区域内第 $i$ 个主体在 $t-1$ 期的固定资本存量；$I_{i,t}$ 表示样本区域内第 $i$ 个主体在 $t$ 期的固定资产投资，$\delta_{i,t}$ 表示样本区域内第 $i$ 个主体在 $t$ 期的资本折旧率。

基期资本存量根据 Hall 和 Jones（1999）的方法计算，具体方法如下：

$$K_{i,0} = \frac{I_{i,0}}{\gamma_i + \delta_i} \tag{11}$$

其中，$K_{i,0}$、$I_{i,0}$、$\gamma_i$ 和 $\delta_i$ 分别表示样本区域内第 $i$ 个主体的基期固定资本存量、基期固定资产投资、考察期固定资产投资几何年均增长率和资本折旧率。

本章选取新增固定资产作为对应省份相应年度的固定资产投资。对于 $\delta$ 的选取，考虑到高技术制造业知识技术密集、产品更新换代快的特点，这里引用吴延兵（2006）确定 R&D 资本存量折旧率 $\delta$ 的方法，将折旧率 $\delta$ 直接设定为 15%。所得资本存量数据用 2003 年为基期的固定投资价格指数进行平减。选取指标的描述性统计如表 7-1 所示。

表 7-1　投入产出指标的描述性统计

| 投入产出指标 | 单位 | 均值 | 标准差 | 最大值 | 最小值 |
|---|---|---|---|---|---|
| 主营业务收入 | 亿元 | 2323.7 | 4748.9 | 33308.1 | 2.9 |
| 企业从业人员平均人数 | 人 | 314966.9 | 629628.5 | 3890108 | 1060 |
| 资本存量 | 亿元 | 586.4 | 983.0 | 9201.9 | 0.8 |

注：三个指标的观察数均为 403。

资料来源：笔者根据《中国高技术产业统计年鉴》相关数据计算整理。

### （三）样本选择与数据来源

鉴于数据的可得性和完整性，本章剔除统计数据大量缺失的香港特别行政区、澳门特别行政区和台湾省，选取我国大陆 31 个省份作为考察样本。为探究促进中部地区崛起战略提出以来中部地区高技术制造业的发展状况，本章将研究时段界定为 2004~2015 年，所用数据均来源于中国统计出版社出版的《中国统计年鉴》和《中国高技术产业统计年鉴》。

# 四 测算结果与分析

## （一） 全国视野下的中部地区高技术制造业全要素生产率

### 1. 我国高技术制造业全要素生产率基本情况

运用 DEAP 2.1 软件测算 2004~2015 年我国 31 个省（自治区、直辖市）高技术制造业全要素生产率变化指数及其分解，全国高技术制造业全要素生产率变化指数及其分解根据 31 个省份测算结果的几何平均数计算得到，"四大板块"高技术制造业全要素生产率变化指数及其分解分别根据其包含省份测算结果的几何平均数计算得到。

2004~2015 年我国高技术制造业全要素生产率变化指数及其分解指数的测算结果如表 7-2 所示。由表 7-2 可知，2004~2015 年我国高技术制造业年均全要素生产率变化指数为 1.082，即全要素生产率变化指数年均增长率为 8.2%，且每年的全要素生产率变化指数均大于 1，说明我国高技术制造业全要素生产率增长快速，高技术制造业持续高速发展。其中，受金融危机影响，2008 年的全要素生产率变化指数跌至较低水平。

表 7-2　2004~2015 年我国高技术制造业全要素生产率

| 年份 | EFFCH | TECHCH | TFPCH |
|------|-------|--------|-------|
| 2004 | 0.930 | 1.089 | 1.013 |
| 2005 | 0.988 | 1.086 | 1.073 |
| 2006 | 0.998 | 1.068 | 1.066 |
| 2007 | 1.083 | 1.002 | 1.086 |
| 2008 | 1.123 | 0.899 | 1.009 |
| 2009 | 1.069 | 1.043 | 1.114 |
| 2010 | 1.076 | 1.011 | 1.088 |
| 2011 | 1.223 | 0.909 | 1.111 |
| 2012 | 1.112 | 0.999 | 1.110 |

| 年份 | EFFCH | TECHCH | TFPCH |
|------|-------|--------|-------|
| 2013 | 0.951 | 1.156 | 1.099 |
| 2014 | 1.104 | 0.969 | 1.069 |
| 2015 | 1.046 | 1.099 | 1.150 |
| 均值 | 1.056 | 1.025 | 1.082 |

注：均值为几何平均值。

资料来源：笔者根据《中国统计年鉴》《中国高技术产业统计年鉴》相关数据计算整理。

从其分解指数来看，2004~2015年我国高技术制造业技术效率变化指数和技术进步变化指数均值分别为1.056和1.025，即技术效率和技术进步年均增长率为5.6%和2.5%，我国高技术制造业技术效率和技术进步均有所改善，其中技术效率改善尤为突出，是我国高技术制造业全要素生产率增长的主要原因。

2."四大板块"高技术制造业全要素生产率比较

2004~2015年我国"四大板块"高技术制造业全要素生产率年均变化指数及其分解如表7-3所示。由表7-3可知，我国东部、中部、西部、东北地区的全要素生产率变化指数年均增长率分别为2.1%、11.3%、11.6%和9.7%，我国"四大板块"高技术制造业全要素生产率均有所增长，增长速度从高到低依次为西部地区、中部地区、东北地区、东部地区。

表7-3　"四大板块"高技术制造业年均全要素生产率

| 地区 | EFFCH | TECHCH | TFPCH |
|------|-------|--------|-------|
| 东部地区 | 1.014 | 1.007 | 1.021 |
| 中部地区 | 1.075 | 1.035 | 1.113 |
| 西部地区 | 1.083 | 1.030 | 1.116 |
| 东北地区 | 1.051 | 1.043 | 1.097 |

注：年均值为几何平均值。

资料来源：笔者根据《中国统计年鉴》《中国高技术产业统计年鉴》相关数据计算整理。

从其分解指数来看，2004~2015年我国"四大板块"高技术制造业技术效率和技术进步年均变化指数均大于1，技术效率和技术进步均有所改善。其中，东部、中部、西部和东北地区的技术效率年均增长率分别为1.4%、7.5%、8.3%和5.1%，技术进步年均增长率分别为0.7%、3.5%、3%、4.3%。技术效率增长速度从高到低依次为西部地区、中部地区、东北地区、东部地区，技术进步增长速度从高到低依次为东北地区、中部地区、西部地区、东部地区。

从"四大板块"的对比中可知，东部地区无论是全要素生产率、技术效率或技术进步，在"四大板块"中均处于垫底位置。我国东部地区经济社会发达，而中部、西部和东北地区经济社会发展较差，因此中部、西部和东北地区具有较大的后发优势，可以借鉴东部地区或国际上先进的技术和管理经验，从而实现高技术制造业高速发展，同时东部地区全要素生产率的低增长率也反映出东部地区自主创新能力较差，需要进一步加强。

对于中部地区而言，其全要素生产率、技术效率和技术进步变化指数的年均增长率分别为11.3%、7.5%和3.5%，均高于全国水平，且在"四大板块"中总体上仅低于西部地区，发展状况良好。从其分解指数来看，中部地区高技术制造业全要素生产率增长主要来源于技术效率改善。

**（二）中部地区高技术制造业全要素生产率情况**

1. 中部地区高技术制造业全要素生产率变化趋势

2004~2015年我国"四大板块"高技术制造业全要素生产率变化指数的变动情况如图7-1所示。由图7-1可知，我国中部地区高技术制造业全要素生产率变化指数都大于1，全要素生产率持续增长。在"四大板块"的比较中，总体上处于中上游水平。

2004~2006年，中部地区高技术制造业全要素生产率变化指数上升，2004年和2005年中部地区高技术制造业全要素生产率变化指数在"四大板块"中居第三位，2006年快速上升至领先地位。

2007~2008年，中部地区高技术制造业全要素生产率变化指数迅速下跌，在2008年跌至谷底。中部地区高技术制造业全要素生产率变化指数在"四大板块"中居第三位，高于东部地区，低于西部地区、东北地区。

2008年之后，中部地区高技术制造业全要素生产率变化指数快速上升，在2009年达到一个高峰。中部地区高技术制造业全要素生产率变化指数在"四大板块"中处于领先地位。

2009年之后，中部地区高技术制造业全要素生产率变化指数大幅下跌，

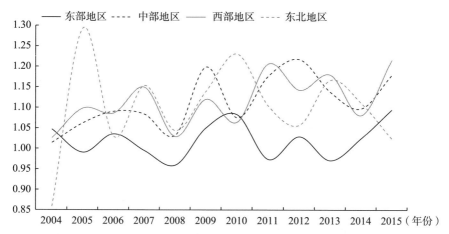

**图 7 – 1　2004～2015 年我国"四大板块"高技术制造业全要素生产率**

资料来源：笔者根据《中国统计年鉴》《中国高技术产业统计年鉴》相关数据计算整理绘制。

在 2010 年跌至谷底。2010 年中部地区高技术制造业全要素生产率变化指数在"四大板块"中再次处于第三位，低于东部地区、东北地区，高于西部地区。

2011～2012 年，中部地区高技术制造业全要素生产率变化指数再次回升，在 2012 年达到一个高峰。2012 年中部地区高技术制造业全要素生产率变化指数在"四大板块"中又回到领先地位。

2013～2014 年，中部地区高技术制造业全要素生产率变化指数下跌，在 2014 年跌至低谷。2014 年中部地区高技术制造业全要素生产率变化指数在"四大板块"中处于第二位，低于东北地区，高于东部地区、西部地区。

2014 年之后，中部地区高技术制造业全要素生产率变化指数上升，2015 年中部地区高技术制造业全要素生产率变化指数在"四大板块"中处于第二位，低于西部地区，高于东部地区、东北地区。

2. 中部地区高技术制造业全要素生产率分解情况

2004～2015 年我国中部地区高技术制造业全要素生产率分解指数的动态变化如图 7 – 2 所示。

从技术效率的变化来看，技术效率变化指数的波动较大，呈"上升—下降"周期波动，根据其变化趋势大致可以分为两个阶段。

2004～2011 年，技术效率变化指数在波动中上升。其中，2004～2006 年，技术效率变化指数缓慢上升但小于 1，技术效率持续恶化；2007～2008

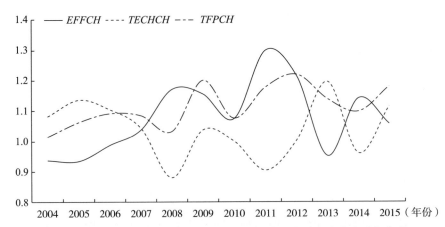

**图 7 - 2　2004~2015 年中部地区高技术制造业全要素生产率分解指数**

资料来源：笔者根据《中国统计年鉴》《中国高技术产业统计年鉴》相关数据计算整理绘制。

年，技术效率变化指数快速上升且大于 1，在 2008 年达到一个高峰，技术效率持续增长；2009~2010 年，技术效率变化指数快速下跌但大于 1，在 2010 年跌至一个谷底，技术效率保持增长；2010 年之后，技术效率变化指数快速上升且大于 1，在 2011 年达到一个高峰，技术效率保持增长。

2012~2015 年，技术效率变化指数在波动中下降。其中，2012~2013 年，技术效率变化指数急剧下跌且渐趋小于 1，在 2013 年跌至一个谷底，技术效率出现恶化；之后，技术效率变化指数上升且渐趋大于 1，在 2014 年达到一个高峰，技术效率增长；2014 年之后，技术效率变化指数有所下降但大于 1，技术效率增长。

从技术进步的变化来看，技术进步变化指数的波动相对较小，整体上比较平稳，呈"下降—上升"周期波动，大致上与技术效率变化趋势相反。技术进步变化指数基本在 1 附近，2008 年、2011 年、2012 年和 2014 年技术进步变化指数基本上小于 1，技术进步恶化；2004~2007 年、2009~2010 年、2013 年和 2015 年技术进步变化指数基本上大于 1，技术进步改善。

从技术效率变化指数与技术进步变化指数的对比来看，2004~2007 年、2013 年和 2015 年技术进步变化指数大于技术效率变化指数，2008~2012 年和 2014 年技术效率变化指数大于技术进步变化指数。总体而言，技术效率变化指数大于技术进步指数，中部地区高技术制造业全要素生产率的变化更多来源于技术效率的变化，这与王大鹏、朱迎春（2011）的研究结论相符，表明中部地区竞争更为激烈，企业发展由单纯追求技术创新向追求技术创新与制度创新相结合转变。

### （三）中部六省高技术制造业全要素生产率比较

1. 中部六省高技术制造业全要素生产率情况

2004～2015 年中部地区各省高技术制造业年均全要素生产率变化指数及其分解的测算结果如表 7－4 所示。由表 7－4 可知，中部地区各省的高技术制造业全要素生产率年均变化指数均大于 1，各省高技术制造业全要素生产率均快速增长。中部六省全要素生产率变化指数从高到低依次为安徽、江西、湖南、山西、湖北、河南，年均增长率依次为 14.8%、12.4%、12%、11.6%、11.4%、5.5%。除河南外，其他五省年均增长率都高于全国水平，高技术制造业发展状况良好。

表 7－4　中部地区各省高技术制造业年均全要素生产率及其分解

| 省份 | EFFCH | TECHCH | TFPCH |
|---|---|---|---|
| 山西 | 1.097 | 1.017 | 1.116 |
| 安徽 | 1.099 | 1.045 | 1.148 |
| 江西 | 1.075 | 1.046 | 1.124 |
| 河南 | 1.042 | 1.013 | 1.055 |
| 湖北 | 1.066 | 1.045 | 1.114 |
| 湖南 | 1.073 | 1.045 | 1.120 |

注：年均值为几何平均值。

资料来源：笔者根据《中国统计年鉴》《中国高技术产业统计年鉴》相关数据计算整理。

从技术效率变化指数来看，中部地区各省高技术制造业的年均技术效率变化指数均大于 1，技术效率均有所改善。其中安徽、山西两省年均增长率较高，分别为 9.9%、9.7%；江西、湖南两省次之，分别为 7.5%、7.3%；湖北、河南两省较低，分别为 6.6%、4.2%，仅河南低于全国水平。

从技术进步变化指数来看，中部地区各省高技术制造业的年均技术进步变化指数均大于 1，技术进步均有所改善。其中江西、安徽、湖北、湖南四省年均技术进步较高，依次为 4.6%、4.5%、4.5%、4.5%；山西、河南两省较低，分别为1.7%、1.3%，低于全国水平。

综上所述，中部地区各省高技术制造业的全要素生产率、技术效率和技术进步均有所改善，高技术制造业发展状况良好。但河南发展略显不足，在中部六省中垫底，且三个指数均低于全国水平。

2. 中部六省高技术制造业全要素生产率定量分析

为了定量探究2004~2015年中部地区高技术制造业全要素生产率变化指数省际差异的动态变化，本章通过计算变异系数来衡量省际差异。用 $TFPCH_{i,t}$ 表示第 $i$ 个省 $t-1$ 期到 $t$ 期的高技术制造业全要素生产率变化指数，$TFPCH_t$ 和 $S_t$ 分别表示同期所有省高技术制造业全要素生产率变化指数的均值和标准差，将 $t$ 期全要素生产率的省际差异指数（Provincial Difference Index）定义为：

$$PDI = \frac{S_t}{TFPCH_t} \tag{12}$$

其中，

$$TFPCH_t = \frac{1}{n} \sum_{i=1}^{n} TFPCH_{i,t} \tag{13}$$

$$S_t = \sqrt{\frac{\sum_{i=1}^{n} (TFPCH_{i,t} - TFPCH_t)^2}{n}} \tag{14}$$

根据以上定义，可以计算得到2004~2015年中部地区高技术制造业全要素生产率及其分解的省际差异指数（见表7-5）。

表7-5　2004~2015年中部地区高技术制造业全要素生产率及其分解的省际差异

| 年份 | EFFCH PDI | TECHCH PDI | TFPCH PDI |
|------|-----------|------------|-----------|
| 2004 | 0.13 | 0.01 | 0.12 |
| 2005 | 0.06 | 0.07 | 0.11 |
| 2006 | 0.08 | 0.05 | 0.08 |
| 2007 | 0.08 | 0.01 | 0.08 |
| 2008 | 0.07 | 0.00 | 0.07 |
| 2009 | 0.06 | 0.00 | 0.06 |

续表

| 年份 | EFFCH PDI | TECHCH PDI | TFPCH PDI |
|------|-----------|------------|-----------|
| 2010 | 0.06 | 0.00 | 0.06 |
| 2011 | 0.13 | 0.00 | 0.13 |
| 2012 | 0.20 | 0.00 | 0.20 |
| 2013 | 0.09 | 0.11 | 0.04 |
| 2014 | 0.06 | 0.01 | 0.05 |
| 2015 | 0.03 | 0.02 | 0.02 |

资料来源：笔者根据《中国统计年鉴》《中国高技术产业统计年鉴》相关数据计算整理。

　　2004～2015 年我国中部地区高技术制造业全要素生产率变化指数及其分解省际差异的动态变化如图 7 - 3 所示。由图 7 - 3 可知，2004～2015 年中部地区高技术制造业全要素生产率变化指数的省际差异整体上呈下降趋势，波动较大：2004～2009 年，呈缓慢下降趋势；2010～2011 年，呈快速上升趋势；2012 年达到峰值，之后基本呈波动下降趋势。

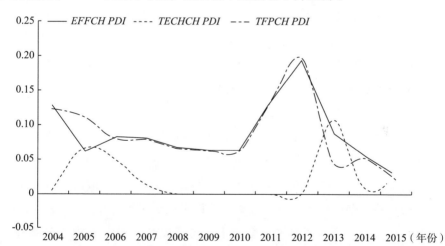

**图 7 - 3　2004～2015 年中部地区高技术制造业全要素生产率及其分解的省际差异**
资料来源：笔者根据《中国统计年鉴》《中国高技术产业统计年鉴》相关数据计算整理绘制。

　　从其分解指数来看，技术效率变化省际差异基本大于技术进步省际差异。其中，技术效率变化省际差异的动态变化趋势基本与全要素生产率变化省际差异保持一致。技术进步变化省际差异波动相对较小，中部地区各省的技术进步变化差异不大。总的来看，中部地区高技术制造业全要素生产率变化指数出现省际差异的主要原因是技术效率变化指数的省际差异。

# 五　研究结论与政策启示

## （一）研究结论

（1）2004～2015年我国高技术制造业全要素生产率、技术效率和技术进步变化指数的年均增长率分别为8.2%、5.6%、2.5%，我国高技术制造业全要素生产率发展迅速，且技术效率改善是全要素生产率增长的主要原因。

（2）我国东部、中部、西部、东北地区的全要素生产率变化指数年均增长率分别为2.1%、11.3%、11.6%和9.7%。东部地区无论是全要素生产率、技术效率还是技术进步，在"四大板块"中均处于垫底位置，而中部、西部、东北地区均高速增长。这反映出中部、西部和东北地区具有较大的后发优势，可以借鉴东部地区或国际上先进的技术和管理经验，从而实现高技术制造业高速发展，而东部地区自主创新能力较差。

（3）对于中部地区而言，其全要素生产率、技术效率和技术进步变化指数的年均增长率分别为11.3%、7.5%和3.5%。中部地区高技术制造业全要素生产率变化指数波动较大，但总体上在我国处于中上游水平，全要素生产率增长主要来源于技术效率改善。

（4）中部地区各省高技术制造业的全要素生产率、技术效率和技术进步均有所改善，全要素生产率变化指数从高到低依次为安徽、江西、湖南、山西、湖北、河南，高技术制造业整体上发展状况良好。但河南发展略显不足，在中部六省中垫底，且三个指数均低于全国水平。

（5）中部地区高技术制造业全要素生产率变化指数的省际差异整体上呈下降趋势，技术效率变化指数省际差异的动态变化基本与全要素生产率变化指数省际差异保持一致，中部地区高技术制造业全要素生产率变化指数出现省际差异的主要原因是技术效率变化指数的省际差异。

## （二）政策启示

（1）坚持双轮驱动，即科技创新和体制机制创新。抓创新首先要抓科技创新，补短板首先要补科技创新的短板，要明确发展的方向和重点，明确企业、院所、高校、社会组织等各类创新主体的功能定位，构建开放高效的创新网络，加强科学探索和技术攻关，形成持续创新的系统。体制机制创新要调整一切不适应创新驱动发展的生产关系，统筹推进科技、经济和政府治理三方面体制机制改革，最大限度地释放创新活力；要充分发挥市场的技术性作用和政府的宏观调控职能，构建创新要素顺畅流动、高效配置的机制，完善激励创新的政策体系，保护创新的法律制度。

（2）完善区域合作体系。我国应支持东部地区发挥对全国发展的支撑引领作用，深入实施西部开发、东北振兴、中部崛起和东部率先的区域发展总体战略，促进区域协调共同发展。中部地区各省应积极构建跨区域创新网络，深入推进基础设施、信息平台等重点领域合作，实现科技要素、人力资源、信用体系、市场准入、质量互认和政府服务等方面的对接，着力增强自主创新能力，为高技术制造业发展提供持久动力。

（3）促进中部地区高技术制造业集群化发展。在中部地区高技术制造业高速发展、省际差距缩小的背景下，应引导高技术制造业优化布局和分工协作，改造提升高技术制造业集聚区，形成区域专业化生产要素集聚注地，推动高技术制造业集聚向高技术制造业集群转型升级；应依托主要经济发展轴带和重点经济区，以前沿技术为方向，构建具有核心竞争力的高技术制造业集群。

**参考文献**

[1] 刘志迎. 基于效率理论的高技术产业增长研究 [D]. 南京农业大学，2006.

[2] 叶蓁. 我国高技术产业效率及其影响因素分析 [D]. 合肥工业大学，2006.

[3] 李雪冬. 我国高技术产业全要素生产率变动分解——基于非参数的 Malmquist 指数法 [J]. 科技管理研究，2010（8）.

[4] 徐阳发. 我国高技术产业全要素生产率的研究 [D]. 华中科技大学，2007.

[5] 魏世红. 中国高技术产业技术效率研究 [D]. 大连理工大学，2008.

[6] 武鹏，余泳泽，季凯文. 市场化、政府介入与中国高技术产业 R&D 全要素生产率增长 [J]. 产业经济研究，2010（3）.

[7] 易春. 我国高技术产业技术效率增长统计分析 [D]. 浙江工商大学，2010.

[8] 吴卓贤，刘满凤. 中国高技术产业全要素生产率的空间差异及其成因分析 [J]. 科技与管理，2011（6）.

［9］ 曾国平，罗航艳，曹跃群．效率增进、技术进步及高技术产业经济的动态增长——基于随机前沿模型［J］．科技进步与对策，2012（4）.

［10］ 姜彤彤．中国各省高技术产业全要素生产率研究［J］．山东师范大学学报（人文社会科学版），2013（1）.

［11］ 李洪伟，任娜，陶敏，等．我国高技术产业全要素生产率分析——基于三阶段Malmquist指数方法［J］．技术经济与管理研究，2013（8）.

［12］ 徐敏．产业集聚对高技术产业全要素生产率变化的影响研究［C］．第十二届产业集群与区域发展国际学术会议，武汉，2013.

［13］ 张同斌，范庆泉，李金凯．研发驱动高技术产业全要素生产率提升的有效性研究——基于断点检验与门限回归的结构变动分析［J］．经济学报，2015（3）.

［14］ 张美恋．近年我国各省市自治区高技术产业投入产出的动态效率评价——基于数据包络分析与Malmquist指数法［J］．菏泽学院学报，2015（5）.

［15］ 刘志迎，叶蓁．我国东中西部高技术产业TFP比较分析——基于非参数的Malmquist指数方法［J］．高科技与产业化，2006（4）.

［16］ 李雪冬．我国高技术产业全要素生产率变动分解——基于非参数的Malmquist指数法［J］．科技管理研究，2010（8）.

［17］ 王大鹏，朱迎春．中国三大区经济运行效率对比分析（1988—2009）——基于多层面时空耦合的全要素生产率的测算和分解［J］．财经研究，2010（9）.

［18］ 余泳泽，张妍．我国高技术产业地区效率差异与全要素生产率增长率分解——基于三投入随机前沿生产函数分析［J］．产业经济研究，2012（1）.

［19］ 严威，俞立平，宋夏云．高技术产业全要素生产率的差距及影响因素研究［J］．科技与经济，2014（3）.

［20］ 张同斌，李金凯，周浩．高技术产业区域知识溢出、协同创新与全要素生产率增长［J］．财贸研究，2016（1）.

［21］ 吴海兵，李华．FDI对我国中部地区技术进步影响的实证研究［J］．经济地理，2013（6）.

［22］ 胡建辉．中部地区高技术产业发展的前沿效率研究［D］．安徽财经大学，2014.

［23］ 王文娟．安徽省高新技术产业技术效率评价［D］．安徽大学，2012.

［24］ Coelli T. J. , Rao D. S. P. , Donnell C. J. O. , et al . An Introduction to Efficiency and Productivity Analysis［M］. 2005.

［25］ 张军，吴桂英，张吉鹏．中国省际物质资本存量估算：1952—2000［J］．经济研究，2004（10）.

［26］ Hall R. E. , Jones C. I.. Why do Some Countries Produce so much more Output Per Worker than Others? ［J］. The Quarterly Journal of Economics，1999，114（1）.

［27］ 吴延兵. R&D 存量、知识函数与生产效率［J］. 经济学（季刊），2006（3）.

［28］ 王大鹏，朱迎春. 中国高技术产业生产率增长来源：技术进步还是技术效率［J］. 中国科技论坛，2011（7）.

［29］ 夏斌武. 自主创新与高技术产业生产率增长的关系研究［D］. 浙江财经大学，2015.

［30］ Goldsmith R. W.. A Perpetual Inventory of National Wealth［M］. National Bureau of Economic Research，Inc，1951.

# 第八章　中部地区制造业技术创新效率及其影响因素研究

## 一　引言

2015 年 5 月出台的《中国制造 2025》明确提出制造业是国民经济的主体，是立国之本、兴国之器、强国之基。制造业创新驱动发展关乎"中国制造强国梦"的早日实现。中部地区覆盖晋皖赣豫鄂湘六省，是我国"三大支撑带"（"一带一路"、京津冀与长江经济带）的结合部与连接带，也是我国重要的制造业基地。2006 年 4 月出台的《中共中央国务院关于促进中部地区崛起的若干意见》首次提出将中部地区建设为全国现代装备制造及高技术产业基地，以科技进步为动力，增强制造业自主创新能力。2009 年 11 月颁布的《促进中部地区崛起规划》再次明确中部地区打造现代装备制造业及高技术产业的战略定位，强调以核心技术、关键技术研发为着力点，增强自主创新能力。2012 年 8 月出台的《国务院关于大力实施促进中部地区崛起战略的若干意见》指出中部地区应进一步壮大现代装备制造及高技术产业基地实力，大力实施重大产业发展创新功能和战略性新兴产业创新成果应用示范工程。2016 年 12 月颁布的《促进中部地区崛起"十三五"规划》将中部地区发展目标定位为全国重要的先进制造业中心，强调立足中部地区制造业优势行业，特别是现代装备和高技术产业，以核心关键技术为着力点，增强制造业自主创新能力，进一步提升中部地区制造业整体实力和水平。2016 年 3 月颁布的《中华人民共和国国民经济和社会发展第十三个五年规划纲要》提出要加快发展中部地区先进制造业，在中部地区建设一批战略性新兴产业和高技术产业基地。中部地区作为我国当前和今后制造业创新发展的主战场，其制造业技术创新效率如何？变动趋势怎样？受哪些因素影响？应重点从哪些方面着手提升中部地区制造业技术创新效率？本章侧重探讨上述四大问题。

学术界关于技术创新效率的研究主要集中在三个方面。一是探讨技术创新效率的测度工具，以数据包络分析（DEA）和随机前沿模型（SFA）为主，两种方法各有优点，在学术界均被广泛应用，是目前测度技术创新效率的主流方法。Chang 等（2015）基于中国、巴西等 41 个国家 2007 ~ 2012 年数据采用网络 DEA 模型研究多级国家创新体系效率，结果显示中国创新效率整体处于较高层次。李牧南等（2015）基于调研数据采用 DEA 模型对广东省专业镇创新效率进行测度，发现专业镇整体技术创新效率偏低，存在创新资源冗余和闲置问题。张俊瑞等（2016）基于 SFA 模型研究陕西省高技术企业技术创新效率，表明陕西省企业技术创新效率不高，政策支持未能起到良好的创新引导作用。二是测度不同层面（区域、产业和企业）技术创新效率水平，主要围绕全国范围、经济地带及各省域的工业行业特别是高技术产业、战略性新兴产业与装备制造业以及大中型工业企业的技术创新效率测度。刘迎春（2016）基于 DEA 模型测度我国五大战略性新兴产业技术创新效率，结果显示技术开发效率高于成果转化效率。刘树林等（2015）采用链式网络 DEA 模型测度我国高技术产业技术创新效率，发现技术创新产业化效率、技术转化效率与技术开发效率依次递减。徐妍（2016）采用三阶段 DEA 模型消除环境因素测度新疆地区大中型工业企业创新效率，发现规模效率低下是造成新疆创新效率不高的主要原因。Sungmin（2014）采用 DEA 模型测度印度中小型企业技术创新效率，发现政府支持项目类型与创新效率高低没有必然联系。刘章生等（2017）采用 SBM 模型与 GML 指数对我国 28 个二位数制造业的绿色技术创新效率进行测度，发现行业异质性是绿色技术创新能力存在差异的重要因子。三是厘清技术创新效率的核心影响因子，大体从技术创新的主体与环境两个维度出发，集中考察人力资本、企业投入、政府支持、工业化、信息化、对外开放、环境规制、所有制结构、规模经济、集聚经济等经济变量对技术创新效率的影响（夏海力等，2016；Sahu et al.，2015；钱丽等，2015；肖文等，2014；韩先锋等，2014；周彩红等，2017；李强，2017）。总体而言，学术界现有研究成果多采用传统 DEA 方法测度技术创新效率，无法识别实现 DEA 有效的决策单元相对效率的高低；对工业的核心与主体部分——制造业技术创新效率的研究相对较少，特别是对传统制造业根基深厚地区技术创新效率的系统研究较为欠缺。

本章余下内容结构安排如下：第二部分概述中部地区制造业技术创新发展现状；第三部分阐述中部地区制造业技术创新效率的研究方法；第四部分实证分析中部地区制造业技术创新效率水平、变动趋势、演进态势及影响因素；第五部分提炼研究结论及相应政策启示。

## 二 制造业技术创新发展的总体概况

2006 年 4 月，国务院出台《中共中央国务院关于促进中部地区崛起的若干意见》，正式启动"中部崛起"国家区域发展总体战略，首次提出将中部地区建设成全国重要的粮食生产基地、能源原材料基地、现代装备制造及高技术产业基地和综合交通运输枢纽（简称"三基地、一枢纽"），提高制造业创新能力，加强制造业技术创新成为实现中部崛起的重要任务和内容。2009 年 11 月，国家发改委颁布《促进中部地区崛起规划》，明确提出"大力发展装备制造业，促进高技术产业发展，以高技术和先进适用技术改造传统制造业，加快现代装备制造及高技术产业基地建设"。2012 年 8 月，《国务院关于大力实施促进中部地区崛起战略的若干意见》出台，提出"以掌握核心技术为突破口，培育发展电子信息、生物医药、新能源、新材料等战略性新兴产业，壮大现代装备制造业及高技术产业基地实力"。2016 年 12 月，国家发改委颁布《促进中部地区崛起"十三五"规划》，明确提出"巩固全国重要能源原材料基地、现代装备制造和高技术产业基地的地位，大力实施创新驱动战略，推动传统制造业改造升级，发展壮大战略性新兴产业"。国家对提升中部地区产业创新能力高度重视，反复强调推动传统制造业转型升级，发展壮大先进制造业、高技术产业和战略性新兴产业，增强产业创新动能，加快经济发展步伐，促进区域协调发展。中部地区经过十年的高速发展，经济总量占全国比重由 2004 年的 18.9% 提高到 2015 年的 20.3%，产业创新能力和科技创新能力大幅提升，经济实力不断增强。课题组选用工业企业新产品销售收入和 R&D 经费支出初步判断中部地区整体及中部六省内部制造业技术创新发展态势，下文将进一步构建指标体系精准测度中部地区制造业技术创新效率。

## （一）制造业技术创新能力概况

分析图 8-1 和图 8-2 可知，就中部地区整体而言，中部地区制造业技术创新能力保持较快增长，在"四大板块"中整体处于中上水平，仅次于东部地区，且与西部地区和东北地区发展差距逐渐扩大，绝对优势较为明显。工业企业新产品销售收入由 2004 年的 2224 亿元高速增长到 2015 年的 27590 亿元，年均增长速度高达 25.72%，高居"四大板块"之首。就中部地区内部省份而言，中部六省创新能力分异显著，湖南制造业创新能力提升迅猛，逐渐稳居中部六省首位，安徽、河南、湖北制造业创新能力大体平衡，居于中等位置，而经济基础相对薄弱、创新动能相对不足的江西和山西制造业创新能力则提升缓慢。湖南创新能力增长迅猛可能是受益于"长株潭"城市群协同创新发展战略和梯度承接珠三角产业转移，积极培育和引进创新动能。而安徽、河南、湖北传统制造业基础雄厚，同时近几年大力布局发展先进制造业、高技术产业、战略性新兴产业，创新能力提升较快，但受制于区位条件和经济基础，提升速度略低于湖南。江西经济基础薄弱，人才、资金、技术等创新发展要素紧缺，制造业创新基础较差，即便紧邻长三角、珠三角等创新能力极强的发达区域，也难以承接长

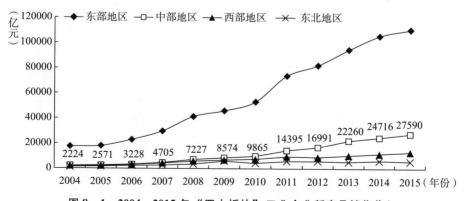

**图 8-1　2004～2015 年"四大板块"工业企业新产品销售收入**

资料来源：根据《中国科技统计年鉴》（2005～2016 年）相关指标数据整理绘制。

三角、珠三角高端制造业技术创新能力的外溢，创新能力提升缓慢；山西更是处于结构调整的阵痛期，经济发展缓慢，煤炭等能源矿产资源产能严重过剩，创新活力不足。

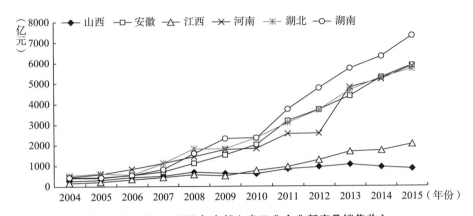

**图 8 - 2  2004～2015 年中部六省工业企业新产品销售收入**

资料来源：根据《中国科技统计年鉴》（2005～2016 年）相关指标数据整理绘制。

### （二）制造业技术创新投入概况

分析图 8-3 和图 8-4 可知，就中部地区整体而言，中部地区制造业技术创新投入保持平稳较快增长，投入力度持续加大，整体处于中等偏上水平，同样仅次于东部地区，但与西部地区和东北地区保持较大差距。中部地区规上工业企业 R&D 经费支出由 2004 年的 125 亿元上升至 2015 年的 1764 亿元，年均增长率高达 27.20%，稳居"四大板块"之首，与制造业技术创新能力增速大体一致。可以初步判断，制造业技术创新能力的提升速度与制造业技术创新投入力度密切相关，没有持续加大的技术创新投入将难以保证技术创新能力的快速提升，正如东北地区，十年来制造业技术创新投入增长缓慢，创新能力提升举步维艰。就中部地区内部省份而言，可分为两大组，安徽、河南、湖北、湖南为制造业技术创新投入高速增长组，江西、山西属低速增长组，湖北由于省内科研高校及高技术企业较多，其制造业创新投入略高于其他三省。这一格局再次印证了创新能力的提升离不开创新投入的增加，江西、山西制造业技术创新投入少，其创新能力相应就弱，当然制约两省创新能力提升的根本原因仍是自身经济基础薄弱，难以维系技术创新投入的高速增长，技术创新本身具有不确定性，这恰恰造成了制造业创新能力不足与经济发展不充分的双向恶性循环。安徽、湖南制造业技术创新投入的高速增长与其积极承接长三角、珠三角产业转移紧密相关，承接转移大量企业必然会推动研发投入的高速增长；河南则依托中原城市群建设，大力发展先进制造业，培育高端制造业企业集群，促使制造业技术创新投入迅猛增长。

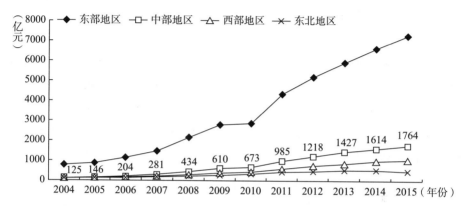

**图8-3　2004~2015年"四大板块"规上工业企业 R&D 经费支出**

资料来源：根据《中国科技统计年鉴》（2005~2016年）相关指标数据整理绘制。

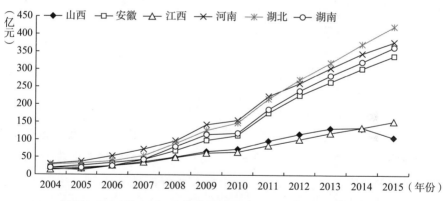

**图8-4　2004~2015年中部六省规上工业企业 R&D 经费支出**

资料来源：《中国科技统计年鉴》（2005~2016年）。

# 三　模型、变量选取与数据来源

## （一）模型选取

### 1. 超效率 DEA 模型

基于创新投入和产出的多元性，本章选用 DEA 模型测度中部地区制造业技术创新效率。自 Charnes 等提出首个 DEA 模型以来，DEA 模型已发展出诸多分支模型，但现阶段学术界应用最为广泛的仍为 CCR 模型和 BCC 模型。两种模型虽可较好地识别 DEA 有效决策单元（简称 DMU）与非有效决策单元，但无法进一步比较有效决策单元的相对有效性，难以提供更为详细的政策依据。为此，Andersen 等（1993）在原 DEA 模型基础上发展并提出了一种新的效率测度 DEA 模型——"超效率"模型（Super Efficiency Model），该模型可对有效 DEA 决策单元的有效程度进行比较分析。超效率 DEA 模型的核心思想是将被评价 DMU 从参考集中剔除，由剩余 DMU 构成新的生产前沿面，此时有效 DMU 的效率值一般会大于 1，以达到对有效 DMU 的有效性进行识别区分的目的。基于规模报酬可变条件的超效率 DEA 模型具体构建如下：

$$\min[\theta - \varepsilon(e^{-}S^{-} + e^{+}S^{+})]$$

$$s.t. \begin{cases} \sum\limits_{\substack{j=1 \\ j \neq k}}^{n} x_j\lambda_j + S^{-} = \theta x_k \\ \sum\limits_{\substack{j=1 \\ j \neq k}}^{n} y_j\lambda_j - S^{+} = y_k \\ \sum\limits_{\substack{j=1 \\ j \neq k}}^{n} \lambda_j = 1, \lambda_j \geqslant 0, j = 1,2,\cdots,n \\ S^{+} = (s_1^{+}, s_2^{+}, \cdots, s_q^{+})^{T} \geqslant 0, S^{-} = (s_1^{-}, s_2^{-}, \cdots, s_p^{-})^{T} \geqslant 0 \end{cases} \quad (1)$$

式（1）中，$\theta$ 为制造业技术创新效率值的 SE 值，$\lambda_j$ 为线性组合决策单元中 $DMU_j$ 的权重，$x_j$、$y_j$ 分别为 $DMU_j$ 的 $m$ 维一般制造业创新投入向量、$s$ 维制造业创新产出向量。$e^{-}$、$e^{+}$ 分别为 $m$ 维行向量（1，1，…，1）$\in E_m$、$s$ 维行向量（1，1，…，1）$\in E_s$；$S^{-}$、$S^{+}$ 分别为 $DMU_k$ 投入、产出松弛向量；$\varepsilon$ 为非阿基米德无穷小量。$\theta \geqslant 1$，表示 $DMU_k$ 为 DEA 有效；$\theta < 1$，表示 $DMU_k$ 为非 DEA 有效。

2. Malmquist 指数模型

DEA 模型虽可测度历年中部各省制造业技术创新效率的静态水平，但不能反映历年间制造业技术创新效率的动态变化趋势。鉴于此，本章采用 Färe 等（1996）基于 DEA 模型构造的 Malmquist 指数分析中部各省制造业技术创新效率动态变化。在规模报酬可变（VRS）条件下，Malmquist 指数可分解为技术效率变动（*EFFCH*）和技术进步（*TECH*），而技术效率变动又可进一步分解为纯技术效率变动（*PECH*）和规模效率变动（*SECH*）。具体构建如下：

$$M(x_t, y_t, x_{t+1}, y_{t+1}) = \frac{D_{t+1}(x_{t+1}, y_{t+1})}{D_t(x_t, y_t)} \times \left[ \frac{D_t(x_{t+1}, y_{t+1})}{D_{t+1}(x_{t+1}, y_{t+1})} \times \frac{D_t(x_t, y_t)}{D_{t+1}(x_t, y_t)} \right]^{1/2}$$

$$= EFFCH \times TECH = PECH \times SECH \times TECH \quad (2)$$

式（2）中，$D_t$ 与 $D_{t+1}$ 分别表示 $t$ 期与 $t+1$ 期生产技术水平下相应的投入产出效率。当 $M>1$ 时，全要素生产率呈增长趋势；当 $M<1$ 时，全要素生产率呈下降趋势。当 $EFFCH>1$ 时，决策单元突破了前期生产函数，发生技术"追赶效应"；当 $TECH>1$ 时，决策单元生产函数整体向外平移，产生"增长效应"，技术进步的原因可能是发达地区的技术"外溢效应"。

3. 收敛性检验模型

为把握中部各省间制造业技术创新效率差异及历史演进态势，选用 $\sigma$ 收敛、绝对 $\beta$ 收敛与条件 $\beta$ 收敛三种收敛分析方法对中部各省历年技术创新效率的收敛性进行全面检验。

$\sigma$ 收敛主要考察历年中部各省技术创新效率值的标准差 $\sigma$ 及变异系数 $cv$ 的变化，若随时间推移，$\sigma$ 与 $cv$ 呈递减态势，则表示中部各省间制造业技术创新效率存在 $\sigma$ 收敛，地区间创新效率差距逐渐缩小；绝对 $\beta$ 收敛则构造各省末期制造业技术创新效率与基期效率回归模型，若基期系数 $\beta<0$，则存在绝对 $\beta$ 收敛，中部各省制造业技术创新效率会通过"追赶效应"最终达到相同水平。条件 $\beta$ 收敛则构造当期效率与滞后一期效率的面板回归模型，若滞后期系数 $\beta<0$，则存在条件 $\beta$ 收敛，中部各省制造业技术创新效率会逐步实现各自的稳态发展，省域效率差距可能长期存在。具体分析见下文。

4. 面板 Tobit 模型

基于超效率 DEA 模型测度的制造业技术创新效率值仍属于左尾截断变量值，基于普通最小二乘法采用一般面板数据模型进行回归会导致参数有偏估计。选用专门解决受限因变量的回归模型——面板 Tobit 模型，基于极大似然法对中部地区制造业技术创新效率进行因素分析。模型具体构建如下：

$$y_{it} = \begin{cases} \alpha_i + x_{it}\beta + \varepsilon_{it}, & \text{若 } \alpha_i + x_{it}\beta + \varepsilon_{it} \geq 0 \\ 0, & \text{其他} \end{cases} \tag{3}$$

式（3）中，$y_{it}$ 为被解释变量，表示中部地区第 $i$ 个省份第 $t$ 年制造业技术创新效率值；$x_{it}$ 为解释变量，表示中部地区制造业技术创新效率的影响因素；$\alpha_i$ 表示不同省份回归模型的常数项；$\beta$ 表示未知待估参数向量；$\varepsilon_{it}$ 表示随机误差向量，服从 $N(0, \sigma^2)$。由于 Tobit 模型的因变量属于受限变量，所以 $\beta$ 系数的大小不能代表对应解释变量的准确边际效应，只能表明其影响方向。

### （二）变量选取

1. 技术创新投入指标

基于新古典增长理论与技术创新的滞后性，本章选取创新智力劳动与创新研发资本两种制造业技术创新的核心要素表征中部地区制造业创新投入。其中智力劳动代理变量为 R&D 人员全时当量；创新研发资本代理变量为 R&D 经费内部支出存量，通过永续盘存法推导，折旧率为 15%（吴延兵，2008），研发价格指数通过消费者价格指数与固定资产投资价格指数加权合成，权重分别为 55% 与 45%（白俊红，2011）。

2. 技术创新产出指标

基于创新产出二阶段理论——创新成果的中间产出阶段与创新成果的最终市场价值转化阶段，本章选取制造业技术创新的中间产出成果与最终市场价值表征中部地区制造业技术创新产出。其中将发明专利授权量作为技术创新中间产出成果的代理变量，将新产品销售收入作为技术创新最终市场价值的代理变量。

3. 影响因素指标选取

参考学术界关于技术创新效率影响因素的研究成果，基于创新主体与创新内外环境两个维度，考虑数据的获得性与中部地区制造业的特殊性，选取劳动力素质（labor）、政府支持（gover）、企业投入（enter）、产业结构（indus）、产权结构（state）、规模结构（scale）、环境规制（envir）、国际贸易（trade）、外商投资（FDI）九大变量考察中部地区制造业技术创新效率的主要影响因素。代理变量分别为大专以上学历劳动力比重、R&D 经费内部支出中政府投入比重、R&D 经费内部支出中企业投入比重、工业增加值占

GDP 比重、国有及国有控股工业企业主营业务收入占规模以上工业企业主营业务收入比重、大中型工业企业主营业务收入占规模以上工业企业主营业务收入比重、环境污染治理投资总额占 GDP 比重、进出口贸易总额占 GDP 比重、外商直接投资占全社会固定资产投资比重。

### （三）数据来源

本章制造业技术创新投入产出指标及各影响因素指标的基础数据均来自《中国科技统计年鉴》（2005～2016 年）、《中国高技术产业统计年鉴》（2005～2016 年）、《中国工业经济统计年鉴》（2005～2012 年）、《中国工业统计年鉴》（2013～2016 年）、《中国环境统计年鉴》（2005～2016 年）。所有涉及市场价值的指标均为采用以 2004 年为基期的定基价格指数进行平减所得的实际值，各省制造业技术创新投入产出依照制造业销售产值占工业销售总产值比重折算得到。

## 四　实证结果分析

### （一）中部地区制造业技术创新效率的静态分析

为厘清中部地区制造业技术创新效率在全国各经济地带中的相对水平，将全国 30 个省级行政单位（不含港澳台及西藏地区，下同）同时纳入待比较的决策单元集中构建效率生产前沿面。基于上文构建的中部地区制造业技术创新效率评价指标体系，采用 MyDEA1.0 软件测算中部各省及全国其他省份制造业技术创新超效率 DEA 值，并对 2004 年、2010 年及 2015 年各省份制造业超效率值进行四分位点聚类分析，测度及分类结果见表 8 - 1、表 8 - 2、表 8 - 3、表 8 - 4。

表 8 - 1　2004～2015 年全国 30 个省（自治区、直辖市）
制造业技术创新效率评价结果

| D＼T | 2004 | 2005 | 2006 | 2007 | 2008 | 2009 | 2010 | 2011 | 2012 | 2013 | 2014 | 2015 | 平均 |
|---|---|---|---|---|---|---|---|---|---|---|---|---|---|
| 北京 | 0.284 | 0.306 | 0.436 | 0.555 | 1.028 | 0.837 | 1.164 | 1.018 | 1.631 | 1.196 | 1.138 | 1.101 | 0.891 |
| 天津 | 3.335 | 2.243 | 0.712 | 0.606 | 1.066 | 0.987 | 1.068 | 0.837 | 0.914 | 1.155 | 0.955 | 0.848 | 1.227 |
| 河北 | 0.251 | 0.288 | 0.251 | 0.225 | 0.269 | 0.290 | 0.293 | 0.313 | 0.502 | 0.574 | 0.566 | 0.527 | 0.362 |

| D＼T | 2004 | 2005 | 2006 | 2007 | 2008 | 2009 | 2010 | 2011 | 2012 | 2013 | 2014 | 2015 | 平均 |
|---|---|---|---|---|---|---|---|---|---|---|---|---|---|
| 山西 | 0.168 | 0.271 | 0.201 | 0.241 | 0.218 | 0.216 | 0.271 | 0.246 | 0.335 | 0.381 | 0.335 | 0.294 | 0.265 |
| 内蒙古 | 1.096 | 0.667 | 0.427 | 0.324 | 0.377 | 0.346 | 0.299 | 0.255 | 0.300 | 0.289 | 0.246 | 0.217 | 0.403 |
| 辽宁 | 0.210 | 0.198 | 0.182 | 0.154 | 0.334 | 0.538 | 0.366 | 0.534 | 0.562 | 0.662 | 0.562 | 0.599 | 0.408 |
| 吉林 | 0.231 | 0.611 | 0.465 | 0.469 | 0.954 | 2.485 | 0.882 | 1.329 | 1.453 | 0.407 | 0.803 | 0.766 | 0.905 |
| 黑龙江 | 0.136 | 0.195 | 0.161 | 0.149 | 0.186 | 0.200 | 0.182 | 0.204 | 0.273 | 0.321 | 0.295 | 0.267 | 0.214 |
| 上海 | 0.978 | 1.149 | 0.749 | 0.731 | 0.900 | 0.927 | 0.975 | 1.051 | 1.253 | 1.086 | 1.187 | 0.898 | 0.990 |
| 江苏 | 0.306 | 0.318 | 0.250 | 0.296 | 0.451 | 0.490 | 0.495 | 0.558 | 0.756 | 0.770 | 0.804 | 0.679 | 0.514 |
| 浙江 | 0.474 | 0.456 | 0.431 | 0.442 | 0.627 | 0.529 | 0.492 | 0.544 | 0.741 | 1.039 | 0.950 | 0.901 | 0.636 |
| 安徽 | 0.383 | 0.383 | 0.312 | 0.409 | 0.554 | 0.558 | 0.676 | 0.693 | 0.959 | 0.976 | 1.175 | 1.624 | 0.725 |
| 福建 | 0.376 | 0.538 | 0.278 | 0.316 | 0.353 | 0.469 | 0.515 | 0.493 | 0.609 | 0.655 | 0.587 | 0.472 | 0.472 |
| 江西 | 0.192 | 0.258 | 0.199 | 0.190 | 0.217 | 0.244 | 0.294 | 0.295 | 0.455 | 0.519 | 0.565 | 0.522 | 0.329 |
| 山东 | 0.390 | 0.369 | 0.293 | 0.314 | 0.372 | 0.472 | 0.577 | 0.526 | 0.642 | 0.642 | 0.631 | 0.578 | 0.484 |
| 河南 | 0.305 | 0.380 | 0.337 | 0.354 | 0.438 | 0.326 | 0.376 | 0.307 | 0.374 | 0.653 | 0.615 | 0.571 | 0.420 |
| 湖北 | 0.363 | 0.430 | 0.329 | 0.381 | 0.426 | 0.486 | 0.523 | 0.441 | 0.640 | 0.738 | 0.693 | 0.598 | 0.504 |
| 湖南 | 0.539 | 0.499 | 0.478 | 0.495 | 0.575 | 0.841 | 0.803 | 0.622 | 0.907 | 0.978 | 0.906 | 0.819 | 0.705 |
| 广东 | 0.491 | 0.540 | 2.207 | 2.457 | 1.134 | 0.913 | 1.350 | 0.754 | 0.894 | 0.803 | 0.824 | 0.712 | 1.090 |
| 广西 | 0.709 | 0.718 | 0.337 | 0.557 | 0.417 | 0.498 | 0.559 | 0.493 | 0.671 | 0.865 | 0.704 | 0.696 | 0.602 |
| 海南 | 1.254 | 0.387 | 9.116 | 7.010 | 1.819 | 1.612 | 1.325 | 1.543 | 1.152 | 1.113 | 0.879 | 0.569 | 2.315 |
| 重庆 | 0.571 | 0.689 | 0.529 | 0.519 | 0.554 | 0.644 | 0.960 | 0.948 | 0.891 | 0.915 | 1.125 | 1.298 | 0.804 |
| 四川 | 0.289 | 0.334 | 0.386 | 0.362 | 0.355 | 0.434 | 0.571 | 0.538 | 0.669 | 0.714 | 0.759 | 0.706 | 0.510 |
| 贵州 | 0.198 | 0.196 | 0.473 | 0.448 | 0.774 | 0.656 | 0.782 | 0.612 | 0.873 | 0.813 | 0.767 | 0.635 | 0.602 |
| 云南 | 0.400 | 0.333 | 0.436 | 0.731 | 0.597 | 0.543 | 0.452 | 0.498 | 0.685 | 0.678 | 0.591 | 0.464 | 0.534 |
| 陕西 | 0.126 | 0.179 | 0.166 | 0.213 | 0.276 | 0.303 | 0.353 | 0.392 | 0.420 | 0.502 | 0.378 | 0.327 | 0.303 |
| 甘肃 | 0.194 | 0.284 | 0.522 | 0.355 | 0.385 | 0.241 | 0.361 | 0.375 | 0.534 | 0.560 | 0.557 | 0.410 | 0.398 |
| 青海 | 0.146 | 0.092 | 0.279 | 0.272 | 0.419 | 0.278 | 0.150 | 0.144 | 0.185 | 0.407 | 0.315 | 0.543 | 0.269 |
| 宁夏 | 0.178 | 0.175 | 0.225 | 0.147 | 0.231 | 0.316 | 0.619 | 0.475 | 0.803 | 0.885 | 0.637 | 0.697 | 0.449 |
| 新疆 | 0.223 | 0.182 | 0.232 | 0.249 | 0.310 | 0.338 | 0.298 | 0.352 | 0.340 | 0.518 | 0.707 | 0.583 | 0.361 |

注：根据 MyDEA1.0 软件处理结果编制。D 表示地区，T 表示时间。

**表 8-2　2004～2015 年全国 30 个省（自治区、直辖市）制造业技术创新效率排名**

| D＼T | 2004 | 2005 | 2006 | 2007 | 2008 | 2009 | 2010 | 2011 | 2012 | 2013 | 2014 | 2015 | 平均 |
|---|---|---|---|---|---|---|---|---|---|---|---|---|---|
| 北京 | 18 | 19 | 11 | 7 | 4 | 7 | 3 | 4 | 1 | 1 | 3 | 3 | 6 |
| 天津 | 1 | 1 | 4 | 5 | 3 | 3 | 4 | 6 | 6 | 2 | 5 | 6 | 2 |
| 河北 | 19 | 20 | 22 | 25 | 26 | 25 | 27 | 24 | 22 | 21 | 22 | 22 | 24 |
| 山西 | 27 | 22 | 26 | 24 | 28 | 29 | 28 | 28 | 27 | 28 | 27 | 28 | 29 |
| 内蒙古 | 3 | 5 | 13 | 18 | 19 | 20 | 24 | 27 | 28 | 30 | 30 | 30 | 22 |
| 辽宁 | 22 | 24 | 28 | 28 | 23 | 12 | 21 | 14 | 20 | 17 | 24 | 15 | 21 |
| 吉林 | 20 | 6 | 9 | 10 | 5 | 1 | 7 | 2 | 2 | 26 | 11 | 8 | 5 |
| 黑龙江 | 29 | 26 | 30 | 29 | 30 | 30 | 29 | 29 | 29 | 29 | 29 | 29 | 30 |
| 上海 | 4 | 2 | 3 | 3 | 6 | 4 | 5 | 3 | 3 | 4 | 1 | 5 | 4 |
| 江苏 | 15 | 18 | 23 | 21 | 13 | 15 | 17 | 11 | 12 | 13 | 10 | 13 | 14 |
| 浙江 | 9 | 10 | 12 | 12 | 8 | 13 | 18 | 12 | 13 | 5 | 6 | 4 | 10 |
| 安徽 | 12 | 13 | 18 | 13 | 12 | 10 | 10 | 8 | 5 | 7 | 2 | 1 | 8 |
| 福建 | 13 | 8 | 21 | 19 | 22 | 18 | 16 | 18 | 19 | 18 | 21 | 24 | 18 |
| 江西 | 25 | 23 | 27 | 27 | 29 | 27 | 26 | 26 | 23 | 23 | 23 | 23 | 26 |
| 山东 | 11 | 15 | 19 | 20 | 20 | 17 | 12 | 15 | 17 | 20 | 18 | 18 | 17 |
| 河南 | 16 | 14 | 16 | 17 | 14 | 22 | 20 | 25 | 25 | 19 | 19 | 19 | 20 |
| 湖北 | 14 | 11 | 17 | 14 | 15 | 16 | 15 | 20 | 18 | 14 | 16 | 16 | 16 |
| 湖南 | 7 | 9 | 7 | 9 | 10 | 6 | 8 | 9 | 7 | 6 | 7 | 7 | 9 |
| 广东 | 8 | 7 | 2 | 2 | 2 | 5 | 1 | 7 | 8 | 12 | 9 | 9 | 3 |
| 广西 | 5 | 3 | 15 | 6 | 17 | 14 | 14 | 17 | 15 | 10 | 15 | 12 | 12 |
| 海南 | 2 | 12 | 1 | 1 | 1 | 2 | 2 | 1 | 4 | 3 | 8 | 20 | 1 |
| 重庆 | 6 | 4 | 5 | 8 | 11 | 9 | 6 | 5 | 9 | 8 | 4 | 2 | 7 |
| 四川 | 17 | 16 | 14 | 15 | 21 | 19 | 13 | 13 | 16 | 15 | 13 | 10 | 15 |
| 贵州 | 23 | 25 | 8 | 11 | 7 | 8 | 9 | 10 | 10 | 11 | 12 | 14 | 11 |
| 云南 | 10 | 17 | 10 | 4 | 9 | 11 | 19 | 16 | 14 | 16 | 20 | 25 | 13 |
| 陕西 | 30 | 28 | 29 | 26 | 25 | 24 | 23 | 21 | 24 | 25 | 26 | 27 | 27 |
| 甘肃 | 24 | 21 | 6 | 16 | 18 | 28 | 22 | 22 | 21 | 22 | 25 | 26 | 23 |
| 青海 | 28 | 30 | 20 | 22 | 16 | 26 | 30 | 30 | 30 | 27 | 28 | 21 | 28 |
| 宁夏 | 26 | 29 | 25 | 30 | 27 | 23 | 11 | 19 | 11 | 9 | 17 | 11 | 19 |

续表

| D\T | 2004 | 2005 | 2006 | 2007 | 2008 | 2009 | 2010 | 2011 | 2012 | 2013 | 2014 | 2015 | 平均 |
|---|---|---|---|---|---|---|---|---|---|---|---|---|---|
| 新疆 | 21 | 27 | 24 | 23 | 24 | 21 | 25 | 23 | 26 | 24 | 14 | 17 | 25 |

注：根据表 8-1 结果整理编制。D 表示地区，T 表示时间。

**表 8-3 2004~2015 年"四大板块"与全国制造业技术创新效率评价结果**

| D\T | 2004 | 2005 | 2006 | 2007 | 2008 | 2009 | 2010 | 2011 | 2012 | 2013 | 2014 | 2015 | 平均 |
|---|---|---|---|---|---|---|---|---|---|---|---|---|---|
| 中部 | 0.301 | 0.360 | 0.295 | 0.328 | 0.376 | 0.397 | 0.452 | 0.402 | 0.563 | 0.671 | 0.664 | 0.641 | 0.435 |
| 东部 | 0.560 | 0.517 | 0.633 | 0.645 | 0.677 | 0.672 | 0.735 | 0.693 | 0.856 | 0.874 | 0.827 | 0.704 | 0.691 |
| 西部 | 0.294 | 0.287 | 0.343 | 0.346 | 0.403 | 0.396 | 0.438 | 0.419 | 0.524 | 0.615 | 0.568 | 0.543 | 0.419 |
| 东北 | 0.187 | 0.286 | 0.239 | 0.221 | 0.390 | 0.644 | 0.389 | 0.525 | 0.606 | 0.442 | 0.511 | 0.497 | 0.383 |
| 全国 | 0.350 | 0.365 | 0.394 | 0.403 | 0.471 | 0.496 | 0.517 | 0.503 | 0.635 | 0.680 | 0.657 | 0.607 | 0.494 |

注：根据 MyDEA1.0 软件处理结果编制。中部、东部、西部、东北地区的划分采用《中国科技统计年鉴》（2013 年）及通用的中国区域划分方法，中部地区包括山西、安徽、江西、河南、湖北和湖南 6 个省份；东部地区包括北京、天津、河北、上海、江苏、浙江、福建、山东、广东、海南 10 个省份；西部地区包括内蒙古、广西、重庆、四川、贵州、云南、陕西、甘肃、青海、宁夏和新疆 11 个省份；东北地区包括辽宁、吉林、黑龙江 3 个省份。经济地带制造业效率基于其内部所辖省区市效率值的几何平均测度。D 表示地区，T 表示时间。

**表 8-4 2004~2015 年"四大板块"制造业技术创新效率排名**

| D\T | 2004 | 2005 | 2006 | 2007 | 2008 | 2009 | 2010 | 2011 | 2012 | 2013 | 2014 | 2015 | 平均 |
|---|---|---|---|---|---|---|---|---|---|---|---|---|---|
| 中部 | 2 | 2 | 3 | 3 | 4 | 3 | 2 | 4 | 3 | 2 | 2 | 2 | 2 |
| 东部 | 1 | 1 | 1 | 1 | 1 | 1 | 1 | 1 | 1 | 1 | 1 | 1 | 1 |
| 西部 | 3 | 3 | 2 | 2 | 2 | 4 | 3 | 3 | 4 | 3 | 3 | 3 | 3 |
| 东北 | 4 | 4 | 4 | 4 | 3 | 2 | 4 | 2 | 2 | 4 | 4 | 4 | 4 |

注：根据表 8-3 结果整理编制。D 表示地区，T 表示时间。

（1）2004~2015 年中部地区制造业技术创新效率整体呈波动上升态势，增长了逾一倍，制造业技术创新效率逐渐由低于全国平均水平增长至高于全国平均水平，在四大经济地带中处于中间偏上位置，综合排名居"四大板块"第二位，但与东部发达地区相比，仍有较大差距。这表明中部地区制造业技术创新能力在全国竞争格局中仍处于较为有利地位，传统制造业并未使中部地区制造业竞争力出现显著衰退，中部地区传统制造业竞争力仍有较大的增长潜力和发展空间。但要注意的是，中部地区制造业创新能力仍然显著弱于东部发达地区，东部地区制造业的相对优势是科技含量高、竞争力强的先进制造业集聚于东部地区，中部地区制造业的相对优势地位并不突出，仍需加强传统制造业的技术改造升级，发展壮大战略性新兴产业和高技术产业，保持并扩大自身的制造业创新优势。

（2）中部地区内部制造业技术创新效率差异显著，湖南、安徽处于较高水平，制造业技术创新效率排名靠前，河南、湖北处于中等水平，制造业技术创新效率排名处于中间，山西、江西处于较低水平，制造业技术创新效率整体靠后，中部各省制造业技术创新效率受地缘因素及各省的经济基础及要素禀赋影响较大。湖南、安徽濒临我国制造业创新能力最强的珠三角地区与长三角地区，成为承接我国两大核心经济增长极高技术产业转移的主战场，充分吸收了东部沿海发达地区制造业的技术创新外溢红利；山西深处内陆，相邻地区经济实力相对较弱，并且受制于能源资源禀赋，产业结构严重低端重型化，难以获取京津地区先进制造业的技术外溢红利；江西则因其较为薄弱的经济技术，制造业体系有待完善，承接东部地区产业转移能力有限；河南、湖北则为中部地区的"中部地区"，制造业基础深厚，但正积极推动传统制造业转型升级并培育壮大高技术制造业，制造业整体创新能力有待进一步释放。

（3）中部地区制造业创新能力差异的分布格局变动较小，稳定性大大高于其他经济地带，特别是西部和东北地区。中部地区制造业技术创新能力主要由经济规律——梯度承接产业内生决定，所以内部制造业创新能力分布格局基本稳定，离制造业发达地区愈近，经济基础愈雄厚，承接产业转移配套环境愈优，则制造业创新能力愈强。而东北和西部地区覆盖了大片欠发达地区，国家基于区域平衡战略考虑，只能在短时期给予部分西部省份较多的创新要素资源，这使得西部地区省份制造业发展的政策环境不够稳定，制造业发展在较大程度上受宏观政策影响，制造业技术创新效率波动较大。东部高效率地区集中在三大增长极，但增长极内部创新要素流动性较大，且福建、河北等东部省份创新基础相对薄弱，东部地区内部制造业创新效率波动相对明显。

### （二）中部地区制造业技术创新效率的动态分析

上文通过超效率 DEA 模型测度了 2004～2015 年中部地区制造业技术创

新的静态效率，但对创新效率的动态变化趋势及增长源泉缺乏有力分析，未来中部地区制造业创新驱动政策的制定方向不够明晰。采用 DEAP 2.1 软件基于 Malmquist 指数及其分解模型对中部地区制造业技术创新效率进行动态分解，结果见表8-2、表8-3。

分析表8-5可知，2004～2015 年中部地区制造业技术创新的全要素生产率呈上升态势，年均增长 4.4%，主要得力于中部各省较强的创新追赶效应，制造业技术创新效率年均增长 6.4%，而技术进步对制造业技术创新全要素生产率的提升产生抑制作用，技术进步年均下降 0.018%。中部地区制造业创新效率的提升主要来源于纯技术效率的增长，规模效率波动变化明显，反映出中部地区制造业的技术创新能力总体在不断增强，但对自身的创新资源并未进行有效利用，存在一定程度的创新要素冗余，部分科技人员和研发经费并未进入最具创新能力的高技术产业和战略性新兴产业。同时需要注意的是，近年来中部地区技术创新效率提升速度明显放缓，而技术进步则日益明显，表征出中部地区作为"三大战略"的结合部，区位优势逐步凸显，抢抓重大国家战略发展机遇，加快承接临近东部地区产业转移，消化吸收发达地区技术外溢，并通过技术引进实现全要素生产率增长，推动经济增长，但这在某种程度上忽视了自主创新能力的提升，可能对中部地区厚植制造业创新动能不具有长期正向效应。

表8-5　2004～2015 年中部地区制造业技术创新的平均 Malmquist 指数及其分解

| 时间 \ 指数 | EFFCH | TECHCH | PECH | SECH | TFPCH |
|---|---|---|---|---|---|
| 2004～2005 | 1.198 | 0.696 | 1.082 | 1.108 | 0.833 |
| 2005～2006 | 0.820 | 1.176 | 1.109 | 0.739 | 0.965 |
| 2006～2007 | 1.111 | 0.984 | 1.210 | 0.919 | 1.094 |
| 2007～2008 | 1.145 | 1.089 | 1.038 | 1.102 | 1.247 |
| 2008～2009 | 1.057 | 1.180 | 0.961 | 1.099 | 1.247 |
| 2009～2010 | 1.138 | 0.710 | 1.025 | 1.110 | 0.808 |
| 2010～2011 | 0.891 | 1.345 | 1.119 | 0.796 | 1.198 |
| 2011～2012 | 1.398 | 0.771 | 1.092 | 1.280 | 1.078 |
| 2012～2013 | 1.192 | 0.929 | 1.122 | 1.062 | 1.107 |

续表

| 时间 ＼ 指数 | EFFCH | TECHCH | PECH | SECH | TFPCH |
|---|---|---|---|---|---|
| 2013 ~ 2014 | 0. 964 | 1. 020 | 0. 972 | 0. 993 | 0. 984 |
| 2014 ~ 2015 | 0. 915 | 1. 130 | 0. 951 | 0. 961 | 1. 033 |
| 均值 | 1. 064 | 0. 982 | 1. 059 | 1. 004 | 1. 044 |

注：根据 DEAP 2.1 软件处理结果编制。

分析表 8 - 6 可知，中部地区制造业技术创新的全要素生产率同样高于全国水平，仅低于东北地区，东部地区成为增长最缓慢的地区，静态效率最高的地区受制于既有创新高度，其动态效率反而最低。中部六省与中部地区整体全要素生产率增长的动力相同，主要受益于技术创新效率的内生追赶效应，特别是纯技术效率的稳步提升，创新要素的规模配置优化作用小于生产技术改进效应与管理制度创新作用。中部地区内部动态效率差异同样显著，江西、安徽较高，山西、河南次之，湖北、湖南较低。紧邻长三角的安徽制造业技术创新的全要素年平均增长率高达两位数，为 10.8%，

表 8 - 6　2004 ~ 2015 年中部六省及各经济地带技术创新的
平均 Malmquist 指数及其分解

| 地区 ＼ 指数 | EFFCH | TECHCH | PECH | SECH | TFPCH |
|---|---|---|---|---|---|
| 山西 | 1. 052 | 1. 019 | 1. 040 | 1. 012 | 1. 073 |
| 安徽 | 1. 091 | 1. 016 | 1. 079 | 1. 011 | 1. 108 |
| 江西 | 1. 095 | 0. 972 | 1. 084 | 1. 010 | 1. 064 |
| 河南 | 1. 059 | 0. 957 | 1. 050 | 1. 008 | 1. 013 |
| 湖北 | 1. 046 | 0. 964 | 1. 053 | 0. 994 | 1. 008 |
| 湖南 | 1. 039 | 0. 964 | 1. 050 | 0. 990 | 1. 002 |
| 中部 | 1. 064 | 0. 982 | 1. 059 | 1. 004 | 1. 044 |
| 东部 | 1. 033 | 0. 970 | 1. 015 | 1. 018 | 1. 003 |
| 西部 | 1. 056 | 0. 981 | 1. 054 | 1. 002 | 1. 036 |
| 东北 | 1. 093 | 0. 983 | 1. 072 | 1. 019 | 1. 075 |
| 全国 | 1. 053 | 0. 978 | 1. 044 | 1. 009 | 1. 030 |

注：根据 DEAP 2.1 软件处理结果编制。

存在较强的创新追赶效应与技术外溢的消化吸收效应；湖南、湖北、河南、江西因承接的大都是珠三角、长三角地区的劳动、资源密集型制造业产业，科技含量相对较低，吸收的技术外溢效应较少，更多依赖培育先进制造业实现创新能力提升；山西制造业创新基础较薄弱，资源型制造业根基较深厚，制造业内生创新能力较弱，全要素生产率提升空间较大，既可通过增强内生产业创新能力实现全要素生产率增长，也可依托京津冀地区技术创新外溢实现全要素生产率增长。

### （三）中部地区制造业技术创新效率的收敛性检验分析

上文对中部地区制造业技术创新效率的全面测度表明中部六省制造业创新驱动能力与绩效各异，然而地区间这种巨大差异的演化态势如何？是随着时间的推移逐渐缩小，还是逐步扩大？中部六省间制造业技术创新效率差异的演进趋势值得关注。因此，本章对其进行 $\sigma$ 收敛、绝对 $\beta$ 收敛和条件 $\beta$ 收敛检验，结果见图 8 – 5 和表 8 – 7。

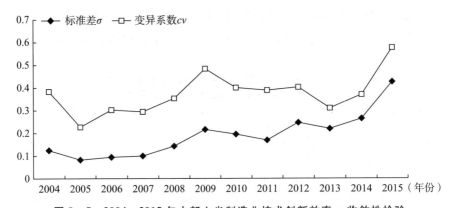

**图 8 – 5　2004 ~ 2015 年中部六省制造业技术创新效率 $\sigma$ 收敛性检验**

注：根据 Excel 2010 软件处理结果绘制。

分析图 8 – 5 和表 8 – 7 可知，中部六省制造业技术创新效率尚未出现明显的 $\sigma$ 收敛趋势，2004 ~ 2015 年中部六省制造业技术创新效率的标准差总体呈稳定上升态势，变异系数呈 W 形波动趋势，各省效率值差异并未随着时间的推移而逐渐缩小。中部六省制造业技术创新效率不存在显著的绝对 $\beta$ 收敛趋势，绝对收敛 $\beta$ 模型的 $\beta$ 系数在 10% 的显著性水平下并不显著，中部地区制造业技术创新能力较弱的省份尚未形成对较强省份的快速追赶效应，中部六省制造业技术创新能力较难达到绝对相同水平。中部六省制造

表 8 - 7　中部地区制造业技术创新效率绝对 $\beta$ 收敛与条件 $\beta$ 收敛检验

| 检验模型 | 变量 | 参数 | 标准误 | P 值 |
|---|---|---|---|---|
| 绝对 $\beta$ 收敛<br>$(\ln TE_{iT} - \ln TE_{i0}) / T = \alpha + \beta \ln TE_{i0} + \varepsilon_i$ | $\alpha$ | 0.664652 | 0.560829 | 0.3016 |
| | $\beta$ | - 0.077797 | 0.442334 | 0.8689 |
| | $\lambda$ | — | 结论 | 发散 |
| 条件 $\beta$ 收敛<br>$\ln TE_{i,t} - \ln TE_{i,t-1} = \alpha + \beta \ln TE_{i,t-1} + \varepsilon_{it}$ | $\alpha$ | 0.013268 | 0.051335 | 0.7969 |
| | $\beta$ | - 0.064081 | 0.052030 | 0.2226 |
| | $\lambda$ | 0.05762168 | 结论 | 发散 |

注：根据 Eviews 9.0 软件和 Excel 2010 软件处理结果编制。$\lambda$ 为收敛速度。

业技术创新效率存在显著的条件 $\beta$ 收敛趋势，条件 $\beta$ 收敛模型的 $\beta$ 系数在 10% 的显著性水平下也不显著，尽管中部六省制造业创新能力难以达到绝对相同水平，但各省最终会探索出符合自身特点的制造业创新驱动发展路径与模式，并沿着自身的创新驱动路径持续推动制造业创新能力提升，达到各自稳态水平的制造业技术创新效率。三种收敛性检验分析结果表明，中部地区内部省份间制造业创新能力的巨大差异并不会逐渐缩小，甚至会伴随着发达地区先进制造业进一步转移、创新驱动战略加速推进日益分化，并沿着各省的制造业发展路径长期维持下去。

**（四）中部地区制造业技术创新效率的影响因素分析**

上文对中部地区制造业技术创新效率进行了静态和动态分析，并探究了中部地区内部省份间制造业创新能力的演进态势，但影响中部地区的关键因素究竟有哪些？提升中部地区制造业创新能力的主要着力点在哪里？本章采用 Eviews 9.0 软件基于面板 Tobit 模型对制造业技术创新效率进行回归估计，结果见表 8 - 8。

表 8 - 8　中部地区制造业技术创新效率影响因素 Tobit 回归结果

| 变量 | 系数 | 标准误 | t 值 | P 值 |
|---|---|---|---|---|
| *labor* | 0.919352 ** | 0.469156 | 1.959588 | 0.0462 |
| *gover* | 1.703353 *** | 0.489010 | 3.483270 | 0.0005 |
| *enter* | 3.357520 *** | 0.740373 | 4.534907 | 0.0000 |
| *indus* | - 1.791546 *** | 0.579662 | - 3.090675 | 0.0020 |

续表

| 变量 | 系数 | 标准误 | t 值 | P 值 |
|------|------|--------|------|------|
| *state* | − 0.811472 * | 0.417777 | − 1.942355 | 0.0521 |
| *scale* | − 0.365864 | 0.501060 | − 0.730179 | 0.4653 |
| *envir* | 10.66781 * | 5.694037 | 1.873506 | 0.0610 |
| *trade* | − 0.977543 | 0.920603 | − 1.061850 | 0.2883 |
| *FDI* | − 2.779144 * | 1.476812 | − 1.881854 | 0.0599 |
| C | 1.685709 *** | 0.636625 | 2.647883 | 0.0004 |

注：根据 Eviews 9.0 软件处理结果编制，＊、＊＊、＊＊＊分别表示对应变量参数通过 10%、5%、1%显著性检验。

（1）劳动力素质、政府支持、企业投入、环境规制对中部地区制造业技术创新效率提升具有显著的正向促进作用。在 5%的显著性水平下，劳动力素质对技术创新效率产生正向影响，中部地区集中了一大批高校科研院所，集聚了大量的创新型人才，为中部地区制造业创新驱动发展提供了坚强的智力支撑，极大地增强了中部地区制造业创新能力。在 1%的显著性水平下，政府支持和企业投入均对技术创新效率产生正向影响，可粗略地认为企业投入对制造业技术创新能力的提升效应大于政府支持的促进效应，合理的政府干预、持续的财政科技支持可有力促进制造业技术创新能力提升，但归根结底技术创新要落实到企业，企业是技术创新的主体和承担者，是决定制造业创新绩效的主导力量。在 10%的显著性水平下，环境规制对技术创新效率产生正向影响，"波特假说"（Porter，1991）在中部地区得以证实，中部地区环境规制强度较为适宜，刺激制造业企业不断提升企业创新能力，增加产品的科技含量，降低生产成本并获得超额利润，以抵消环境规制的成本增加、利润削减效应。

（2）产业结构、产权结构及外商投资对中部地区制造业技术创新效率提升具有显著的负向抑制作用。在 1%的显著性水平下，产业结构对技术创新效率产生负向影响，中部地区产业结构重型化，传统的污染型制造业严重产能过剩，中部地区的工业化采用传统的工业模式，高端先进制造业发展仍不充分，工业化并未有效促进中部地区制造业技术创新效率提升，反而成为制造业创新驱动发展的负担。在 10%的显著性水平下，产权结构对技术创新效率产生负向影响，中部地区公有制经济比重较大，国有及国有控股企业众多，公有制企业产权界定相对模糊，技术创新成果的产权归属不够明晰，科研工作者不能充分地享有科研成果的经济收益，创新积极性在一定程度上受到抑制，最终对制造业创新能力产生消极作用。在10%的显著性水平下，外商投资对技术创新效率产生负向影响，中部地区整体属于经济相对欠发达地区，较发达国家环境规制相对宽松，随着外商投资的增加，国外科技含量较低的污染型制造业涌入中部地区，在一定程度上阻碍了中部地区制造业转型升级。

（3）规模结构、国际贸易对中部地区制造业技术创新效率尚未产生显著影响。尽管大中型工业企业产值在中部地区工业产值中占有绝对份额，2015年高达59.1%，但中部地区大中型工业企业大都属于产能过剩行业，科技含量低，未能充分释放大中型制造业企业的科技创新规模效应，形成规模经济，在促进中部地区制造业创新能力提升方面的作用有限。而中部地区的对外开放水平相对不高，贸易依存度较低，2015年仅为10.75%，且对外贸易产品大都流向了消费者，对制造业生产技术改进升级作用较小。

## 五　研究结论与政策启示

### （一）主要结论

（1）中部地区制造业技术创新效率在全国处于较高水平，制造业创新能力仍具备较强竞争力和较大提升空间；但中部地区内部各省间制造业技术创新效率差异显著，呈现出典型的高中低固态分布格局，临近长三角、珠三角发达地区的安徽、湖南效率最高，处于中部地区的"中部地区"的湖北、河南次之，经济条件较差、制造业基础较弱的江西、山西最低。

（2）中部地区制造业技术创新发展速度较快，但中部地区制造业技术创新的全要素生产率增长主要受益于内生的技术追赶效应，特别是制造业生产技术改进和管理制度创新，受制于现有市场的行政分割制度，中部地区制造业创新驱动发展受外生技术进步的影响有限。

（3）中部地区内部各省间制造业技术创新能力的差距不会缩小，技术创新效率不会趋于绝对相同水平，未来各省间制造业技术创新效率差距甚至有进一步扩大趋势，但中部六省最终能够找到适合自身发展的制造业创新驱动模式，并沿着各自的制造业创新发展路径实现创新能力持续提升。

（4）中部地区制造业技术创新效率主要受劳动力素质、政府支持、企业投入、环境规制、产业结构、产权结构、外商投资因素影响。其中，前四者对其产生正向促进作用，后三者对其产生负向抑制作用，中部地区制造业在一定程度上存在产业结构重型化、国有企业过度膨胀、外商投资监督监管乏力等问题。

### （二）政策启示

（1）增强中部地区内外部制造业创新要素流动性，充分消化吸收制造业发达地区技术创新外溢的正外部性。中部六省须打破行政区划局限，建构统一的制造业创新发展大市场，使制造业技术创新资金和人才得以在区内充分流动，形成良好的内部技术扩散机制。同时加强与邻近发达地区特别是京津唐、长三角、珠三角地区以及国外发达国家的经济联系和产业互动，学习借鉴其制造业创新发展的共同经验助推中部地区制造业创新发展。

（2）推广"创新GDP"政绩考核评价指标体系，转变"唯GDP论"政绩考核模式，引导中部地区政府积极承接发达地区的先进制造业。中部地区正处于工业化中期，在当前政绩考核体系下，政府倾向发展基于传统劳动力和资源成本比较优势的低技术含量型制造业。应逐步推广"创新GDP"模式，提升高新技术产业产值在政绩考核体系中的权重，鼓励地方政府主动创造条件承接发达地区先进制造业，更多关注GDP质量而非数量。

（3）加大政府科技支持力度，为中部地区制造业企业营造良好创新"软环境"和"硬环境"，充分调动创新主体企业的创新积极性。一方面，出台并落实指导企业创新创业发展的政策措施，给予企业更多的开展科技创新活动资金支持和税收优惠，放宽企业创新的制度约束；另一方面，大力推动"大众创业，万众创新"平台建设，鼓励企业申报建立工程技术研究中心、工程研究中心、企业技术中心等创新基础平台，为企业开展技术创新活动提供良好的空间场所。

（4）加快产业结构改造升级步伐，淘汰转移中部地区过剩产能行业，发展壮大战略性新兴产业和高技术产业。中部地区产能过剩型传统制造业中集聚着大量的创新要素，创新动能未能得到充分释放，应加强对既有产业技术改造升级，主动布局一批先进制造业，特别是对临近长三角、珠三角、京津冀地区高技术制造业的转移承接，引导创新要素流入技术密集型制造业，提升中部地区制造业创新资源的配置效率。

（5）深化科技体制机制改革，明确科技创新成果的产权，增加科研人员成果转化收益份额，打造中部地区高素质创新人才集聚高地。中部地区国有经济比重过高，集中于传统制造业，科技创新成果产权界定不够明晰，科技人员创新活力受到抑制，应逐步有序大幅提升科研工作者成果的市场价值转化收益份额，提高人力资本的要素分配比例，提高科研人员技术创新积极性，增强中部地区高素质人才的向心力。

**参考文献**

［1］ Chang C. C. , Qual Q. . Influences of Knowledge Spillover and Utilization on the NIS Performance: A Multi-stage Efficiency Perspective ［J］. Quality & Quantity, 2015, 49（5）.

［2］ 李牧南，周俊锋，朱桂龙，等. 广东专业镇技术创新效率评价——基于 DEA 和问卷实证的双重视角 ［J］. 科学学研究, 2015, 33（4）.

［3］ 张俊瑞，陈怡欣，汪方军. 所得税优惠政策对企业创新效率影响评价研究 ［J］. 科研管理, 2016, 37（3）.

［4］ 刘迎春. 中国战略新兴产业技术创新效率实证研究——基于 DEA 方法的分析 ［J］. 宏观经济研究, 2016（6）.

［5］ 刘树林，姜新蓬，余谦. 中国高技术产业技术创新三阶段特征及其演变 ［J］. 数量经济技术经济研究, 2015（7）.

［6］ 徐妍. 基于三阶段 DEA 模型的新疆工业创新效率及其区域差异 ［J］. 地域研究与开发, 2016, 35（1）.

［7］ Sungmin P. . Analyzing the Efficiency of Small and Medium-Sized Enterprises of a National Technology Innovation Research and Development Program ［J/OL］. http: //link. springer. com/article/10. 1186/2193-1801-3-403, 2014-08-04.

［8］ 刘章生，宋德勇，弓媛媛，等. 中国制造业绿色技术创新能力的行业差异与影响因素分析 ［J］. 情报杂志, 2017（1）.

［9］ 夏海力，李卿，吴松强. 装备制造业技术创新效率及其影响因素研究——以苏州为例 ［J］. 科技进步与对策, 2016, 33（6）.

［10］ Sahu S. K. , Narayanan K. J. . Environmental Certification and Technical Efficiency: A Study of Manufacturing Firms in India ［J］. Journal of Industry, Competition and Trade,

2016，16（2）.

[11] 钱丽，肖仁桥，陈忠卫. 我国工业企业绿色技术创新效率及其区域差异研究——基于共同前沿理论和 DEA 模型 [J]. 经济理论与经济管理，2015（1）.

[12] 肖文，林高榜. 政府支持、研发管理与技术创新效率——基于中国工业行业的实证分析 [J]. 管理世界，2014（4）.

[13] 韩先锋，惠宁，宋文飞. 信息化能提高中国工业部门技术创新效率吗 [J]. 中国工业经济，2014（12）.

[14] 周彩红，咸鸣霞. 中国制造业产业聚集对技术创新效率影响的实证研究——基于 2005—2014 年的省际面板数据 [J]. 科技管理研究，2017（2）.

[15] 李强. 环境分权与企业全要素生产率——基于我国制造业微观数据的分析 [J]. 财经研究，2017（3）.

[16] Andersen P. , Petersen N. C. . A Procedure for Ranking Efficient Units in Data Envelopment Analysis [J]. Management Science，1993，39（10）.

[17] Färe R. , Grosskopf S. . Intertemporal Production Frontiers：With Dynamic DEA [M]. Boston：Kluwer Academic Publisher，1996.

[18] 吴延兵. 用 DEA 方法评测知识生产中的技术效率与技术进步 [J]. 数量经济技术经济研究，2008，25（7）.

[19] 白俊红，李婧. 政府 R&D 资助与企业技术创新——基于效率视角的实证分析 [J]. 金融研究，2011（6）.

[20] Porter M. E. . America's Green Strategy [J]. Scientific American，1991，264（4）.

# 第九章　中部地区制造业生态效率研究

## 一　引言

制造业是国民经济的主体，是立国之本、兴国之器、强国之基。如表9-1所示，《国民经济行业分类》（GB/T 4754-2011）将我国行业分为15类，将制造业分为31个大类（见表9-1）。提升制造业竞争力，有利于进一步提升我国综合国力，保障国家安全，建设世界强国；有利于促进中部地区崛起战略的实施，提升中部地区发展综合实力。制造业是支撑中部地区经济持续健康发展的重点领域，在促进中部地区创新发展、绿色发展、开放发展、共享发展方面具有重要的战略地位。

表 9 - 1　制造业分类及代码

| 代码 | 制造业分类 | 代码 | 制造业分类 |
|------|-----------|------|-----------|
| 13 | 农副食品加工业 | 23 | 印刷和记录媒介复制业 |
| 14 | 食品制造业 | 24 | 文教、工美、体育和娱乐用品制造业 |
| 15 | 酒、饮料和精制茶制造业 | 25 | 石油加工、炼焦和核燃料加工业 |
| 16 | 烟草制品业 | 26 | 化学原料和化学制品制造业 |
| 17 | 纺织业 | 27 | 医药制造业 |
| 18 | 纺织服装、服饰业 | 28 | 化学纤维制造业 |
| 19 | 皮革、毛皮、羽毛及其制品和制鞋业 | 29 | 橡胶和塑料制品业 |
| 20 | 木材加工和木、竹、藤、棕、草制品业 | 30 | 非金属矿物制品业 |
| 21 | 家具制造业 | 31 | 黑色金属冶炼和压延加工业 |
| 22 | 造纸和纸制品业 | 32 | 有色金属冶炼和压延加工业 |

续表

| 代码 | 制造业分类 | 代码 | 制造业分类 |
|---|---|---|---|
| 33 | 金属制品业 | 39 | 计算机、通信和其他电子设备制造业 |
| 34 | 通用设备制造业 | 40 | 仪器仪表制造业 |
| 35 | 专用设备制造业 | 41 | 其他制造业 |
| 36 | 汽车制造业 | 42 | 废弃资源综合利用业 |
| 37 | 铁路、船舶、航空航天和其他运输设备制造业 | 43 | 金属制品、机械和设备修理业 |
| 38 | 电气机械和器材制造业 | | |

资料来源：《国民经济行业分类》（GB/T 4754－2011）。

2006 年《中共中央国务院关于促进中部地区崛起的若干意见》提出在中部地区发展中必须"加大环境保护和生态建设力度"，并"大力推进节能减排"，同时要求中部地区在经济发展中逐步"完善生态补偿政策"。2012年《国务院关于大力实施促进中部地区崛起战略的若干意见》要求中部地区在制造业发展过程中应利用高新技术和先进适用技术改造提升传统制造业，促进产业结构优化升级，推进新型工业化进程。《中国制造 2025》要求在制造业发展过程中"积极构建绿色制造体系，走生态文明的发展道路"，推行生态设计。中部六省中湖北、湖南、安徽、江西四省同时位于长江经济带，2016 年 3 月 17 日公布的国家"十三五"规划纲要强调，坚持"生态优先、绿色发展"战略定位，将"修复长江生态环境"置于首位，推动长江经济带建设成为"生态文明建设的先行示范带、创新驱动带、协调发展带"。2016 年《促进中部地区崛起"十三五"规划》明确提出要全面推进传统制造业绿色改造，推广应用绿色工艺技术装备，在重点耗能行业推行能效对标，依法淘汰未达到强制性能耗限额标准的落后产能。由此可见，在中部地区经济（尤其是制造业）发展中，注重生态保护、促进生态发展、提高生态效率已备受关注。

回溯历史，对中部六省制造业生态效率进行测算和动态分析，对于重新衡量中部六省制造业生态发展水平具有重要意义，对于促进中部六省制造业绿色发展，促进制造业转型升级，进一步提升中部六省制造业竞争力、适应新的时代要求和市场需求，具有实践指导意义。

## 二 相关文献综述

"生态效率"概念由西方学者 Schalteggerr 和 Sturm（1990）首倡，国内学者尹科等（2012）曾从学术史视角初步对国内外生态效率核算方法及其应用成果进行总结。国内学术界研究生态效率的文献大体可分为以下四类。

（1）行业生态效率研究。谢琨（2011）运用层次分析（AHP）完成对钢铁企业的测度；程晓娟等（2013）采用 PCA - DEA 的组合模型对我国煤炭产业的生态效率进行评价；吴小庆等（2012）选取 AHP 和 DEA 模型、潘丹等（2013）和张子龙等（2014）运用 SBM 模型、程翠云等（2014）运用机会成本经济核算方法、朱付彪等（2017）运用 DEA 模型完成对农业生态效率的研究；高文（2017）运用三阶段 DEA 模型完成对工业企业生态效率的测算；李爽（2017）基于面板数据完成对新能源汽车企业创新生态效率的测度。

（2）产业园区生态效率研究。基于 DEA 模型，张炳等（2008）将污染排放物作为一种非期望产出引入其中，刘巍等（2012）综合运用非期望产出作投入法、非期望产出去倒数法、方向距离函数法和基于松弛测度的 SBM 四种不同模型完成对工业园区生态效率的测算，彭红松等（2017）基于 SBM - DEA 模型对旅游地生态效率进行测度；学术界关于产业园区生态效率的研究中采用的研究方法还包括吴小庆等（2008）选取的 TOPSIS 方法、芮俊伟等（2013）选取的生态足迹核算方法、孙玉峰等（2014）选取的能值分析法、刘晶茹等（2014）选取的园区复合生态效率评价指标体系等。

（3）省域生态效率研究。在 DEA 模型的运用中，王宏志等（2010）和成金华等（2014）选取超效率 DEA、邓波等（2011）采用三阶段 DEA 模型、游和远等（2011）运用 CCR - I 模型、杨佳伟等（2017）运用非期望中间产出网络 DEA 模型完成对省域生态效率的研究；在其他研究方法的选取上，陈傲（2008）采用因子分析赋权方法、张炳等（2009）采用物质流分析方法、潘兴侠等（2013）采用熵值赋权的灰色综合评价法、崔玮等（2013）建立 Malmquist 指数模型、黄建欢等（2014）运用空间杜宾模型、关伟等（2015）基于 SBM 模型完成对省域生态效率的研究，刘子怡等（2017）采用熵权法和模糊综合评价法对我国区域生态效率进行分析。

（4）经济地带生态效率研究。张雪梅（2013）基于改进 DEA 模型完成对西部地区 2000 ~ 2010 年生态效率的测度，并利用 Malmquist 指数进行动态分析。付丽娜等（2013）运用 DEA 模型、Malmquist – DEA 模型、Tobit 模型对长株潭 "3 + 5" 城市群 2005 ~ 2010 年生态效率进行分析和对比。汪克亮等（2015）在对长江经济带 11 个省份 5 类工业生态效率标准值进行测算的基础上对工业生态效率的地区差异、动态演变特征、收敛性和影响因素进行考察。何宜庆等（2015，2016）利用熵权法对长江经济带 11 个省份 2001 ~ 2013 年生态效率、金融集聚、经济增长三者之间耦合度进行实证研究。陈黎明等（2015）运用混合方向性距离函数模型（HDDF）对 2011 年 "两横三纵" 城市化战略格局中 62 个城市的生态效率进行测算分析。任宇飞等（2017）运用非期望产出 SBM 模型对京津冀城市群的生态效率进行测度和评价。

关于中部地区制造业生态效率的研究，王恩旭等（2011）运用超效率 DEA 模型对东、中、西、东北 4 大经济地带生态效率的时空分布进行分析，并对生态效率的变化趋势进行收敛检验。黄和平等对江西省生态效率进行长期研究，2010 年利用改进的资源环境绩效指数完成对江西省资源环境强度与绩效的系统分析（黄和平等，2010）；2015 年基于生态效率度量模型和循环经济发展模式的判别模型，对江西省 2000 ~ 2010 年循环经济发展模式变化轨迹进行分析（黄和平，2015）。

在城市和区域生态效率的测度分析研究中，以 31 个省份或特定区域为研究对象的测度最为多见，以中部六省为对象的生态效率测度和研究尚不多见；在行业生态效率的分析研究中，农业生态效率是最主要的分析对象，对制造业生态效率的研究有待进一步深入。

# 三　中部地区制造业生态效率研究方法

为分析中部六省制造业生态效率的地区差异，揭示中部六省制造业生态效率的动态演变规律及其主要影响因素，本章首先对我国 31 个省份（不包括港澳台，下同）制造业生态效率进行综合测算并排名。为克服在数据包络分析法（简称 DEA）的使用过程中，制造业生态效率值为 1 的决策单元辨识度低的问题，本章采用超效率 DEA（简称 SE – DEA）模型，对中部六省制造业生态效率进行测度；为处理输入输出数据间较强的相关性，本章引入主成分分析方法（简称 PCA）对中部六省制造业生态效率进行测算，并借助 PCA – SE – DEA 组合模型，完成对我国 31 个省份制造业生态效率的测算。

在中部六省制造业生态效率测算和排名的基础上，为了详细分析中部六省制造业生态效率的演变规律和影响因子，本章采用 $\sigma$ 收敛和绝对 $\beta$ 收敛两种收敛分析方法对制造业生态效率的敛散性进行分析，并利用 Tobit 面板回归模型对中部六省制造业生态效率的影响因素进行分析。

（一）PCA – SE – DEA 组合模型

在 BCC 模型基础上构建的 SE – DEA 模型将决策单元（DMU）从参考效率前沿面分离，使制造业生态效率值大于 1 成为可能，从而实现对所有决策单元的排序，且制造业生态效率值越大，制造业生态效率越高。本章选取基于投入导向的规模报酬不变的 SE – DEA 模型，假设有 $n$ 个 DMU，每个 DMU 都有 $m$ 种投入和 $s$ 种产出，对于第 $j$ 个决策单元 DMU，$x_{ij}$ 表示第 $i$ 种投入，$y_{rj}$ 表示第 $r$ 种产出，$\lambda_j$ 表示 $n$ 个 DMU 的投入产出指标权重，$\sum_{j=1}^{n} x_{ij}\lambda_j$ 为加权处理后 DMU 的投入量，$\sum_{j=1}^{m} y_{rj}\lambda_j$ 为加权处理后 DMU 的产出量，如式（1）所示：

$$\min\left[\theta - \varepsilon\left(\sum_{i=1}^{m} s_i^- + \sum_{i=1}^{m} s_i^+\right)\right]$$

$$\text{s. t.} \sum_{j=1}^{n} x_{ij}\lambda_j + s_i^- = \theta x_{ij},\ i = 1,2,\cdots,m$$

$$\sum_{j=1}^{m} y_{rj}\lambda_j + s_i^+ = y_{rj},\ r = 1,2,\cdots,n$$

$$\sum_{j=1}^{n} \lambda_j = 1$$

$$\lambda_j \geq 0,\ j = 1,2,\cdots,n$$

$$\theta \geq 0,\ s_i^- \geq 0,\ s_i^+ \geq 0 \tag{1}$$

式（1）中，$\theta$ 表示相对效率，$\sum_{i=1}^{m} s_i^-$ 和 $\sum_{i=1}^{m} s_i^+$ 表示松弛变量，$\varepsilon$ 表示非阿基米德无穷小，通常取 $\varepsilon = 0.000001$。假设式（1）有最优解 $\theta^*$、$s_i^{*-}$、$s_i^{*+}$、$\lambda^*$，那么 $\theta^*$ 为制造业生态效率值。

在 SE – DEA 模型的运用过程中，如表 9 – 2 所示，本章采用投入导向型模型，将环境污染作为非期望投入变量，期望投入变量包括资金投入、资源投入、政策投入、环境污染 4 个一级指标，输出指标包括地区制造业工业销售总值、企业单位数、主营业务收入、利润总额、绿色工业销售总值和造林面积。

表 9 – 2　中部六省制造业生态效率测算指标

| 指标类型 | | 一级指标 | 二级指标 | 数据来源 |
|---|---|---|---|---|
| 投入指标 | 期望投入 | 资金投入 | 资本投入（$X_1$） | 《中国工业统计年鉴》 |
| | | | 工业污染治理投资（$X_2$） | 《中国统计年鉴》 |
| | | | 基础设施投资（$X_3$） | 《中国环境统计年鉴》 |
| | | 资源投入 | 森林资源投入（$X_4$） | 《中国统计年鉴》 |
| | | | 草地资源投入（$X_5$） | 《中国统计年鉴》 |
| | | | 耕地资源投入（$X_6$） | 《中国统计年鉴》 |
| | | | 建设用地投入（$X_7$） | 《中国统计年鉴》 |
| | | | 水资源投入（$X_8$） | 《中国统计年鉴》 |
| | | | 电力资源投入（$X_9$） | 《中国统计年鉴》 |
| | | | 劳动力投入（$X_{10}$） | 《中国工业统计年鉴》 |
| | | 政策投入 | 制造业发展政策（$X_{11}$） | 北大法律信息网 |
| | | | 生态发展政策（$X_{12}$） | 北大法律信息网 |
| | | | 环境保护政策（$X_{13}$） | 北大法律信息网 |
| | 非期望投入 | 环境污染 | 碳排放量（$X_{14}$） | 笔者测算 |
| | | | 废气排放量（$X_{15}$） | 《中国统计年鉴》 |
| | | | 废水排放量（$X_{16}$） | 《中国统计年鉴》 |
| | | | 固体废弃物排放量（$X_{17}$） | 《中国统计年鉴》 |
| 产出指标 | 期望产出 | | 地区制造业生产总值（$Y_1$） | 《中国工业统计年鉴》 |
| | | | 企业单位数（$Y_2$） | 《中国工业统计年鉴》 |
| | | | 主营业务收入（$Y_3$） | 《中国工业统计年鉴》 |
| | | | 利润总额（$Y_4$） | 《中国工业统计年鉴》 |
| | | | 绿色工业销售总值（$Y_5$） | 《中国工业统计年鉴》 |
| | | | 造林面积（$Y_6$） | 《中国统计年鉴》 |

$X_1$：资本投入，各地区规模以上工业企业资产总计，资产投入是地区制造业发展的基础。

$X_2$：工业污染治理投资，地区工业污染治理投资总额是地区工业发展中环保能力的体现。

$X_3$：基础设施投资，各地区环境保护基础设施投资反映地区环境保护能力。

$X_4$：森林资源投入，各地区森林面积反映地区制造业发展潜力。

$X_5$：草地资源投入，各地区草地面积反映地区制造业发展潜力。

$X_6$：耕地资源投入，各地区耕地面积反映地区制造业发展潜力。

$X_7$：建设用地投入，各地区城市建设工矿用地反映地区制造业发展水平。

$X_8$：水资源投入，各地区工业用水量反映地区制造业发展水平。

$X_9$：电力资源投入，各地工业用电量反映地区制造业发展水平。

$X_{10}$：劳动力投入，各地区制造业从业人员总数。

$X_{11}$：制造业发展政策，各地区制造业发展政策存量反映地区制造业发展环境。

$X_{12}$：生态发展政策，各地区生态发展政策存量反映地区生态发展环境。

$X_{13}$：环境保护政策，各地区环境保护政策存量反映地区环境保护政策。

$X_{14}$：碳排放量，各地区工业发展中碳排放总量，估算方程如式（2）所示：

$$E_t = \delta_c E_c + \delta_p E_p + \delta_g E_g \tag{2}$$

式（2）中，$E_t$ 为碳排放量，$E_c$、$E_p$、$E_g$ 表示煤炭、石油、天然气消费量，$\delta_c$、$\delta_p$、$\delta_g$ 表示煤炭、石油、天然气碳排放转换系数，本章以各类能源的碳排放系数平均值进行碳排放计算，如表 9 - 3 所示。

表 9 - 3　煤炭、石油、天然气碳排放系数

| 来源 | 煤炭 t(C)/t | 石油 t(C)/t | 天然气 t(C)/t |
|---|---|---|---|
| DOE/EIA | 0.702 | 0.478 | 0.389 |
| IEEJ | 0.756 | 0.586 | 0.449 |
| SSACCP | 0.726 | 0.583 | 0.409 |
| Average | 0.728 | 0.549 | 0.416 |

资料来源：整理自王恩旭等. 基于超效率 DEA 模型的中国省际生态效率时空差异研究 [J]. 管理学报，2011，(3)：443 - 450。

$X_{15}$：废气排放量，地区工业废气排放量反映地区制造业发展中大气环境破坏程度。

$X_{16}$：废水排放量，地区工业废水排放量反映地区制造业发展中水环境破坏程度。

$X_{17}$：固体废弃物排放量，地区工业固体废弃物总量反映地区制造业发展中固体废弃物污染程度。

$Y_1$：地区制造业生产总值，地区制造业工业销售总值反映地区制造业发展水平。

$Y_2$：企业单位数，地区制造业企业总数反映地区制造业发展水平。

$Y_3$：主营业务收入，地区制造业主营业务收入反映地区制造业发展水平。

$Y_4$：利润总额，地区制造业利润总额反映地区制造业发展水平。

$Y_5$：绿色工业销售总值，废弃资源综合利用业工业销售产值反映地区制造业发展水平。

$Y_6$：造林面积，地区造林面积反映地区环境保护治理水平。

为进一步解决输入变量间的强相关性，本章将 PCA 方法运用到输入变量的处理中，通过公共因子提取，减少投入变量间强相关性导致的制造业生态效率测算误差。本章建立 PCA – SE – DEA 组合模型，一方面可以在保留各投入产出指标信息的基础上降低指标间的关联性，另一方面能够发挥 SE – DEA 模型在评价决策单元相对有效性过程中的优势，从而更为精确地测度中部六省制造业生态效率。

**（二）制造业生态效率收敛性检验模型**

本章采用 $\sigma$ 收敛和绝对 $\beta$ 收敛两种收敛分析方法检验中部六省制造业生态效率的敛散性，通过以下方程完成对中部六省制造业生态效率的 $\sigma$ 收敛检验，如式（3）所示：

$$\sigma_t = \left\{ N^{-1} \sum_{i=1}^{n} \left[ EE_i(t) - \left( N^{-1} \sum_{k=1}^{n} EE_k(t) \right) \right]^2 \right\}^{\frac{1}{2}} \tag{3}$$

式（3）中，$EE_i(t)$ 为第 $i$ 个地区在 $t$ 时期的生态效率，$N$ 为省份的个数，本章中 $N=6$。当 $\sigma_{t+1} < \sigma_t$ 时，各省份生态效率离散系数在缩小，存在 $\sigma$ 收敛；当 $\sigma_{t+1} > \sigma_t$，各省份生态效率离散系数在扩大，存在 $\sigma$ 发散。

中部六省制造业生态效率的绝对 $\beta$ 收敛回归模型如式（4）所示：

$$\frac{\ln(EE_{i,T}) - \ln(EE_{i,0})}{T} = \alpha + \beta\ln(EE_{i,0}) + \varepsilon \qquad (4)$$

式（4）中，$EE_{i,T}$ 表示 $t = T$ 时期的生态效率，$EE_{i,0}$ 表示基期第 $i$ 个省份的生态效率，$\frac{\ln(EE_{i,T}) - \ln(EE_{i,0})}{T}$ 表示第 $i$ 个省份 $t = T$ 时期以前生态效率的平均增长速度，$\alpha$ 为常数项，$\beta$ 为系数，$\varepsilon$ 为误差项。

若存在 $\beta < 0$，则存在绝对 $\beta$ 收敛，中部六省制造业生态效率增长率与其初始水平呈反向关系，即制造业生态效率的增长与初始值成反比，后发地区表现出对先进区域的"追赶"趋势；若系数 $\beta > 0$，则各地区不存在 $\beta$ 收敛，即后发地区的"追赶"效应不明显。

（三）Tobit 模型

在完成中部六省制造业生态效率测算的基础上，本章将制造业生态效率（$EE$）定义为响应变量，将其他影响因素定义为控制变量，采用两阶段分析法构建模型来研究制造业生态效率（$EE$）的影响因素。因为 $EE$ 有最低极限值 0，为受限因变量，仍然使用普通最小二乘法会导致回归参数估计值有偏且不一致。因此，本章采用 Tobit 模型来解决受限或截断因变量建模问题，具体形式见式（5）：

$$Y_k = \begin{cases} \beta X_k + \mu_k, & \beta X_k + \mu_k > 0 \\ 0, & \beta X_k + \mu_k > 0 \end{cases} \qquad (5)$$

式（5）中，$Y_k$ 为受限因变量，$X_k$ 为控制变量，$\beta$ 为参数集，$\mu_k \sim N(0, \sigma^2)$，$k = 1, 2, \cdots, n$。

根据现有研究，本章选取 7 种影响因素进行分析，见表 9–4。

表 9–4 中部地区制造业生态效率的影响因子

| 变量名 | 标签 | 预测方向 | 数据来源 |
| --- | --- | --- | --- |
| 经济发展水平 | GDP | + | 《中国统计年鉴》 |
| 产业结构 | INDUS | − | 笔者测算 |
| 能源消费结构 | ENERGY | + | 笔者测算 |

| 变量名 | 标签 | 预测方向 | 数据来源 |
|---|---|---|---|
| 人口数量 | *POPU* | – | 《中国统计年鉴》 |
| 城镇化率 | *URBAN* | – | 《中国统计年鉴》 |
| 外商投资 | *FORIN* | + | 《中国统计年鉴》 |
| 政策环境 | *POLICY* | + | 北大法律信息网 |

# 四 实证分析

## （一） 中部六省制造业生态效率的动态分析

### 1. PCA – SE – DEA 组合模型的应用优势

本章首先采用 KMO 检验和 Bartlett 检验对各样本数据公共因子分析的适宜度进行考察，再用 SPSS 22.0 统计分析软件完成投入指标的主成分分析。以 2014 年数据为例，制造业生态效率投入指标 KMO 检验和 Bartlett 检验的结果见表 9 – 5，KMO 值为 0.732，可见制造业生态效率投入指标之间的相关性较大；Bartlett 球形度检验值 P 为 0.000，可见原假设在 0.001 的显著性水平上被拒绝，即拒绝制造业生态效率投入指标间无显著相关性的假设。综合 KMO 检验和 Bartlett 检验的结果可以证明，本章选取的制造业生态效率投入指标变量之间具有强相关性，能够进行因子分析。

表 9 – 5　制造业生态效率投入指标 KMO 检验和 Bartlett 检验

| 取样足够的 KMO 度量 | | 0.732 |
|---|---|---|
| Bartlett 的球形度检验 | 近似卡方 | 795.625 |
| | df | 136 |
| | sig | 0.000 |

根据特征值大于等于 1 的原则，本章提取了四个主成分（见表 9 – 6）。本章选取的四个主成分累计贡献率达到 99.196%，能够代表初始投入指标的大部分信息。根据因子载荷矩阵中各变量得分，最终得到四个主成分得分，作为 SE – DEA 分析模型的投入指标。

表 9 - 6 初始因子载荷矩阵、特征值和累计贡献率

| 变量 | 成分 | | | |
|---|---|---|---|---|
| | $F_1$ | $F_2$ | $F_3$ | $F_4$ |
| $X_1$ | 0.804 | 0.220 | 0.535 | - 0.139 |
| $X_2$ | 0.460 | 0.321 | 0.649 | - 0.050 |
| $X_3$ | 0.360 | 0.248 | 0.571 | - 0.130 |
| $X_4$ | - 0.057 | 0.096 | - 0.186 | 0.592 |
| $X_5$ | - 0.302 | 0.010 | 0.129 | 0.945 |
| $X_6$ | 0.059 | 0.481 | - 0.022 | 0.100 |
| $X_7$ | 0.590 | 0.612 | 0.184 | 0.012 |
| $X_8$ | 0.753 | 0.049 | 0.029 | - 0.076 |
| $X_9$ | 0.785 | 0.392 | 0.415 | 0.009 |
| $X_{10}$ | 0.905 | 0.135 | 0.311 | - 0.095 |
| $X_{11}$ | 0.876 | 0.014 | 0.314 | - 0.163 |
| $X_{12}$ | 0.835 | 0.174 | 0.128 | - 0.151 |
| $X_{13}$ | 0.845 | 0.140 | 0.211 | - 0.226 |
| $X_{14}$ | 0.307 | 0.739 | 0.455 | 0.024 |
| $X_{15}$ | 0.449 | 0.826 | 0.301 | - 0.054 |
| $X_{16}$ | 0.923 | 0.336 | 0.162 | - 0.092 |
| $X_{17}$ | - 0.054 | 0.939 | 0.167 | - 0.010 |
| 特征值 | 83.442 | 9.5 | 4.254 | 2 |
| 贡献率 （%） | 67.391 | 14.863 | 6.871 | 10.071 |
| 累计贡献率 （%） | 67.391 | 82.254 | 89.126 | 99.196 |

为使数据平滑，并满足 SE - DEA 模型对输入、输出数据的要求，在用 PCA 得到综合变量指标的基础上，本章得到一个包括 6 个产出指标和 4 个投入指标的 SE - DEA 模型，运用极大值标准模型对数据进行无量纲化处理，以解决主成分分析中公共因子可能为负的问题，计算方法如式（6）所示：

$$F_{ij}' = 0.1 + \frac{0.9 [F_{ij} - \min(F_{ij})]}{\max(F_{ij}) - \min(F_{ij})} \tag{6}$$

式（6）中，$F_{ij}$和$F_{ij}'$分别表示变换前、变换后的城镇化水平值，$\max(F_{ij})$和$\min(F_{ij})$分别表示每项指标中的最大值和最小值。对数据进行变换，能够使数据全部属于区间 [0.1, 1]。

在得到经无量纲化处理的投入产出数据后，用 DEAP 2.1 对 2014 年我国 31 省份制造业生态效率进行数据包络分析。为呈现 PCA 和 SE－DEA 模型在科技创新效率测算中的作用，本章同时测算两者使用前后的科技创新效率，测算结果见表 9－7。通过超效率 DEA 和 PCA 方法的使用，我国 31 个省份制造业生态效率的地区差异更为明显。制造业生态效率值为 1 的决策单元辨识度低问题，以及输入输出数据相关性强的问题得到了解决，有利于我国 31 个省份和中部六省制造业生态效率的排名和动态分析。

表 9－7　2014 年我国 31 个省份制造业生态效率统计

| 省份 | 经典 DEA 模型 | PCA－DEA 组合模型 | 纯 SE－DEA 模型 | PCA－SE－DEA 组合模型 |
|---|---|---|---|---|
| 北京 | 0.64 | 0.66 | 0.64 | 0.66 |
| 天津 | 1.00 | 1.00 | 3.73 | 1.98 |
| 河北 | 0.90 | 1.00 | 0.90 | 7.84 |
| 山西 | 1.00 | 1.00 | 1.28 | 3.24 |
| 内蒙古 | 0.66 | 0.58 | 0.65 | 0.58 |
| 辽宁 | 0.75 | 0.61 | 0.75 | 0.61 |
| 吉林 | 1.00 | 1.00 | 2.21 | 1.37 |
| 黑龙江 | 1.00 | 1.00 | 1.15 | 1.05 |
| 上海 | 1.00 | 1.00 | 2.21 | 1.23 |
| 江苏 | 1.00 | 1.00 | 1.49 | 3.16 |
| 浙江 | 1.00 | 1.00 | 2.59 | 3.13 |
| 安徽 | 0.81 | 0.67 | 0.81 | 0.67 |
| 福建 | 0.29 | 0.23 | 0.29 | 0.23 |
| 江西 | 0.83 | 0.66 | 0.83 | 0.66 |
| 山东 | 0.70 | 0.43 | 0.70 | 0.43 |
| 河南 | 1.00 | 1.00 | 1.10 | 1.02 |
| 湖北 | 1.00 | 1.00 | 1.19 | 1.21 |
| 湖南 | 0.46 | 0.38 | 0.46 | 0.38 |

续表

| 省份 | 经典 DEA 模型 | PCA-DEA 组合模型 | 纯 SE-DEA 模型 | PCA-SE-DEA 组合模型 |
|------|------|------|------|------|
| 广东 | 1.00 | 1.00 | 1.08 | 1.23 |
| 广西 | 0.79 | 0.70 | 0.79 | 0.70 |
| 海南 | 1.00 | 0.79 | 1.53 | 0.79 |
| 重庆 | 0.63 | 0.49 | 0.63 | 0.49 |
| 四川 | 0.45 | 0.55 | 0.45 | 0.55 |
| 贵州 | 1.00 | 1.00 | 1.14 | 1.01 |
| 云南 | 1.00 | 1.00 | 1.47 | 1.13 |
| 西藏 | 0.77 | 0.30 | 0.77 | 0.30 |
| 陕西 | 1.00 | 1.00 | 1.24 | 1.11 |
| 甘肃 | 0.83 | 0.68 | 0.82 | 0.68 |
| 青海 | 0.74 | 0.48 | 0.74 | 0.48 |
| 宁夏 | 0.51 | 0.30 | 0.51 | 0.30 |
| 新疆 | 0.56 | 0.41 | 0.56 | 0.40 |
| Mean1 | 0.85 | 0.79 | 0.95 | 1.20 |
| Mean2 | 0.82 | 0.74 | 1.12 | 1.25 |

注：（1）表中用黑体标出的是 2014 年中部六省制造业生态效率测度结果；（2）Mean1 表示 2014 年中部六省制造业生态效率平均值，Mean2 表示 2014 年我国 31 个省份制造业生态效率平均值。

### 2. 我国 31 个省份制造业生态效率测算

基于 PCA – SE – DEA 组合模型，本章得到我国 31 个省份 2005 ~ 2014 年中部六省制造业生态效率的测度结果，见表 9 – 8。首先从 2004 ~ 2014 年我国 31 个省份和中部六省制造业生态效率均值来看，除 2004 年、2006 年、2009 年、2013 年中部六省制造业生态效率平均值略高于全国平均值外，其他年份中部六省制造业生态效率平均值均低于全国平均水平，由此可见，进一步提升制造业生态效率对于中部地区发展具有重要的意义和作用。从制造业生态效率绝对值来看，制造业生态效率值的地区差异较大，动态波动较大。在中部六省中，山西、安徽、湖南制造业生态效率绝对值动态波动较大，河南、湖北、江西制造业生态效率绝对值动态波动相对较小。

表 9 - 8　2004～2014 年我国 31 个省份制造业生态效率测度结果

| 年份<br>省份 | 2004 | 2005 | 2006 | 2007 | 2008 | 2009 | 2010 | 2011 | 2012 | 2013 | 2014 | mean |
|---|---|---|---|---|---|---|---|---|---|---|---|---|
| 北京 | 1.11 | 1.51 | 0.90 | 1.11 | 1.17 | 0.99 | 0.83 | 1.03 | 1.09 | 0.99 | 0.66 | 1.03 |
| 天津 | 0.91 | 1.12 | 0.96 | 1.11 | 1.25 | 1.21 | 1.07 | 1.26 | 1.47 | 1.38 | 1.98 | 1.25 |
| 河北 | 2.14 | 1.21 | 1.25 | 3.94 | 1.31 | 3.13 | 3.72 | 1.04 | 3.61 | 1.80 | 7.84 | 2.82 |
| 山西 | **2.28** | **1.57** | **4.55** | **2.00** | **1.92** | **2.21** | **1.36** | **1.42** | **0.89** | **1.21** | **3.24** | **2.06** |
| 内蒙古 | 0.74 | 1.84 | 0.88 | 2.68 | 2.01 | 1.09 | 0.99 | 1.84 | 1.16 | 1.18 | 0.58 | 1.36 |
| 辽宁 | 1.00 | 0.98 | 1.30 | 0.90 | 2.79 | 1.12 | 1.05 | 1.04 | 1.10 | 1.05 | 0.61 | 1.18 |
| 吉林 | 0.63 | 0.67 | 0.65 | 0.59 | 0.67 | 0.77 | 0.75 | 0.80 | 0.74 | 0.86 | 1.37 | 0.77 |
| 黑龙江 | 0.64 | 1.36 | 1.28 | 1.04 | 1.15 | 0.88 | 0.85 | 1.07 | 0.75 | 0.72 | 1.05 | 0.98 |
| 上海 | 1.51 | 1.29 | 0.96 | 1.25 | 1.24 | 0.95 | 1.00 | 1.31 | 1.04 | 0.85 | 1.23 | 1.15 |
| 江苏 | 1.59 | 0.89 | 1.79 | 1.17 | 1.13 | 1.02 | 1.37 | 1.10 | 1.83 | 1.18 | 3.16 | 1.48 |
| 浙江 | 1.31 | 1.39 | 1.45 | 1.38 | 1.24 | 1.36 | 1.48 | 1.21 | 1.25 | 1.45 | 3.13 | 1.51 |
| 安徽 | **0.60** | **0.74** | **0.64** | **0.58** | **0.74** | **0.94** | **0.89** | **0.87** | **1.51** | **1.41** | **0.67** | **0.87** |
| 福建 | 1.63 | 1.25 | 1.28 | 0.86 | 0.84 | 0.87 | 0.92 | 1.93 | 0.92 | 1.13 | 0.23 | 1.08 |
| 江西 | **1.26** | **0.94** | **0.78** | **0.87** | **0.95** | **0.99** | **0.84** | **0.74** | **0.90** | **0.92** | **0.66** | **0.90** |
| 山东 | 1.40 | 2.29 | 2.14 | 1.47 | 1.71 | 1.22 | 1.39 | 1.49 | 1.17 | 1.29 | 0.43 | 1.46 |
| 河南 | **0.76** | **0.89** | **1.29** | **1.28** | **0.97** | **1.07** | **1.05** | **0.83** | **1.06** | **1.07** | **1.02** | **1.03** |
| 湖北 | **0.64** | **0.94** | **0.67** | **0.83** | **0.75** | **1.03** | **1.02** | **0.74** | **0.82** | **0.92** | **1.21** | **0.87** |
| 湖南 | **1.26** | **0.87** | **1.24** | **0.78** | **0.77** | **0.88** | **0.89** | **1.11** | **1.50** | **1.53** | **0.38** | **1.02** |
| 广东 | 1.43 | 1.70 | 2.17 | 1.73 | 1.44 | 1.66 | 1.65 | 1.24 | 2.21 | 2.15 | 1.23 | 1.69 |
| 广西 | 0.56 | 0.66 | 2.71 | 2.88 | 0.84 | 0.69 | 3.09 | 0.51 | 2.10 | 1.79 | 0.70 | 1.50 |
| 海南 | 0.74 | 0.88 | 0.78 | 0.75 | 0.97 | 0.79 | 0.66 | 0.93 | 0.78 | 0.75 | 0.79 | 0.80 |
| 重庆 | 0.83 | 0.86 | 0.56 | 0.83 | 0.84 | 0.83 | 0.92 | 1.04 | 1.01 | 1.03 | 0.49 | 0.84 |
| 四川 | 1.88 | 0.88 | 0.86 | 1.41 | 1.04 | 0.73 | 0.86 | 0.85 | 0.92 | 0.81 | 0.55 | 0.98 |
| 贵州 | 1.05 | 1.04 | 0.89 | 0.76 | 0.81 | 0.88 | 0.95 | 0.95 | 0.81 | 1.31 | 1.01 | 0.94 |
| 云南 | 0.91 | 0.92 | 0.89 | 1.13 | 1.53 | 2.48 | 1.85 | 1.47 | 1.54 | 1.30 | 1.13 | 1.38 |
| 西藏 | 0.58 | 0.50 | 0.71 | 0.92 | 0.72 | 0.77 | 0.65 | 0.94 | 0.84 | 0.83 | 0.30 | 0.70 |
| 陕西 | 1.75 | 1.10 | 1.42 | 1.00 | 0.96 | 0.96 | 1.47 | 1.24 | 1.03 | 1.21 | 1.11 | 1.21 |
| 甘肃 | 1.02 | 1.44 | 1.21 | 1.16 | 0.95 | 0.91 | 0.90 | 1.16 | 0.92 | 0.81 | 0.68 | 1.01 |
| 青海 | 0.59 | 0.67 | 0.53 | 0.77 | 0.73 | 0.61 | 0.62 | 1.24 | 0.91 | 0.74 | 0.48 | 0.72 |

续表

| 年份<br>省份 | 2004 | 2005 | 2006 | 2007 | 2008 | 2009 | 2010 | 2011 | 2012 | 2013 | 2014 | mean |
|---|---|---|---|---|---|---|---|---|---|---|---|---|
| 宁夏 | 0.99 | 0.99 | 0.76 | 0.75 | 1.01 | 0.77 | 0.85 | 0.80 | 0.72 | 0.77 | 0.30 | 0.79 |
| 新疆 | 0.73 | 0.94 | 0.93 | 1.06 | 0.98 | 1.05 | 0.75 | 0.84 | 0.73 | 0.58 | 0.40 | 0.82 |
| Mean1 | 1.13 | 0.99 | 1.53 | 1.06 | 1.02 | 1.19 | 1.01 | 0.95 | 1.11 | 1.18 | 1.20 | 1.12 |
| Mean2 | 1.11 | 1.11 | 1.24 | 1.26 | 1.14 | 1.13 | 1.18 | 1.10 | 1.20 | 1.13 | 1.25 | 1.17 |

注：（1）表中用黑体标出的是中部六省制造业生态效率；（2）Mean1 表示中部六省制造业生态效率平均值；Mean2 表示我国 31 个省份制造业生态效率平均值；mean 表示我国 31 个省份 2004～2014 年制造业生态效率平均值。

**3. 我国 31 个省份制造业生态效率全国排名**

基于制造业生态效率绝对值，本章对我国 31 个省份进行排名，如表 9－9 所示。从我国 31 个省份制造业生态效率的全国排名来看，河北、山西、浙江、广东制造业生态效率绝对值领先于全国其他省份；吉林、海南、西藏、青海、宁夏制造业生态效率相对落后于其他省份，在后期制造业发展过程中应更加注重生态环境的治理和保护，转变制造业发展方式，促进产业转型升级，提升制造业生态效率。从中部六省来看，山西制造业生态效率排名靠前，而湖北、湖南、安徽、江西制造业生态效率排名相对靠后；动态来看，中部六省制造业生态效率全国排名动态波动较大，近年来，中部六省制造业生态效率全国排名波动幅度较大。由此可以推测，近年来我国各省份更加注重制造业发展过程中的生态环境治理和保护，逐步改善制造业发展方式，提升制造业生态效率，各省份制造业生态效率排名波动较为频繁，波动幅度较大。

表 9－9　2004～2014 年我国 31 个省份制造业生态效率排名

| 年份<br>省份 | 2004 | 2005 | 2006 | 2007 | 2008 | 2009 | 2010 | 2011 | 2012 | 2013 | 2014 |
|---|---|---|---|---|---|---|---|---|---|---|---|
| 北京 | 13 | 5 | 18 | 14 | 11 | 15 | 26 | 19 | 13 | 19 | 20 |
| 天津 | 18 | 12 | 16 | 15 | 8 | 7 | 10 | 7 | 8 | 7 | 5 |
| 河北 | 2 | 11 | 12 | 1 | 7 | 1 | 1 | 17 | 1 | 2 | 1 |
| **山西** | **1** | **4** | **1** | **4** | **3** | **3** | **9** | **5** | **23** | **11** | **2** |
| 内蒙古 | 22 | 2 | 21 | 3 | 2 | 9 | 15 | 2 | 11 | 13 | 22 |
| 辽宁 | 16 | 16 | 8 | 20 | 1 | 8 | 11 | 18 | 12 | 17 | 21 |

续表

| 年份<br>省份 | 2004 | 2005 | 2006 | 2007 | 2008 | 2009 | 2010 | 2011 | 2012 | 2013 | 2014 |
|---|---|---|---|---|---|---|---|---|---|---|---|
| 吉林 | 27 | 29 | 28 | 30 | 31 | 26 | 28 | 28 | 29 | 22 | 6 |
| 黑龙江 | 26 | 8 | 11 | 17 | 12 | 22 | 24 | 15 | 28 | 30 | 12 |
| 上海 | 7 | 9 | 15 | 10 | 9 | 17 | 14 | 6 | 15 | 23 | 8 |
| 江苏 | 6 | 22 | 5 | 11 | 13 | 13 | 8 | 14 | 4 | 14 | 3 |
| 浙江 | 10 | 7 | 6 | 8 | 10 | 5 | 5 | 11 | 9 | 5 | 4 |
| **安徽** | **28** | **27** | **29** | **31** | **28** | **18** | **20** | **23** | **6** | **6** | **18** |
| 福建 | 5 | 10 | 10 | 22 | 22 | 23 | 16 | 1 | 20 | 15 | 31 |
| **江西** | **11** | **19** | **24** | **21** | **20** | **14** | **25** | **30** | **22** | **20** | **19** |
| 山东 | 9 | 1 | 4 | 6 | 4 | 6 | 7 | 3 | 10 | 10 | 26 |
| **河南** | **21** | **21** | **9** | **9** | **17** | **10** | **12** | **26** | **14** | **16** | **13** |
| **湖北** | **25** | **17** | **27** | **24** | **27** | **12** | **13** | **29** | **25** | **21** | **9** |
| **湖南** | **12** | **25** | **13** | **25** | **26** | **21** | **19** | **13** | **7** | **4** | **28** |
| 广东 | 8 | 3 | 3 | 5 | 6 | 4 | 4 | 9 | 2 | 1 | 7 |
| 广西 | 31 | 30 | 2 | 2 | 24 | 30 | 2 | 31 | 3 | 3 | 16 |
| 海南 | 23 | 24 | 23 | 28 | 18 | 25 | 29 | 22 | 27 | 28 | 15 |
| 重庆 | 20 | 26 | 30 | 23 | 23 | 24 | 17 | 16 | 17 | 18 | 24 |
| 四川 | 3 | 23 | 22 | 7 | 14 | 29 | 21 | 24 | 19 | 25 | 23 |
| 贵州 | 14 | 14 | 20 | 27 | 25 | 20 | 23 | 20 | 26 | 8 | 14 |
| 云南 | 19 | 20 | 19 | 13 | 5 | 2 | 3 | 4 | 5 | 9 | 10 |
| 西藏 | 30 | 31 | 26 | 19 | 30 | 27 | 30 | 21 | 24 | 24 | 29 |
| 陕西 | 4 | 13 | 7 | 18 | 19 | 16 | 6 | 8 | 16 | 12 | 11 |
| 甘肃 | 15 | 6 | 14 | 12 | 21 | 19 | 18 | 12 | 18 | 26 | 17 |
| 青海 | 29 | 28 | 31 | 26 | 29 | 31 | 31 | 10 | 21 | 29 | 25 |
| 宁夏 | 17 | 15 | 25 | 29 | 15 | 28 | 22 | 27 | 31 | 27 | 30 |
| 新疆 | 24 | 18 | 17 | 16 | 16 | 11 | 27 | 25 | 30 | 31 | 27 |

注：表中用黑体标出的是中部六省制造业生态效率全国排名。

4. 我国 31 个省份制造业生态效率分层分析

为进一步明确中部六省制造业生态效率水平在全国所处的位置，本章对我国 31 个省份制造业生态效率发展水平排名进行聚类分析，将我国 31 个省份分为 4 个层次，如表 9 - 10 所示。从我国 31 个省份分层来看，各省份集中分布于第二层和第三层，其中第三层最为集中，可见我国 31 个省份制造业生态效率整体偏低，生态发展水平还有待进一步提升。从中部六省的分层来看，六省在第一层、第二层、第三层均有分布，可见各省制造业生态效率发展水平差异较大；具体而言，山西位居第一层、河南位居第二层，制造业生态效率领先于其他四省，安徽、江西、湖南、湖北四省制造业生态效率位居第三层，制造业生态效率处于中下水平，制造业生态发展水平还有待进一步提升。

表 9 - 10　我国 31 个省份制造业生态效率分层

| 层次 | 省份 |
| --- | --- |
| 第一层 | 河北、山西、浙江、广东 |
| 第二层 | 天津、内蒙古、辽宁、上海、江苏、山东、河南、云南、陕西 |
| 第三层 | 北京、黑龙江、安徽、福建、江西、湖北、湖南、广西、重庆、四川、贵州、甘肃、新疆 |
| 第四层 | 吉林、海南、西藏、青海、宁夏 |

资料来源：笔者根据《中国统计年鉴》、《中国工业统计年鉴》、《中国工业经济统计年鉴》、《中国环境统计年鉴》、北大法律信息网相关数据计算整理。

**5. 中部六省制造业生态效率内部排名**

从制造业生态效率的分层可以看出，中部六省制造业生态效率水平存在较大的地区差异，为进一步比较中部六省制造业生态效率内部差异，本章基于制造业生态效率对中部六省进行排名。如表 9 - 11 所示，山西、河南制造业生态效率长期居于中部地区前列，制造业生态发展水平领先于其他四省；湖北、湖南、安徽、江西制造业生态效率相对落后。动态来看，在 2011 年之后中部六省制造业生态效率排名波动幅度增加、范围扩大，山西、河南、江西制造业生态效率排名出现下降的趋势，而安徽制造业生态效率排名出现上升的趋势，湖南、湖北制造业生态效率发展水平排名则表现出周期波动的特点。

表 9 - 11　2004～2014 年中部六省制造业生态效率排名

| 年份<br>省份 | 2004 | 2005 | 2006 | 2007 | 2008 | 2009 | 2010 | 2011 | 2012 | 2013 | 2014 |
| --- | --- | --- | --- | --- | --- | --- | --- | --- | --- | --- | --- |
| 山西 | 1 | 1 | 1 | 1 | 1 | 1 | 1 | 1 | 5 | 3 | 1 |

续表

| 省份 年份 | 2004 | 2005 | 2006 | 2007 | 2008 | 2009 | 2010 | 2011 | 2012 | 2013 | 2014 |
|---|---|---|---|---|---|---|---|---|---|---|---|
| 河南 | 4 | 4 | 2 | 2 | 2 | 2 | 2 | 4 | 3 | 4 | 3 |
| 湖北 | 5 | 2 | 5 | 4 | 5 | 3 | 3 | 5 | 6 | 6 | 2 |
| 湖南 | 3 | 5 | 3 | 5 | 4 | 6 | 4 | 2 | 3 | 1 | 6 |
| 安徽 | 6 | 6 | 6 | 6 | 6 | 5 | 5 | 3 | 1 | 2 | 4 |
| 江西 | 2 | 3 | 4 | 3 | 3 | 4 | 6 | 6 | 4 | 5 | 5 |

资料来源：笔者根据《中国统计年鉴》、《中国工业统计年鉴》、《中国工业经济统计年鉴》、《中国环境统计年鉴》、北大法律信息网相关数据计算整理。

### （二） 中部六省制造业生态效率的敛散性检验

前述讨论表明中部六省制造业生态效率的区域差异十分明显。因此，需要对数据做进一步处理才能明确区域差异的演化趋势，预测各省制造业生态效率能否趋同。

1. 中部六省制造业生态效率 $\sigma$ 收敛检验

本章首先对中部六省制造业生态效率进行 $\sigma$ 收敛分析。根据式（3）可以计算出中部六省 2004~2014 年制造业生态效率的 $\sigma$ 收敛结果，如图 9-1 所示。2004~2006 年，中部六省制造业生态效率 $\sigma$ 收敛值波动上升，且达到峰值，可见中部地区制造业生态效率地区差异在 2004~2006 年波动扩大。2006~2013 年，中部六省制造业生态效率 $\sigma$ 收敛值阶梯式下降，表明在这

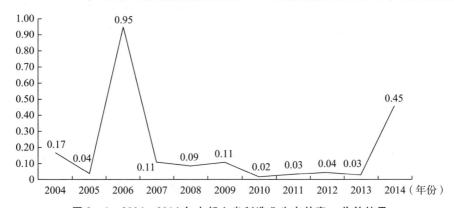

图 9-1　2004~2014 年中部六省制造业生态效率 $\sigma$ 收敛结果

资料来源：笔者根据《中国统计年鉴》、《中国工业统计年鉴》、《中国工业经济统计年鉴》、《中国环境统计年鉴》、北大法律信息网相关数据计算整理。

一阶段，中部地区制造业生态效率地区差异阶梯式缩小。2013 年之后，中部六省制造业生态效率 $\sigma$ 收敛值再次呈现出上升的趋势，表明中部地区各省制造业生态效率地区差异表现出扩大的趋势。

2. 中部六省制造业生态效率 $\beta$ 收敛检验

为进一步检验中部地区制造业生态效率低的省是否对制造业生态效率高的省进行"追赶"，本章对中部六省制造业生态效率的 $\beta$ 收敛进行分析，结果如表 9 - 12 所示。首先，$\beta$ 回归系数为负，即 $\beta < 0$，表明中部六省制造业生态效率存在绝对 $\beta$ 收敛，中部六省制造业生态效率增长率与其初始水平呈反向关系，即制造业生态效率的增长与初始值成反比，后发地区表现出对先进地区的"追赶"趋势。在"追赶"效应的作用下，中部六省制造业生态效率地区差异呈现缩小的趋势，这一现象与 $\sigma$ 收敛检验分析中，2006 年后中部地区制造业生态效率 $\sigma$ 收敛值阶梯式下降的结果相吻合。这一结果也表明在制造业发展过程中，中部六省逐渐重视制造业的生态发展，在制造业发展中更加注重环境治理和保护，中部地区各省制造业生态效率稳步提升，地区差异缩小。

表 9 - 12　2004 ~ 2014 年中部六省制造业生态效率 $\beta$ 收敛检验结果

| 变量 | Coef. | Std. Err. | t | p | [95% Conf. Interval] | |
|---|---|---|---|---|---|---|
| $\beta$ | − 0.1354806 | 0.0332562 | − 4.07 | 0.000 | − 0.20205 | − 0.0689111 |
| $\alpha$ | 0.0026587 | 0.0155576 | 0.17 | 0.865 | − 0.0284832 | 0.0338005 |

**（三）中部六省制造业生态效率的影响因素分析**

基于上述测算，本章进一步建立以各省制造业生态效率（EE）为响应变量、影响因素为控制变量的面板实证模型，采用两阶段分析法揭示制造业生态效率的影响因素及其影响机制。本章选取经济发展水平（GDP）、产业结构（INDUS）、能源消费结构（ENER）、就业人口数量（POPU）、城镇化率（URBAN）、外商投资（FORIN）、政策环境（POLICY）作为影响因素，并借助 Tobit 面板计量回归模型进行回归分析，解决制造业生态效率受限因变量的问题。

本章所用 Tobit 面板模型如式（7）所示：

$$\ln EE_{it} = \beta_0 + \beta_1 \ln GDP_{it} + \beta_2 \ln INDUS_{it} + \beta_3 ENER_{it} + \beta_4 POPU_{it}$$
$$+ \beta_5 \ln URBAN_{it} + \beta_6 \ln FORIN_{it} + \beta_7 POLICY_{it} + \varepsilon_i \tag{7}$$

其中 $EE_{it}$ 为中部地区 $i$ 地第 $t$ 年的制造业生态效率，$\beta_j$（$j = 1$，2，…，11）为参数，$\varepsilon_{it}$ 为误差项。基于极大似然方法，经 Stata12.0 计算得出 Tobit 模型回归结果（见表 9-13）。

表 9-13  制造业生态效率影响因素回归结果

| 变量 | Coef. | Std. Err. | z | P > t | [95% Conf. | Interval] |
|------|-------|-----------|---|-------|-----------|-----------|
| ln$GDP$ | 0.316736 | 0.0805325 | 3.93 | 0.000 | 0.1583141 | 0.4751579 |
| ln$INDUS$ | 0.774641 | 0.4666861 | 1.66 | 0.098 | -0.143414 | 1.692696 |
| $ENER$ | -0.0001407 | 0.0008005 | -0.18 | 0.861 | -0.0017154 | 0.001434 |
| $POPU$ | 0.0003855 | 0.0001767 | 2.18 | 0.030 | 0.0000378 | 0.0007332 |
| ln$URBAN$ | -0.209131 | 0.1014279 | -2.06 | 0.040 | -0.4086578 | -0.0096041 |
| ln$FORIN$ | -0.070834 | 0.0410568 | -1.73 | 0.085 | -0.1516002 | 0.0099321 |
| $POLICY$ | -0.0000296 | 0.0000106 | -2.79 | 0.006 | -0.0000504 | -8.74e-06 |
| -cons | -2.312157 | 0.7490127 | -3.09 | 0.002 | -3.785599 | -.8387152 |

回归结果显示，经济发展水平（$GDP$）、产业结构（$INDUS$）、就业人口数量（$POPU$）与制造业生态效率呈正向关系，城镇化率（$URBAN$）、外商投资（$FORIN$）、政策环境（$POLICY$）与制造业生态效率呈反向相关关系，而能源消费结构（$ENER$）与制造业生态效率的反向关系并不显著。从面板回归结果可以看出，地区经济发展、制造业在地区经济发展中的作用增大以及制造业就业人口的增加与制造业生态效率的提高并不矛盾，促进制造业生态发展的过程同样能够促进地区经济发展；地区城镇化发展与制造业生态效率的提高呈现负相关关系，可见目前城镇化发展过程中对制造业生态发展的重视还不够，城镇化发展过于注重城镇人口的增加和城镇基础设施的建设，在转变制造业发展方式、促进环境保护方面还有待进一步突破；受国际产业转移潮流影响，我国外资引入的过程中，部分地方政府过于注重外资引进的数量，而忽略对外资引进质量的把关，可见在后期制造业发展过程中，各地方政府应更加注重引进外资的质量；各地区还需进一步发挥制造业、生态发展、环境保护政策的作用，促进地区制造业生态

效率的提高。我国能源结构仍然以煤炭为主，清洁能源的使用比例仍然较小，清洁能源在制造业发展中的作用还不够明显，因此能源结构与制造业生态效率的提高呈现不显著的反向关系，可见后期制造业发展中应进一步发挥清洁能源的作用。

# 五　研究结论与政策建议

综合对中部六省制造业生态效率的测算和比较研究，本章得出以下结论。

（1）中部六省制造业生态效率平均水平整体低于全国平均水平，我国31个省份制造业生态效率水平整体较低，制造业生态效率还存在较大的发展空间；江西、安徽、湖南、湖北四省制造业生态效率排名相对靠后。

（2）中部六省制造业生态效率地区差异表现出先提升后下降的趋势，制造业生态效率落后的地区表现出对领先地区的"追赶"趋势，中部六省制造业生态效率地区差异缩小，但2013年以来又呈现出扩大的趋势。

（3）经济发展水平、产业结构、就业人口数量与制造业生态效率呈正向关系，城镇化率、外商投资、政策环境与制造业生态效率呈反向相关关系，而能源消费结构与制造业生态效率的反向关系并不显著。

基于中部地区制造业生态效率的研究结论，本章提出以下政策建议。

（1）制造业是国民经济发展的重要组成部分，关乎人民的生活质量和幸福水平，因此中部地区在促进其他行业发展的同时应注重制造业的发展。

（2）"生态优先、绿色发展"是地区经济发展的行动指南，中部六省在地区制造业发展过程中应注重生态环境的治理和保护，进一步提高地区制造业生态发展水平，减少污染，保证发展质量。

（3）中部六省中湖北、湖南、江西、安徽地处长江经济带，制造业生态效率相对落后，因此中部地区在制造业生态发展中应重点关注湖北、湖南、江西、安徽，有针对性地提升中部地区制造业生态效率整体水平。

（4）中部六省在制造业生态发展过程中应进一步激发生态效率落后地区的"追赶"效应，进一步缩小中部地区制造业生态效率地区差异。

（5）在中部地区发展中，为进一步提升生态效率水平，首先，应注重引进外资的质量，在引进外商投资的同时注重生态环境的保护。其次，应进一步完善制造业生态发展政策体系，发挥政府引导作用；同时，在城镇化发展过程中关注城镇环境的保护，发挥城镇化在制造业生态效率中的促进作用。最后，进一步增加清洁能源在制造业发展中的使用比例，提升中部地区制造业生态效率水平。

**参考文献**

[1] Schaltegger, Sturm. Ökologische Rationalität: Ansatzpunkte Zur Ausgestaltung Yon Ökologi-eorienttierten Management Instrumenten [J]. Die Untemehmung, 1990, (4) 4.

[2] 尹科等. 国内外生态效率核算方法及其应用研究述评 [J]. 生态学报, 2012, (11).

[3] 谢琨. 钢铁企业生态效率指标构建研究 [C]. 中国会计学会环境会计专业委员会 2011 学术年会论文集, 宜昌, 2011.

[4] 吴小庆等. 基于 AHP 和 DEA 模型的农业生态效率评价——以无锡市为例 [J]. 长江流域资源与环境, 2012, (6).

[5] 程晓娟等. 基于 PCA – DEA 组合模型的中国煤炭产业生态效率研究 [J]. 资源科学, 2013, (6).

[6] 潘丹等. 中国农业生态效率评价方法与实证——基于非期望产出的 SBM 模型分析 [J]. 生态学报, 2013, (12).

[7] 张子龙等. 陇东黄土高原农业生态效率的时空演变分析——以庆阳市为例 [J]. 地理科学, 2014, (4).

[8] 程翠云等. 我国农业生态效率的时空差异 [J]. 生态学报, 2014, (1).

[9] 张炳等. 基于 DEA 的企业生态效率评价: 以杭州湾精细化工园区企业为例 [J]. 系统工程理论与实践, 2008, (4).

[10] 吴小庆等. 基于生态效率理论和 TOPSIS 法的工业园区循环经济发展评价 [J]. 生态学杂志, 2008, (12).

[11] 刘巍等. 基于 DEA 的中国综合类生态工业园生态效率评价方法研究 [J]. 中国人口·资源与环境, 2012, (S1).

[12] 芮俊伟等. 生态工业园区生态效率评估方法研究及应用 [J]. 生态与农村环境学报, 2013, (4).

[13] 孙玉峰等. 基于能值分析法的矿区循环经济系统生态效率分析 [J]. 生态学报, 2014, (3).

[14] 陈傲. 中国区域生态效率评价及影响因素实证分析——以 2000—2006 年省际数据为例 [J]. 中国管理科学, 2008, (S1).

［15］张炳等. 基于物质流分析和数据包络分析的区域生态效率评价——以江苏省为例［J］. 生态学报，2009，（5）.

［16］王宏志等. 基于超效率 DEA 的中国区域生态效率评价［J］. 环境保护与循环经济，2010，（6）.

［17］邓波等. 基于三阶段 DEA 模型的区域生态效率研究［J］. 中国软科学，2011，（1）.

［18］游和远等. 基于数据包络分析的土地利用生态效率评价［J］. 农业工程学报，2011，（3）.

［19］潘兴侠等. 区域生态效率评价及其空间计量分析［J］. 长江流域资源与环境，2013，（5）.

［20］崔玮等. 基于碳排放约束的城市非农用地生态效率及影响因素分析［J］. 中国人口·资源与环境，2013，（7）.

［21］黄建欢等. 金融发展影响区域绿色发展的机理——基于生态效率和空间计量的研究［J］. 地理研究，2014，（3）.

［22］成金华等. 中国生态效率的区域差异及动态演化研究［J］. 中国人口·资源与环境，2014，（1）.

［23］关伟等. 中国能源生态效率的空间格局与空间效应［J］. 地理学报，2015，（6）.

［24］张雪梅. 西部地区生态效率测度及动态分析——基于 2000—2010 年省际数据［J］. 经济理论与经济管理，2013，（2）.

［25］付丽娜等. 基于超效率 DEA 模型的城市群生态效率研究——以长株潭"3＋5"城市群为例［J］. 中国人口·资源与环境，2013，（4）.

［26］汪克亮等. 基于环境压力的长江经济带工业生态效率研究［J］. 资源科学，2015，（7）.

［27］何宜庆等. 长江经济带金融集聚、经济增长与生态效率耦合协调实证分析［J］. 金融与经济，2015，（9）.

［28］何宜庆等. 长江经济带生态效率提升的空间计量分析——基于金融集聚和产业结构优化的视角［J］. 生态经济，2016，（1）.

［29］刘晶茹等. 生态产业园的复合生态效率及评价指标体系［J］. 生态学报，2014，（1）.

［30］陈黎明等. "两横三纵"城市化地区的经济效率、环境效率和生态效率——基于混合方向性距离函数和合图法的实证分析［J］. 中国软科学，2015，（2）.

［31］王恩旭等. 基于超效率 DEA 模型的中国省际生态效率时空差异研究［J］. 管理学报，2011，（3）.

［32］黄和平等. 基于生态效率的资源环境绩效动态评估——以江西省为例［J］. 资源

科学，2010，（5）.

[33] 黄和平. 基于生态效率的江西省循环经济发展模式 [J]. 生态学报，2015，（9）.

[34] 李爽，郭燕青. 新能源汽车企业创新生态效率测度——基于 2012～2015 年面板数据的实证分析 [J]. 软科学，2017，（4）.

[35] 杨佳伟，王美强. 基于非期望中间产出网络 DEA 的中国省际生态效率评价研究 [J]. 软科学，2017，（2）.

[36] 朱付彪，方一平，宜树华，虞虎. 江河源区高寒草地畜牧业生态效率及影响因素 [J]. 中国环境科学，2017，（1）.

[37] 任宇飞，方创琳. 京津冀城市群县域尺度生态效率评价及空间格局分析 [J]. 地理科学进展，2017，（1）.

[38] 高文. 我国工业企业生态效率及污染治理研究 [J]. 生态经济，2017，（1）.

[39] 彭红松，章锦河，韩娅，汤国荣，张瑜. 旅游地生态效率测度的 SBM – DEA 模型及实证分析 [J]. 生态学报，2017，（2）.

[40] 刘子怡，郝红霞. 基于组合式多元统计模型的区域生态效率评价 [J]. 统计与决策，2017（4）.

# 第十章 中部地区生产性服务业促进制造业生产效率研究

## 一 引言

随着中国经济进入新常态，中部地区也步入了巩固成果、发挥优势、加速崛起的关键时期，其广阔的市场潜力和承东启西的区位优势将得到进一步发挥。与此同时，中部地区经济结构不尽合理，转变发展方式任务依然艰巨。为走出发展困境、调整经济结构，2012年8月出台的《国务院关于大力实施促进中部地区崛起战略的若干意见》已明确指出中部地区应"加快发展金融、研发设计、电子商务、信息服务等生产性服务业，促进生产性服务业与制造业融合发展"，以"增强发展的整体实力和竞争力"。

生产性服务业是主要为工农业生产提供服务，并不直接为人们提供生活消费服务的行业。根据2015年国家统计局最新颁布的《生产性服务业分类》标准，生产性服务业主要分为十个大类（为生产活动提供的研发设计与其他技术服务、货物运输仓储和邮政快递服务、信息服务、金融服务、节能与环保服务、生产性租赁服务、商务服务、人力资源管理与培训服务、批发经纪代理服务、生产性支持服务）。根据数据的可得性，本章仅将交通运输、仓储及邮电通信业，金融业，租赁和商务服务业，科学研究和技术服务业，信息传输、计算机服务及软件业，批发和零售业六大细分行业作为生产性服务业的研究对象。而制造业则包括农副食品加工业、食品制造业、纺织业、医药制造业、黑色金属冶炼和压延加工业等，共计31个细分行业门类。

现今，学术界尚无关于中部地区生产性服务业与制造业互动关系在空间分布方面的系统性研究成果，本章力图考虑中部地区生产性服务业与制造业互动发展中的空间溢出效应等因素，探究影响中部地区生产性服务业与制造业互动关系的具体因素及作用方式，为政策制定者制定和实施相应的区域发展政策提供参考。

本章后续内容的结构安排如下：第二部分是关于生产性服务业与制造业之间相关关系研究的文献综述；第三部分是我国制造业与生产性服务业的发展现状；第四部分是空间计量模型选择和变量、数据来源说明；第五部分是关于中部地区生产性服务业促进制造业生产效率的实证研究结果及分析；第六部分是本章研究结论的总结及相关建议。

# 二　相关文献综述

## （一）"两业"互动的实证研究方法

国内外学术界关于生产性服务业与制造业互动关系的研究较多，而这一主题下的实证研究方法大体可分为以下几个阶段。第一阶段采用投入产出表数据测算反映产业间联系的各项指标，如直接消耗系数、中间需求率、中间投入率、感应度系数、耦合协调度等。自 20 世纪 30 年代里昂惕夫首次提出投入产出法后，投入产出法成为国际上分析经济问题的一个普遍方法，以投入产出数据为基础的各类指标也随之产生。刘书瀚等（2010）则利用 1997～2007 年的 3 张中国投入产出表，分别测算中间需求率、中间投入率、影响力系数和感应度系数，进而得出在生产性服务业与制造业的互动关系中，制造业对生产性服务业的拉动作用更大的结论（张亚军等，2014；Rowsthorn and Ramaswamy，1999）。刘婷婷等（2014）则运用中间需求率、中间投入率等投入产出法，结合地理联系率，主要从产业联系和空间分布两个方面，对北京和天津生产性服务业与制造业的互动关系进行比较分析。根据投入产出法测算产业联系指标虽然具有简易直观的优势，但随着观测对象的增加、观测时间的延长，不易观测和总结出生产性服务业与制造业之间的一般性互动规律，更不易直接反映出两者之间的动态变化。此外，投入产出数据更新周期较长，这也在一定程度上阻碍了对生产性服务业与制造业互动关系的深入研究。

考虑到上述因素，以及投入产出表中缺乏对地级市等细分区域内产业数据的统计，实证研究进入第二个阶段，采用统计年鉴数据，构建计量模型分析。学术界在运用计量模型方法研究生产性服务业与制造业互动关系以及影响这一互动关系的因素等方面掀起热潮（Andersson M.，2004）。如高觉民和李晓慧（2011）通过将劳动和资本要素进行分解和重构，并在其中引入生产性服务业和制造业产量，构建反映生产性服务业与制造业互动发展的联立方程组，得出了两者的发展具有相互促进关系的结论。孙晓华等（2014）从动态视角出发，将生产性服务业与制造业视为一体，运用动态两部门模型进行了具体分析，再次证实了生产性服务业及其细分行业对制造业发展的促进作用。但也有学者在对部分地区进行研究时得出与之不完全一致的结论（崔莉，2016）。

而今，生产性服务业与制造业互动关系的实证研究逐步进入第三阶段，即结合两大产业互动关系的特点，采用多样化的分析方法。如基于生产性服务业与制造业互动关系经常呈现动态变动特征，彭本红等（2014）运用社会网络分析模型对江苏省两大产业的互动发展进行了研究；基于相关产业数据所反映的信息具有灰色性特点，唐晓华等（2016）运用灰色关联模型对我国 2003~2013 年制造业与生产性服务业的关联度进行了测量分析；基于对生产性服务业与制造业集聚和布局的空间地理特征，余泳泽等（2016）选取我国 230 个地级市作为研究对象，构建空间误差模型，分析得出生产性服务业集聚对城市的制造业效率提升具有空间溢出效应，且这种空间溢出效应也将随着地理距离的增加而减小。

### （二） 中部地区"两业"互动发展研究进展

关于中部地区生产性服务业与制造业互动关系的研究较少。已有文献主要可分为对中部地区某一省份和整个中部地区生产性服务业与制造业互动关系的研究。前者如陈赤平等（2016）构建向量误差修正模型，对湖南省生产性服务业与制造业的互动关系进行分析，研究发现湖南省制造业发展极大地推动了生产性服务业发展，反之，生产性服务业对制造业发展的推动作用并不明显。而后者，如丁静秋等（2014）、刘辉煌等（2012）分别以中部 6 省 81 市为研究对象，构造计量模型，采用广义最小二乘法和逐步回归法，得出中部地区生产性服务业与制造业集聚关联度高的结论。

综上所述，现有文献对生产性服务业与制造业互动发展的研究已较为完善，大体有国家层面（刘书瀚等，2010）、"大区域"层面、省级层面（喻春娇等，2010）以及城市层面（陈建军和陈菁菁，2011）。其中，"大区域"层面主要涉及京津冀（杜传忠，2013）、珠三角（张振刚等，2014）、长三角（陈晓峰，2014；席艳乐等，2013）等地区，而缺乏针对整个中部地区生产性服务业与制造业互动关系的研究。此外也缺乏对中部地区生产性服务业与制造业互动发展空间溢出效应的分析。因而本章试图采用空间计量面板模型，对我国中部地区六省生产性服务业与制造业互动关系进行分析，以期为我国制定区域发展政策提供相应的文献借鉴。

## 三　我国制造业与生产性服务业的发展现状

### （一）我国制造业发展趋势

行业的全社会固定资产投资额可以较好地反映该行业的固定资产规模、行业发展速度以及发展预期等情况。如图 10 - 1 所示，在我国的"四大板块"中，东部地区制造业的全社会固定资产投资额占全国制造业全社会固定资产投资额的 45%，几近全国制造业全社会固定资产投资的"半壁江山"。而中部地区位居第二，其制造业的全社会固定资产投资额占全国制造

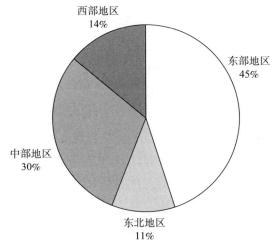

**图 10 - 1　2015 年我国"四大板块"制造业全社会固定资产投资额占比**

资料来源：国家统计局网站，http://data.stats.gov.cn/。

业全社会固定资产投资额的 30% 。

城镇单位就业人员数能够较好地反映行业的劳动力就业等情况。如图 10 - 2 所示，从劳动力情况来看，我国东部地区的制造业城镇单位就业人员数占比位居第一，约为 61% 。同样地，中部地区位居第二，其制造业城镇单位就业人员数占比达到 19% 。通过图 10 - 1 与图 10 - 2 的对比，我们可以发现虽然从全社会的固定资产投资额与劳动力就业情况来看，东部地区所占的比例均为最大，中部地区第二。但是中部地区与东部地区之间仍存在不小的差距，尤其是在劳动力就业方面，中部地区制造业的城镇单位就业人员数占比不到东部地区的 1/3。但是，较为可喜的是近年来中部地区制造业发展迅速，该地区的固定资产投资呈逐年较快增长趋势，其制造业的发展也被寄予厚望。

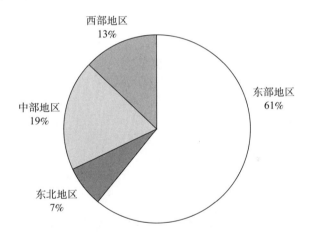

**图 10 - 2　2015 年我国"四大板块"制造业城镇单位就业人员数占比**

资料来源：国家统计局网站，http://data.stats.gov.cn/ 。

如图 10 - 3 所示，中部六省的全社会固定资产投资额基本上均呈逐年上升趋势，仅有山西省的全社会固定资产投资额基本维持在 2000 万元的水平，变化较小。在中部地区内部进行比较，河南省的全社会固定资产投资额位居第一，自 2011 年以后，湖北省全社会固定资产投资额超越安徽省，由第三位上升为第二位。但是湖北省的全社会固定资产投资额仍与位居第一的河南省有较大差距。虽然安徽省的全社会固定资产投资额增长速度不如湖北省，但其始终在中部六省中位居第三位。相反，湖南省近年来的全社会固定资产投资额增长速度较快，其由 2011 年位居中部六省倒数第二位，逐步上升至第四位,增长势头较为迅猛。相比之下,2011 年与湖北省的制造业全社会固定资产投资额几近相等的江西省,近年来增长速度相对缓慢,在中部六省发展中稍有落后,位居 2015 年中部六省制造业全社会固定资产投资额的第五位。

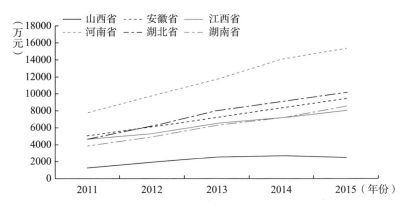

**图 10 - 3　2011 ~ 2015 年中部六省制造业全社会固定资产投资额变化趋势**

资料来源:国家统计局网站,http://data.stats.gov.cn/。

如图 10 - 4 所示,河南省的制造业城镇单位就业人员数自 2011 年以来,一直位于中部六省的第一位。此外,2012 ~ 2013 年,河南省的制造业城镇单位就业人员数突然出现攀升的现象,究其原因,可能是因为河南省在此期间引入较多制造加工行业,如富士康等企业,进而引发制造业城镇单位就业人员数激增的现象。此外,在剩下的五省中,湖北省的制造业城镇单

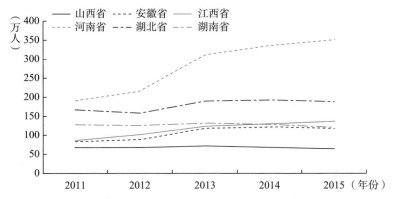

**图 10 - 4　2011 ~ 2015 年中部六省制造业城镇单位就业人员数变化趋势**

资料来源:国家统计局网站,http://data.stats.gov.cn/。

位就业人员数一直位居第二，并且年度变化较小，基本持平。但安徽省和江西省的制造业城镇单位就业人员数则呈缓慢上升趋势，与之相反，湖南省和山西省的制造业城镇单位就业人员数则呈逐年下降趋势。这可能与每个地区的产业发展战略密切相关。

**（二）我国生产性服务业发展趋势**

如图 10－5 所示，"四大板块"中，东部地区生产性服务业的全社会固定资产投资额排名第一，西部地区位居第二，而中部地区紧随其后，东北地区位列第四。整体而言，东部地区的生产性服务业全社会固定资产投资额将近占到全国的一半，而西部地区和中部地区均约占全国生产性服务业全社会固定资产投资额的 1/4。

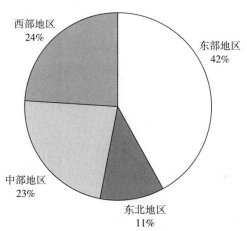

**图 10－5 2015 年我国"四大板块"生产性服务业全社会固定资产投资额占比**
资料来源：国家统计局网站，http：//data. stats. gov. cn/。

如图 10－6 所示，就生产性服务业而言，我国"四大板块"中东部地区生产性服务业城镇单位就业人员数的占比最大，约为 54%。而中部地区和西部地区的生产性服务业城镇单位就业人员数均占全国生产性服务业城镇单位就业人员数的约 1/5。东北地区生产性服务业城镇单位就业人员数占比最小，究其原因，可能与东北地区的产业结构有较大关系。

如图 10－7 所示，2011～2015 年中部六省的生产性服务业全社会固定资产投资额均基本呈现逐年增长的趋势，而湖北省和湖南省的生产性服务业全社会固定资产投资额在 2015 年并列第一，约达 4000 万元。河南省紧随其后，安徽省、江西省、山西省的生产性服务业全社会固定资产投资额依次减少。

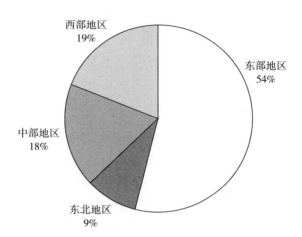

**图 10 - 6　2015 年我国"四大板块"生产性服务业城镇单位就业人员数占比**

资料来源：国家统计局网站，http：//data. stats. gov. cn/。

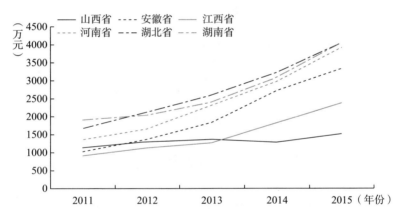

**图 10 - 7　2011 ~ 2015 年中部六省生产性服务业全社会固定资产投资额变化趋势**

资料来源：国家统计局网站，http：//data. stats. gov. cn/。

　　如图 10 -8 所示，从中部六省生产性服务业细分行业来看，交通运输、仓储及邮电通信业全社会固定资产投资额在六大类生产性服务业细分行业中遥遥领先。而在该领域，湖北省的全社会固定资产投资额位居第一，河南省、湖南省紧随其后，江西省的交通运输、仓储及邮电通信业全社会固定资产投资额位居末尾；中部六省批发和零售业全社会固定资产投资额占交通运输、仓储及邮电通信业全社会固定资产投资额的一半以上，在六大类生产性服务业细分行业中位居第二，其中河南省、湖南省、安徽省旗鼓相当，位列第一；在六大细分行业中，金融业的全社会固定资产投资额最少，这也可能与金融业并非实体经济的特点有着密切关系。

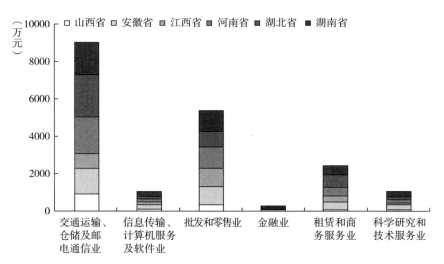

**图 10 - 8　2015 年中部六省生产性服务业细分行业全社会固定资产投资额**
资料来源：国家统计局网站，http://data.stats.gov.cn/。

　　如图 10 - 9 所示，从生产性服务业城镇单位就业人员数的角度来看，2011～2015 年，河南省、湖北省和湖南省分别位居第一位、第二位和第三位。其中，河南省和湖北省在 2012～2013 年，生产性服务业的城镇单位就业人员数均出现较大增幅，究其原因，可能与该时期我国各省份的产业结构调整和转型升级有关。此外，安徽省在 2011～2015 年生产性服务业城镇单位就业人员数增长较快，由 2011 年在中部六省中位居第五位上升为 2015

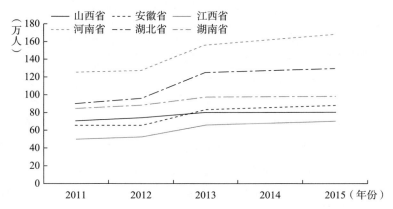

**图 10 - 9　2011～2015 年中部六省生产性服务业城镇单位就业人员数变化趋势**
资料来源：国家统计局网站，http://data.stats.gov.cn/。

年在中部六省中位居第四位。

如图 10-10 所示，从生产性服务业的细分行业来看，交通运输、仓储及邮电通信业，信息传输、计算机服务及软件业，批发和零售业三大行业的城镇单位就业人员数相差不大，在六大生产性服务业细分行业中排名前三。从省级层面横向比较来看，2015 年河南省的生产性服务业细分行业城镇单位就业人员数较多。

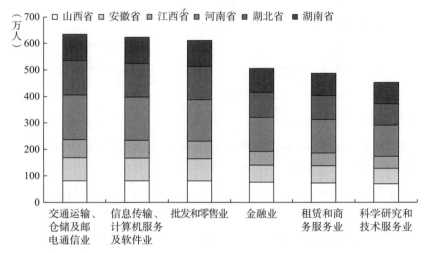

**图 10-10 2015 年中部六省生产性服务业细分行业城镇单位就业人员数**

资料来源：国家统计局网站，http://data.stats.gov.cn/。

# 四 模型、变量与数据

## （一）理论机制

生产性服务业的兴起，不仅是制造业生产效率提升、技术进步的必然选择，也是制造业生产过程中分工细化的最终结果。生产性服务业集聚水平与制造业生产效率提高之间的关系，存在多种理论机制及解释。首先，从新经济地理学视角，Glaeser 等（2010）提出集聚将带来产品运输成本节约、知识溢出效应成本节约以及劳动力移动成本节约。另外，Duranton 等（2004）进一步提出分享、匹配和学习是微观集聚的重要机制。生产性服务业的集聚不仅可以给制造业生产、交换、分配和消费带来运输成本上的节约，而且可以通过知识溢出效应和劳动力池的作用促进隐性知识的传递并加强社会联系，进而促进制造业生产效率的提高。此外，从公共经济学视角，外部性是指个人追求自身利益而导致他人受益或受损的现象；而从空间经济学视角，外部性则来源于经济活动中的空间依赖性。区域经济活动可能由于不同地区之间的相互作用而对其他地区产生影响。实际上，Jacobs外部性就阐释了特定地区不同行业之间的这种外部性，并得到了大量学者的广泛认可。上述理论机制及解释也为研究中部地区生产性服务业促进制造业生产效率提供了较为有力的理论依据。

**（二）模型**

生产性服务业与制造业之间的关系密不可分，两者在空间布局、生产过程等诸多方面也极有可能存在相互关联。在这种情况之下，若按惯例采用普通面板模型，变量则会由于存在空间自相关而违反经典计量经济学中的 Gauss – Markov 假设，经典计量经济学的估计方法也将随之失效。所以基于 Anselin 等（1998）的分析，为避免这一问题，本章将采用空间计量模型对生产性服务业与制造业集聚的空间溢出效应加以探究。

在正式建立空间计量模型之前，我们必须进行关于空间相关性以及空间计量模型选择的预检验。其中用来检验空间自相关性的常用指标有Moran's Ⅰ指数（Moran，1948）、Geary's C 指数和 Getis'g 指数等。Moran's Ⅰ指数的取值为 -1 ~ 1。若 Moran's Ⅰ大于 0，则表示所分析的单元范围内有聚集的趋势；反之，则表示所分析的单元范围内有分散的趋势。当 Moran's Ⅰ为 0 时，则表示所观察的单元范围内无空间自相关关系。而有关空间计量模型选择方面的预检验则包含多种检验方法，如 LM 检验、LR 检验和 WALD 检验等。总体而言，空间计量模型可分为两大类，即空间滞后模型和空间误差模型。根据 LM 检验的结果，可以判断空间滞后模型和空间误差模型中哪一个模型更合适。若根据 LM 检验的结果无法判定选用何种空间计量模型，即两类模型均通过了 LM 检验，此时则应进行 WALD 检验，若通过 WALD 检验，则表明空间杜宾模型更合适。而 LR 检验，则主要用于选择和区分空间固定效应和时间固定效应。

单区制的空间面板模型表达式（Elhorst et al.，2009）如下：

$$y_{it} = \rho W y_{it} + \beta X_{it} + \theta W X_{it} + \alpha + \eta_i + \varphi_t + \varepsilon_{it} \tag{1}$$

式（1）中，$y_{it}$ 为被解释变量，$X_{it}$ 为解释变量和其他控制变量矩阵。$W$

为空间权重矩阵，$Wy_{it}$ 为空间滞后被解释变量，$WX_{it}$ 为空间滞后解释变量，$\rho$ 用以表示相邻省份之间被解释变量的空间溢出效应，$\theta$ 则表示相邻省份其他变量对被解释变量的空间溢出效应。$\eta_i$ 代表空间固定效应，$\varphi_t$ 代表时间固定效应，$\varepsilon_{it}$ 表示随机误差向量。

为更加准确地判断中部地区六省之间制造业与生产性服务业的互动关系，本章借鉴金春雨等（2015）和吉亚辉等（2014）的研究成果和柯布－道格拉斯生产函数理论，先行假设数据满足单区制空间杜宾模型的要求（后文将进行检验），设定具体空间计量模型如下：

$$
\begin{aligned}
manu_{it} = {} & \rho W manu_{it} + \beta_1 LQ_{it} + \beta_2 X_{it} + \beta_6 (LQ \times trans)_{it} \\
& + \beta_7 (LQ \times human)_{it} + \beta_8 (LQ \times infor)_{it} + \beta_9 FDI_{it} \\
& + \theta_1 WLQ_{it} + \theta_2 WX_{it} + \theta_6 W(LQ \times trans)_{it} + \theta_7 W(LQ \times human)_{it} \\
& + \theta_8 W(LQ \times infor)_{it} + \theta_9 WFDI_{it} + \eta_i + \varphi_t + \varepsilon_{it}
\end{aligned}
\tag{2}
$$

通过上述模型，测算出生产性服务业与制造业集聚的空间溢出关系。关于式（2）中各变量的具体含义下文会详细介绍。

### （三）变量说明与数据来源

虽然现今主流的产业集聚水平测度方法有多种，如产业集聚指数、赫芬达尔指数、空间基尼系数、E－G 指数和区位熵等（关爱萍、陈锐，2014）。但根据数据的可获得性，本章最终选用了较为常用的区位熵（$LQ$）作为测量生产性服务业与制造业集聚水平的重要指标，并以生产性服务业和制造业区位熵为被解释变量和主要解释变量，以中部地区六个省份的城镇化率、政府规模、对外开放程度、人力资本和创新能力等为控制变量，构建空间计量模型的整体框架。此外，为了便于衡量和测算，还将上述所有变量具体化为对应的指标。具体变量和对应指标说明如表 10－1 所示。

表 10－1　主要变量描述

| 变量名 | 描述 | 含义 | 性质 |
|---|---|---|---|
| 制造业全员劳动生产率 | $manu$ | 各省当年工业增加值与制造业全年年平均从业人数之比 | 被解释变量 |
| 生产性服务业集聚水平 | $LQ$ | 生产性服务业区位熵，即某省生产性服务业从业人员数在该省从业人员总数中的比重与全国生产性服务业从业人员数在全国从业人员总数中的比重之比 | 解释变量 |

续表

| 变量名 | 描述 | 含义 | 性质 |
|---|---|---|---|
| 创新能力 | *R&D* | 各省上一年度 R&D 经费内部支出 | 解释变量 |
| 人力资本 | *human* | 各省研究生毕业总人数占该省从业人员总数的比重 | 解释变量 |
| 交通发达程度 | *trans* | 各省人均货运量 | 解释变量 |
| 信息化水平 | *infor* | 各省互联网上网人数 | 解释变量 |
| 对外开放程度 | *FDI* | 某省外商直接投资占该省生产总值的比重 | 解释变量 |

　　本章将借助 2003 ~ 2015 年我国中部六省（山西、安徽、江西、河南、湖北和湖南）生产性服务业和制造业的面板数据进行分析，经数据处理之后，样本数共计 780 个。其中，用于测度主要变量生产性服务业集聚水平和制造业生产效率的原始数据，即各省生产性服务业（或制造业）的从业人员数、相应省份当年从业人员总数以及工业增加值，均来源于《中国城市统计年鉴》；用于测算人力资本的研究生毕业人数、测算交通发达程度的各省货运量和常住人口数以及测算创新能力的 R&D 经费内部支出均出自各省 2004 ~ 2014 年的统计年鉴。而用于测算对外开放程度的实际利用外商直接投资额则来源于《中国城市统计年鉴》（2004 ~ 2014 年）。此外，测算信息化水平时所使用的各省互联网上网人数的数据源于《中国第三产业统计年鉴》（2004 ~ 2014 年）。

　　此外，本章还根据 2013 年中部地区六省制造业劳动生产率和生产性服务业区位熵两大指标，将制造业生产效率和生产性服务业集聚水平分别划分为三个等级，以比较中部六省的制造业生产效率和生产性服务业的相对水平。同时，根据中部六省制造业生产效率和生产性服务业集聚水平，初步判断中部地区制造业发展和生产性服务业之间是否存在空间相关性。

　　就制造业生产效率而言，山西省和安徽省的制造业生产效率在中部六省中最高，湖北省、湖南省和江西省的制造业生产效率次之，而河南省的制造业生产效率相对最低；就生产性服务业集聚水平而言，山西省、安徽省和湖南省的生产性服务业集聚水平最高，湖北省和江西省次之，而河南省的生产性服务业集聚水平最低。除此之外，从空间分布上看，制造业生产效率较高的地区和生产性服务业集聚水平较高的地区具有一致性，因而我们猜想生产性服务业集聚水平的提高会促进制造业生产效率的提升，并且制造业生产效率和生产性服务业集聚水平具有空间相关性。

# 五 实证结果与分析

基于上述讨论，首先我们将在普通面板模型的基础上进行 Moran' I 指数的测算，以检验上文中提及的生产性服务业与制造业集聚的空间自相关性假设。其次，若通过空间自相关性检验，则采用 LR 检验和 WALD 检验对空间计量模型的类型进行选择。最后，根据检验结果选择普通面板模型或某一类空间计量模型进一步进行测算和分析。

## （一）空间自相关预检验及空间计量模型的选择

接下来，我们将基于非空间面板数据，进行普通面板模型检验，利用拉格朗日乘数检验、稳健的拉格朗日乘数检验对个体固定效应和时间固定效应进行似然比检验，进而选择合适的空间计量模型和固定效应类别。检验结果如表 10 - 2 所示。

表 10 - 2 Moran' I 指数及拉格朗日乘数检验结果

| 模型<br>变量 | 模型 1 | | | |
|---|---|---|---|---|
| | 混合效应 | 空间固定效应 | 时间固定效应 | 双固定效应 |
| $R^2$ | 0.7610 | 0.8129 | 0.4689 | 0.4240 |
| $\sigma^2$ | 183.1347 | 126.2646 | 107.5950 | 70.2920 |
| logL | -308.5292 | -294.5925 | -288.3523 | -271.7494 |
| LMLAG | 5.4116 ** | 8.2663 *** | 7.8178 *** | 2.7879 * |
| R - LMLAG | 8.0454 *** | 12.7864 *** | 0.5055 | 1.0741 |
| LMERR | 1.2098 | 2.0656 | 7.4589 *** | 4.7809 ** |
| R - LMERR | 3.8436 ** | 6.5856 *** | 0.1465 | 3.0670 * |
| Moran' I | 0.1131 | 0.1477 | -0.2807 *** | -0.2247 ** |
| LR 空间 | 33.2058 *** | | | |
| LR 时间 | 45.6863 *** | | | |

注：*** 、** 和 * 分别代表 1% 、5% 和 10% 的显著性水平，而 LMLAG 和 LMERR 在此处分别指拉格朗日检验中得出的不存在空间滞后的概率以及 LM 检验不存在空间误差的临界值。

在表 10 - 2 中，模型 1 是以制造业全员劳动生产率为被解释变量、生产性服务业集聚水平为主要解释变量的普通面板数据模型。从表 10 - 2 中我们可以看出，四个普通面板模型中，混合效应模型、空间固定效应模型以及空间时间双固定效应模型，要么同时通过了拉格朗日乘数误差检验和拉格朗日乘数滞后检验，要么同时通过了稳健的拉格朗日乘数误差检验和稳健的拉格朗日乘数滞后检验。因而无法确定应选用空间误差模型，抑或空间滞后模型。此外，对时间固定效应模型和时间空间双固定效应模型进行 Moran' I 检验，其结果分别在 1% 和 5% 的显著性水平下通过检验，表明该模型中的变量之间具有空间相关性。综上所述，针对拉格朗日乘数检验和 Moran' I 检验的结果，我们还需要进一步进行 WALD 检验，以确定是否应采用空间杜宾模型进行分析。最后，由上述似然比检验的结果可知，这一空间面板数据同时通过了空间固定效应和时间固定效应的检验，因而更适合采用空间时间双向效应模型。

**（二）中部地区生产性服务业对制造业生产效率的空间溢出效应**

基于上述讨论和检验结果，本章将以制造业全员劳动生产率为被解释变量，以生产性服务业集聚水平为主要解释变量构建空间计量面板模型。具体模型结果如表 10 - 3 所示。

表 10 - 3　不同效应下的空间杜宾模型回归结果

| 模型 变量 | 模型 2 空间固定效应 | | 模型 3 时间固定效应 | | 模型 4 双向随机效应 | |
|---|---|---|---|---|---|---|
| service | - 33. 6469 | ( - 1. 2442 ) | - 10. 3099 | ( - 0. 5960 ) | - 10. 3440 | ( - 0. 6463 ) |
| FDI | - 15. 3837 | ( - 0. 8607 ) | - 5. 6735 | ( - 0. 7235 ) | - 5. 6654 | ( - 0. 7811 ) |
| trans | 0. 8345 ** | ( 2. 5724 ) | 0. 7514 ** | ( 2. 3530 ) | 0. 7514 ** | ( 2. 5461 ) |
| human | 5. 3220 *** | ( 2. 7865 ) | 2. 6353 | ( 1. 5445 ) | 2. 6343 * | ( 1. 6700 ) |
| infor | - 0. 7083 | ( - 0. 7720 ) | - 6. 0142 *** | ( - 8. 3455 ) | - 6. 0146 *** | ( - 9. 0198 ) |
| strans | - 0. 0171 | ( - 0. 7519 ) | 0. 0069 | ( 0. 2911 ) | 0. 0069 | ( 0. 3143 ) |
| shuman | - 0. 2344 | ( - 0. 4993 ) | - 0. 5287 | ( - 1. 2195 ) | - 0. 5285 | ( - 1. 3188 ) |
| sinfor | - 4. 3224 | ( - 1. 6039 ) | - 3. 4962 | ( - 1. 2947 ) | - 3. 4949 | ( - 1. 4004 ) |
| R&D | 1. 7063 *** | ( 3. 5308 ) | 4. 2251 *** | ( 7. 9053 ) | 4. 2256 *** | ( 8. 5376 ) |
| W × service | - 33. 8743 | ( - 0. 8826 ) | - 17. 4875 | ( - 0. 5082 ) | - 17. 5409 | ( - 0. 5513 ) |
| W × FDI | - 100. 5672 ** | ( - 3. 2294 ) | 4. 0861 | ( 0. 2102 ) | 4. 0540 | ( 0. 2256 ) |

续表

| 变量＼模型 | 模型2 空间固定效应 | | 模型3 时间固定效应 | | 模型4 双向随机效应 | |
|---|---|---|---|---|---|---|
| $W \times trans$ | − 0. 9381 | （ − 1. 3389） | − 1. 6314 ** | （ − 2. 5678） | − 1. 6309 *** | （ − 2. 7624） |
| $W \times human$ | 16. 1614 *** | （4. 2761） | 6. 2712 ** | （2. 0840） | 6. 2706 ** | （2. 2503） |
| $W \times infor$ | 0. 7007 | （0. 5886） | − 9. 0352 *** | （ − 5. 2749） | − 9. 0368 *** | （ − 5. 6984） |
| $W \times strans$ | − 0. 0801 ** | （ − 2. 2296） | − 0. 0765 | （ − 1. 0624） | − 0. 0765 | （ − 1. 1451） |
| $W \times shuman$ | 2. 5478 *** | （3. 0777） | 1. 0493 | （1. 1690） | 1. 0497 | （1. 2646） |
| $W \times sinfor$ | − 14. 7083 *** | （ − 3. 0139） | − 8. 0639 * | （ − 1. 7006） | − 8. 0627 * | （ − 1. 8384） |
| $W \times R\&D$ | 1. 4654 * | （1. 8609） | 6. 7869 *** | （6. 4369） | 6. 7875 *** | （6. 9499） |
| $\rho$ | − 0. 2361 * | （ − 2. 0457） | − 0. 2361 ** | （ − 2. 2068） | − 0. 2361 ** | （ − 2. 2598） |
| $R^2$ | 0. 9297 | | 0. 9650 | | 0. 8662 | |
| $\sigma^2$ | 50. 8935 | | 38. 0745 | | 23. 9745 | |
| WALD − LAG | 101. 8470 *** | | 153. 9076 *** | | 179. 1591 *** | |
| WALD − ERR | 107. 4020 *** | | 101. 2310 *** | | 113. 9409 *** | |
| Hausman | 11. 7756 | | | | | |

注：括号内表示回归变量的 t 检验值，***、** 和 * 分别代表 1%、5% 和 10% 的显著性水平。

　　根据表 10 - 3 模型所得结果，基于制造业和生产性服务业的空间面板数据，所有固定效应模型均在 1% 的显著性水平下，通过了 WALD 检验，这表明对于这一空间面板数据选择空间杜宾模型进行分析更为合适。此外，根据 Hausman 检验的结果，该模型在 5% 的显著性水平下未能拒绝原假设，即表明该模型具有随机效应，而不具有固定效应。这也为选用随机效应的杜宾模型提供了有力证据。进一步地，结合表 10 - 2 中的检验结果，最终我们选择双向随机效应的空间杜宾模型进行分析。模型 2 和模型 3 分别为空间固定效应下的单区制空间杜宾模型和时间固定效应下的单区制空间杜宾模型，而模型 4 则为双向随机效应的单区制空间杜宾模型。

　　就被解释变量空间滞后项系数而言，无论是何种效应下的单区制空间杜宾模型，模型结果均显示 $\rho$ 为负，并且在三个模型中，这一结果均在至少 10% 的显著性水平下显著。特别地，根据双向随机效应下的空间杜宾模型所得出的结果，制造业全员劳动生产率对邻近地区的空间外溢系数达到了

－0.2361。由此可见，中部地区相邻省份之间制造业发展水平不均匀，制造业发展水平高的省份将拉低相邻省份制造业的发展水平。这也表明就制造业发展而言，中部地区相邻省份之间并未形成良好的合作共赢关系，可能存在区域间的要素争夺问题，对相邻省份制造业的发展产生负向溢出效应。

就解释变量空间滞后项系数而言，与本地区位置接近的省份，其生产性服务业集聚水平的提高将对本地区制造业的发展水平产生负向效应，但是这一结果并未通过10%的显著性水平检验，因而结果并不显著。由此表明现今中部地区生产性服务业对制造业生产效率并未形成显著的溢出效应，中部地区生产性服务业应进一步发展，充分发挥生产性服务业的溢出效应和集聚效应。此外，创新能力、人力资本、交通发达程度和信息化水平，它们对相邻地区制造业发展的影响均较为显著。究其原因，可能是随着促进中部崛起战略的提出以及系列政策的逐步落实，中部地区各省之间的互动逐步加强，合作创新水平逐步提高，同时，这也促使该区域内的人才流动增强，人力资本的正向溢出效应显著；此外，随着近年来中部地区基础设施建设的迅速发展，大部分地区开通高速公路和铁路，尤其是诸多山区实现高速公路的互联互通，大大提高了中部地区各省省内以及省份之间的交通便捷程度，进而促进生产要素的输出。而交通发达程度是各省的内部特征，运输能力较强的省份更容易形成比较优势，进而推动本省制造业发展水平的提高。信息化水平对相邻地区制造业发展水平呈现显著的负向溢出影响，这表明中部地区在信息交流方面尚未形成良好的互动网络，信息化水平的正外部性未在中部地区得到有效溢出。根据生产性服务业集聚水平与信息化水平交互项的结果，可以发现这一交互项对相邻地区制造业全员劳动生产效率的影响显著为负，表明随着生产性服务业集聚水平的提高，信息化水平对相邻地区制造业生产效率的正向影响相对增强。换言之，生产性服务业集聚对邻近地区制造业效率的正向效应将进一步增强信息化水平对相邻地区制造业效率的提升作用。除此之外，外商直接投资对制造业生产效率的提高具有正向影响，但这一结果并不显著。其主要原因可能在于现阶段中部地区主要利用外商直接投资为企业发展提供充足的资金支持，而并未对国外的生产技术加以学习，进而促进制造业生产效率的提高。

就解释变量系数而言，生产性服务业集聚水平对制造业生产效率仍具有负向效应，但这一结论并不显著。对于这一结果，可能是由于现今中部地区的生产性服务业仍处于迅速发展阶段，其对制造业发展的促进作用并不显著。此外，交通发达程度、人力资本和创新能力都对本地区制造业生产效率的提高起着显著的积极作用。就本地的制造业生产效率而言，便捷的交通更有利于生产要素的运输，更高素质的人力资本将促进制造业部门的转型升级。同时，创新投入的增加将激励各省提升创新能力，进而促进制造业生产效率的提高。信息化水平直接影响本地区制造业与外界的沟通、交流等，影响本地区的对外开放程度。Gilles Duranton 和 Diego Puga（2004）认为创新能力的提升主要通过分享、匹配和学习这三大机制实现。而这三种机制都需要以较为频繁的信息交流为前提。故信息化水平的提高将促进本地制造业创新水平提高，推动制造业更有效率地生产。但本章实证结果表明信息化水平对制造业生产效率的提升具有显著的负向影响，可能是由于本章选取各省互联网上网人数占常住人口比例作为衡量地区信息化水平的单一指标。除此之外，人力资本和信息化水平与生产性服务业集聚水平的交互项对制造业生产效率的影响均不显著，这主要是由于随着生产性服务业集聚水平的提高，人力资本和信息化水平本身对制造业生产效率的影响并未发生显著变化。这一结论也间接表明了现阶段中部地区生产性服务业仍处于成长阶段，其对制造业的促进作用并不显著。

**（三）传统计量模型与空间计量模型结果比较**

传统计量模型忽视了变量之间存在的空间依赖关系，导致估计结果存在偏差。运用空间计量面板模型分析，可以有效地解决空间相关性的问题，使估计结果更为准确有效。表 10 - 4 呈现了普通面板下随机效应模型和空间计量面板下双向随机效应空间杜宾模型关于各因素对制造业空间溢出效应的不同结果。通过对比两个模型的估计结果，我们可以发现，传统计量经济学模型不仅未能显示出人力资本、信息化水平和创新能力对制造业生产效率的显著影响，而且低估了约 4 倍生产性服务业集聚水平对制造业生产效率的影响，低估了约 3 倍人力资本的影响，低估了约 32 倍信息化水平的影响。由此可见，使用空间计量模型能更准确地反映出生产性服务集聚水平对制造业生产效率的影响，生产性服务业、人力资本和信息化水平对制造业生产效率的提升都有着十分重要的作用。

表 10 - 4 传统计量模型与空间面板模型结果比较

| 模型 变量 | 模型 5 | | 模型 6 | |
|---|---|---|---|---|
| | 普通面板下的随机效应模型 | | 双向随机效应空间杜宾模型 | |
| LQ | - 53. 7351 | ( - 1. 53) | - 13. 2564 | ( - 0. 49) |
| FDI | - 18. 4594* | ( - 1. 80) | 4. 6689 | (0. 27) |
| trans | 0. 6929* | (1. 85) | - 1. 6324** | ( - 3. 43) |
| human | 1. 7491 | (0. 91) | 5. 0894* | (2. 16) |
| infor | 0. 2798 | (0. 32) | - 6. 9070*** | ( - 4. 63) |
| LQ&trans | 0. 3858 | (0. 50) | - 0. 0694 | ( - 1. 17) |
| LQ&human | - 0. 4073 | ( - 0. 16) | 1. 0545 | (1. 53) |
| LQ&infor | 0. 4746 | (0. 64) | - 6. 5774 | ( - 1. 82) |
| R&D | 0. 0029 | (0. 07) | 5. 2428*** | (5. 71) |
| $R^2$ | 0. 7682 | | 0. 8662 | |

注：模型 5 的括号内表示回归变量的 z 统计量，模型 6 的括号内表示回归变量的 t 统计值，*** 、** 和 * 分别代表 1% 、5% 和 10% 的显著性水平。

# 六 研究结论与政策建议

## （一）研究结论

本章通过单区制空间杜宾模型，对中部地区六个省份的生产性服务业与制造业空间集聚的互动关系进行了研究，并分析了影响制造业产业集聚的具体因素及其空间溢出效应。主要得出了如下几点结论。①现阶段，中部地区生产性服务业的集聚水平和制造业升级之间具有空间相关性，但生产性服务业集聚水平对本地区制造业发展的促进作用以及对相邻地区制造业发展的溢出作用均不显著。②中部地区制造业发展水平空间分布不均匀。相邻省份之间并未形成良好的合作共赢关系，可能存在区域间的要素争夺问题，对制造业发展产生负向溢出效应。③交通发达程度、人力资本、创新能力等均对中部地区各省的制造业生产效率具有显著的正效应，此外，人力资本和创新能力还通过生产性服务业集聚间接地促进制造业生产效率的提高。④信息化水平和交通发达程度对相邻地区制造业生产效率的提高具有显著的负向效应，中部地区信息网和交通网亟待进一步完善和加强。

### （二）政策建议

根据实证研究结论，本章提出如下政策建议。

（1）加快推动生产性服务业向专业化方向发展，引导生产企业加快服务环节专业化分离和外包，进而提升其对制造业升级的推动作用。一方面，大力实施高技术服务业创新工程，进一步减少制造业在非核心生产环节上的资源要素投入。高技术生产性服务业具有技术含量和附加值高、发展潜力大、辐射带动作用强等特点。促进生产性服务业集聚水平和发展水平的提高将带动中部地区制造业的升级，培育产业集群。另一方面，中部各省应通过政策引导，为生产性服务业发展提供有利的发展环境。与此同时，推动建立规范化的生产性服务业生产标准，保障其产品质量，更好地为制造业升级服务。例如，河南省应充分利用全国铁路枢纽和中心——郑州的优势，进一步推动基础设施建设，提高交通运输能力；而湖北省和湖南省则应该利用长江中游优越的地理位置，积极承接长江下游发达地区的技术、人才等要素的转移，促进信息服务、软件和信息技术等领域的发展，扩大对外开放，搭建中游信息平台，促进长江上中下游不同类型的信息资源对接和分享；江西省和安徽省则应与我国东南沿海地区加强交流合作，互惠共赢，尤其是加强与江苏省、浙江省和福建省的合作，扮演好东南沿海发达地区"后院"的角色，加强基础设施建设，大力发展商务服务业、金融业等生产性服务业，吸纳特大城市的外移人口，进一步促进生产性服务业集聚水平提高。

（2）充分发挥人才这一要素在促进区域经济发展中的重要作用。无论是对生产性服务业发展，还是对制造业升级而言，高素质人才在其中所发挥的作用至关重要。中部地区应充分利用自身优势，培养适应时代和产业发展需要的人才。坚持提升人才的创新能力、坚持调整人才结构、坚持产学研结合，提高科研成果转化率。湖北省作为全国高校数量最多的省份之一，拥有丰富的优质人才"后备军"，更应充分利用和发挥其人力资源优势。而河南省，作为全国的人口大省之一，应为当地人才返乡就业提供良好的政策支持，并通过完善基础设施，吸引更多的高素质人才集聚。

（3）进一步提升中部地区的对外开放程度，提高信息技术水平，增强产业的创新能力。一方面，中部地区东邻我国东部沿海发达地区，可通过资源共享、技术合作等形式，积极向东部沿海地区学习其先进的生产经验，建设和培育大型的先进制造业生产基地；另一方面，中部地区虽地处内陆，但仍可以通过政策、资源等优势吸引国外企业的集聚，扩大对外开放，加强中外合作交流，进一步规范和完善现有的产业生产标准，早日与国际标准接轨。

（4）促进中部地区六省之间的区域合作，培育壮大沿江沿线城市圈和都市圈增长极。中部地区位于我国贯通南北、连接东西的重要地理位置，该区域的经济发展对有序承接产业转移、促进产业升级等的意义重大。现今，中部地区六大省份仍需加强区域间在产业合作、要素流动等方面的协调协作。通过共建园区等合作平台，建立互利共赢、共同发展的互助机制，创新中部地区区域合作机制。

**参考文献**

［1］Anselin L. , Bera A. K. . Spatial Dependence in Linear Regression Models with an Introduction to Spatial Econometrics ［J］. Handbook of Applied Economic Statistics，1998，155.

［2］Andersson M. . Co-Iocation of Manufacturing & Producer Services—A Simultaneous Equation Approach ［R］. CESIS-Centre of Excellence for Science and Innovation Studies，Royal Institute of Technology，2004 – 11 – 23.

［3］Elhorst J. P. , Freret S. . Evidence of Political Yard Stick Competition in France Using a Two-Regime Spatial Durbin Model with Fixed Effects ［J］. *Journal of Regional Science*，2009，49（5）.

［4］Gilles Duranton，Diego Puga. Micro-Foundations of Urban Agglomeration Economies. In J. Vernon Henderson，Jacques-François Thisse（eds. ）Handbook of Regional and Urban Economics，Vol. 4，2004. Amsterdam：North-Holland.

［5］Rowsthorn R. , Ramaswamy R. . Growth，Trade，and Deindustrialization ［J］. IMF Staff Papers，1999，46（1）.

［6］Glaeser E. L. , Rosenthal S. S. , Strange W. C. . Urban Economics and Entrepreneurship ［J］. *Journal of Urban Economics*，2010，67（1）.

［7］刘婷婷，曾洪勇，张华. 京津生产性服务业与制造业互动关系比较研究 ［J］. 中国人口·资源与环境，2014，24（5）.

［8］高觉民，李晓慧. 生产性服务业与制造业的互动机理：理论与实证 ［J］. 中国工业经济，2011（6）.

［9］盛丰. 生产性服务业集聚与制造业升级：机制与经验——来自 230 个城市数据的空

间计量分析 [J]. 产业经济研究, 2014 (2).

[10] 孙晓华, 翟钰, 秦川. 生产性服务业带动了制造业发展吗?——基于动态两部门模型的再验证 [J]. 产业经济研究, 2014 (1).

[11] 刘书瀚, 张瑞, 刘立霞. 中国生产性服务业和制造业的产业关联分析 [J]. 南开经济研究, 2010 (6).

[12] 张亚军, 干春晖, 郑若谷. 生产性服务业与制造业的内生与关联效应——基于投入产出结构分解技术的实证研究 [J]. 产业经济研究, 2014 (6).

[13] 刘辉煌, 雷艳. 中部城市生产性服务业集聚及其影响因素研究 [J]. 统计与决策, 2012 (8).

[14] 喻春娇, 郑光凤. 湖北省生产性服务业与制造业的互动发展程度研究 [J]. 经济地理, 2010, 30 (11).

[15] 陈建军, 陈菁菁. 生产性服务业与制造业的协同定位研究 [J]. 中国工业经济, 2011 (6).

[16] 杜传忠. 制造业与生产性服务业耦合协同能提高经济圈竞争力吗?——基于京津冀与长三角两大经济圈的比较 [J]. 产业经济研究, 2013 (6).

[17] 张振刚, 陈志明, 胡琪玲. 生产性服务业对制造业效率提升的影响研究 [J]. 科研管理, 2014, 35 (1).

[18] 席艳乐, 李芊蕾. 长三角地区生产性服务业与制造业互动关系的实证研究——基于联立方程模型的 GMM 方法 [J]. 宏观经济研究, 2013 (1).

[19] 余泳泽, 刘大勇, 宣烨. 生产性服务业集聚对制造业生产效率的外溢效应及其衰减边界——基于空间计量模型的实证分析 [J]. 金融研究, 2016 (2).

[20] 崔莉. 基于 VAR 模型西部地区生产性服务业与制造业互动融合评价 [J]. 学术论坛, 2016 (4).

[21] 彭本红, 古晓芬, 周倩倩. 江苏省制造业与生产性服务业关联分析——基于投入产出与社会网络分析相结合的视角 [J]. 科技进步与对策, 2014, 31 (21).

[22] 唐晓华, 张欣钰. 制造业与生产性服务业联动发展行业差异性分析 [J]. 经济与管理研究, 2016, 37 (7).

[23] 丁静秋, 赵公民. 中部地区生产性服务业集聚发展的影响因素——基于 81 个地级市数据的实证分析 [J]. 科技管理研究, 2013 (10).

[24] 陈晓峰. 长三角生产性服务业与制造业的互动关系检验——基于 VAR 模型的动态实证分析 [J]. 经济学研究, 2014 (2).

[25] 关爱萍, 陈锐. 产业集聚水平测度方法的研究综述 [J]. 工业技术经济, 2014 (12).

［26］金春雨，王伟强．我国高技术产业空间集聚及影响因素研究［J］．科学学与科学技术管理，2015，36（7）．

［27］吉亚辉，段荣荣．生产性服务业与制造业协同集聚的空间计量分析——基于新经济地理学视角［J］．中国科技论坛，2014（2）．

［28］陈赤平，刘佳洁．工业化中期生产性服务业与制造业的协同定位研究——以湖南省14个市州的面板数据为例［J］．湖南科技大学学报（社会科学版），2016，19（1）．

［29］Moran P. A. P.. The Interpretation of Statistical Maps［J］. *Journal of the Royal Statistical Society*. Series B，1948，10（2）．

# 第十一章　中部地区制造业发展相关 规划政策比较研究

## 一　"十一五"以来中部六省制造业 规划、政策实施总体分析

### （一）河南省

#### 1. 整体情况

在河南省人民政府网、河南省发改委等网站，以"制造业"为关键词进行搜索，共搜集到 16 份相关政策文件，颁布时间主要集中在 2007 年和 2016 年，分别占 43.75%、37.50%（见图 11 – 1）。其中，以"制造业发展"为主题的整体规划占 12.50%，以"制造业细分行业发展"为主题的专项规划占 43.75%，与"制造业发展"主题相关的规划占 18.75%，与"制造业发展"主题相关的行动方案占 25%。专项规划中主要涉及纺织工业、食品工业、铝工业、煤化工业、汽车及零部件产业、装备制造业、高技术产业等，这些专项规划均属于"十一五"系列规划。关于"转型升级"的政策文件只有 1 份。

#### 2. 政策重点

（1）产业结构优化升级。在河南省"十一五"至"十三五"系列规划和相关文件中，制造业产业结构优化升级始终是重中之重。河南省在加快发展食品、纺织、汽车等优势产业的同时，对化工、煤炭、钢铁等传统产业进行优化升级，着力培育装备制造业、电子信息产业、生物医药等高技术产业。《河南省工业转型升级"十二五"规划》中提出，要坚持增量升级与存量优化并重，坚持发挥比较优势与培育后发优势并重，提高制造业的

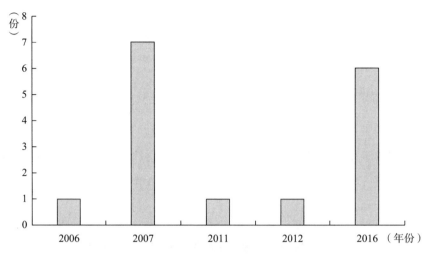

**图 11 - 1　河南省制造业发展政策文件颁布时间分布**

精深加工水平，着力延伸产业链条，大力发展终端产品，全面提高制造业发展水平。

（2）提高产业创新能力。推动制造业高端化发展，是近年来河南省发展制造业的一大趋势。《河南省"十一五"高新技术产业发展规划》提出，要加强自主创新，加快产业化步伐，大力引进外来高新技术企业，着力提升高新技术产业对经济增长的贡献度。从"十一五"时期大力培育高新技术产业，到"十二五"时期积极培育先导产业，再到"十三五"时期积极培育战略性新兴产业、实施智能制造应用示范工程，河南省始终强调要坚持把创新摆在制造业发展全局的核心位置，围绕产业链部署创新链，围绕创新链配置资源链，提高重点领域和关键环节的创新能力。

（3）促进产业集聚发展。河南省制造业细分行业专项规划和整体规划文件中均强调要集聚发展制造业，培养品牌产业集群。《河南省国民经济和社会发展第十一个五年规划纲要》提出，要优化产业布局，着力培育大型企业；《河南省国民经济和社会发展第十三个五年规划纲要》（以下简称"河南省'十三五'规划纲要"）提出，要实施"百千万"亿级优势产业集群培育工程，省级层面重点打造万亿级优势产业集群，以省辖市为主体打造千亿级主导产业集群，以县域为主体打造百亿级特色产业集群，建设一批新型工业化产业示范基地和具有核心竞争优势的集群品牌。

（4）全面推行绿色制造。推动传统产业绿色集约发展，是河南省加强制造业可持续发展的重要抓手。《河南省国民经济和社会发展第十二个五年规划纲要》提出，要推进老工业基地调整改造和资源型城市可持续发展；这一要求在《中国制造 2025 河南行动纲要》中再次被强调，该行动纲要提出要促进制造业绿色发展水平明显提升，促进绿色制造技术在重点领域得到广泛应用，坚持把可持续发展作为建设制造强省的重要着力点，加强节能环保技术、工艺、装备推广应用，强化产品全生命周期绿色管理，构建高效、清洁、低碳、循环的绿色制造体系。河南省制造业发展政策文件的重点任务如表 11 - 1 所示。

表 11 - 1　河南省制造业发展政策文件的重点任务

| 政策文件 | 重点任务 |
|---|---|
| 河南省深化制造业与互联网融合发展实施方案 | （1）大力提升制造业"双创"能力；（2）大力提升制造业与互联网融合创新能力；（3）大力提升融合发展支撑能力；（4）大力提升信息安全保障能力 |
| 河南省推进制造业供给侧结构性改革专项行动方案（2016—2018 年） | （1）加快结构调整，提升终端高端供给水平；（2）突出提质增效，提升有效供给能力；（3）创新体制机制，营造良好产业生态 |
| 河南省工业转型升级"十二五"规划 | （1）发展壮大高成长性产业；（2）改造提升传统优势产业；（3）积极培育先导产业 |
| 河南省国民经济和社会发展第十二个五年规划纲要 | （1）发展壮大高成长性产业；（2）改造提升传统优势产业；（3）积极培育先导产业；（4）促进工业化与信息化融合；（5）推进老工业基地调整改造和资源型城市可持续发展 |
| 河南省国民经济和社会发展第十一个五年规划纲要 | （1）大力培育高新技术产业；（2）加快发展优势产业；（3）优化发展传统产业；（4）促进产业集聚发展 |
| 河南省"十一五"高新技术产业发展规划 | （1）调整产品结构，提升电子元器件和新型电源两大优势产业；（2）提高精深加工水平，做强硅半导体材料及太阳能电池、新型显示材料及精深加工、超硬材料及制品 3 大产业链；（3）发挥比较优势，发展生物医药、生物能源、新型功能材料 3 个高成长性行业；（4）承接产业转移，培育数字视听、网络及通信、计算机、软件 4 类优势产品；（5）支持重点园区发展，壮大郑州、洛阳、新乡、许昌、安阳、鹤壁 6 个高新技术产业集群；（6）实施重大产业技术创新专项，突破产业发展技术瓶颈 |

续表

| 政策文件 | 重点任务 |
|---|---|
| 河南省"十一五"汽车及零部件产业发展规划 | （1）以提升综合竞争力和规模化生产为目标，加快3大汽车基地建设；（2）以突出特色和增强优势为目标，建设专用车、低速汽车和摩托车3个专业车辆制造体系；（3）围绕5大品系，培育8大汽车零部件产业集群 |
| 河南省"十一五"食品工业发展规划 | （1）围绕4大精深加工产品链，重点建设粮食和畜禽两大加工基地；（2）积极培育4个高成长性行业，形成新的经济增长点；（3）做大做强优势企业，带动产业密集区加快发展 |
| 河南省"十一五"装备制造业发展规划 | （1）提高技术创新和成套能力，做强做大电力装备、专用装备、农业机械、工程机械4大优势行业；（2）加快产品结构升级，培育壮大数控机床、环保及综合利用装备、轴承及基础件、仪器仪表4类成长性产品；（3）优化产业布局，着力培育4大产业集聚区和8个产业集群 |

### （二）湖北省

#### 1. 整体情况

在湖北省人民政府网、湖北省发改委等网站，以"制造业"为关键词进行搜索，共搜集到21份相关政策文件，2014年、2016年颁布的政策文件居多，分别占33.33%、23.81%（见图11-2）。其中，以"制造业发展"为主题的实施意见类政策文件最多，占33.33%；以"制造业细分行业发展"为主题的专项规划占28.57%；以"制造业发展"为主题的整体规划占23.81%；与"制造业发展"主题相关的规划占14.29%。专项规划中主要涉及有色金属工业、石油和化学工业、汽车产业、航空产业、生物产业等，这些专项规划多集中在"十二五"时期，航空产业和生物产业规划实施期为"十三五"时期。关于"转型升级"的政策文件有5份。

#### 2. 政策重点

（1）增强自主创新能力。传统产业要提升技术水平，优化产品结构；高端产业要加强技术研发，培养核心优势。《湖北省工业"十二五"发展规划》提出，把技术进步和增强企业创新能力作为结构调整和转变发展方式的中心环节和重要支撑，充分发挥湖北科教和人才资源优势，加快重大科技成果转化，强化企业在技术创新中的主体地位，引导资金、人才、技术等创新要素向企业集聚，努力突破制约产业优化升级的关键核心技术，推动管理创新由主要依靠物质投入向主要依靠技术进步、人力资源素质提升

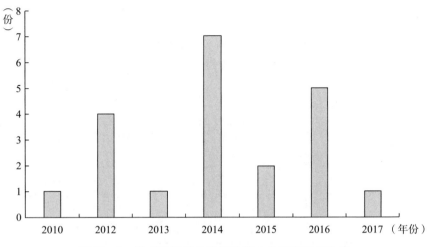

图 11 - 2　湖北省制造业发展政策文件颁布时间分布

转变，促进产业由价值链低端向高端跃升，增强产业核心竞争力。

（2）推进"两化"深度融合。促进工业化、信息化融合发展，是提升制造业产业能级的关键。《湖北省工业转型升级规划（2011—2015 年）》强调，要坚持把推进"两化"深度融合作为转型升级的重要支撑，充分发挥信息化在转型升级中的支撑和牵引作用，深化信息技术集成应用，加快推动制造业向数字化、网络化、智能化、服务化转变。

（3）促进制造业服务化。坚持制造业与生产性服务业双轮驱动，促进产业融合发展，是湖北省制造业发展的重中之重。《湖北省人民政府关于加快推进"两计划一工程"的实施意见》提出，要顺应工业转型升级趋势，把融合发展作为工业结构优化升级的重要动力，促进先进制造业与生产性服务业融合，提高生产性服务业的专业化、社会化水平。

（4）提升制造业可持续发展能力。近年来，环境问题日益受到重视，而制造业绿色发展、可持续发展成为热门话题。《湖北省工业结构调整和优化升级"十二五"规划》中明确提出，要积极发展绿色低碳产业，提升可持续发展能力，围绕工业绿色发展模式，积极强化节能减排，推行清洁生产，扩大循环经济规模，促进工业低碳增长，努力以最少的资源能源消耗、最小的环境代价促进工业经济可持续增长。湖北省制造业发展政策文件的重点任务见表 11 - 2。

表 11 – 2　湖北省制造业发展政策文件的重点任务

| 政策文件 | 重点任务 |
|---|---|
| 湖北省工业结构调整和优化升级"十二五"规划 | （1）大力推进技术创新，增强产业核心竞争力；（2）大力推进企业成长，优化企业组织结构；（3）大力推进产业集聚，优化产业布局；（4）强化项目带动，增强产业发展后劲；（5）大力推进品牌战略，提升产业市场竞争力；（6）积极发展绿色低碳产业，提升可持续发展能力 |
| 湖北省工业转型升级规划（2011—2015 年） | （1）增强自主创新能力；（2）加强企业技术改造；（3）提高工业信息化水平；（4）促进工业绿色低碳发展；（5）实施质量和品牌战略；（6）推动大企业和中小企业协调发展；（7）优化工业空间布局；（8）提升对外开放层次和水平 |
| 湖北省工业"十二五"发展规划 | （1）壮大提升主导优势产业；（2）加快培育战略性新兴产业；（3）加快推进技术改造和调整升级；（4）着力提高创新能力和质量品牌；（5）推进信息化与工业化深度融合；（6）促进节约、清洁、安全发展；（7）着力推进产业集约、集聚发展；（8）推动大企业和小企业协调发展；（9）加快发展生产性服务业；（10）大力实施开放先导战略 |
| 湖北省人民政府关于化解产能过剩矛盾的实施意见 | （1）分类指导产能过剩行业项目；（2）开拓有效需求，改善需求结构；（3）增强企业创新驱动发展动力；（4）建立长效机制；（5）加强政策保障和组织实施 |
| 湖北省人民政府关于加快推进"两计划一工程"的实施意见 | （1）加快结构调整，推动工业转型发展；（2）加大工业投入，为推进跨越式发展提供重要支撑；（3）加强企业技术创新，构建创新驱动增长的发展模式；（4）大力培育市场主体，促进大中小微型企业协调发展；（5）优化产业布局，促进集约、集聚、集群发展；（6）促进"两化"深度融合，实现工业能级提升；（7）积极发展生产性服务业，促进产业融合发展；（8）突出特色，推动县域经济发展新跨越 |

## （三）湖南省

### 1. 整体情况

在湖南省人民政府网、湖南省发改委等网站，以"制造业"为关键词进行搜索，共搜集到 25 份相关政策文件，2009 年、2016 年颁布的政策文件居多，分别占 40%、28%（见图 11 – 3）。其中，以"制造业细分行业发展"为主题的专项规划占 64%；以"制造业发展"为主题的整体规划占8%；与"制造业发展"主题相关的规划占 16%；以"制造业发展"为主题的实施方案类、通知类政策文件分别占 8%、4%。专项规划中主要涉及钢铁产业、汽车产业、生物医药产业、新材料产业、电子信息产业、纺织产业、石化产业、有色金属产业、装备制造业等，这些专项规划多集中在"十二五"时期。关于"转型升级"的政策文件有 13 份。

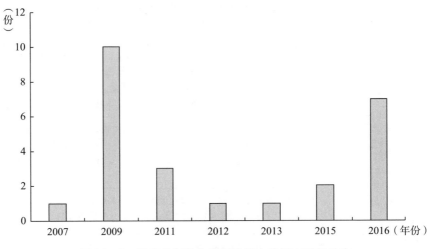

图 11 - 3　湖南省制造业发展政策文件颁布时间分布

**2. 政策重点**

（1）改造提升传统产业。《湖南省推进供给侧结构性改革促进产业转型升级规划（2016—2020 年）》以及《湖南省国民经济和社会发展第十二个五年规划纲要》、《湖南省国民经济和社会发展第十三个五年规划纲要》（以下简称"湖南省'十三五'规划纲要"）中均对传统产业改造提升提出要求，推动具有比较优势的有色金属、钢铁、石化、建材、汽车、食品等传统优势产业，通过强化创新、智能改造、优化结构、延伸产业链，提升技术水平、产品品牌效益，扩大竞争优势。做大做强装备制造业，做精做深原材料工业，做优做响消费品工业。

（2）积极培育新兴产业。《湖南省"十一五"高新技术产业发展规划》强调，要依托资源优势和产业基础，积极引进对扩大产业规模有重要影响的战略投资者、重大建设项目及相关技术，积极承接与吸纳国内外高新技术产业和研发机构的转移，鼓励和引导境外资金投向高新技术产业领域；依靠产业积累逐步增强技术创新能力，形成具有自主知识产权和竞争力的优势产品群，促进湖南省高新技术产业结构升级和技术水平的提高，实现技术跨越。以高新技术快速发展为契机，推动具有较好产业基础、较强技术支撑、发展潜力大、带动力强的高端装备制造、新一代信息技术、生物、新材料、节能环保等新兴产业，通过攻克关键核心技术，加速推进产业化，全面扩大产业规模和提升竞争力。

（3）促进产业融合发展。《湖南省推进供给侧结构性改革促进产业转型升级规划（2016—2020年）》强调，要推进信息化与工业化深度融合，推动产业发展向数字化、智能化、网络化、服务化转变，强化"先进制造业"与"现代服务业"融合、"新兴产业"与"传统产业"融合、产城融合和军民融合，探索新模式新业态，加快构建现代产业体系，促进产业协同发展，不断提升产业发展的效率。

（4）推动产业绿色发展。《湖南省贯彻〈中国制造2025〉建设制造强省五年行动计划（2016—2020年）》提出，要坚持两型引领发展，加强节能环保技术、工艺、装备推广应用，全面推行清洁生产，大力发展循环经济，促进产业两型化、两型产业化发展，着力提升发展质量效益，不断增强持续发展能力。坚持环保优先方针，强化资源环境倒逼机制，推进节能减排，淘汰落后产能，着力构建投入低、消耗少、污染轻、产出高、效益好的产业结构和生产方式，推动资源利用向节约集约、绿色低碳、环境友好转变。相关政策文件的重点任务见表11–3。

表11–3　湖南省制造业发展政策文件的重点任务

| 政策文件 | 重点任务 |
|---|---|
| 湖南省国民经济和社会发展第十二个五年规划纲要 | （1）改造提升传统产业；（2）培育壮大战略性新兴产业；（3）引导产业集聚发展 |
| 湖南省推进供给侧结构性改革促进产业转型升级规划（2016—2020年） | （1）积极培育新兴产业，打造经济发展新动力；（2）大力提升传统产业，拓展经济发展新空间；（3）坚持创新驱动，坚持市场主导，坚持绿色低碳，坚持融合发展，坚持改革开放 |
| 湖南省"十一五"高新技术产业发展规划 | （1）做大做强产业规模；（2）培育加强创新能力；（3）优化提升产业结构；（4）重点发展6大产业；（5）着力推进3大工程，即技术创新体系建设工程、专业化产业基地工程、核心企业培育工程；（6）配套实施3大专项，即高新技术产业化专项、创新能力建设专项、产业技术提升专项 |
| 湖南省汽车产业振兴实施规划（2009—2011年） | （1）扩大生产规模；（2）加大技术改造力度；（3）加强整车及重点零部件自主研发；（4）推进联合重组；（5）推动新能源汽车发展；（6）发展现代汽车服务业 |
| 湖南省装备制造业振兴实施规划（2009—2011年） | （1）加快发展三大优势装备；（2）培育壮大六大新兴装备；（3）改造提升四大特色装备；（4）着力发展配套装备；（5）建设六大产业集群；（6）加强自主创新 |

续表

| 政策文件 | 重点任务 |
|---|---|
| 湖南省钢铁行业化解过剩产能实现脱困发展的实施方案 | （1）严禁新增产能；（2）化解过剩产能；（3）推动产业升级，即推进产品升级、推进智能制造、促进绿色发展、促进融合发展、促进管理提升；（4）严格执法监管 |

### （四）安徽省

1. 整体情况

在安徽省人民政府网、安徽省发改委等网站，以"制造业"为关键词进行搜索，共搜集到27份相关政策文件，2010年、2016年颁布的政策文件居多，均占25.93%（见图11-4）。其中，以"制造业细分行业发展"为主题的专项规划占44.44%；以"制造业发展"为主题的整体规划占14.81%；与"制造业发展"主题相关的规划占18.52%；与"制造业发展"主题相关的实施意见类、实施方案类、通知类政策文件分别占14.81%、3.70%、3.70%。专项规划中主要涉及有色金属产业、石化产业、钢铁产业、汽车产业、装备制造业、电子信息产业、粮食加工业、智能语音产业等，这些专项规划多集中在"十二五"时期，智能语音产业实施期为"十三五"时期。关于"转型升级"的政策文件有8份。

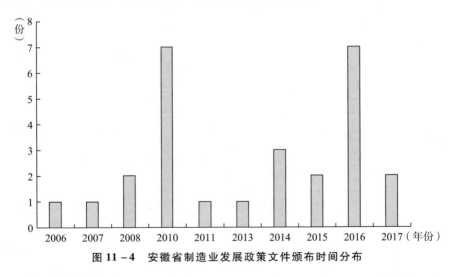

图11-4　安徽省制造业发展政策文件颁布时间分布

2. 政策重点

（1）加快产业结构调整。改造提升传统产业，培育壮大战略性新兴产业，提升产业层次。《安徽省国民经济和社会发展第十二个五年规划纲要》强调，要适应消费结构升级和产业结构调整的要求，把培育壮大新兴产业和改造提升传统产业紧密结合起来，新增一批千亿元产业，打造一批千亿元企业，培育一批千亿元园区，加快新型工业化进程。《安徽省工业经济"十一五"发展规划纲要》提出，要优化机械、冶金、化工、建材等传统工业结构，加快振兴轻工、纺织、食品等劳动密集型产业，培育发展电子信息等高新技术产业，提升煤炭、电力、新能源等基础产业。

（2）大力推动科技创新。《安徽省"十一五"制造业发展规划》提出，要大力促进创新，建立以企业为主体的技术创新体系，加大研发投入，引进、消化和吸收先进技术，提高自主创新能力；完善自主创新机制，优化自主创新环境；深化国有企业改革，实现投资主体多元化，完善有利于企业发展的激励和约束机制，从根本上激发企业的发展活力；推进骨干企业的联合、兼并、重组，提高综合实力和核心竞争力。《安徽省工业经济"十一五"发展规划纲要》提出，要坚持创新推动的原则，立足技术创新、机制创新、管理创新、发展模式创新，充分发挥资源和科技优势，支持企业、高等院校、研究设计院所联合进行原始创新、集成创新、引进消化吸收再创新，改造提升传统产业，发展新兴产业。

（3）推进信息化与工业化融合。《安徽省国民经济和社会发展第十二个五年规划纲要》提出，要深化信息技术在传统产业中的应用，加快产品研发设计、生产过程控制、市场营销、企业管理、售后服务、节能减排等环节信息技术改造和融合步伐。积极开展"两化"融合试点示范。深化重点行业和骨干企业电子商务应用，积极搭建面向中小企业的信息化服务平台，推动中小企业利用电子商务手段开拓国际市场，推进现代信息技术对传统商贸方式的改造。《安徽省信息化和工业化深度融合专项行动计划实施方案（2013—2017 年）》进一步强调，加快促进"两化"深度融合，对全面优化安徽省产业结构、提高产业创新能力、更好地践行新型工业化道路、实现经济发展方式根本转变有着十分重要的作用。

（4）坚持可持续发展。《安徽省"十一五"制造业发展规划》《中国制造 2025 安徽篇》《安徽省国民经济和社会发展第十三个五年规划纲要》（以下简称"安徽省'十三五'规划纲要"）均强调制造业要坚持可持续发展，走绿色低碳之路。加快增长方式由粗放式向集约式转变，大力发展循环经济，推动清洁生产、安全生产，提高资源的综合利用和循环利用水平，降低能源消耗，减少环境污染。按照国家产业政策，淘汰落后工艺、技术和设备。相关政策重点见表 11 - 4。

表 11 - 4 安徽省制造业发展政策文件的重点任务

| 政策文件 | 重点任务 |
| --- | --- |
| 安徽省"十一五"制造业发展规划 | (1) 优先发展重化工业；(2) 大力促进创新；(3) 推进产业集群；(4) 以开放促发展；(5) 坚持可持续发展 |
| 安徽省国民经济和社会发展第十二个五年规划纲要 | (1) 培育壮大战略性新兴产业；(2) 做大做强优势产业；(3) 改造提升传统产业；(4) 优化企业组织结构；(5) 深入实施品牌战略；(6) 推进信息化与工业化融合；(7) 促进开发区转型升级 |
| 安徽省国民经济和社会发展第十一个五年规划纲要 | (1) 发展先进制造业，即汽车产业、化工产业、装备制造业；(2) 发展高新技术产业；(3) 发展材料产业；(4) 发展轻纺产业；(5) 加快产业技术进步；(6) 促进产业集群和企业集聚 |
| 安徽省加快调结构转方式促升级行动计划 | (1) 战略性新兴产业集聚发展工程；(2) 传统产业改造提升工程；(3) 创新驱动发展工程；(4) 民营经济提升工程；(5) 园区转型升级工程；(6) 县域经济振兴工程；(7) 质量品牌升级工程；(8) 人才高地建设工程 |
| 安徽省信息化和工业化深度融合专项行动计划实施方案（2013—2017 年） | (1) 抓好标准建设推广行动；(2) 抓好示范引导带动行动；(3) 抓好中小企业服务行动；(4) 抓好电子商务集成行动；(5) 抓好重点领域应用行动；(6) 抓好智能制造培育行动；(7) 抓好信息技术创新应用行动；(8) 抓好信息产业支撑提升行动 |
| 安徽省电子信息产业调整和振兴规划 | (1) 振兴传统主导行业，加快新兴产业发展，推进重点领域科技创新，建设与产业发展相适应的科技创新体系；(2) 围绕产业重点发展领域和产业结构调整目标，加强规划引导，突出产业配套关键环节和产业链建设；(3) 坚持信息化与工业化融合，加快信息技术在传统产业中的应用，以新应用带动新增长，不断拓展产业发展领域 |
| 安徽省工业经济"十一五"发展规划纲要 | 加快结构调整，提升产业层次：(1) 优化机械、冶金、化工、建材等传统工业；(2) 加快振兴轻工、纺织、食品等劳动密集型产业；(3) 培育发展电子信息等高新技术产业；(4) 提升煤炭、电力、新能源等基础产业 |

**（五）江西省**

1. 整体情况

在江西省人民政府网、江西省发改委等网站，以"制造业"为关键词进行搜索，共搜集到 15 份相关政策文件，2006 年、2016 年颁布的政策文件居多，分别占 40%、26.67%（见图 11 - 5）。其中，以"制造业细分行业发展"为主题的专项规划占 40%；以"制造业发展"为主题的整体规划占26.67%；与"制造业发展"主题相关的规划占 20%；以"制造业发展"为主题的实施方案类政策文件占 13.33%。专项规划中主要涉及钢铁产业、汽车产业、煤炭工业、有色金属产业、高技术产业等，这些专项规划多集中在"十一五"时期。关于"转型升级"的政策文件有 3 份。

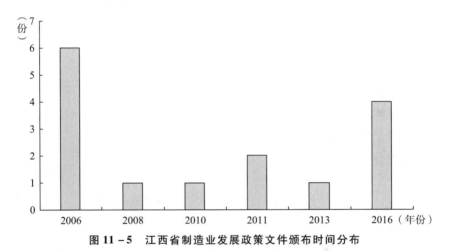

**图 11 - 5　江西省制造业发展政策文件颁布时间分布**

2. 政策重点

（1）促进产业集聚集约发展。《江西省国民经济和社会发展第十三个五年规划纲要》（以下简称"江西省'十三五'规划纲要"）、《江西省国民经济和社会发展第十二个五年规划纲要》均强调要促进产业集聚集约发展，优化产业区域布局，提升工业园区发展水平，培育特色产业基地；发挥龙头企业带动作用；促进工业园区集约高效特色发展；完善产业集群支撑体系。促进生产要素向龙头企业集聚、向主导产业集聚、向工业园区集聚，打造一批特色鲜明、优势明显、竞争力强的产业集群，形成企业集中布局、产业集聚发展、资源集约利用的发展格局。

（2）加快产业结构优化升级。《江西省国民经济和社会发展第十二个五年规划纲要》提出，要加快产业结构优化升级，大力推进新型工业化。加快运用高新技术和先进适用技术、现代管理技术改造提升传统产业，推进兼并重组，提高企业技术装备水平，增强市场竞争能力；坚持有所为、有所不为，统筹产业布局，突破核心技术，促进裂变扩张，培育引领支撑未来发展的先导性、支柱性产业。遵循科技含量高、经济效益好、资源消耗低、环境污染少、人力资源充分利用和信息化带动的原则，注重发展循环经济，提升工业增长质量，在加快发展中优化工业结构。

（3）实施产业创新发展工程。《江西省新型工业化"十一五"专项规划》提出，必须提高自主创新能力，把提高自主创新能力作为推动全省工业结构调整的主要动力和重要途径，加大高精尖人才的培养、引进力度，大力推进产学研结合，显著提高优势领域的原始创新和集成创新能力，全面提高引进消化吸收再创新能力，充分发挥自主创新对新型工业化的支撑、引领作用。

（4）全面加强质量品牌建设。《江西省人民政府关于贯彻落实〈中国制造2025〉的实施意见》提出要完善标准体系，推进品牌建设；《江西省国民经济和社会发展第十三个五年规划纲要》也强调，要坚持质量兴省、品牌兴业、标准引领，大力实施产品质量标准提升行动，全面提升江西制造质量和整体形象。具体的政策重点见表11-5。

表11-5　江西省制造业发展政策文件的重点任务

| 政策文件 | 重点任务 |
| --- | --- |
| 江西省国民经济和社会发展第十二个五年规划纲要 | （1）促进产业集群集约发展，优化产业区域布局、提升工业园区发展水平、培育特色产业基地；（2）改造提升传统产业，调整产业结构、促进技术进步、优化企业组织结构；（3）超常规发展战略性新兴产业，推动重点领域跨越发展、实施产业创新发展工程、加强政策支持和引导 |
| 江西省国民经济和社会发展第十一个五年规划纲要 | 加快产业结构优化升级，大力推进新型工业化：（1）推进产业技术升级；（2）加快壮大支柱产业；（3）发展重大基础工业；（4）做优做强工业园区；（5）做强昌九工业走廊；（6）优化产业组织结构 |
| 江西省新型工业化"十一五"专项规划 | （1）加强基础设施和基础产业建设，完善推进新型工业化的基础条件；（2）深化经济体制改革，增强推进新型工业化的内在活力；（3）提高对外开放水平，拓展新型工业化的发展空间；（4）多管齐下、形成合力，夯实新型工业化的产业基础；（5）大力实施科教兴赣和人才强省战略，为推进新型工业化提供有力的人才保障和智力支持；（6）落实循环经济发展理念，提高新型工业化发展水平 |
| 江西工业三年强攻规划纲要（2010—2012年） | （1）实施一批重大工业项目；（2）培植一批年主营业务收入过千亿元的优势产业；（3）壮大一批龙头骨干企业；（4）扶持一批重点工业园区；（5）培育一批战略性新兴产业 |

续表

| 政策文件 | 重点任务 |
|---|---|
| 江西省六大支柱产业"十一五"专项规划 | （1）扩大有效投入，加快重大项目建设，增强支柱产业发展后劲；（2）进一步对内对外全方位扩大开放，拓展支柱产业的发展空间；（3）加快培育产业集聚和产业集群，提高支柱产业的核心竞争力；（4）抓好资产优化整合，进一步实施大企业、大集团战略；（5）积极推进改革创新，增强支柱产业发展的内在动力；（6）着力提高自主创新能力，推进以核心企业为主体的技术创新体系建设；（7）大力推动全民创业，激发支柱产业的发展活力；（8）大力培养和引进人才，造就一批善谋实干的企业家 |
| 江西省高技术产业发展"十一五"专项规划 | （1）做大电子信息产品制造业；（2）做强生物技术产业；（3）加速发展高技术服务业；（4）壮大具有安徽省特色的比较优势产业；（5）加快高技术领域科研成果、项目和人才的引进步伐；（6）提高高技术自主创新能力；（7）积极利用高技术提升传统产业 |

## （六）山西省

### 1. 整体情况

在山西省人民政府网、山西省发改委等网站，以"制造业"为关键词进行搜索，共搜集到18份相关政策文件，2009年、2016年颁布的政策文件居多，均占38.89%（见图11-6）。其中，以"制造业细分行业发展"为主题的专项规划占33.33%；以"制造业发展"为主题的整体规划占22.22%；与"制造业发展"主题相关的规划占16.67%；以"制造业发展"为主题的实施方案类、意见类、通知类政策文件分别占16.67%、5.56%、5.56%。专

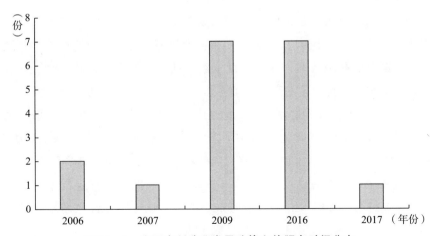

图11-6　山西省制造业发展政策文件颁布时间分布

项规划中主要涉及煤炭产业、煤化工产业、焦化产业、冶金产业、食品产业、装备制造业等，这些专项规划多集中在"十一五"时期。关于"转型升级"的政策文件有 8 份。

2. 政策重点

（1）推动产业优化升级。《山西省人民政府关于促进工业经济平稳较快发展的意见》提出，要加大工业结构调整和产业优化升级力度，增强工业发展后劲：大力推进淘汰落后工作、实施产业振兴战略、大力推进企业技术改造、加大重点工业园区配套建设力度、大力推进企业技术创新、鼓励企业积极引进国外先进技术。《山西省国民经济和社会发展第十一个五年规划纲要》强调，要以七大优势产业为重点，推动产业技术升级，以信息化带动工业化，以先进实用技术改造传统产业，以高新技术产业引领产业升级，以名牌战略提升产业竞争力。

（2）培育发展新兴产业。《山西省国民经济和社会发展第十三个五年规划纲要》（以下简称"山西省'十三五'规划纲要"）强调，要大力培育市场潜力大、产业基础好、带动作用强的非煤产业；《山西省新兴制造业 2016 年行动计划》提出，要着力发展装备制造、新材料、节能环保、信息技术、食品、医药、轻工和纺织八个新兴制造业。

（3）促进绿色低碳发展。《山西省人民政府关于优化产业结构培育优势产业的实施意见》提出，要坚持保护环境、加快污染治理和促进循环经济发展相结合。把加强环境保护、加快污染治理和发展循环经济作为调整经济结构、促进经济发展的主要内容和重要手段。《山西省国民经济和社会发展第十一个五年规划纲要》强调，要大力发展循环经济，努力转变经济增长方式；提高资源利用效率，加快建设节约型社会；加强生态环境建设，重点实施蓝天碧水和造林绿化工程；明确主体功能定位，实施区域分类发展。

（4）提升自主创新能力。《山西省新兴制造业 2016 年行动计划》的各个细分计划中多次强调要提升自主创新能力，例如，"装备制造业 2016 行动计划"提出要提高技术创新水平；"新材料业 2016 行动计划"提出要加强企业技术创新；"信息技术业 2016 行动计划"提出要实施技术创新突破工程。《中国制造 2025 山西行动纲要》强调，要将提升自主创新能力作为战略重点之一。具体政策重点任务见表 11 - 6。

表 11-6 山西省制造业发展政策文件的重点任务

| 政策文件 | 重点任务 |
|---|---|
| 山西省国民经济和社会发展第十一个五年规划纲要 | (1) 深化经济结构调整，大力推进新型工业化；(2) 培育优势产业，建设新型能源和工业基地；(3) 转变经济增长方式，建设资源节约和环境友好型社会 |
| 山西省人民政府关于促进工业经济平稳较快发展的意见 | (1) 扩大产品销售，积极拓宽发展空间；(2) 减轻企业负担，帮助企业渡过难关；(3) 增加流动资金，确保企业正常生产经营；(4) 加大工业结构调整和产业优化升级力度，增强工业发展后劲，大力推进淘汰落后工作、实施产业振兴战略、大力推进企业技术改造、加大重点工业园区配套建设力度、大力推进企业技术创新、鼓励企业积极引进国外先进技术；(5) 积极应对煤炭市场形势变化，确保煤炭行业健康发展；(6) 加强经济运行调节，促进经济平稳发展；(7) 完善机制体制，加强行业管理；(8) 加强组织领导，搞好协调服务 |
| 山西省人民政府关于优化产业结构培育优势产业的实施意见 | (1) 进一步改造、提升、巩固、拓展煤炭、焦化、冶金、电力等传统产业；(2) 加快培育发展壮大煤化工、装备制造、材料和旅游业"四新"支柱产业；(3) 大力发展高新技术产业、农业和服务业；(4) 大力发展循环经济，建设节约型社会 |
| 山西省新兴制造业2016年行动计划 | 装备制造：推进企业技术改造；提升基础制造能力；推进"两化"深度融合；提高技术创新水平；优化产业发展布局；建设产业服务平台；完善产业配套体系；强化质量品牌建设；加大招商引资力度；扩大对外合作交流 |
| | 新材料：推进重大项目建设；提升产业基地水平；加强企业技术创新；大力培育龙头企业 |
| | 节能环保：强化统计监测；加强统筹推进；加大资本支持；创优发展环境 |
| | 信息技术：重点项目推进工程；龙头企业培育工程；技术创新突破工程；产业集聚提升工程 |
| | 食品：推进项目建设；培养骨干企业；引导集聚发展；加强品牌建设；推动技术创新 |
| | 医药：引导产业投资；做大骨干企业；加强技术创新；优化产品结构；强化产业布局；推进绿色发展 |
| | 轻工：推进重大项目建设；加强企业技术创新；推进产业基地集群建设；支持龙头企业发展；支持企业扩大对外合作范围；开拓农村城市两个市场；促进消费产品升级 |
| | 纺织：加快重大项目建设；加快技术装备更新；积极引导集聚发展；积极培育骨干企业；支持企业扩大对外开放；加大知名品牌培育 |

### （七）小结

目前中部六省制造业发展政策体系存在以下特点。①中部六省制造业政策在空间分布上具有显著差异，可分为三个梯队。2006～2016年，湖南省颁布的政策文件最多，为第一梯队；湖北省、安徽省次之，为第二梯队；其他三个省份为第三梯队。②中部六省制造业政策在演变特征上具有政策匹配特点。中部六省制造业政策颁布时间主要集中在五年规划的初始年份，相关政策文件与该时期五年规划的要求相辅相成。③中部六省制造业政策中专项规划具有指导和推动作用。在战略层面，中部六省的政策结构都相对完整，总体规划、专项规划、相关规划协同推进，加大了制造业发展的政策实施力度。④中部六省制造业发展的政策重点集中在产业结构优化升级、提高产业创新能力、促进产业集聚发展、推进"两化"深度融合、全面推行绿色制造五个方面。

## 二 "十一五""十二五"中部六省制造业政策实施总体评估

### （一）指标选取与数据来源

为评估"十一五""十二五"中部六省制造业政策实施效果，以2006～2015年为研究时段，选择规上工业企业数、规上工业总产值两个指标测度中部六省制造业发展规模，选择工业废水排放量、工业二氧化硫排放量、工业烟尘排放量三个指标测度中部六省制造业环境外部性。数据来源于相关年份各省统计年鉴、《中国城市统计年鉴》。由于《湖南省统计年鉴2010》未找到，2009年湖南省规上工业企业数这一指标采用移动平均法计算得到。

### （二）评价结果

1. 发展规模

（1）中部六省规上工业企业数基本呈现逐年波动上升态势，其中河南省最高，山西省最低。从规上工业企业数来看，河南省始终在中部六省中居于首位；湖北省和安徽省相差较小，但近年来安徽省规上工业企业数逐渐与湖北省拉开差距；湖南省规上工业企业数略少于湖北省和安徽省，但差距不大；江西省和山西省的规上工业企业数与其他省份有一定差距。从发展态势来看，2006～2015 年，除了山西省规上工业企业数呈现略有下降趋势外，其他省份均呈现缓慢增加态势（见图 11－7）。

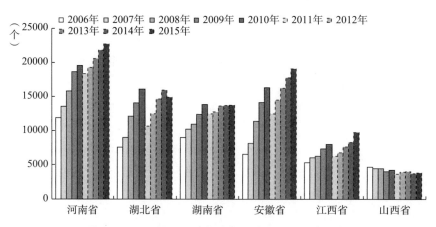

图 11－7　2006～2015 年中部六省规上工业企业数

（2）中部六省规上工业总产值基本上均呈现逐年上升趋势，其中河南省规上工业总产值最高，山西省最低。从规上工业总产值来看，2006～2015 年河南省规上工业总产值始终排名第一；湖北省、安徽省、湖南省工业总产值依次排第二名、第三名、第四名，但三者差距很小；江西省、山西省紧随其后。从发展态势看，除了山西省规上工业总产值在近年稍有下降外，其他省份规上工业总产值均呈现逐年上升的态势（见图 11－8）。

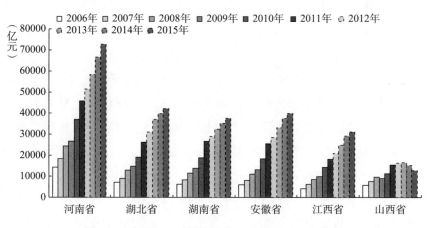

图 11－8　2006～2015 年中部六省规上工业总产值

2. 环境外部性

（1）中部六省工业废水排放量发展态势存在显著差异，其中河南省工业废水排放量最多，山西省最少。从工业废水排放量来看，2006～2015 年河南省工业废水排放量始终排名第一；湖南省工业废水排放量略多于湖北省，安徽省、江西省工业废水排放量差距很小；山西省工业废水排放量历年均处于最低水平。从发展态势看，河南省、湖北省、湖南省工业废水排放量呈现先上升后下降的趋势；安徽省与江西省工业废水排放量处于波动态势；山西省工业废水排放量近年来略有增加（见图 11 - 9）。

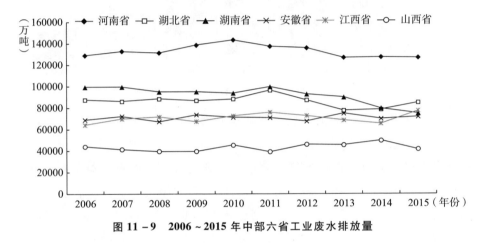

图 11 - 9　2006～2015 年中部六省工业废水排放量

（2）中部六省工业二氧化硫排放量基本上都处于下降态势，其中河南省与山西省工业二氧化硫排放量相对较多。从工业二氧化硫排放量来看，2006～2015 年河南省工业二氧化硫排放量起初居于首位，但"十一五""十二五"时期二氧化硫排放量处于不断下降状态，且下降速度高于山西省，2010 年之后，河南省低于山西省，山西省工业二氧化硫排放量开始排名第一；湖南省工业二氧化硫排放量略多于湖北省、安徽省、江西省，但随着治理力度的加大，"十二五"时期四省工业二氧化硫排放量差距很小。从发展态势看，除了山西省工业二氧化硫排放量在波动中略有上升，其他省份工业二氧化硫排放量均在波动中下降（见图 11 - 10）。

（3）中部六省工业烟尘排放量发展态势不一，其中山西省工业烟尘排放量明显多于其他省份。从工业二氧化硫排放量来看，2006～2015 年山西省工业烟尘排放量基本上一直居于首位；河南省工业烟尘排放量略高于湖北省、

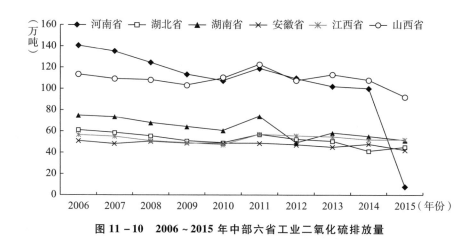

**图 11 - 10　2006~2015 年中部六省工业二氧化硫排放量**

湖南省、安徽省、江西省，但四省工业烟尘排放量差距很小。从发展态势看，山西省工业烟尘排放量发展趋势明显不同于其他省份，"十一五"时期山西省工业烟尘排放量与其他省份一样呈现缓慢下降趋势，但在"十二五"时期山西省则呈现出急剧上升后急剧下降的趋势；其他省份工业烟尘排放量在"十一五"时期缓慢下降，但在"十二五"时期略有上升（见图 11 - 11）。

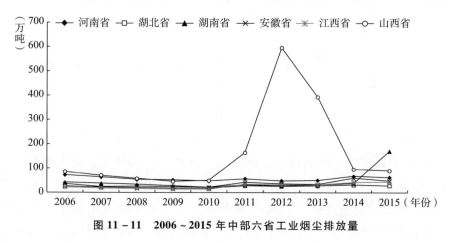

**图 11 - 11　2006~2015 年中部六省工业烟尘排放量**

3. 小结

（1）从发展规模来看，中部六省制造业基本呈现扩大趋势。中部六省规上工业企业数除了山西省略有下降外，其他五省基本呈现波动上升态势；中部六省规上工业总产值基本上呈现逐年上升趋势。从发展规模上可以将中部六省分为三个梯队：河南省工业企业数、工业总产值均排名第一，属于第一梯队；湖北省、湖南省、安徽省两个指标差距不大，属于发展规模第二梯队；江西省和山西省属于第三梯队，但近年来江西省制造业发展势头相对较好，而山西省制造业发展存在一些问题。

（2）从环境外部性来看，中部六省"三废"排放没有表现出明显下降趋势，减少污染物排放的任务依然艰巨。中部六省工业废水排放量发展态势存在显著差异；中部六省工业二氧化硫排放量除了山西省在波动中略有上升，其他省份基本上都处于下降态势，其中河南省与山西省工业二氧化硫排放量相对较高；中部六省工业烟尘排放量发展态势不一，其中山西省工业烟尘排放量明显高于其他省份。河南省和山西省制造业发展产生的环境负外部性相对较大，而其他省份的环境负外部性并没有得到有效遏制，但是相对于发展规模不断扩大的现实来看，这些省份近年来的减排工作还是有一定成效的，但未来任务依然艰巨。

# 三 中部六省"十三五"制造业发展 规划、政策比较分析

## （一）河南省

河南省"十三五"规划纲要强调，要抢抓产业转移和新一轮产业变革"两个机遇"，强化传统产业升级和新兴产业培育"双轮驱动"，促进工业化和信息化、制造业和服务业深度融合，推动产业向中高端迈进。建设先进制造业大省，坚持制造兴省，实施《中国制造 2025 河南行动纲要》，一手抓高成长性制造业和战略性新兴产业高端突破，一手抓传统产业脱胎换骨改造，加快向集群化、智能化、绿色化、服务化升级，构建竞争优势明显的制造业体系。同时河南省"十三五"规划纲要中提出要重点发展电子信息产业、装备制造产业、食品产业、日用消费品工业等优势主导产业（见表 11 - 7）。

表 11 - 7 河南省"十三五"规划纲要中关于制造业发展的相关要求

| 要点 | 主要内容 |
| --- | --- |
| 突出壮大优势主导产业 | 重点发展电子信息产业、装备制造产业、食品产业、日用消费品工业 |

续表

| 要点 | 主要内容 |
|---|---|
| 积极培育战略性新兴产业 | 重点推动生物医药、先进材料、先进机器人、储能和动力电池等产业向国内一流水平迈进，争取物联网、基因检测、智能微电网、增材制造（3D打印）、人工智能、页岩气等领域实现产业化突破 |
| 加快传统产业转型升级 | 推动冶金、建材、化工、轻纺等传统产业绿色化、循环化和高端化发展，积极推进钢铁、建材等主要耗煤行业清洁生产；支持企业瞄准国际同行业标杆推进新一轮技术改造升级；加快推动产业重组和产能转移，稳妥有序处置特困企业，有效化解产能过剩 |
| 实施"百千万"亿级优势产业集群培育工程 | 省级层面重点打造万亿级优势产业集群，以省辖市为主体打造千亿级主导产业集群，以县域为主体打造百亿级特色产业集群，建设一批新型工业化产业示范基地和具有核心竞争优势的集群品牌 |
| 实施"三个对接"优势产业链培育工程 | 推动生物资源与终端消费品双向对接，促进饲料种植、畜牧养殖、精深加工和冷链物流链式协同发展，形成三次产业融合发展新优势；推动矿产资源与中高端制成品双向对接，突出发展高附加值消费品和整机类产品，加快资源优势向产业链综合优势转变；推动"城市矿山"与再生制品双向对接，大力加强资源综合利用，培育循环经济产业链 |
| 实施智能制造应用示范工程 | 以汽车、机械、电子、冶金、石化、轻纺等行业为重点，建设行业云平台，加快企业装备和生产系统智能化改造，建设一批智能工厂和数字化车间，推动关键工序智能化、生产过程智能优化控制、供应链及能源管理优化 |
| 实施工业强基提质工程 | 聚焦制造业转型升级关键领域，实施技术改造升级工程；推进绿色制造行动计划，加强节能环保技术、工艺、装备的研发和推广应用；推进服务型制造行动计划，积极发展全生命周期管理、网络精准营销和在线支持服务等新业务，推动有条件的企业由提供设备向提供系统集成总承包服务转变 |
| 推进老工业基地和资源型城市转型发展 | 以产业重构为重点，推进老旧社区、老工业企业厂房改造，完善基础设施，基本完成纳入国家规划的9个城区老工业区的搬迁改造，建设老工业基地产业转型升级示范区 |

### （二）湖北省

1. 《湖北省国民经济和社会发展第十三个五年规划纲要》的要求

《湖北省国民经济和社会发展第十三个五年规划纲要》（以下简称"湖北省'十三五'规划纲要"）提出，要提高制造业竞争力，坚定不移推进制造强省建设，实施《中国制造2025湖北行动纲要》，推进"双九双十"行动，推动制造业向创新驱动型、质量效益型、绿色低碳型、智能融合型、生产服务型转变，不断提升制造业整体实力和竞争力；构建新型制造体系，改造提升传统优势产业，提升制造业集聚发展水平（见表11-8）。

表 11 - 8　湖北省"十三五"规划纲要中关于制造业发展的相关要求

| 要点 | 主要内容 |
|------|---------|
| 构建新型制造体系 | 加快工业化与信息化、制造业与生产性服务业融合发展，推进制造业智能化、服务化、绿色化；引导过剩产能供给减量和结构调整；坚持"消化一批、转移一批、整合一批、淘汰一批"，严格控制钢铁、水泥、电解铝、平板玻璃等高耗能产业规模；增强工业基础能力 |
| 改造提升传统优势产业 | 推动电子信息、汽车、装备、食品、石化化工等产业实现规模稳步扩大、竞争力全面提升；推进冶金、建材、轻纺等产业淘汰落后产能、兼并重组和技术改造，提高在细分市场的占有份额 |
| 提升制造业集聚发展水平 | 依托开发区、工业园区，整合打造一批市场影响大、产业配套能力和创新活力强的产业集聚区；推进企业战略合作和兼并重组；发挥国家级开发区和高新区的辐射带动作用，鼓励采取代管、托管、飞地经济等多种方式进行合作，增加园区投资强度，提高土地产出率 |

2. 《湖北省工业"十三五"发展规划》的要求

《湖北省工业"十三五"发展规划》强调要推进"五个转型"，处理好"五个关系"。"五个转型"具体如下。一是向创新驱动型转型。加快建立以企业为主体、以市场为导向、产学研相结合的创新体系，着力推动企业技术创新、产品创新、商业模式创新。二是向质量效益型转型。加快形成适应经济新常态的发展方式，把推动发展的立足点转到提高质量和效益上来，从追求数量、粗放扩张转变为追求质量、提高效率。三是向智能融合型转型。大力推进信息化与工业化深度融合，推广先进制造模式，不断创造新的经济增长点、新的市场、新的就业形态，提高运行效率，实现互联互通、信息共享、智能处理、协同工作。四是向生产服务型转型。积极发展先进生产性服务业，推动制造业服务化，促进三次产业在更高水平上协同发展。五是向绿色低碳型转型。加强政策引导，依靠技术进步，加强节能降耗、减排治污，推动形成低消耗、可循环、低排放、可持续的产业结构和运行方式。

"五个关系"具体如下。一是处理好稳增长与调结构的关系，既要保持经济增长速度，也要注重增强发展的稳定性、协调性和可持续性，着力提高发展的质量和效益。二是处理好需求牵引与供给侧结构性改革的关系，更加注重供给侧结构性改革，不断提升全要素生产率，提高供给体系质量和效率。三是处理好新兴产业与传统产业的关系，加快新动能的培育，巩固提升传统动能，加快形成双轮驱动的发展模式。四是处理好产业发展和生态环境的关系，坚持存量调整优化和增量严格准入相结合，坚持保护优先，推进节能减排，更加注重增强可持续发展能力。五是处理好做大做强与扶小帮小的关系，既要培育壮大骨干企业，又要帮助中小微企业成长（见表 11-9）。

表 11-9 《湖北省工业"十三五"发展规划》中关于制造业发展的相关要求

| 要点 | 主要内容 |
| --- | --- |
| 重点任务 | 激活产业创新发展动能：构建产业技术创新体系；强化企业创新主体地位；推广应用新技术、新产品；引导创新人才向企业集聚 |
| | 加快新一轮企业技术改造升级：加大先进适用技术的应用；充分利用新业态、新模式；优化工业投资结构 |
| | 激发各类市场主体活力：推进企业兼并重组，培育大企业大集团；加快发展民营经济，促进企业间协调发展；提升企业服务水平，推进大众创业、万众创新 |
| | 促进"互联网＋制造"融合：提升工业互联网发展水平；加快推进智能制造转型；推广系统集成与应用；加强"两化"融合贯标体系建设 |
| | 加速推进军民深度融合：建立军民融合创新体系；推动军民技术双向转化；促进军民科技资源共享 |
| | 全面推进工业绿色转型：积极打造绿色制造体系；大力推进工业节能降耗；全面推行绿色制造；大力发展循环经济和再制造；加快淘汰落后产能和化解过剩产能 |
| | 推进对内对外双向开放：推动区域产业协同发展；大力实施"走出去"战略；推动外贸、外资、外经业务联动发展 |
| | 优化调整产业发展空间：加强工业园区建设；推进产业有序转移；促进县域经济发展；优化产业空间布局 |
| 重点领域 | 推进传统优势产业改造升级：食品；冶金；石化；建材；纺织 |
| | 促进新兴产业发展壮大：电子信息；汽车；智能制造装备；生物医药和医疗器械；航空航天；海洋工程装备；新材料；节能环保；北斗；轨道交通装备 |
| | 加快生产性服务业能力提升：科技服务业；信息服务业；现代物流业；商贸及其他服务业 |
| 重大工程 | 智能制造试点示范工程；制造业创新中心建设工程；工业强基工程；企业精细化管理推广工程；服务型制造示范工程；制造业国际化工程；清洁生产示范工程；市场主体培育工程；企业家培育工程；品牌提升工程 |

### （三）湖南省

1. 湖南省"十三五"规划纲要的要求

湖南省"十三五"规划纲要强调，要按照主攻高端、提升低端、转型为先的原则，大力发展先进制造业，培育发展战略性新兴产业，改造提升传统产业，着力提升工业素质和效益，构建富有核心竞争力的湖南省特色现代工业体系。同时，致力于打造全国先进制造业基地，推动原材料产业、消费品工业等传统产业改造提升（见表 11-10）。

表 11-10　湖南省"十三五"规划纲要中关于制造业发展的相关要求

| 要点 | 主要内容 |
| --- | --- |
| 打造全国先进制造业基地 | 加快建设制造强省；大力发展先进装备制造业；加快发展战略性新兴产业；促进军民融合发展；支持中小企业发展 |
| 推动传统产业改造提升 | 做深做精原材料工业；做优做响消费品工业 |

2. 《湖南省"十三五"新型工业化发展规划》的要求

《湖南省"十三五"新型工业化发展规划》强调，要牢固树立"创新、协调、绿色、开放、共享"发展理念，坚持新型工业化第一推动力不动摇，大力推进供给侧结构性改革，紧紧围绕制造强省建设，以创新发展为主题、转型提质增效为中心、"两化"深度融合为主线、智能制造为主攻方向，巩固提升传统优势产业、培育壮大新兴产业、加快发展生产性服务业，促进产业结构优化升级，全力构建多点支撑、多极发展、绿色两型、特色突出的现代工业产业新体系，将湖南省打造成为全国工业转型创新区、两型产业发展示范区、智能制造引领区，加快由制造大省向制造强省跨越发展步伐，为促进湖南省经济社会发展和全面建成小康社会做出重要贡献（见表 11-11）。

表 11-11　《湖南省"十三五"新型工业化发展规划》中关于
制造业发展的相关要求

| 要点 | 主要内容 |
| --- | --- |
| 巩固提升传统优势产业 | 改造提升装备制造业；提质优化原材料工业；做精做优消费品工业 |
| 加快壮大新兴产业 | 做大做强新一代信息技术产业；大力发展新材料产业；培育发展高端装备制造业；做强做优节能与新能源汽车产业；加快壮大现代医药产业；乘势发展节能环保产业 |
| 提升自主创新能力 | 明确创新主攻方向；完善创新体系建设；加速科技成果转化 |
| 推进发展智能制造 | 提升智能装备和产品水平；推动制造业智能化发展；建设智能制造推广服务平台 |
| 推进"两化"深度融合 | 推进"制造+互联网+服务"发展；加快信息网络基础设施建设 |

续表

| 要点 | 主要内容 |
|------|---------|
| 夯实产业制造基础 | 提升工业基础能力；完善企业协作体系；提升质量技术水平 |
| 促进中小微企业发展 | 打造创新创业载体；引导中小企业加快发展；完善中小微公共服务体系 |
| 加快标志性工程建设 | 建设标志性产业集群；创建标志性产业基地；做强标志性领军企业；培育标志性品牌产品 |
| 推动制造服务转型 | 推动服务型制造发展；加快生产性服务业发展；搭建公共服务平台 |
| 推动区域协同发展 | 优化工业空间布局；分类引导园区发展；发展县域特色产业；促进区域协同发展 |
| 促进两型绿色发展 | 推动传统制造业绿色改造升级；推进资源循环高效利用；发展绿色制造体系 |
| 深化产业开放融合 | 促进产业融合发展；推进军民融合深度发展；深化国内外产业合作；鼓励企业"走出去" |

### （四）安徽省

安徽省"十三五"规划纲要强调，要着力加强供给侧结构性改革，大力实施调转促"4105"行动计划和《中国制造2025安徽篇》，基本形成以战略性新兴产业为先导、先进制造业为主导、现代服务业为支撑的现代产业新体系；到2020年，制造强省地位基本确立，制造业增加值占地区生产总值比重达到40%；致力于培育壮大战略性新兴产业，推动传统产业优化升级（见表11-12）。

表11-12 安徽省"十三五"规划纲要中关于制造业发展的相关要求

| 要点 | 主要内容 |
|------|---------|
| 培育壮大战略性新兴产业 | 深入实施战略性新兴产业集聚发展工程，推动电子信息、智能装备、新材料等一批战略性新兴产业加速发展成为主导产业，带动产业转型升级 |
| 推动传统产业优化升级 | 深入实施传统产业改造提升工程，坚持改革、改组、改造"三改"，推动技术、产业、管理"三创"，促进产品、企业、产业"三升"，着力提升传统产业供给质量和效率，推动传统产业向创新驱动、绿色低碳、智能制造和服务化转型；深入实施质量品牌升级工程 |

### （五）江西省

江西省"十三五"规划纲要强调，要深入实施工业强省战略，以优势传统产业为基础，以战略性新兴产业为先导，以制造业智能化为主攻方向，加快信息化与新型工业化的深度融合，推动工业向高端化、智能化、集聚化、绿色化、品牌化方向发展，构建特色鲜明、集约高效、环境友好、市场竞争力强的新型工业体系；要加快推进传统产业转型升级，推动战略性新兴产业跨越发展，促进产业集聚集约集群发展，全面加强质量品牌建设（见表 11 – 13）。

表 11 – 13 　江西省"十三五"规划纲要中关于制造业发展的相关要求

| 要点 | 主要内容 |
|---|---|
| 加快推进传统产业转型升级 | 大力实施传统产业改造升级行动，以石化、钢铁、有色、食品、建材建筑、纺织服装、轻工等为重点，通过淘汰落后、兼并重组、技术改造、模式创新等手段，推动产业链从前端向后端、低端向中高端延伸转变，实现产品技术、工艺装备、能效环保等水平全面跃升 |
| 推动战略性新兴产业跨越发展 | 以高端化、集约化、特色化为导向，以掌握核心技术为关键，实施战略性新兴产业倍增计划，进一步培育壮大电子信息和新型光电、生物医药、节能环保、新能源、新材料、航空、先进装备制造等新兴产业，努力实现全省战略性新兴产业规模倍增、龙头企业倍增、示范基地倍增，力争战略性新兴产业增加值占工业增加值比重达到30%；打造"领跑方阵""新兴方阵""潜力方阵"；强化对新兴产业的政策支持；推动工业化和信息化深度融合；加快推进制造业智能化 |
| 促进产业集聚集约集群发展 | 发挥龙头企业带动作用；促进工业园区集约高效特色发展；完善产业集群支撑体系 |
| 全面加强质量品牌建设 | 坚持质量兴省、品牌兴业、标准引领，大力实施产品质量标准提升行动，全面提升江西制造质量和整体形象 |

### （六）山西省

1. 山西省"十三五"规划纲要的要求

山西省"十三五"规划纲要强调，要做好煤和非煤两篇文章，以结构深度调整、振兴实体经济为主线，把化解产能过剩和发展新兴产业有机结合起来，实施工业强基工程，不断改造提升传统优势产业，切实推进煤炭产业"六型转变"，大力培育市场潜力大、产业基础好、带动作用强的非煤产业，加快国家新型综合能源基地建设，逐步形成以传统优势产业为主导、以新兴接替产业为先导、服务业全面发展的产业格局。要做优做强能源产业，优化提升现代高载能产业，发展壮大装备制造业，培育发展新兴接替产业（见表 11 – 14）。

表 11 – 14　山西省"十三五"规划纲要中关于制造业发展的相关要求

| 要点 | 主要内容 |
|---|---|
| 做优做强能源产业 | 以"高碳资源低碳发展，黑色煤炭绿色发展"为原则，加快转变能源产业发展方式，调整优化能源结构，提高能源效率，切实提高能源产业核心竞争力，扎实推进山西省国家新型综合能源基地建设 |
| 优化提升现代高载能产业 | 改造提升冶金、焦化、建材等传统优势产业，积极化解产能过剩，发展壮大现代煤化工和大数据产业，促进电力、煤炭与高载能产业互动发展，实现能源就地消纳增值，积极推进钢铁、建材等主要耗煤行业的清洁生产，减少污染 |
| 发展壮大装备制造业 | 贯彻《中国制造2025》，紧扣创新驱动、布局优化、"两化"融合、绿色制造，努力把装备制造业打造成为山西省经济转型升级的新引擎。以重点企业、园区、技术、项目为依托，建立先进装备制造研发设计平台，构建高效完备的先进装备制造业服务体系，加快提升装备制造业竞争力，将山西省建设成为全国装备制造产业重要基地 |
| 培育发展新兴接替产业 | 大力支持市场潜力大、产业基础好、带动作用强的行业，加快形成支柱产业，积极培育先导产业，切实提高产业核心竞争力和经济效益 |

2. 《山西省"十三五"工业和信息化发展规划》的要求

《山西省"十三五"工业和信息化发展规划》提出，主动适应经济发展新常态，以加快转变经济发展方式为主线，以推进经济结构战略性调整为重点，以新一代信息技术为支撑，以《中国制造2025》为统领，努力做好煤与非煤两篇文章，优化空间布局，强化产业集聚，促进融合发展，构建新型、多元、绿色的现代工业产业体系，全力打造国家新型综合能源基地和重要的现代制造业基地。要坚持创新发展、协调发展、绿色发展、集聚发展、融合发展、开放发展六大原则（见表 11 – 15）。

表 11 – 15　《山西省"十三五"工业和信息化发展规划》中
关于制造业发展的相关要求

| 要点 | 主要内容 |
|---|---|
| 发展重点 | 加速改造传统产业：煤炭工业；冶金工业；焦化工业；电力工业 |
| | 振兴发展新支柱产业：装备制造业；煤化工产业 |
| | 加快发展潜力产业：新材料产业；节能环保产业；食品产业；医药产业；轻工业；纺织产业 |
| | 大力发展信息产业：优势产业（电子设备制造、太阳能光伏、LED、信息安全、新型电子材料、软件和信息技术服务、通信）；新兴融合产业（云计算、大数据、物联网、空间信息产业） |

续表

| 要点 | 主要内容 |
|---|---|
| 主要任务 | 优化空间布局：培育产业集群集聚发展；积极打造特色板块经济；加快建设经济技术开发区 |
| | 转变发展方式：强化低碳绿色发展；强化资源综合利用；强化企业技术改造 |
| | 提升创新能力：完善产业技术创新体系；促进创新成果转化应用；培育创新平台 |
| | 推进融合发展：推进"两化"深度融合；推进服务业和制造业融合；推进军民产业融合 |
| | 扩大对外开放：深化区域合作；加大商务合作；加快口岸建设 |
| | 提升信息化发展水平：加快信息基础设施建设；推进"互联网＋"行动；强化信息安全保障 |

### （七）小结

从中部六省"十三五"规划纲要和有关工业规划的政策内容来看，中部六省制造业发展政策的重点任务依然集中在五个方面：产业结构优化升级、提高产业创新能力、促进产业集聚发展、推进"两化"深度融合、全面推行绿色制造。产业结构升级是中部六省制造业发展的首要任务，抢占发展先机，促进制造业高端化、服务化发展，淘汰落后产业，优化高耗能产业，发展新兴产业，是培育现代产业体系的要求。从规划提出的重点领域来看，产业结构优化升级的两大任务分别是培育发展信息技术产业、高端装备、生物医药等高技术制造业，以及改造提升建材、化工、纺织等传统优势产业。提高产业创新能力是中部六省制造业发展的重要命题，坚持创新驱动，提高自主创新能力，促进技术创新、产品创新、市场创新，有利于培养产业核心竞争力。促进产业集聚发展是中部六省制造业发展的核心途径，培育特色产业品牌集群，充分发挥集聚效应，促进产业高效集约发展。推进"两化"深度融合是中部六省制造业发展的关键领域，充分融入信息化时代，促进产业数字化、智能化、网络化，加快新型工业化进程。全面推行绿色制造是中部六省制造业发展的必行之路，提高能源利用效率，降低产业能耗，促进制造业可持续发展。

## 四　中部六省"中国制造2025"行动方案比较分析

### （一）河南省

《中国制造2025河南行动纲要》提出，要以高端化、终端化和高效益为中心，坚持做大总量和调优结构并重，坚持改善供给和扩大需求并举，坚持开放带动和创新驱动并进，着力加快信息技术与制造业深度融合，着力突破关键核心技术，着力培育有竞争力的产品，厚植发展优势，优化产业结构，转换发展动力，推动河南制造向河南创造转变、河南速度向河南质量转变、河南产品向河南品牌转变，实现制造大省向制造强省的历史性跨越。重点发展智能终端及信息技术、高端装备、冷链与休闲食品、节能与新能源汽车、数控机床和机器人、节能环保和新能源装备、生物医药及健康、现代家居、品质轻纺、冶金新型材料、现代化工材料、新型绿色建材等产业（见表 11 - 16）。

表 11 - 16　《中国制造 2025 河南行动纲要》中关于制造业发展的相关要求

| 层次 | 主要内容 |
| --- | --- |
| 基本原则 | 重点突破，整体提升；创新驱动，开放合作；智能引领，融合互动；质量为先，人才为本；集聚集约，绿色发展；市场主导，政府引导 |
| 发展目标 | （1）到 2020 年，先进制造业大省建设取得明显成效：产业结构持续优化；创新能力显著增强；质量效益稳步提高；智能制造加速渗透；绿色发展水平明显提升<br>（2）到 2025 年，基本建成先进制造业大省，迈入全国制造强省行列，以中高端制造业为主的格局基本形成，全员劳动生产率明显提高，制造业集群化、智能化、绿色化、服务化水平迈上新台阶，重点行业单位工业增加值能耗、物耗及污染物排放达到国内先进水平，形成一批具有国际竞争力的产业集群和龙头企业 |
| 重点领域 | 智能终端及信息技术产业；高端装备；冷链与休闲食品；节能与新能源汽车；数控机床和机器人；节能环保和新能源装备；生物医药及健康产业；现代家居；品质轻纺业；冶金新型材料；现代化工材料；新型绿色建材 |
| 主要任务 | 深入实施开放带动主战略；提高制造业创新能力；推进信息化与工业化深度融合；实施大规模技术改造；加强质量品牌建设；全面推行绿色制造；加快推动制造业服务化；完善提升制造业发展载体 |
| 保障措施 | 营造公平竞争的市场环境；完善企业服务长效机制；强化制造业人才支撑；完善金融扶持政策；加大财税政策支持力度；加强组织领导 |

### （二）湖北省

《中国制造 2025 湖北行动纲要》强调，要顺应"互联网＋"的发展趋势，以加快新一代信息技术与制造业的深度融合发展为主线，以推进智能制造为主攻方向，突出改革激活力、创新强动力、结构谋转型、绿色促发展，突出问题导向、强化工业基础、注重集成应用、提升制造水平，全面拓展湖北制造业发展新空间，培育发展新动能，构建产业新体系，增强核心竞争力，加快实现从制造大省向制造强省的战略转型和跨越。重点发展新一代信息技术、智能装备、新能源汽车及专用车、生物医药和高端医疗器械、新材料、海洋工程装备及高技术船舶、航空航天装备、北斗、轨道交通装备、节能环保装备和资源循环利用等产业（见表 11 – 17）。

表 11 – 17　《中国制造 2025 湖北行动纲要》中关于制造业发展的相关要求

| 层次 | 主要内容 |
|---|---|
| 发展定位 | 先进制造业集群核心区；智能制造先行区；产业转型升级示范区；区域领先、全国一流的制造业创新中心 |
| 主要目标 | （1）到 2020 年，湖北省制造业总量进入全国前 6 位，制造大省地位进一步巩固，制造强省建设取得重要进展。到 2025 年，湖北省制造业在全国产业分工和价值链体系中的地位显著提升，进入全国制造强省第一方阵；（2）创新能力明显增强，"两化"融合水平显著提升，产业结构持续优化，质量品牌建设取得重大突破，绿色制造取得积极成效 |
| 主要任务和重点工程 | 加快发展智能制造，推进"两化"深度融合；完善制造业创新体系，提高自主创新能力；扎实推进"四基"发展，提升工业基础能力；完善行业标准体系，强化质量品牌建设；推进产业结构调整，加快制造业转型步伐；发展生产性服务业，推进制造业服务化；全面推行绿色制造，提升可持续发展能力；坚持以开放促发展，深化产业国际合作；加快多层次人才培养，充分释放人才红利 |
| 重点领域 | 新一代信息技术产业；智能装备；新能源汽车及专用车；生物医药和高端医疗器械；新材料；海洋工程装备及高技术船舶；航空航天装备；北斗；轨道交通装备；节能环保装备和资源循环利用 |
| 政策措施 | 加大财政税收支持；完善金融扶持政策；激发中小微企业活力，推进大众创业、万众创新；营造公平竞争的市场环境；健全组织实施机制 |

### （三）湖南省

《湖南省贯彻〈中国制造 2025〉建设制造强省五年行动计划（2016—2020 年）》（以下简称《五年行动计划》）提出，要坚持新型工业化第一推动力不动摇，以创新发展为主题，以转型升级、提质增效为中心，以"两化"融合为主线，以智能制造为主攻方向，全面推进"1274"行动，着力巩固提升领先优势，充分发挥比较优势，拓展放大潜在优势，大力发展先进制造业、改造提升传统产业，推动生产型制造向服务型制造转变，打造中国智能制造示范区，充分发挥实施制造强国战略主力军的作用，加快实现制造大省向制造强省的新跨越。重点发展先进轨道交通装备、工程机械、新材料、新一代信息技术、航空航天装备、节能与新能源汽车等汽车制造、电力装备、生物医药及高性能医疗器械、节能环保、高档数控机床和机器人、海洋工程装备及高技术船舶、农业机械等产业（见表 11 - 18）。

表 11 - 18　《五年行动计划》中关于制造业发展的相关要求

| 层次 | 主要内容 |
| --- | --- |
| 基本原则 | 市场主导，政府引导；自主创新，开放合作；两型引领，提质增效；重点突破，整体提升；强化质量，夯实基础；深化融合，协同发展 |
| 发展目标 | 重点产业加快发展，工业运行质量进一步提高；智能制造加快推进，产业"两化"融合进一步深化；创新体系加快完善，自主创新水平进一步提升；绿色制造加快推广，持续发展能力进一步增强；产业结构加快优化，制造业向中高端转变进一步加快 |
| 主要任务和重点工程 | 加快成果转化步伐，提高自主创新能力；大力推进智能制造，深化"两化"融合；发挥整机带动作用，夯实制造产业基础；推广先进质量管理，提升质量技术水平；全面推行绿色制造，强化持续发展能力；不断调整优化结构，促进产业集聚发展；统筹推进协同发展，推动制造服务转型；深入开展对接合作，扩大产业对外开放；突出放大特色优势，加快重点领域突破 |
| 重点领域 | 先进轨道交通装备；工程机械；新材料；新一代信息技术产业；航空航天装备；节能与新能源汽车等汽车制造；电力装备；生物医药及高性能医疗器械；节能环保；高档数控机床和机器人；海洋工程装备及高技术船舶；农业机械 |
| 保障措施 | 加大组织协调力度；加强重点项目建设；扩大财税金融支持；积极推动创新创业；深化产业对外开放；强化产业人才支撑；营造良好发展环境 |

### （四）安徽省

《中国制造 2025 安徽篇》提出，要坚持以结构深度调整、制造业转型升级为主线，以创新驱动为第一动力，以提质增效为中心，以产业迈向中高端为方向，以"两化"深度融合和智能制造为切入点，坚持传统产业改造升级与新兴产业发展并举、产业链向研发设计和制造服务两端延伸并举、企业品牌建设和核心竞争力提升并举，推动制造业智能化、高端化、绿色化和生产服务化，走新型工业化道路，构建新型制造业体系，努力将安徽省建设成为制造强省（见表 11 - 19）。

表 11 – 19　《中国制造 2025 安徽篇》中关于制造业发展的相关要求

| 层次 | 主要内容 |
|---|---|
| 基本原则 | 市场主导，政府引导；创新驱动，协同发展；人才为本，强化保障；统筹推进，重点突破；质量为先，绿色发展；开放发展，深化合作 |
| 发展目标 | 经过 10 年努力，力争实现制造业又大又强的战略目标，推进制造业产品质量、创新能力、信息化水平、劳动生产率以及制造业整体素质 5 方面大幅提高。到 2020 年，基本实现工业化，制造业强省地位初步建立。到 2025 年，制造业整体水平大幅提升，迈入制造业强省行列 |
| 主要任务 | 以"两化"深度融合为切入点，主攻智能制造；推进"名牌名品名家"计划，提升安徽制造水平；开展"强基强企强区"行动，夯实制造业基础；大力推动科技创新，集聚制造业发展新动能；大力实施技术改造，加快制造业升级步伐；加快生产性服务业发展，促进生产型制造向服务型制造转变 |
| 重点产业和领域 | 积极培育发展高端制造业；加快改造提升优势传统产业 |
| 保障措施和推进机制 | 坚持项目带动；加大财税扶持；加强金融支持；推进创业创新；夯实人才支撑；优化发展环境 |

## （五）江西省

《江西省人民政府关于贯彻落实〈中国制造 2025〉的实施意见》（以下简称《实施意见》）提出，要遵循"发展升级、小康提速、绿色崛起、实干兴赣"十六字方针，坚定不移走中国特色新型工业化道路，坚持创新驱动、质量为先、绿色发展、结构优化、人才为本，以提质增效升级为中心，以加快新一代信息技术与制造业深度融合为主线，以推进智能制造为主攻方向，以加快制造业发展升级为目标，扩规模、强龙头、优结构、延高端、创品牌，构建低碳循环的绿色工业体系，推进江西省制造业转型升级和做大做强。重点发展电子信息产业、生物医药产业、有色金属产业、航空制造产业、光伏产业、汽车及零部件产业、节能环保产业、特种船舶产业、新能源汽车产业、智能装备（机器人）产业、集成电路产业等（见表 11 – 20）。

表 11 – 20　《实施意见》中关于制造业发展的相关要求

| 层次 | 主要内容 |
|---|---|
| 基本原则 | 立足当前，着眼长远；市场主导，政府引导；统筹规划，重点突破；自主创新，竞合发展 |

续表

| 层次 | 主要内容 |
|------|---------|
| 目标任务 | （1）到2020年，基本实现工业化，制造业集聚水平和行业集中度明显提高，数字化、网络化、智能化取得进展，高端化、服务化、绿色化水平明显提升；（2）到2025年，制造业自主创新能力和优势产业竞争力进一步增强，产业集聚水平、行业集中度和综合实力大幅提高 |
| 重点领域 | 推进优势型产业迅速做强：电子信息产业、生物医药产业、有色金属产业、航空制造产业。推进成长型产业能力提升：光伏产业、汽车及零部件产业、节能环保产业、特种船舶产业。推进培育型产业加快发展：新能源汽车产业、智能装备（机器人）产业、集成电路产业 |
| 主要举措 | 强化创新驱动，提升产业技术水平；推进工业强基，夯实制造业基础；加快重大工程建设，推动协同发展；推进"两化"融合，促进智能转型；完善标准体系，推进品牌建设；加快结构调整，促进绿色制造；扩大对外开放，实现"引进来"与"走出去"并举 |
| 保障体系 | 加强改革创新，优化市场环境；加强金融服务，加大资金投入；加强财政扶持，推进试点示范；加强政策引导，促进能力建设；加强人才建设，提供智力支撑；加强组织领导，健全工作机制 |

### （六）山西省

《中国制造2025山西行动纲要》提出，要进一步发挥山西省制造业比较优势、资源优势，以制造业质量总量同步提升为主题，以新一代信息技术与制造业深度融合为主线，以智能化、绿色化和服务化为导向，围绕先进装备制造、新一代信息技术、新材料、现代医药等领域，紧扣创新驱动、布局优化、"两化"融合、结构调整、产业融合、品质提升、绿色制造、对外合作等路径，持之以恒地推动山西省制造业振兴升级。重点发展先进装备制造业、新一代信息技术产业、新材料产业、现代医药产业等（见表11-21）。

表11-21　《中国制造2025山西行动纲要》中关于制造业发展的相关要求

| 层次 | 主要内容 |
|------|---------|
| 基本原则 | 坚持创新原则、坚持融合原则、坚持绿色原则、坚持集聚原则、坚持市场主导 |
| 预期目标 | （1）到2020年，着力做强存量资产，做优增量资产；提升制造业企业自主创新能力；骨干企业信息技术集成应用达到国内先进水平，"两化"融合水平显著提升；制造业实力明显提升，打造特色鲜明的中西部制造高地；（2）到2025年，重点制造企业装备水平、创新能力达到国内先进水平；在重点制造企业和集聚区形成一批制造中心和创新中心，制造业在全国地位稳步提升，中西部制造高地地位更加巩固；（3）到2030年， |

续表

| 层次 | 主要内容 |
|------|----------|
| 预期目标 | 力争培育一批具有国际影响力的制造业企业和品牌；融入国际先进制造业分工协作体系，在国内产业价值链中地位进一步提高，建设布局合理的国内重要制造业基地 |
| 战略方向 | 先进装备制造业；新一代信息技术产业；新材料产业；现代医药产业 |
| 战略重点 | 提升自主创新能力；优化产业空间布局；推进"两化"深度融合；推进制造业结构调整；引导产业融合创新；强化质量品牌建设；全面推行绿色制造；加强对外合作交流 |
| 保障措施 | 深化改革创新，优化发展环境；强化政策引导，完善平台建设；加强金融服务，加大财税支持；加强人才建设，加大要素保障；提升装备水平，加强成本控制；强化组织领导，健全实施机制 |

### （七）小结

从中部六省"中国制造2025"行动方案提出的要求来看，未来中部六省制造业发展要重视两类产业、三大任务、四大发展趋势。两类产业，分别指重点培育发展以信息技术、高端装备、生物医药为代表的高技术制造业，改造提升以建材、化工、纺织为代表的传统制造产业。三大任务，分别指重点突破、创新驱动、绿色发展。重点突破产业难题，淘汰落后产业，发展新兴产业，促进产业结构优化升级；推进技术创新、产品创新、市场创新、制度创新，培养核心竞争力；提高能源利用效率，发展低碳经济和循环经济，提高制造业可持续发展能力。四大发展趋势，分别指高端化、智能化、绿色化、服务化。高端化：大力发展高技术制造业和战略新兴产业，改造提升传统落后产业，促进产业结构高端化。智能化：推动工业化与信息化的深度融合，加快以智能装备、信息技术为代表的智能制造业发展，促进制造业实现数字化、网络化、智能化。绿色化：加强质量品牌建设，全面推行绿色制造，提升产业可持续发展能力。服务化：深化生产性服务业与制造业的融合发展，促进生产型制造向服务型制造转变（见表11-22）。

表11-22　中部六省"中国制造2025"行动纲要中提出的重点领域

| 省份 | 重点领域 |
|------|----------|
| 河南省 | 智能终端及信息技术产业；高端装备；冷链与休闲食品；节能与新能源汽车；数控机床和机器人；节能环保和新能源装备；生物医药及健康产业；现代家居；品质轻纺业；冶金新型材料；现代化工材料；新型绿色建材 |

续表

| 省份 | 重点领域 |
|------|---------|
| 湖北省 | 新一代信息技术产业；智能装备；新能源汽车及专用车；生物医药和高端医疗器械；新材料；海洋工程装备及高技术船舶；航空航天装备；北斗；轨道交通装备；节能环保装备和资源循环利用 |
| 湖南省 | 先进轨道交通装备；工程机械；新材料；新一代信息技术产业；航空航天装备；节能与新能源汽车等汽车制造；电力装备；生物医药及高性能医疗器械；节能环保；高档数控机床和机器人；海洋工程装备及高技术船舶；农业机械 |
| 安徽省 | 高端制造业：新一代电子信息、智能装备、节能和新能源汽车、智能家电、节能环保、新材料、生物医药和高性能医疗器械、农机装备和工程机械、航空航天装备、轨道交通装备、海洋工程装备和高技术船舶、电力装备。优势传统产业：冶金、建材、化工、纺织、食品加工 |
| 江西省 | 优势型产业：电子信息产业、生物医药产业、有色金属产业、航空制造产业。成长型产业：光伏产业、汽车及零部件产业、节能环保产业、特种船舶产业。培育型产业：新能源汽车产业、智能装备（机器人）产业、集成电路产业 |
| 山西省 | 先进装备制造业；新一代信息技术产业；新材料产业；现代医药产业 |

# 五　中部六省"制造业2025"行动方案政策工具比较分析

## （一）政策工具选择与研究方法

### 1. 政策工具选择

学术界对政策工具的研究涉及不同学科，如行政管理学、经济学等，其中关于政策工具分类的研究虽然较多，但尚未形成一个普遍认同的分类标准。就目前东西方学者的研究成果来看，没有两种分类是相互排斥的，也没有一种分类可以穷尽所有的政策工具（王旭，2014）。张可云（2005）在《区域经济政策》中提出，按功能性质将政策工具分为奖励工具和控制工具，其中奖励工具又分为直接援助（拨款、优惠贷款、减免税收）、间接援助（基础设施、工业与科技园区）；控制工具分为直接控制（禁止）、间接控制（许可制度、课税）。以王园园（2012）结合罗斯威尔·罗伊（Rothwell Roy）和沃尔特（Walter Zegveld）提出的三维（环境面、供给面、需求面）政策工具理论，采用内容分析法、文献编码法，以《国务院办公厅关于加快发展高技术服务业的指导意见》为实证分析对象，深入剖析我国高技术服务业在政策工具选择与使用中存在的问题。

本章以三维政策工具为标准，将政策工具划分为环境面政策工具、供给面政策工具、需求面政策工具，对中部六省制造业发展政策工具进行分析。环境面政策工具细分为目标规划、财务金融、税收优惠、法规管制、策略性措施五个方面；供给面政策工具分为人力资源培养、信息支持、基础设施建设、资金支持、公共服务五个方面；需求面政策工具包括政府采购、外包、贸易管制和海外机构四种具体政策工具（见表 11 - 23）。

表 11 - 23　三维政策工具内涵

| 工具类型 | 工具名称 | 工具含义 |
|---|---|---|
| 环境面政策工具 | 目标规划 | 基于制造业发展的现状与预期，对要达成的目标做总体规划与描述 |
| | 财务金融 | 政府通过融资、补助、风险投资、特许、财务分配安排、设备提供和金融支持服务、贷款保证、出口信用贷款等手段鼓励制造业的发展 |
| | 税收优惠 | 政府给予从事制造业重要领域和关键技术研发、投资、生产活动的企业和个人赋税上的减免，包括投资抵减、加速折旧、免税和租税抵扣等 |
| | 法规管制 | 政府通过制定公平交易法、加强知识产权保护、加强市场监管、反垄断等一系列法规、制度等规范制造业参与主体行为，维护市场秩序，为制造业发展创造公平有序的市场环境 |
| | 策略性措施 | 政府基于协调产业发展的需要，制定区域政策、鼓励制造业企业合并或联盟的政策、鼓励技术引进和创新等 |
| 供给面政策工具 | 人力资源培养 | 政府有关职能部门根据制造业发展的需要，建立长期的和全盘性的人才发展规划，积极完善各级教育体系和培训体系，开拓包括吸引海外留学人才回国发展在内的国际人才交流渠道，提供充裕的高层次人力资源 |
| | 信息支持 | 政府收集整理国内外制造业技术信息，通过建设信息网络、图书馆、资料库，建立产品目录等，为制造业发展提供公共科技支持和信息服务，减少和避免信息的不对称 |
| | 基础设施建设 | 政府通过建立研发实验室或有关项目，加强制造业基础技术标准、技术协议、示范项目的建立 |
| | 资金支持 | 政府直接对制造业企业提供财力上的支持，如提供研发经费、设立专项资金、给予直接资金补贴等 |
| | 公共服务 | 政府为了保障制造业的顺利发展，提供相应的配套服务设施，包括交通、通信、医疗、办理进出口及相关事物的专业咨询服务机构 |

续表

| 工具类型 | 工具名称 | 工具含义 |
|---|---|---|
| 需求面政策工具 | 政府采购 | 国家机关、事业单位和社会团体使用财政性资金采购依法制定的集中采购目录以内的或者采用限额标准以上的高技术服务，形成一个稳定的市场，包括采购合同、研发合同等 |
| | 外包 | 政府机关将研发计划委托给制造业企业以推动其研发工作 |
| | 贸易管制 | 政府针对引进或限制进出口技术、服务等实行的各项管制措施，包括贸易协定、关税、货币调节和目录管理等 |
| | 海外机构 | 政府对制造业企业在海外设立研发机构和销售组织等给予直接或间接的支持 |

资料来源：根据相关文献整理。

**2. 研究方法**

对中部六省政策工具使用的分析采用内容分析法和文献编码法，以中部六省"中国制造 2025"行动方案中的政策措施为分析主体，将分析单元定义为政策文本中意思表达完整的政策条款，按照上述三维政策工具的分类（见图 11 - 12）进行编码和统计，以此分析各省政策工具使用的合理性。

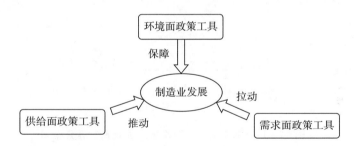

**图 11 - 12　三维政策工具概念模型**

**（二）结果分析**

**1. 河南省**

对河南省"中国制造 2025"行动方案的政策工具分析得出以下结论。第一，河南省支持制造业发展的环境面政策工具居于主导地位。在《中国制造业 2025 河南行动纲要》提出的保障性措施中，政府采用的政策工具以环境面政策工具、供给面政策工具为主，分别占 56.8%、40.9%，但是需求面政策工具严重不足，仅占 2.3%（见图 11 - 13）。其中，需求面政策工具在行动方案中仅出现 1 次，表现为政府采购这一具体政策工具。

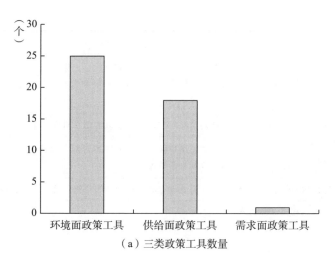

（a）三类政策工具数量

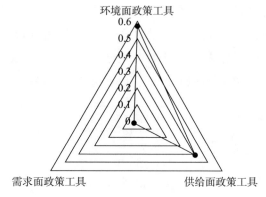

（b）三类政策工具占比

**图 11 - 13　河南省制造业发展三维政策工具分布**

　　第二，河南省环境面政策工具以财务金融、法规管制为主，供给面政策工具以公共服务和资金支持为主。如图 11 - 14 （a）所示，在环境面政策工具细分类型中，财务金融以 40% 的占比居于首位，法规管制以 28% 的占比次之，策略性措施、税收优惠、目标规划分别占 20%、8%、4%。如图 11 - 14 （b）所示，在供给面政策工具细分类型中，公共服务、资金支持以 28% 的占比并列第一，人力资源培养以 22% 的占比次之，基础设施建设、信息支持分别占 11%。河南省更多地通过金融支持和相关领域改革、市场法规建设和制度规范来保障制造业的健康发展，同时，为制造业发展提供全面的公共服务平台建设、资金支持，并高度重视制造业高端人才、企业家的培养和技术人才培训体系建设。

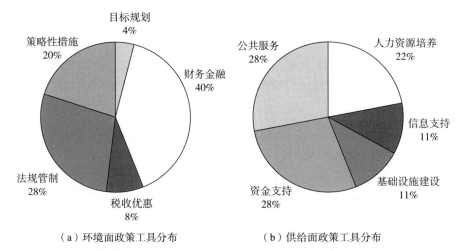

（a）环境面政策工具分布　　　　　　　（b）供给面政策工具分布

**图 11 - 14　河南省制造业发展政策工具细分类型分布**

2. 湖北省

对湖北省"中国制造 2025"行动方案的政策工具分析得出以下结论。第一，湖北省支持制造业发展的环境面政策工具居于主导地位。在《中国制造 2025 湖北行动纲要》提出的保障性措施中，政府采用的政策工具以环境面政策工具、供给面政策工具为主，分别占比 59.4%、34.3%，但是需求面政策工具严重不足，仅占比 6.3%（见图 11 - 15）。其中，需求面政策工具在行动方案中仅出现 2 次。

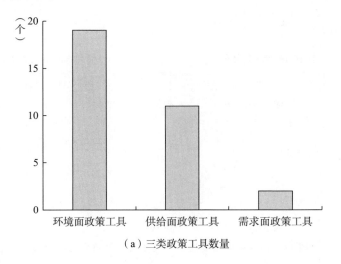

（a）三类政策工具数量

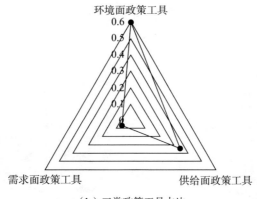

（b）三类政策工具占比

**图 11 - 15　湖北省制造业发展三维政策工具分布**

第二，湖北省环境面政策工具以策略性措施为主，供给面政策工具中以公共服务为主，需求面环境政策主要是政府采购、海外机构。如图 11 - 16 所示，在环境面政策工具细分类型中，策略性措施以 32% 的占比居于首

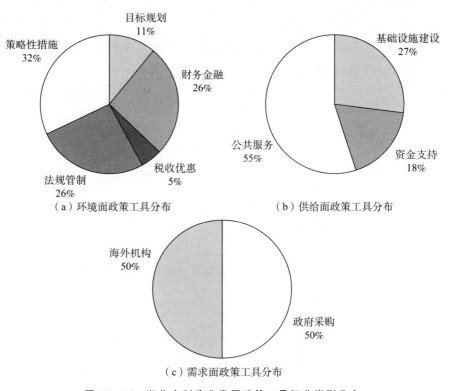

（a）环境面政策工具分布　　　　　（b）供给面政策工具分布

（c）需求面政策工具分布

**图 11 - 16　湖北省制造业发展政策工具细分类型分布**

位，法规管制、财务金融均占 26%，并列第二，目标规划、税收优惠分别占 11%、5%；在供给面政策工具细分类型中，公共服务以 55% 的占比位居第一，基础设施建设以 27% 的占比次之，资金支持占 18%；在需求面政策工具细分类型中，政府采购和海外机构各占 50%。湖北省高度重视制造业发展公共服务平台建设，以及为制造业集群、园区的基础设施建设和研发活动等提供资金支持，对高技术制造业产品进行政府采购，鼓励制造业"走出去"，同时，对区域政策制定和市场贸易机制予以一定的倾斜。但是湖北省在制造业发展方面缺乏对人力资源培养、信息支持等政策工具的使用。

3. 湖南省

对湖南省"中国制造 2025"行动方案的政策工具分析得出以下结论。第一，湖南省支持制造业发展的供给面政策工具居于主导地位，且三类政策工具分布较为合理。在《五年行动计划》提出的保障性措施中，政府采用的政策工具以供给面政策工具、环境面政策工具为主，分别占比 43.5%、39.1%，需求面政策工具占比相对其他省份较为合理，为 17.4%（见图 11 -17）。其中，需求面政策工具在行动方案中出现的次数高达 8 次。

第二，湖南省环境面政策工具以法规管制为主，供给面政策工具中以资金支持为主，需求面政策工具中以贸易管制为主。如图 11 - 18 所示，在环境面政策工具细分类型中，法规管制以 34% 的占比居于首位，策略性措施、财务金融均占 22%，并列第二，税收优惠、目标规划各占 11%；在供给面政策工具细分类型中，资金支持以 35% 的占比位居第一，公共服务以 30%

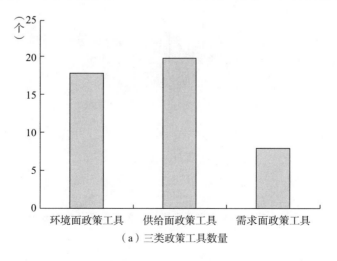

（a）三类政策工具数量

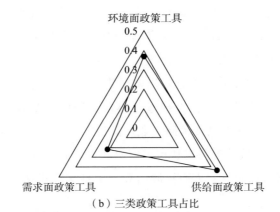

（b）三类政策工具占比

**图 11 − 17　湖南省制造业发展三维政策工具分布**

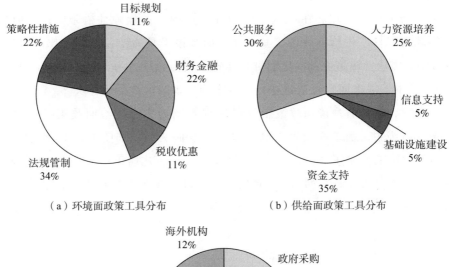

（a）环境面政策工具分布　　　　　　（b）供给面政策工具分布

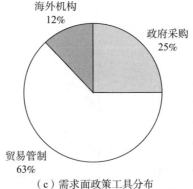

（c）需求面政策工具分布

**图 11 − 18　湖南省制造业发展政策工具细分类型分布**

的占比次之，人力资源培养、基础设施建设、信息支持分别占比 25%、
5%、5%；在需求面政策工具细分类型中，贸易管制以 63% 的占比居于首
位，政府采购以 25% 的占比次之，海外机构占 12%。在支持制造业发展的
政策体系中，湖南省各类型政策工具的使用较为均匀，没有出现一类偏多
或者一类偏少的现象，在政策工具细分类型中，也均采取多种政策工具组
合"出拳"，为湖南省制造业发展提供全方位的支持。例如，《五年行动计
划》鼓励湖南省制造业实施"走出去"战略，并对企业海外竞争、市场贸
易机制、关税协定等提供支持。

4. 安徽省

对安徽省"中国制造 2025"行动方案的政策工具分析得出以下结论。
第一，安徽省支持制造业发展的环境面政策工具居于主导地位。在《中国
制造 2025 安徽篇》提出的保障性措施中，政府采用的政策工具以环境面政
策工具、供给面政策工具为主，分别占 52.9%、44.1%，但是需求面政策
工具严重不足，仅占 3%（见图 11 - 19）。其中，需求面政策工具在行动方
案中仅出现 1 次，体现为海外机构这一具体政策工具。

第二，安徽省环境面政策工具中以策略性措施为主，供给面政策工具
中以公共服务为主。如图 11 - 20 所示，在环境面政策工具细分类型中，策
略性措施以 33% 的占比居于首位，法规管制、财务金融均占 28%，并列第
二，税收优惠占 11%；在供给面政策工具细分类型中，公共服务以 33% 的
占比位居第一，资金支持以 27% 的占比次之，人力资源培养、基础设施建
设、信息支持分别占 20%、13%、7%。安徽省将重心放在财税支持、金融
支持、人才支撑、市场环境等方面，对制造业发展在区域政策、制度安排
上予以支持。

5. 江西省

对江西省"中国制造 2025"行动方案的政策工具分析得出以下结论。
第一，江西省支持制造业发展的供给面政策工具居于主导地位。在《实施
意见》提出的保障性措施中，政府采用的政策工具以供给面政策工具、环
境面政策工具为主，分别占 51.2%、46.3%，但是需求面政策工具严重不
足，仅占 2.5%（见图 11 -21）。其中，需求面政策工具在行动方案中仅出
现 1 次，体现为政府采购这一具体政策工具。

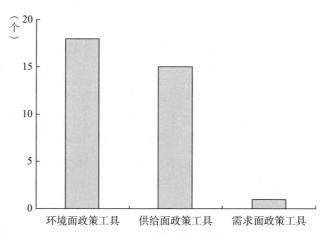

（a）三类政策工具数量

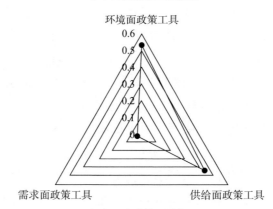

（b）三类政策工具占比

图 11 - 19　安徽省制造业发展三维政策工具分布

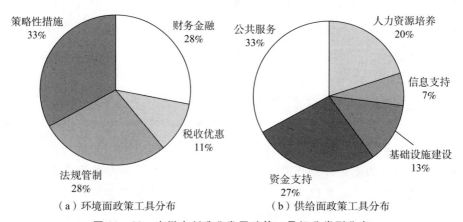

（a）环境面政策工具分布　　　　（b）供给面政策工具分布

图 11 - 20　安徽省制造业发展政策工具细分类型分布

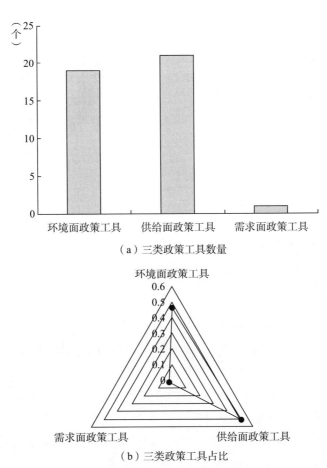

（a）三类政策工具数量

（b）三类政策工具占比

图 11 - 21　江西省制造业发展三维政策工具分布

　　第二，江西省环境面政策工具中以财务金融为主，供给面政策工具中以资金支持为主。如图 11 - 22 所示，在环境面政策工具细分类型中，财务金融以 42% 的占比居于首位，法规管制以 27% 的占比次之，策略性措施、税收优惠、目标规划分别占 21%、5%、5%，与河南省环境面政策工具细分类型的分布基本一致；在供给面政策工具细分类型中，资金支持以 52% 的占比位居第一，人力资源培养以 19% 的占比次之，基础设施建设、公共服务、信息支持分别占比 14%、10%、5%。江西省侧重于采用推动改革创新、优化市场环境等法规管制手段，对制造业发展加强金融服务、扩大资金投入、增强财政扶持，同时在政策引导和人才培养上进行创新。

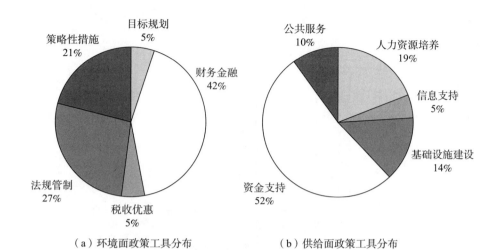

（a）环境面政策工具分布　　　　（b）供给面政策工具分布

**图 11 - 22　江西省制造业发展政策工具细分类型分布**

6. 山西省

对山西省"制造业 2025"行动方案政策工具分析可得出以下结论。第一，山西省支持制造业发展的环境面政策工具居于主导地位。在《中国制造 2025 山西行动纲要》提出的保障性措施中，政府采用的政策工具以环境面政策工具、供给面政策工具为主，分别占 62.1%、34.5%，但是需求面政策工具严重不足，仅占比 3.4%（见图 11 - 23）。

第二，山西省环境面政策工具中以法规管制为主，供给面政策工具中以公共服务为主。如图 11 - 24 所示，在环境面政策工具细分类型中，法规管制

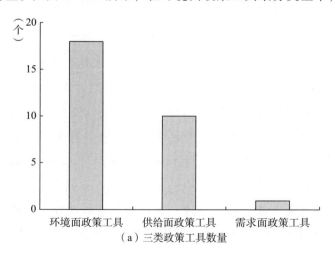

（a）三类政策工具数量

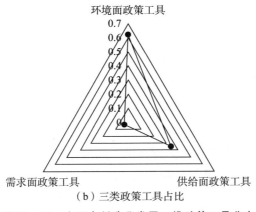

（b）三类政策工具占比

**图 11 - 23 山西省制造业发展三维政策工具分布**

以 33% 的占比居于首位，策略性措施以 28% 的占比次之，财务金融、税收优惠、目标规划分别占 17%、11%、11%；在供给面政策工具细分类型中，公共服务以 40% 的占比位居第一，人力资源培养、基础设施建设均占比 20%，并列第二，资金支持、信息支持各占 10%。山西省通过深化改革创新、优化发展环境、强化政策引导为制造业发展提供环境面保障，通过加强金融服务、加大财税支持、注重人才建设推动制造业发展。

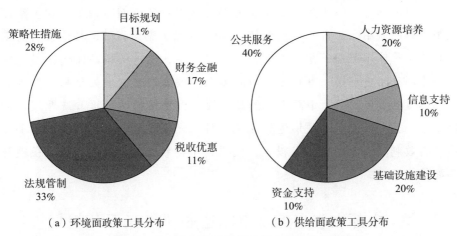

（a）环境面政策工具分布　　　　　　（b）供给面政策工具分布

**图 11 - 24 山西省制造业发展政策工具细分类型分布**

## （三）小结

### 1. 环境面政策工具使用过多

中部六省中有 5 个省份环境面政策工具占比超过 50%，其中有 3 个省份环境面政策工具占比超过 55%，而山西省环境面政策工具所占比重更是高达 62.1% 。对于中部六省来说，制造业发展在过去的年份始终是战略重点，因此中部六省制造业未来对环境面政策工具的需求趋势应是逐步走低，而供给面政策工具将发挥推动作用，需求面政策工具将发挥拉动作用。同时，环境面政策工具中策略性措施使用过多，一方面说明中部六省政府高度重视制造业的发展，另一方面说明政府出台的制造业相关区域政策和措施存在冗杂的问题，甚至会导致部分企业产生投机心理，从而不利于生产效率的提高，阻碍企业的自主创新活动。

2. 供给面政策工具中各政策子工具使用不平衡

中部六省供给面政策工具占比处于 35% ~45% ，比例相对合理，但各政策子工具使用不平衡。相对来说，公共服务、资金支持等子工具在各省中平均约占 1/3，有利于政府为制造业发展提供强大的保障和推动力。人力资源培养、信息支持、基础设施建设等子工具的运用在各省情况不一，但其比例都偏低，功能被弱化，如湖北省几乎没有人力资源培养、信息支持等方面的政策，这对制造业企业增强核心优势、促进技术创新、培养储备人才有较大影响。

3. 需求面政策工具使用不足

就整体而言，中部六省发展政策仍偏向于对环境面政策工具和供给面政策工具的应用，二者所占比例超过 80% ，除了湖南省外，其他省份需求面政策工具使用严重不足。然而，市场经济下，需求的拉动作用比供给的推动作用来得更直接、更有效，因而需求面政策被普遍认为是影响技术创新和速度的重要工具。中部六省的政策无一例外均包括"提升产业技术创新水平"这一要点，而政府通过采购、外包、贸易管制、海外机构等手段可以有效刺激企业加大研发投入，促进自主创新，扩大对外开放，积极开拓海外市场。

## 六　中部六省重点城市制造业"十三五"规划、"中国制造 2025"的比较分析

### （一）河南省

1. 郑州市

《郑州市国民经济和社会发展第十三个五年规划纲要》提出，要坚持国际

化、智慧化、高端化、市场化发展方向，加快信息化与产业发展深度融合，强化国际高端产业"三力"重大项目引进，着力培育发展高新技术产业和新兴业态，持续构建以智慧产业为统领，以先进制造业为支撑，以现代服务业为主导，以都市生态农业为基础，布局合理、主业突出、特色鲜明、集约高效的现代产业体系（见表11-24）。

表 11-24 《郑州市国民经济和社会发展第十三个五年规划纲要》
中关于制造业发展的相关要求

| 要点 | 主要内容 |
| --- | --- |
| 大力发展智慧产业 | 加快建设融合、泛在、安全的宽带网络基础设施，努力推进大数据、云计算、下一代互联网等新一代信息技术与经济社会发展各领域深度融合创新，加强网络信息安全保障体系建设，积极实施"互联网＋"行动计划，着力实现从传统经济向信息经济跨越 |
| 加快发展先进制造业 | 全面实施中国制造2025郑州行动，坚持制造强市战略，优化工业结构布局，突出转型提质增效，持续以电子信息和汽车装备制造业为战略支撑产业，加快战略支撑产业和战略新兴产业向高端突破，着力构建创新驱动、集约高效、具有核心竞争力的新型工业体系。到2020年，力争战略性产业比重达到70％，工业增加值达到5500亿元，年均增长9％以上 |
| 推动产业集聚发展、提质发展 | 强化科学发展载体建设，加快质量标准体系构建，增强郑州产业在全省的要素集聚和辐射带动能力，推动产业发展加快向中高端水平迈进 |

### 2. 洛阳市

《中国制造2025洛阳行动纲要》提出要遵循"创新、协调、绿色、开放、共享"发展理念，抢抓"中国制造2025""互联网＋"发展机遇，以促进全市制造业创新发展为主题，以推进智能制造为主攻方向，以提高产业发展质量和效益为中心，推动供给侧结构性改革和体制机制创新，着力打通政产学研深度融合通道、军民企地对接转化通道、市场化运作通道和人才成长通道，促进产业链、创新链、资金链、政策链"四链融合"，推动全市制造业向高端化、智能化、绿色化、服务化转型，实现工业化和信息化、制造业和服务业"两项融合"，打造具有重要影响力的"制造强市、智造名城"，为推动全市"9＋2"工作布局、实现"四高一强一率先"奋斗目标做出应有的贡献。强调坚持以下基本原则：市场主导，政府引导；整体推进，重点突破；高端引领，智能支撑；质效优先，绿色发展；创新驱动，人才为本（见表 11 – 25）。

表 11 – 25  《中国制造 2025 洛阳行动纲要》中关于制造业发展的相关要求

| 领域 | 主要内容 | 具体要求 |
|---|---|---|
| 重点领域 | 做强一个主体产业 | 机器人及智能制造；大型成套设备；节能环保装备；交通装备；农机及工程机械；轴承及基础件 |
| | 培育四个新兴产业 | 新材料；电子信息；新能源；生物医药 |
| | 提升四个传统产业 | 有色金属；高端石油化工；建材；轻工食品 |
| | 谋划两个未来产业 | 新能源汽车；通用航空 |
| 主要任务 | 提高科技创新能力 | 完善制造业创新体系；加强关键技术研发和产业化；加快制造业创新园区建设；鼓励大众创业、万众创新 |
| | 深入推进结构调整 | 实施技术改造工程；实施制造业强基工程；培育壮大新兴产业；淘汰落后和化解过剩产能；推进大中小企业协调发展；优化产业布局 |
| | 推进"两化"深度融合 | 推动制造过程智能化；发展智能装备和产品；实施"互联网＋"工程 |
| | 推动制造业服务化 | 打造服务制造新模式；培育生产服务新业态；发展互联网平台经济 |
| | 全面推行绿色制造 | 加快制造业绿色化改造；推进资源高效循环利用 |
| | 加强质量品牌建设 | 积极参与行业标准体系制定；推广先进质量管理技术和方法；加快"洛阳制造"品牌建设 |
| | 推动军民融合发展 | 构建军民协同创新体系；发展军民两用重点产业；建设军民融合产业园区 |
| | 实施开放带动战略 | 加强国内区域战略合作；支持国际产能和装备合作 |

3. 许昌市

《中国制造 2025 许昌行动纲要》提出要优化产业结构，巩固提升传统优势产业，培育拓展战略性新兴产业，扶持发展生产性服务业，要牢固树立"创新、协调、绿色、开放、共享"的发展理念，实施创新驱动战略，着力突破关键核心技术，提高产品竞争力、合理布局发展空间，培育具有国内外影响力的龙头骨干企业和特色产业集群。推进制造业向数字化、智能化、网络化、高端化发展，推动许昌制造向许昌创造转变，由生产型制造向服务型制造转变，由产品竞争向品牌竞争转变，实现制造大市向制造强市的新跨越（见表 11 – 26）。

表 11 − 26 　 《中国制造 2025 许昌行动纲要》 中关于制造业发展的相关要求

| 主要任务和重点工程 | 具体内容 |
|---|---|
| 提高自主创新能力，建设制造业创新中心 | 建设完善技术创新体系 |
| | 加强关键核心技术研发和产业化 |
| | 鼓励大众创业、万众创新 |
| 加快发展智能制造，推进"两化"深度融合 | 加快信息基础设施升级 |
| | 推进企业智能化升级 |
| | 加大智能制造示范推广 |
| 不断优化产业结构，促进企业做大做强，推动传统产业向中高端迈进 | 重点推动传统产业改造升级 |
| | 培育战略性新兴产业 |
| | 推动整机企业和"四基"企业协同发展 |
| | 促进大中小企业协调发展 |
| | 拓展产业发展空间 |
| 加强质量品牌建设，提升产品技术水平 | 推动制造业质量升级 |
| | 夯实质量发展基础 |
| | 推进许昌制造品牌建设 |
| 推行绿色生产制造，实现可持续发展 | 加强节能降耗和清洁生产 |
| | 推进循环利用和绿色制造 |
| | 严格制造业节能环保监管 |
| 发展生产性服务业，推进制造业服务化 | 推动服务型制造发展 |
| | 突出生产性服务业发展 |
| | 建设完善公共服务平台 |
| 深入开展产业转移，深化产业国际合作 | 大力承接产业转移 |
| | 推动优势产业"走出去" |
| 加快企业人才队伍培养，充分释放人才红利 | 努力培养现代企业家 |
| | 引进优秀专业人才 |
| | 提高企业人员素质 |
| | 大力开展创业培训 |

## （二） 湖北省

### 1. 武汉市

《武汉市国民经济和社会发展第十三个五年规划纲要》提出，坚持工业主攻方向不动摇，深入实施《武汉制造2025行动纲要》，加快发展战略性新兴产业，推动产业迈向中高端水平，着力构建"现有支柱产业—战略性新兴产业—未来产业"有机更新的迭代产业体系，初步建成国家先进制造业中心。推动制造业智能化、服务化、绿色化发展，促进现有支柱产业向中高端升级，实现武汉制造向武汉创造转变（见表11-27）。

表11-27 《武汉市国民经济和社会发展第十三个五年规划纲要》
中关于制造业发展的相关要求

| 要点 | 主要内容 |
| --- | --- |
| 推动支柱产业高端化 | 以汽车及零部件、钢铁、石化等支柱产业为重点，重点围绕"两化"融合等领域，推广应用新工艺。发挥研发设计的引领作用，积极培育引进产业链中高端环节核心企业。支持龙头企业积极加快产业战略重组，提高规模化集约化经营水平 |
| 实施制造智能化提升工程 | 推进信息化与工业化深度融合，推动新一代信息技术与制造技术融合发展。支持重点领域建设工业云服务和大数据平台，发展基于互联网的大规模个性化定制、云制造、产品全生命周期管理等新模式，推动智能工厂、数字化车间建设改造 |
| 实施绿色制造工程 | 加快制造业绿色改造升级。积极推行低碳化、循环化和集约化，提高制造业资源利用效率。强化产品全生命周期绿色管理，打造绿色产品、绿色工厂、绿色园区、绿色企业，构建高效、清洁、低碳、循环的绿色制造体系 |
| 实施"四基"强化工程 | 提升核心基础零部件、先进基础工艺、关键基础材料和产业技术基础等工业基础创新能力。引导产业投资基金和创业投资基金投向"四基"领域重点项目 |
| 发展服务型制造 | 引导和支持制造业企业延伸服务链条。鼓励制造业企业增加服务环节投入、支持企业由提供设备向提供系统集成总承包服务转变、鼓励优势制造业企业"裂变"专业优势、支持符合条件的制造业企业建立企业财务公司 |

《武汉制造2025行动纲要》提出，武汉工业发展将走一条"创新驱动、质量为先、绿色发展、结构优化"之路，逐步打造全国制造业创新发展引领区、转型升级先行区、国家先进制造业集聚区。围绕光电子、高端装备、生物医药及高性能医疗器械、新能源与智能网联汽车、新材料、未来产业等重点领域，突破掌握一批核心关键技术，培育一批引领行业发展的龙头企业，引进实施一批重大工业项目，构建"现有支柱产业—战略性新兴产业—未来产业"有机更新的迭代产业体系，显著提升武汉市制造业的全球竞争力（见表11-28）。

表 11 - 28　《武汉制造 2025 行动纲要》中关于制造业发展的相关要求

| 层次 | 主要内容 |
|---|---|
| 基本原则 | 创新为本，质量为先；规模提升，结构优化；企业主导，政府引导；开放合作，自我提升 |
| 目标任务 | （1）到 2020 年，基本建成国家先进制造业中心初步框架，部分领域关键核心技术取得重大突破，部分优势行业竞争力显著增强；（2）到 2025 年，全面建成国家先进制造业中心。创新能力显著增强，掌握一批重点领域核心技术，集聚一批行业规模、创新能力、市场竞争力居全国前列的企业；（3）到 2035 年，基本建成全球有影响力的产业创新中心 |
| 重点产业和领域 | 光通信；新型显示及智能终端；集成电路；激光；生物医药；高性能医疗器械制造；智能制造装备；航空航天装备和北斗；高技术船舶与海洋工程装备；轨道交通装备；新能源汽车 |
| 主要举措 | 提升自主创新能力；推动制造业和先进互联网融合发展；构建产业发展新体系；加快传统产业转型升级；全面建成国家先进制造业中心 |
| 保障措施 | 深化体制机制改革；优化工业发展环境；调整优化空间布局；完善金融支持；强化财税扶持政策；加强人才队伍建设；优化内外开放格局；完善组织领导机制 |

## 2. 宜昌市

《宜昌市国民经济和社会发展第十三个五年规划纲要》提出，积极对接"中国制造 2025""互联网 +"，推进工业化与信息化深度融合、先进制造业与现代服务业双轮驱动，进一步提升农业现代化水平，加快构建现代产业体系，打造国家产业转型升级示范城市。到 2020 年，宜昌市工业总产值达到 12000 亿元，精细化工、食品饮料、先进装备制造、新材料、生物医药、新能源和节能环保、新一代信息技术、现代物流、文化创意、旅游业等产业的产值均突破千亿元（见表 11 - 29）。

表 11 - 29　《宜昌市国民经济和社会发展第十三个五年规划纲要》
中关于制造业发展的相关要求

| 要点 | 主要内容 |
|---|---|
| 优先发展战略性新兴产业 | 坚持战略性新兴产业优先发展战略，瞄准未来制造业竞争制高点，实施"宜昌智能制造 2025"行动计划，突破性发展新材料、生物医药、新一代信息技术、先进装备制造、新能源和节能环保五大战略性新兴产业，培育一批具有国际竞争力的大企业和引领产业升级的新兴产业集群 |

续表

| 要点 | 主要内容 |
|------|----------|
| 改造提升传统优势产业 | 实施企业技术改造提升行动计划，鼓励传统产业设施装备智能化改造，推动生产方式向数字化、精细化、柔性化转变，推进传统制造业绿色化改造，促进传统产业向中高端迈进 |
| 推进军民融合产业发展 | 坚持政府引导与市场运作、保障军品与发展民品相结合，着力打造全国重要的军民融合特色产业基地。到2020年，打造1个国家级军民融合产业示范园区，培育5个百亿级的军民融合特色产业集群，军民融合产业规模突破1000亿元 |

《宜昌市工业和信息化"十三五"发展规划》提出要坚持市场主导与政府引导相结合，提质增效与发展速度相结合，盘活存量与扩大增量相结合，技术改造与技术创新相结合，整体推进与重点发展相结合，经济效益与社会效益相结合，工业化和信息化融合发展，争取到2020年，宜昌市工业总量明显增大，质量明显提升，信息化水平明显提高。全面建成"两化"深度融合国家综合性示范区、国家级承接产业转移示范区、长江中上游区域性现代制造中心、国家产业转型升级示范基地。

《中国制造2025宜昌行动纲要》提出，牢固树立"创新、协调、绿色、开放、共享"的发展理念，深入贯彻《中国制造2025》和《中国制造2025湖北行动纲要》，以创新发展引领宜昌制造，以"两化"融合推进宜昌制造，以转型升级提升宜昌制造，加快推进制造强市战略，着力发展战略性新兴产业，实现宜昌制造业又大又强、特色鲜明的目标，确保宜昌制造业在湖北省和长江沿线、中部地区的领先地位，加快建成国家产业转型升级示范城市，为宜昌现代化特大城市建设打下坚实的产业基础（见表11-30）。

**表11-30　《中国制造2025宜昌行动纲要》中关于制造业发展的相关要求**

| 层次 | 主要内容 |
|------|----------|
| 基本原则 | 市场主导与政府引导相结合；立足当前与谋划长远相结合；自主创新与引进吸收相结合；整体推进与重点突破相结合；推动大企业做强与促进小企业做精相结合 |
| 目标任务 | （1）到2020年，全市制造业总产值突破1万亿元，制造业在全市国民经济中的地位更加稳固，制造业信息化水平明显提升，优势领域竞争力进一步增强，产品质量有较大提高；（2）到2025年，全市制造业整体素质大幅提升，自主创新能力显著增强，拥有一批在国际上具有一定竞争优势的制造业企业和先进制造业集群，建成一批全国一流的制造业创新中心 |

续表

| 层次 | 主要内容 |
| --- | --- |
| 重点产业 | 新材料；生物医药；高端装备制造；新一代信息技术；节能环保与新能源 |
| 主要任务 | 在全市开展"信息化改造、智能制造推广、强化管理基础、绿色技术改造、扶持中小企业发展"五项专项行动，推动企业提高自主创新能力、推动信息化与工业化深度融合、推动工业经济结构调整优化，促进战略性新兴产业加快发展、传统产业转型升级 |
| 保障措施 | 以创新发展引领宜昌制造；以"两化"融合推进宜昌制造；以转型升级提升宜昌制造 |

### 3. 襄阳市

《中国制造 2025 襄阳行动纲要》提出，坚持"创新、协调、绿色、开放、共享"发展理念，以创新发展为主题，以提质增效为中心，以新一代信息技术与制造业深度融合为主线，以智能制造为主攻方向，强化工业基础，提升制造水平，促进转型升级，加快建成万亿工业强市和汉江流域领先的先进制造业基地，为"两个中心、四个襄阳"建设打下坚实的产业基础（见表 11－31）。

表 11－31　《中国制造 2025 襄阳行动纲要》中关于制造业发展的相关要求

| 层次 | 主要内容 |
| --- | --- |
| 基本原则 | 市场为主，政府引导；创新驱动，人才为本；整体优化，重点突破；高端发展，绿色引领；融合发展、开放合作 |
| 目标任务 | 到 2020 年，建成名副其实的万亿工业强市，工业经济总量规模实现倍增，全面实现工业化，制造业信息化水平明显提升，优势领域竞争力进一步增强。到 2025 年，建成汉江流域领先的先进制造业基地，全市制造业整体素质大幅提升，制造业整体实力达到汉江流域和中西部地区同类城市领先水平，努力成为中西部地区具有比较竞争优势的先进制造业基地 |
| 重点产业 | 新能源汽车，电子信息，高端装备制造，生物医药，新能源新材料，节能环保 |
| 主要任务 | 创新驱动专项规划；智能制造专项行动；优质制造专项行动；绿色制造专项行动；融合发展专项行动；结构优化专项行动；开放引领专项行动 |
| 保障措施 | 建立统筹协调机制，加强资源要素保障，加强人才队伍建设，支持企业创新产品的应用，营造良好的营商环境，为企业创造良好的生产经营环境 |

### （三）湖南省

### 1. 长沙市

《长沙市国民经济和社会发展第十三个五年规划纲要》强调，制造业是长沙经济的基础支撑，也是长沙参与区域竞争的比较优势。长沙要抢抓工业发展机遇，以智能制造为统领，坚持产品装备智能化和工艺流程智能化齐头并进，推动"长沙制造"向"长沙智造"升级，实现制造业由大变强的新跨越。着力实施新型工业化"13518"工程，构建一个现代工业新体系，形成三个梯次发展层级，围绕五大发展目标，完善一个政策支撑体系，制定八大专项行动计划，推进新型工业化进程，加快迈入全国制造强市先进行列（见表 11－32）。

表 11－32 《长沙市国民经济和社会发展第十三个五年规划纲要》
中关于制造业发展的相关要求

| 要点 | 主要内容 |
| --- | --- |
| 打造具有国际竞争力的先进制造业基地 | 大力实施制造业强基工程，支持企业在"四基"领域加强突破，进一步提升产业核心竞争力；支持互联网、云计算、大数据等信息技术在企业全生命周期和全产业链的综合集成应用；实现制造业企业由加工制造环节向研发设计、品牌营销等上下游延伸；支持企业研发和推广应用重大创新产品 |
| 打造全国重要的战略性新兴产业基地 | 集中力量发展壮大新材料、电子信息、新能源与节能环保、生物产业、移动互联网等战略性新兴产业；依托国家战略性新兴产业区域集聚发展试点优势，加大对新兴产业关键技术攻关、重大项目建设、收购兼并等方面的支持力度；推进重点园区硬件设施和服务体系的专业化升级 |
| 打造中部地区未来产业发展的先行区 | 着力发展北斗导航、航空航天装备、3D 打印、机器人等未来产业；大力支持未来产业强化自主创新能力，加快突破关键核心技术；支持组建未来产业联盟，鼓励提供公共技术研发、检测认证、知识产权与标准化等服务 |
| 提升传统产业市场竞争力 | 推动技术进步、联合重组，让传统产业形成新的市场竞争力；支持烟花爆竹产业向安全、优质、环保方向发展；推动建材化工产业大力发展符合绿色建筑要求的新型建材及制品；支持服装家纺产业瞄准国内中高档市场和国外新兴市场，建设中部地区重要的服装家纺制造和贸易基地 |

2015 年，"中国制造 2025 长沙在行动"启动，《长沙智能制造三年（2015—2018 年）行动计划》、《长沙市新材料产业发展三年（2015—2018 年）行动计划》、《长沙市人民政府办公厅关于支持发展创客空间的若干意见》、小微企业创新创业等系列政策发布实施。这些文件指出，长沙推出智能制造、新材料、众创空间、小微企业创新创业政策，目的是充分激发创新创业的活力，以智能制造和新材料产业为突破口，带动和推进长沙制造业优化升级，形成长沙发展新动力，打造长沙新增长极（见表 11－33）。

表 11-33　"中国制造 2025 长沙在行动"系列文件中关于
制造业发展的相关要求

| 层次 | 主要内容 |
| --- | --- |
| 基本原则 | 唯一的出路在转型，发展的方向是智能，根本的动力在创新 |
| 重点产业 | 新材料；工程机械；食品；电子信息 |
| 主要任务 | 必须强化高端化发展，必须强化创新引领，必须强化金融支撑，必须强化政策支持。要通过政府的有形之手，引领和带动产业链向高端发展，形成高端制造新业态，壮大高端制造新产业，打造高端制造新动力，加强新型传感器、工业软件、智能控制等技术的应用，促进传统制造向数字化、网络化、智能化、服务化转变，让新老产业都焕发出强劲的新动力 |
| 保障措施 | 强化高端的发展，强化创新引领，强化金融支撑，强化政策支持 |

## 2. 株洲市

《株洲市国民经济和社会发展第十三个五年规划纲要》强调，全面落实《中国制造 2025》《湖南省贯彻〈中国制造 2025〉建设制造强省五年行动计划（2016—2020 年）》《株洲市贯彻〈中国制造 2025〉建设制造强市五年行动计划（2016—2020）》，实施产业振兴工程，加快发展先进制造业与现代服务业，做大做强工业园区和服务业集聚区，构建智能化、高端化、集群化的现代产业体系（见表 11-34）。

表 11-34　《株洲市国民经济和社会发展第十三个五年规划纲要》
中关于制造业发展的相关要求

| 要点 | 主要内容 |
| --- | --- |
| 加快发展三大动力产业 | 推动优势产业优先发展，形成轨道交通、通用航空、新能源汽车三大千亿产业集群 |
| 加快发展战略性新兴产业 | 加快发展新材料产业、新一代信息技术产业、新能源产业、生物医药与食品产业、节能环保产业 |
| 改造提升传统产业 | 改造提升服饰产业、陶瓷产业、冶炼化工产业 |
| 做大做强产业园区 | 实施"323"工程；突出特色园区发展；提升整体承载能力；加大项目和企业引进力度 |

《株洲市"十三五"新型工业化规划》指出，"十三五"期间，株洲市将以先进的机车牵引引擎、最强大的航空引擎和最环保的汽车动力引擎，构建引领型发展的高端交通装备制造产业；以富有特色的电子信息产业、新材料

产业、新能源产业以及食品与生物医药产业，打造新型发展的战略性新型产业；以陶瓷产业、服饰产业和冶炼化工产业，构造特色发展的传统主导产业；以生产服务业为支撑，延伸各产业链，促进产业集群发展（见表 11 – 35）。

表 11 – 35 《株洲市"十三五"新型工业化规划》中关于制造业发展的相关要求

| 层次 | 主要内容 |
|---|---|
| 基本原则 | 以实施"中国制造 2025"为契机，顺应"互联网 +"的发展趋势，以促进制造业自主创新发展为主题，以信息化和工业化深度融合为主线，强化工业基础能力，完善人才体系，推进智能制造、绿色制造，全面提升株洲工业信息化和智能化水平 |
| 目标任务 | 到"十三五"末期，株洲市工业经济总量显著扩大，工业结构不断趋于优化，工业信息化和智能化水平显著提升，区域空间布局更加合理，全社会研发投入不断加大，技术创新及应用成果转化率明显提高，初步建成具有株洲特色的新型工业体系，打造全国智能制造创新示范区 |
| 重点产业 | 轨道交通；航空；汽车及零部件；电子信息；新材料；新能源；生物医药；陶瓷；服务 |
| 保障措施 | 推进技术创新，加速智能化发展进程；重视治理与节能减排，实现工业绿色发展；引导园区合理布局，扩大产业集聚效应；重视人才培养，推进中小微企业发展；加强供给侧结构性改革，助推服务型制造业；制定开放战略，深度融入世界经济；构建多层融资体系，协助企业摆脱困境 |

《株洲市贯彻〈中国制造 2025〉建设制造强市五年行动计划（2016—2020）》提出，坚持走新型工业化道路，以创新发展为主题，以提质增效为中心，以信息技术与制造业深度融合为主线，以智能制造为主攻方向，聚焦"768"行动，重点发展七大领域，实施六大工程，推进八大任务，促进产业迈向中高端，推动制造业由生产型向生产服务型转变，全力打造先进制造业集聚区，加快构建新型产业生态体系，将株洲市率先建设成为独具特色的"中国制造 2025"试点示范城市（见表 11 – 36）。

表 11 – 36 《株洲市贯彻〈中国制造 2025〉建设制造强市五年行动计划
（2016—2020）》中关于制造业发展的要求

| 层次 | 主要内容 |
|---|---|
| 基本原则 | 市场主导，政府引导；自主创新，开放合作；重点突破，整体推进；深化融合，协同发展 |

**续表**

| 层次 | 主要内容 |
|---|---|
| 目标任务 | 到 2020 年，掌握一批关键核心技术，开发一批具有较高技术水平的重点产品，培育一批拥有自主知识产权、具有较强国际竞争力的龙头企业，形成特色产品优势突出、专业化协作分工合理、配套完善的产业发展格局 |
| 重点产业 | 先进轨道交通装备；节能与新能源汽车；航空装备；新材；电子信息；新能源；生物医药及医疗器械 |
| 主要任务 | 实施创新驱动战略，提高自主创新能力；夯实产业基础能力，提高产业配套水平；加大技术改造力度，调整优化产业结构；加强质量品牌建设，提升质量技术水平；加快实施绿色制造，强化持续发展能力；扩大对外开放水平，深化国际产业合作 |
| 保障措施 | 加强组织协调；强化要素保障；加大政策扶持；营造良好环境 |

### （四）安徽省

1. 合肥市

《合肥市国民经济和社会发展第十三个五年规划纲要》聚焦重点领域，按照三次产业联动、多业态融合的思路，坚持高端化、集聚化、特色化，重点打造新一代信息技术、新能源及节能环保、高端装备制造、生物医药及医疗装备、汽车及新能源汽车、家用电器、安全食品加工、文化和旅游等主导产业，形成一批具有全球竞争优势的产业集群，基本形成以战略性新兴产业为引领、先进制造业为主体、现代服务业为支撑、现代农业为基础的现代高效产业体系（见表 11 - 37）。

表 11 - 37　《合肥市国民经济和社会发展第十三个五年规划纲要》
中关于制造业发展的相关要求

| 要点 | 主要内容 |
|---|---|
| 发展壮大战略性新兴产业 | 按照"龙头企业—大项目—产业链—产业集群—产业基地"的发展思路，以战略性新兴产业集聚发展基地为突破口，引导人才、技术、资本、土地等资源要素向战略性新兴产业集聚，努力将战略性新兴产业打造成为推动产业转型升级的新引擎 |
| 改造提升传统优势产业 | 加快传统产业新兴化，通过技术工艺创新、信息技术融合和商业模式创新，深入实施"机器换人"行动计划、工业强基工程和质量品牌提升行动，支持企业瞄准国内外标杆企业推进技术改造，推动生产方式向柔性、智能、精细转变，加快工业化和信息化融合 |

## 2. 芜湖市

《芜湖市国民经济和社会发展第十三个五年规划纲要》提出，坚持高端引领、集群集聚的发展导向，结合"中国制造2025"，推动支柱产业高端化、新兴产业规模化，着力发展智能装备和智能产品，培育基于互联网技术的新型生产方式，打造一批智慧工厂，努力在核心技术研发、产业链重塑、龙头企业培育方面实现新突破，推动总量规模与质量效益双提升，把芜湖市建成具有国际竞争力的先进制造业基地（见表11-38）。

表 11-38 《芜湖市国民经济和社会发展第十三个五年规划纲要》
中关于制造业发展的相关要求

| 要点 | 主要内容 |
| --- | --- |
| 聚焦培育战略性新兴产业 | 抢抓国家战略性新兴产业区域集聚发展试点和安徽省战略性新兴产业聚集发展基地建设契机，坚持有所为、有所不为，重点打造机器人及智能装备、现代农业机械、新能源汽车、新型显示及光电信息、通用航空、节能环保装备、新材料、生命健康、轨道交通装备九大产业基地，抢占产业发展制高点 |
| 改造提升支柱产业 | 加强信息技术、智能技术在支柱产业中的应用，推动支柱产业实现技术、管理不断升级。加快淘汰落后产能，大力推进兼并重组，促进支柱产业集约发展。鼓励和引导大型企业改造提升支柱产业和创新技术，推动产业向中高端迈进。支持龙头企业做大做强 |
| 促进军民融合深度发展 | 深入实施军民融合发展战略，加快形成全要素、多领域、高效益的军民融合深度发展格局。推进重点领域军民融合，支持军民融合重大项目实施。深入整合运用军民科技力量和资源，推动国防科技成果向民用领域转化。加快军民信息服务平台建设，争创国家级军民融合创新示范产业园区 |

## 3. 安庆市

《安庆市"十三五"工业主导产业规划总体纲要》提出，"十三五"时期是妥善应对国内外复杂多变的经济形势，全面深化改革，加快优化经济结构，实现全面转型升级，提升经济发展质量和效益，实现可持续发展的关键时期（见表11-39）。

表 11-39 《安庆市"十三五"工业主导产业规划总体纲要》
中关于制造业发展的相关要求

| 层次 | 主要内容 |
| --- | --- |
| 基本原则 | 市场主导，政府引导；优化存量，提升增量；质量为先，创新驱动；龙头带动，集群发展 |

续表

| 层次 | 主要内容 |
|------|---------|
| 目标任务 | 到 2020 年，工业创新能力进一步增强，产品质量进一步提高，关键核心技术进一步成熟，"两化"进一步融合，工业数字化、网络化、智能化等方面取得突破，形成一批质量效益俱佳的大企业大集团 |
| 重点产业 | 石油化工、纺织服装、食品加工、新能源汽车、高端装备制造、新材料、新一代信息技术 |
| 主要任务 | 推动各县（市、区）产业科学定位；提升产业创新能力；推动工业智能化发展；促进工业绿色发展；加快发展中小企业 |
| 保障措施 | 推进体制机制创新；推动要素资源集聚；加强人才队伍建设；营造发展工业环境 |

### （五）江西省南昌市

《南昌市国民经济和社会发展第十三个五年规划纲要》强调，以大规模、深尺度、高水平、更富有成效的开放，推动建设面向市场、面向国际、面向未来，适应"新常态"、引领"新常态"的高新、高端产业体系，努力构建世界级的产业集群，实现产业竞争力明显提升和发展质量明显提高，加快实现产业现代化目标。先进制造业重在坚持低碳和开放取向，坚持振兴做强定力，坚持跨越升级指向，坚持"抓点、连线、扩面、健体"路径，努力促进若干产业蛙跳式发展，建设世界级的 LED 产业集群和国家级的航空制造、电子信息、生物医药产业集群，深入打造汽车制造、轻纺工业、机电制造和战略性新兴产业共同发力的、在全国有影响力的先进制造业基地，打造全省智能制造示范区，占据全球价值链中应有位置。

振兴发展制造业。以数字化、网络化、智能化和"高""新""集"为导向，实施传统产业改造提升行动和战略性新兴产业倍增计划，打造一批龙头带动作用明显、创新动力强劲、生态优势突出的产业集群，形成若干国内领先的新兴产业集聚区，建成特色鲜明、集约高效、环境友好、市场竞争力强的新型工业体系，实现战略性新兴产业规模和龙头企业规模翻番，加快打造根生全球价值链的全国重要的先进制造业基地。引导汽车、航空、电子信息等主导产业朝着分工细化、协作紧密方向发展，不断延伸产业链，加强主导产业与关联产业对接，实现基地化布局和全产业链发展，推进"两化"深度融合，推进主导产业高端化。力争"两化"深度融合发展水平指数达到91。支持企业瞄准国内外同行业标杆，应用新技术、新工艺、新材料推进技术改造，推动企业装备升级换代、产品提档升级，提高企业资源能源利用水平，促进冶金、医药、纺织服装、食品等传统产业转型升级（见表11-40）。

表11-40 《南昌市国民经济和社会发展第十三个五年规划纲要》
中关于制造业发展的相关要求

| 要点 | 主要内容 |
|---|---|
| 振兴发展制造业 | 以数字化、网络化、智能化和"高""新""集"为导向，实施传统产业改造提升行动和战略性新兴产业倍增计划，打造一批龙头带动作用明显、创新动力强劲、生态优势突出的产业集群，形成若干国内领先的新兴产业集聚区，建成特色鲜明、集约高效、环境友好、市场竞争力强的新型工业体系，实现战略性新兴产业规模和龙头企业规模翻番，加快打造根生全球价值链的全国重要的先进制造业基地 |
| | 引导汽车、航空、电子信息等主导产业朝着分工细化、协作紧密方向发展，不断延伸产业链，加强主导产业与关联产业对接，实现基地化布局和全产业链发展，推进"两化"深度融合，推进主导产业高端化 |
| | 力争"两化"深度融合发展水平指数达到91 |
| | 支持企业瞄准国内外同行业标杆，应用新技术、新工艺、新材料推进技术改造，推动企业装备升级换代、产品提档升级，提高企业资源能源利用水平，促进冶金、医药、纺织服装、食品等传统产业转型升级 |

《南昌市"十三五"工业节能规划》提出要以工业绿色低碳转型升级为主线，以企业为主体，以市场为导向，以改革和创新为动力，以政策为支撑，以大幅度提高能源利用效率为核心，转变发展方式，调整经济结构，突出重点区域、重点园区、重点行业、重点企业、重点产品，健全政策法规，完善技术标准，强化宣传教育，加强执法监管，大力推广节能技术，全面推行清洁生产，大力提升资源综合利用水平，加快技术进步，逐步改变生产方式和消费方式，促进南昌市经济社会可持续发展和绿色崛起。强调坚持以下基本原则：坚持工业节能与绿色发展相结合；坚持企业主体与政策推动相结合；坚持重点突破与示范应用相结合；坚持科技创新与体制创新相结合；坚持改造存量与控制增量相结合（见表11-41）。

表 11 - 41　　《南昌市"十三五"工业节能规划》中关于制造业发展的相关要求

| 领域 | 具体内容 |
| --- | --- |
| 主要任务 | 提升重点用能行业能效水平 |
| | 推动终端用能设备能效提升 |
| | 加强重点用能企业节能监管 |
| | 推广应用工业节能成熟技术 |
| | 推进煤炭资源清洁高效利用 |
| | 提升工业企业清洁生产水平 |
| | 构建工业废弃物利用产业链 |
| | 建设绿色再制造产业聚集区 |
| | 大力培育发展节能环保产业 |
| 重点工程 | 绿色发展示范工程 |
| | 节能技术推广工程 |
| | 节能环保产业工程 |
| | 节能监察保障工程 |
| | 节能技术改造工程 |

### （六）小结

从中部六省重点城市制造业"十三五"规划、"中国制造 2025"的比较来看，第一，各市制造业发展的基本原则、重点领域及发展目标具有双重性，双重性是指既与各市所属的省级规划具有一致性，又从自身的产业特色出发，扬长避短，从而具有特殊性。第二，发展制造业的主要任务可以总结为优先发展战略性新兴产业、改造提升支柱产业、促进军民融合深度发展、提高自主创新能力、发展绿色制造等。第三，在发展制造业的保障措施方面，各市都强调"政府"和"市场"两只手的作用，政府引导方面的保障措施可总结为深化体制机制改革、提供政策支持、加强产业园区建设、调整产业空间布局、优化对外开放格局；而市场行为方面的措施则主要包括优化制造业发展环境、完善金融体系、加强人才队伍建设。第四，重点领域主要包括新材料、电子信息、新能源、生物医药、新能源汽车、通用航空等新兴产业，以及有色金属、高端石油化工、建材、轻工食品等传统产业。

**参考文献**

[1] 李廉水，程中华，刘军．中国制造业"新型化"及其评价研究 [J]．中国工业经济，2015（2）．

[2] 牛泽东，张倩肖．中国装备制造业的技术创新效率 [J]．数量经济技术经济研究，2012（11）．

[3] 杨汝岱．中国制造业企业全要素生产率研究 [J]．经济研究，2015（2）．

[4] 阳立高，谢锐，贺正楚，韩峰，孙玉磊．劳动力成本上升对制造业结构升级的影响研究——基于中国制造业细分行业数据的实证分析 [J]．中国软科学，2014（12）．

[5] 陈建军，陈菁菁．生产性服务业与制造业的协同定位研究——以浙江省 69 个城市和地区为例 [J]．中国工业经济，2011（6）．

[6] 潘雄锋，舒涛，徐大伟．中国制造业碳排放强度变动及其因素分解 [J]．中国人口·资源与环境，2011（5）．

[7] 韩晶，陈超凡，施发启．中国制造业环境效率、行业异质性与最优规制强度 [J]．统计研究，2014（3）．

[8] 王俊松．长三角制造业空间格局演化及影响因素 [J]．地理研究，2014（12）．

[9] 罗胤晨，谷人旭．1980—2011 年中国制造业空间集聚格局及其演变趋势 [J]．经济地理，2014（7）．

[10] 文东伟，冼国明．中国制造业的空间集聚与出口：基于企业层面的研究 [J]．管理世界，2014（10）．

[11] 毛琦梁，董锁成，黄永斌，李俊，吴殿廷．首都圈产业分布变化及其空间溢出效应分析——基于制造业从业人数的实证研究 [J]．地理研究，2014（5）．

[12] 何涛，查志刚．促进我国制造业高端化发展的财税政策选择 [J]．经济纵横，2015（12）．

[13] 李晶，井崇任．促进高端装备制造业发展的财政税收政策研究 [J]．财经问题研究，2013（4）．

[14] 黄群慧，贺俊．中国制造业的核心能力、功能定位与发展战略——兼评《中国制造 2025》[J]．中国工业经济，2015（6）．

[15] 毕克新，黄平，王楠．信息化条件下我国制造业绿色创新政策体系构建 [J]．中国行政管理，2012（7）．

[16] 罗仲伟，李先军．"十三五"时期制造业转型升级的路径与政策转向 [J]．价格理论与实践，2015（11）．

[17] 王清剑，李金华．中国制造业国际竞争力与政策支撑研究 [J]．财经论丛，2013（5）．

［18］程栋. 中国区域经济政策工具创新：理论与实践［J］. 贵州社会科学，2016（4）.

［19］张可云. 区域经济政策［M］. 北京：商务印书馆，2005.

［20］王园园. 政策工具视角下中国高技术服务业政策研究［D］. 东北大学，2012.

［21］王旭. 我国知识产权保护中政策工具选择研究［D］. 华北电力大学，2014.

［22］李德芝. 技术创新、环境管制强度与政策工具选择［D］. 山东大学，2014.

［23］邰文燕. 中国低碳经济发展的财政政策工具研究［D］. 南京大学，2014.

［24］王玲. 问题与对策：促进我国低碳经济发展的政策工具研究［D］. 华中师范大学，2013.

［25］王春城，耿伟华. 政策工具视角下的文化产业发展策略研究——以河北省石家庄市为例［J］. 河北师范大学学报（哲学社会科学版），2016（1）.

# 第十二章  中部地区制造业发展的总体思路、战略重点与对策研究

## 一  总体发展思路

积极融入"一带一路"、京津冀和长江经济带三大国家战略，以供给侧结构性改革为主线，坚持"创新、协调、绿色、开放、共享"的发展理念，促进中部地区制造业朝高端化、智能化、集聚化、绿色化、服务化方向发展，培育壮大制造业竞争新优势，建设一批制造业创新中心、战略性新兴产业和高技术产业基地，将中部地区打造成为名副其实的全国先进制造业中心。

### （一）高端化发展：找准制造业创新驱动发展的突破口

（1）推进传统优势制造业走向中高端。钢铁、建材、食品、有色金属、石油化工、家用电器和纺织服装是中部地区的传统优势制造业。在资源环境约束趋紧、传统要素动力减弱和全球经济复苏乏力等背景下，中部地区传统优势制造业的增长势头逐步放缓，尤其是钢铁、建材、石油化工等产业面临着去除过剩产能和转型升级的双重压力。中部地区制造业发展必须从自身优势产业着手，加强对产能严重过剩行业的动态监测分析，按照"消化一批、转移一批、整合一批、淘汰一批"的原则逐步化解产能过剩矛盾。实施制造业重大技术改造升级工程，完善促进企业技术改造创新的长效机制和政策体系，在重点行业、高端产品、关键环节引导企业采用先进适用技术，尤其要提升食品加工、家电、纺织服装、汽车、工程机械、建材等行业的设计、制造、工艺和管理水平。深入实施质量品牌提升工程，

全面强化传统行业企业质量管理，打造一批国际知名品牌。推广现代学徒制，培养工匠精神。

（2）发展壮大战略性新兴产业。战略性新兴产业代表新一轮科技革命和产业变革的方向，是培育发展新动能、获取未来竞争新优势的关键领域，中部地区制造业发展势必要把战略性新兴产业摆在更加突出的位置。重点推进新一代信息技术、生物技术、高端装备制造等产业发展壮大，强化提升光电子通信、新型显示、集成电路、卫星导航、新能源汽车、机器人装备、先进轨道交通、新一代航空航天装备、生物医药、新材料、节能环保等产业，推进人工智能、基因测序、3D打印、无人机、石墨烯、智能交通、精准医疗、高效储能与分布式能源系统等前沿领域创新应用。

（3）提升制造业创新能力。发挥中部地区在装备制造、电子信息、能源材料等重点制造领域的科技优势，开展制造业基础前沿、关键共性和战略高技术研究创新，增强制造业基础创新能力。在传统制造业、战略性新兴产业等领域开展创新设计示范，全面推广应用以绿色、智能、协同为特征的先进设计技术，提升制造业创新设计能力。推进武汉东湖、长株潭、郑洛新、合芜蚌等国家自主创新示范区和创新型城市建设，搭建制造业创新能力提升高层次平台。优化现有国家高新区、技术创新中心和重点实验室布局，围绕先进轨道交通装备、航空航天装备、农业机械装备、新能源汽车、新材料、生物医药和高性能医疗器械等行业建设一批在全国具有影响力的制造业创新中心。

**（二）智能化发展：推进工业化与信息化深度融合**

（1）全面实施智能制造工程。强化顶层设计，编制中部地区省级智能制造发展规划，明确市县级智能制造具体实施方案和政策措施。围绕制造领域关键环节，主攻智能制造装备和智能产品并实现产业化生产，加快机械、航空、汽车、轻工、纺织、食品、电子等行业生产设备的智能化改造。依托龙头企业，在重点制造业领域建设数字化车间/智能工厂，加快人机智能交互、工业机器人、智能物流管理、增材制造等技术和装备在生产过程中的应用，促进制造工艺仿真优化、数字化控制、状态信息实时监测和自适应控制。分类型、分区域实施离散型智能制造、流程型智能制造、网络协同制造、大规模个性化定制和远程运维服务等智能制造新模式。建立智能制造标准体系和信息安全保障系统，搭建智能制造网络系统平台。

（2）深化互联网在制造领域的应用。实施"互联网＋"智能制造和人工智能行动，着力在先进装备制造、智能感知元器件、工业云平台、新型人机交互等制造业核心领域取得突破，引领全国智能制造和人工智能发展。开展物联网技术研发与应用示范，在智能检测、远程诊断管理、全产业链追溯等领域培育新的增长点。强力推进大数据和云平台技术应用，建立中部制造业基础数据库，实现制造资源、关键技术与标准的开放共享，实现制造业智能化生产、规模化定制、网络化传输。加强工业互联网基础设施建设规划与布局，建设低时延、高可靠、广覆盖的工业互联网。针对信息物理系统网络研发及应用需求，组织开发智能控制系统、工业应用软件、故障诊断软件和相关工具、传感和通信系统协议，实现人、设备与产品的实时联通、精确识别、有效交互与智能控制。

**（三）集聚化发展：优化制造业资源配置与空间布局**

（1）建设新型工业化示范基地。依托全国重要能源原材料基地和装备制造业基地的优势，建设一批规模效益突出的优势产业新型工业化示范基地（"大而优"）和专业细分领域竞争力强的特色产业新型工业化示范基地（"小而美"）。围绕主导产业"强链""补链"，建设装备制造示范基地，推动电力装备、轨道交通装备等产业领域的示范基地进一步放大"名片"效应，积极培育新能源汽车、航空航天、船舶和海洋工程装备、工业机器人等战略性领域的示范基地，加快工程机械、农业机械等传统优势领域示范基地的转型升级。加强核心电子器件、高端通用芯片、基础软件产品、信息技术服务、工业大数据、工业云、智能硬件、计算机与通信设备、卫星通信导航、智能感知等关键技术、产品和服务的研发创新及应用，建设信息产业示范基地。积极适应新的消费方式变化，针对差异化和个性化的消费需求，建设消费品示范基地，创新丰富产品品种，提升产品质量品质，培育和引进第三方工商业设计、时尚创意机构，增强对企业转型升级的助推作用。借助深厚的红色文化资源建设军民融合发展的新型工业化示范基地，推动军用技术转化，增强先进军工技术对制造业发展的牵引力，带动传统产业转型升级，开展国家军民融合创新示范区建设，推进军民融合发展体制机制改革创新。

（2）培育先进制造业产业集群。整合资源要素，以县域为单位形成专业化制造业生产要素集聚洼地，改造提升中部地区现有产业集聚区。依托京广、陇海、长江沿线等中部地区主要发展轴，以产业链为纽带，引导产业、企业、要素合理布局，推动产业集聚向产业集群升级，打造成具有全球影响力的先进制造业走廊。大力培育和引进制造业龙头企业，围绕重点产业打造先进制造业产业集群。以武汉、南昌为中心发展光电子产业，合肥、芜湖、武汉为中心积极打造平板显示产业链，培育新一代信息技术产业集群；加大新能源汽车研发和推广力度，形成从关键零部件到整车的完整创新体系，打造郑州、合肥、芜湖、武汉、南昌、长沙等新能源汽车生产基地，培育新能源汽车产业集群；依托株洲、湘潭、郑州、洛阳、太原、大同、合肥、马鞍山等地区的产业基础，研发新一代绿色智能、高速重载轨道交通装备系统，培育先进轨道交通装备产业集群；建设南昌、景德镇国家航空产业基地，大力发展飞机设计与制造，提升航空制造业专业化发展能力，建设武汉航天产业基地和郑州、长沙、信阳等北斗导航产业基地，培育航空航天产业集群；积极发展新型功能材料、先进结构材料、高性能复合材料、前沿新材料，建设长株潭、武汉、赣州、鹰潭、洛阳、安庆等新材料基地，培育新材料产业集群；推动生物医药产业技术创新，建设武汉、长沙、郑州、南昌、新乡、长治等生物医药基地，培育现代生物医药产业集群。

**（四）绿色化发展：构建高效、清洁、低碳、循环的绿色制造体系**

（1）加快传统制造业绿色改造升级。一是实施生产过程清洁化改造。革新传统生产工艺装备，鼓励企业采用先进适用清洁生产工艺技术，加快提升重点区域和重点领域清洁生产水平；实施工业领域煤炭清洁高效利用行动计划，推动有色金属、化工、皮革、铅酸蓄电池、电镀等行业对重金属、挥发性有机物、持久性有机物等非常规污染物削减；加快重点行业有毒有害原料（产品）替代品的推广应用，进一步淘汰落后产能。二是实施能源利用高效低碳化改造。加快应用先进节能低碳技术装备，提升能源利用效率，提升新能源应用比例；重点实施高耗能设备系统节能改造，力争使在用工业锅炉（窑炉）、电机（水泵、风机、空压机）系统、变压器等通用设备的运行能效指标达到国内先进标准；深入推进流程工业系统节能改造，重点推广原料优化、能源梯级利用、可循环、流程再造等系统优化工艺技术，普及中低品位余热余压发电、制冷、供热及循环利用。三是实施水资源利用高效化改造。以控制工业用水总量、提高用水效率、保护水环境为目标，采用水系统平衡优化整体解决方案等节水技术，对化工、钢铁、造纸、印染、食品、医药等高耗水行业实施改造；推广应用非常规水资源，支持工业企业采用电吸附、膜处理、海水淡化等技术，利用城市中水、矿井水、高浓盐水等。四是实施基础制造工艺绿色化改造。加快应用清洁铸造、锻压、焊接、表面处理、切削等加工工艺，推动传统基础制造工艺绿色化、智能化发展，建设一批基础制造工艺绿色化示范工程。

（2）实现资源绿色循环高效利用。一是强化工业资源综合利用。重点针对冶炼渣及尘泥、化工废渣、尾矿、煤电固废等难利用工业固体废物，推广一批先进适用技术与装备，扩大资源综合利用基地试点；以再生资源规范企业为依托，加快再生资源技术装备改造升级，深化城市矿产示范基地建设，推动再生资源产业集聚发展，实现再生资源产业集约化、专业化、规模化发展。二是推进产业绿色协同链接。推行循环生产方式，促进企业、园区、行业间链接共生、原料互供、资源共享，拓展不同产业固废协同、能源转换、废弃物再资源化等功能，创新工业行业间及其与社会间的生态链接模式；结合区域资源环境特点，促进工业资源综合利用产业区域间协调发展。三是培育发展再制造产业。积极推广应用再制造表面工程、增材制造、疲劳检测与剩余寿命评估等技术工艺，建立再制造逆向智能物流体系，完善再制造产品认定制度，实施高端再制造、智能再制造和在役再制造示范工程。

（3）推进绿色制造技术创新及产业化。一是研发节能关键技术装备。围绕制约节能产业发展的重要关键技术和装备，在节煤、节电、余能回收利用、高效储能、智能控制等领域加大研发和示范力度，培育一批有核心竞争力的骨干企业，突破重大节能技术装备瓶颈。二是开发资源综合利用适用技术装备。以提升工业资源综合利用技术装备水平、推进产业化应用为目标，研发重大资源综合利用技术装备，培育资源综合利用产业创新中心，基本形成适应工业资源循环利用产业发展的技术研发和装备产业化能力。

（4）构建绿色制造体系。一是建立健全绿色标准。制修订能耗、水耗、物耗、污染控制、资源综合利用及绿色制造管理体系等标准规范，完善产品从设计、制造、使用、回收到再制造的全生命周期绿色标准，制定绿色工厂、园区、供应链标准。二是开发绿色产品。按照产品全生命周期绿色管理理念，遵循能源资源消耗最低化、生态环境影响最小化、可再生率最大化原则，大力开展绿色设计试点示范，以点带面，开发推广绿色产品，积极推进绿色产品第三方评价和认证，建立各方协作机制，发布绿色产品目录，引导绿色生产。三是创建绿色工厂。按照用地集约化、生产洁净化、废物资源化、能源低碳化原则，分类创建绿色工厂；应用绿色低碳技术改造厂房，集约利用厂区。四是建设绿色工业园区。以企业集聚、产业生态化链接和服务平台建设为重点，推行园区综合能源资源一体化解决方案，深化园区循环化改造，实现园区能源梯级利用、水资源循环利用、废物交换利用、土地节约集约利用，提升园区资源能源利用效率，优化空间布局，培育一批创新能力强、示范意义大的示范园区。五是打造绿色供应链。以汽车、电子电器、通信、大型成套装备等行业龙头企业为依托，以绿色供应标准和生产者责任延伸制度为支撑，加快建立以资源节约、环境友好为导向的采购、生产、营销、回收及物流体系；积极应用物联网、大数据和云计算等信息技术，建立绿色供应链管理体系。完善采购、供应商、物流等绿色供应链，开展绿色供应链管理试点。六是建设绿色制造服务平台。建立产品全生命周期基础数据库及重点行业绿色制造生产过程物质流和能量流数据库，加大信息公开力度；建立绿色制造评价机制，制定分行业、分领域绿色评价指标和评估方法；建设绿色制造技术专利池，推动知识产权保护和共享；创新服务模式，建设绿色制造创新中心和绿色制造产业联盟，积极开展第三方服务机构绿色制造咨询、认定、培训等服务。

**（五）服务化发展：积极发展服务型制造和生产性服务业**

（1）强化信息技术在制造业服务化过程中的支撑作用。大力发展面向制造业的信息技术服务，提高装备制造、电子信息、生物医药等重点行业信息应用系统的方案设计、开发和综合集成能力。以信息技术为基础，为制造业企业自动生产、系统管理、远程监控提供个性化服务。

（2）积极发展服务型制造。研究制定促进服务型制造发展的指导意见，实施服务型制造行动计划。开展试点示范，引导和支持制造业企业延伸服务链条，从主要提供产品制造向提供产品和服务转变。鼓励制造业企业增加服务环节投入，发展个性化定制服务、全生命周期管理、网络精准营销和在线支持服务等。支持有条件的企业由提供设备向提供系统集成总承包服务转变，由提供产品向提供整体解决方案转变。鼓励优势制造业企业"裂变"专业优势，通过业务流程再造，向行业提供社会化、专业化服务。支持符合条件的制造业企业建立企业财务公司、金融租赁公司等金融机构，推广大型制造设备、生产线等融资租赁服务。

（3）加快生产性服务业发展。大力发展面向制造业的信息技术服务，提高重点行业信息应用系统的方案设计、开发、综合集成能力。鼓励互联网等企业发展移动电子商务、在线定制、线上到线下等创新模式，积极发展对产品、市场的动态监控和预测预警等业务，实现与制造业企业的无缝对接，创新业务协作流程和价值创造模式。加快发展研发设计、技术转移、创业孵化、知识产权、科技咨询等科技服务业，发展壮大第三方物流、节能环保、检验检测认证、电子商务、服务外包、融资租赁、人力资源服务、售后服务、品牌建设等生产性服务业，增强对制造业转型升级的支撑。

（4）强化服务功能区和公共服务平台建设。建设和提升生产性服务业功能区，重点发展研发设计、信息、物流、商务、金融等现代服务业，增强辐射能力。依托制造业集聚区，建设一批生产性服务业公共服务平台。鼓励东部地区企业加快制造业服务化转型，建立生产服务基地。支持中西部地区发展具有特色和竞争力的生产性服务业，加快产业转移承接地服务配套设施建设，实现制造业和服务业协同发展。

# 二 战略重点领域

## （一）装备制造业发展的战略重点与路径

装备制造业是制造业的核心组成部分，是国民经济发展特别是工业发展的基础，关系到国家或地区经济的发展速度与质量。中部地区是我国重要的装备制造业基地，未来制造业发展必须高度重视装备制造业发展，进一步巩固装备制造业优势地位。中部地区大力发展装备制造业，要重点发展智能装备，航空装备、燃气轮机，智能电网和新能源装备，轨道交通和海洋工程装备，节能环保装备，工程机械和农机装备等。

1. 智能装备

（1）发展重点：高档数控机床及成型装备；机器人及其精密减速器、伺服电机、控制器等；3D打印机；水泥、玻璃、家电、汽车、食品、型材、一次性卫生用品、3C等自动化成套生产线；精密仪器仪表、智能传感器、智能在线检测/监测设备等。

（2）发展路径：开展高档数控机床及成型装备关键技术研究，提高加工精度和可靠性；瞄准多通道、多轴联动等高性能数控系统产品，开展高端、专用、大型、重型数控成型装备及其系统集成和研发；力争机器人产业在关键零部件、整机制造、系统集成及大规模示范应用方面取得突破，强化机器人产业集群配套能力建设，完善机器人产业链；引导企业发展3D打印设备及核心器件、3D打印专用材料等，加快提升3D工艺技术水平，支持3D打印在医疗器械、航空发动机零部件、燃气轮机、新能源汽车等领域的应用；攻克新能源汽车轻量化车身、核心零部件智能制造等技术，大力发展工业智能成套装备及成套自动化生产线，立足仪器仪表、智能传感器、在线监测系统、液压/气动/密封件及系统、齿轮传动、伺服装置等关键零部件和配套产业，提高柔性制造、精密制造、智能控制等关键工艺水平，实施智能装备制造示范工程。

2. 航空装备、燃气轮机

（1）发展重点：航空发动机、燃气轮机、无人机、直升机、通用飞机等。

（2）发展路径：重点推进航空装备轻量化研究，发展航空发动机及其关键零部件、燃气轮机及通用飞机、直升机、无人机等。

3. 智能电网和新能源装备

（1）发展重点：电力变压器、电抗器、换流变产品等输变电装备，智能变电站，输配电装备及监控系统；太阳能光伏发电装备、生物发电装备、核电装备、风电装备等新能源装备。

（2）发展路径：加强智能电网中物联网技术的应用，重点发展智能电网输变电设备制造关键技术，220kV及以下电力变压器核心技术，智能电网综合节能自动化技术，高电压、节能、大容量变压器核心技术；依托光伏重点产业基地，重点研究开发光伏并网发电关键技术与装备，扶持一批重大光伏发电项目，突破光伏电站群控、风光柴蓄多能源互补、智能微网、大规模储能等关键技术，开发高效能太阳能光伏逆变器、储能变流器、太阳能电池板、光伏组件用功率优化器等光伏设备，打造关键技术—关键装备—系统集成等完整的产业链；建设生物质电厂，重点发展生物质设备制造，推动生物质发电产业化和生物质能源利用。努力发展风电机组设备、核电泵成套设备及专用设备高端零部件，不断实现风电、核电产业新突破；核电装备重点发展核电机组关键零部件，加强核废料处理设备研制。

4. 轨道交通和海洋工程装备

（1）发展重点：高速动车组和重载货运列车用车轮轮毂、轮轴、轮对、转向架、弹簧、轴承及其总成，发电机组，光机电与系统集成，地铁整体道床施工系统与成套设备，特种电缆；船用柴油机、海上作业装备及其关键系统和专用设备，高技术船舶配套设备。

（2）发展路径：依托领军企业，构建轨道交通装备"材轮轴架机"等关键环节产业链，推进轨道交通用材料、车轮、车轴、轮轴、轨枕、道岔、机电装备等关键技术和产品研发，拓展轮轴新造和车轮深加工业务领域，形成轮轴新造、车轴制造、轮对维修、车轮深加工等主营业务板块；引进制动盘、钩舌、齿轮、紧固件、弹簧、轴承等关键零部件生产制造企业，打造轨道交通产业及关键零部件产业集群，力争促成整车生产企业入驻；海洋工程重点发展船用柴油机研制、电气控制产品及系统集成、专用设备配套、海工作业装备配套、关键零部件配套等产业，推动海洋工程装备快速发展。

5. 节能环保装备

（1）发展重点：余热余压利用设备、高效节能锅炉、垃圾焚烧发电设备、高效节能变压器、节能电机等节能装备；煤制气装备、"三废"处理装备、环境监测仪器、污染土壤修复等环保装备；清洗机械、离心分离机械、资源循环回收利用装备；发展汽车零部件、电机等再制造产品，推广大型废钢破碎剪切和废旧电器回收利用技术，促进大宗固体废弃物、尾矿伴生矿综合利用及建筑废弃物、城市餐厨废弃物资源化、规模化利用。

（2）发展路径：大力发展余热余压利用装备、新型高效节能锅炉、垃圾焚烧发电设备、煤制气炉、高效节能变压器、节能电机系统等，加强余热干燥设备、余热蒸馏设备、余热发电锅炉、工业清洗机、离心分离设备和环境监测装备等的设计、制造和应用；加快废旧汽车、家电、废钢、废铅酸电池、废旧塑料、轮胎和生物质废物等回收再利用技术及装备的开发。

6. 工程机械和农机装备

（1）发展重点：叉车、挖掘机、装载机、起重机、路面机械、混凝土泵车等；大中型拖拉机、大型联合收获机械、植保机械、大型智能喷灌机、经济作物全程机械化装备、农产品加工与畜禽养殖机械等及其关键零部件。

（2）发展路径：围绕新型工程机械的高效化、智能化、稳定化、节能化、人性化等关键环节，研究系统控制、综合测试和先进工艺，重点突破数字化设计与制造、节能环保、智能控制等关键共性技术，提升工程机械核心零部件水平，开发集机、电、液于一体的智能系统和单元系统；加大支持全程农业机械化的制造环节，推进农机优势产品向智能、大型、绿色、多功能、联合复式作业方向发展，加大自主研发力度，突破农机装备传动系统、电控系统、智能化作业系统、远程监控监测系统和核心关键零部件的制造瓶颈，加强农机装备集聚发展，提高本土配套化率。

（二）高技术制造业发展的战略重点与路径

高技术制造业作为技术密集、价值高端、辐射引领的创新型产业，是中部地区建设全国先进制造业中心的关键支撑。根据中部地区既有产业基础，未来高技术制造业需要重点在医药制造、电子信息、航空航天、医疗器械等产业领域取得突破。

1. 医药制造业

（1）发展重点：一是生物制药制造。优先发展治疗性基因工程药品、单克隆抗体等药物；推进新型生物疫苗的研发，提升疫苗产品整体质量和国际竞争力，鼓励采用新技术和新工艺改进提升现有疫苗产品；重点开发和培育对预防、诊断和治疗恶性肿瘤、神经类疾病等重大疾病具有显著效果的药品和新型疫苗。二是化学制药。研究并利用先进的合成技术、新型催化技术、新型高效分离技术以及生物化工合成技术，改进和提高原料药生产工艺；加大力度研发防治重大、多发性疾病的创新药物，临床用量大、专利到期的通用名药新品种，以及严重危害生命健康的罕见病用药、儿童用药；积极发展药物新剂型，大力推广应用化学制剂领域的缓释、控释、速释、靶向释药、透皮和黏膜给药等新技术，重点开发口服速释制剂、控释制剂、鼻腔给药制剂、脂质体等发展较快的药物剂型。三是中成药制造。大力发展中药新制剂、组分组方中药制剂、天然药物等新品种。实施名优中成药大品种二次开发与培育工程，优先开发有中医药治疗优势的中成药品种；研制开发适合中药制药技术的配套设备，推广应用包括提取、分离、浓缩、纯化、干燥、制剂、包装等在内的组装式自动化生产线，实施中药制药工艺参数在线检测；进一步规范中药材基地建设，加强地道中药材优良品种的选育和规范化、标准化、规模化种植，加快稀缺中药材的人工种源繁育。

（2）发展路径：一是引进医药制造企业。重点引进行业龙头企业，发挥产业资源优势，吸引国内外知名医药集团到中部地区建立生产基地。二是支持本土医药制造企业壮大规模。支持现有企业延伸产业链，积极抢占全国市场，加快形成本土成长的大型医药企业。三是强化医药人才引进。制定并实施生物医药领域领军人才创业项目的支持政策，在研发资金、办公场所、引进人才安家费等方面给予支持和补贴。

2. 电子信息产业

（1）发展重点：一是光通信。重点发展大尺寸预制棒、特种光纤、光电子芯片、核心器件等光电材料和光器件产品。顺应 5G 时代光网络快速发展趋势，重点发展光接入系统、超高速率超大容量超长距离光通信传输设备、激光通信光源等产品，促进光通信产业链向城域网、接入网设备等产业链下游延伸。二是集成电路。围绕光通信、光显示、红外传感、北斗导航等特色优势领域，以整机应用和信息消费需求为牵引，推动整机与芯片联动，开发生产量大面广的特色芯片，重点发展红外气体敏感传感器、压力传感器、磁敏感传感器、电子标签和 MEMS 传感器等物联网传感器；发展 PCB 印制电路板，支持黄石创建全国第三大 PCB 生产基地。三是智能终端。顺应 5G 产品更新换代趋势，加大 LTE、LTE – Advanced 技术研发；大力发展平板电脑产品，着力推进新一代智能终端的研发、制造和示范应用；积极引进可穿戴设备龙头企业，依托硬件产品制造基础，大力发展可穿戴设备产业。四是新型显示。提升中小尺寸面板的行业竞争力，推动关键配套产业发展；加快技术研发和突破，不断适应产品更新换代需要，抢占新兴领域；大力发展 LED 芯片设计制造、外延片生产、封装测试、LED 背光源和 LED 显示屏等；发展 TFT－LCD、OLED、LED、激光显示、三维显示、超薄光电玻璃、可折叠面板等重点产品，提升新型显示产业能级，壮大产业规模，建设我国规模最大的高端中小尺寸显示面板研发生产基地。

（2）发展路径：一是着力突破关键技术。加快光纤接入、激光加工装备、集成电路、数字家庭、物联网、云计算、地球空间信息等领域的技术突破。二是支持产业创新。利用产业发展基金、"核高基"重大专项等重要抓手，支持企业通过自主研发、对外合作、技术贸易等形式获得新技术，实现创新及产业化突破。三是增强产业本地配套能力。加强产业链横向一体化和纵向一体化的结合，加快培育一批中小型配套企业，引导龙头企业在本地配套，鼓励本地企业主动为龙头企业配套。四是加快引进和培育骨干龙头企业。鼓励支持龙头企业通过联合、兼并、收购等方式实施产业整合，促进人才、技术和科研资源向龙头企业集中。

3. 航空航天产业

（1）发展重点：一是航空装备。巩固大型灭火/水上救援水陆两栖飞机、浮空飞行器等特种飞行器设计与研发在国内的主导优势地位，积极拓展试验、总装集成、试飞等业务；建立水面飞行器、高性能轻型直升机、轻型飞机等通用飞机的自主研发设计和生产体系；大力发展飞机维修、客机改货机等业务，完善飞机座椅产业配套并向航空内饰等产业链延伸；促进军用航空救生器材向民用航空、通用航空领域扩展；鼓励发展航空机载电源、电子器件、传感器、惯性器件、多功能显示器、变流器、变压器、蓄电池、照明装置等航空电子设备及元器件。二是航天装备。以快舟运载火箭为基础，发展低成本、系列化固体运载火箭，探索研制绿色新型液体运载火箭；通过运载火箭产业的发展，带动航天动力、材料、自动控制系统、伺服系统、通信、元器件、先进制造等产业集群发展；重点发展卫星平台及载荷，突破小卫星、微纳卫星、卫星组网等核心技术，发展低轨通信卫星、低轨遥感卫星、导航增强卫星等；促进卫星在导航定位、测绘遥感、环境减灾、城乡建设、国土资源、水利交通、农业等方面的应用，带动位置服务产品、移动终端装备、芯片、通信、软件等产业的发展。

（2）发展路径：一是打造新一代航天发射及应用核心产业链。发展运载火箭、卫星、发射服务及应用、地面装备及制造等产业，以及相关配套产业，同时带动和辐射上下游产业。二是加强国内外交流与合作。积极争取波音、空客以及中航工业、航天科工等国内外龙头企业在鄂布局。三是促进军民结合产业深度融合。加快军工技术的转化和推广应用，加快军民结合产业的深度发展，在航空航天各重点领域形成不断延伸的产业链和企业集群，推动军民融合产业深度发展。

4. 医疗器械制造业

（1）发展重点：发展数字化医疗设备及系统、激光类器械。大力发展生化分析及临床检验设备、疫苗培养器械、生物基因检测试剂及器具、X - CT 光机、PET - CT、超声诊断仪器、激光治疗仪、无创伤或微创手术器械等新型医疗机械。加强医学影像设备、急救及外科手术设备等需求量大、应用面广的设备研发及产业化。发展心脏瓣膜、心脏起搏器、全降解血管支架、人工关节和脊柱、人工耳蜗等高端植介入产品以及康复辅助器具等中高端产品。积极探索基于中医学理论的医疗器械研发。

（2）发展路径：一是引进医疗器械企业，发挥产业资源优势，引入诊断试剂、诊疗仪器设备等相关的大型医疗器械企业，不断提高医疗设备国产化水平；二是强化医药人才引进。制定并实施生物医药领域领军人才创业项目的支持政策，在研发资金、办公场所、引进人才安家费等方面给予支持和补贴；三是加强互联网技术应用，运用物联网、大数据、智能医疗设备等技术，提供生命健康管理服务。

**（三）战略性新兴产业发展的战略重点与路径**

战略性新兴产业代表新一轮科技革命和产业变革的方向，是培育发展新动能、获取未来竞争新优势的关键领域。未来中部地区制造业发展要把战略性新兴产业摆在经济社会发展更加突出的位置，在高端装备、新一代信息技术、生物、新能源、新能源汽车、新材料、节能环保七大产业领域，加快培育经济持续健康发展的新动能。

1. 高端装备制造业

（1）发展重点：一是轨道交通装备。重点发展中低速磁悬浮列车、储能式低地板城轨车等城轨车辆，以及大功率交流传动电力机车、动车组列车等整车，研发大功率牵引变流系统、牵引系统、网络控制系统、高性能转向架、轴承、轻量化车体等关键部件。二是高端工程机械。重点发展新型土石方机械、水上工程机械、物流成套设备、大型起重机、大型路面施工机械、大型露天矿综采设备和重卡底盘、高压大流量液压件、元器件和大型轴承等整机和关键部件。三是航空航天装备。重点发展轻型飞机、直升机、小型公务机、先进无人机等整机产品，加快发展系留飞艇、平流层飞艇和新概念太阳能飞行器等临空飞行器，研发高性能中小航空发动机和起落架系统、核心芯片等核心产品。四是制药机械。重点研发无菌隔离系统、高效节能冻干系统、智能化集成水系统等注射剂装备，突破无菌灌装、无菌检测、包装、物流等环节医药机器人生产线集成应用技术。五是增材制造机械。重点发展金属材料、非金属材料、复合高分子材料等增材制造装备。六是高端农业机械。重点发展南方丘陵地区水稻全程生产机械、油菜种植和收获机械、果蔬采摘机械以及加工机械，突破大马力拖拉机、水稻育插秧、油菜少耕精量直播等装备和技术。

（2）发展路径：一是增强高端装备基础制造能力，着力提升核心装备与部件的性能和质量，强化基础支撑；二是推动制造业与新一代信息技术深度融合，大力发展智能制造系统；三是探索构建贯穿生产制造全过程和产品全生命周期，具有深度自感知、智慧优化决策、精准控制自执行等特征的智能制造系统，推动机器人自动化生产线、数字化车间和智能工厂建设，提供重点行业整体解决方案；四是发展与主机技术水平相匹配的专业化、规模化配套企业，提升基础元器件、核心零部件及关键系统的配套能力；五是建设测试验证平台，完善工业互联网体系和信息安全系统，推动建立完善的产业体系。

2. 新一代信息技术产业

（1）发展重点：一是电子核心基础。加快突破核心电子器件、核心基础软件、新型显示元器件等领域的关键技术，着力提升高性能集成电路领域的设计、装备、工艺和材料水平。二是云计算大数据。强化产学研合作，建设和完善一批云计算、大数据工程研究中心（工程实验室）和企业技术中心，推动大数据关键技术产品产业化，重点支持用于整合、处理、管理和分析大数据的技术产品产业化。三是信息安全。大力推进安全存储系统、网络交换设备、安全证书发放与校验、基于国产芯片的自主安全主机、大数据安全等项目的升级研发、示范应用和产业化，不断促进信息安全类产业的发展。四是移动互联网。以移动应用开发、移动服务为重点，突破应用软件、人机交互、应用开发、虚拟化等技术，大力开发移动支付、移动娱乐、移动资讯、移动搜索、高精度移动位置服务等新产品、新应用，探索移动互联网与现代服务业、文化产业等协同发展的新业态、新模式，扶持一批移动互联网公共服务平台。五是物联网。重点发展基于物联网的芯片制造和工业传感数据集成服务、面向各行业的工业大数据分析应用服务，大力发展 CPS 技术在智慧城市、智慧园区等领域的应用。六是北斗系统。通过军民融合、行业示范应用等方式，大力推进北斗卫星应用产业的成果转化、创新创业和大规模应用，鼓励企事业单位采购北斗产品替代 GPS 产品，突破北斗核心芯片研发技术、北斗高精度定位技术、北斗检测技术，大力推进北斗在移动互联网、物联网、智能终端、数字医疗等产业领域的应用。

（2）发展路径：一是培育信息技术核心产业。强化核心关键技术协同创新，重点增强新一代信息技术相关芯片、器件、软件、设备与系统的研发与制造能力，提升产品的自主、安全、可控能力。二是加快新一代信息技术深化应用。加速推动新一代信息技术与经济社会各领域融合发展，发挥新一代信息技术对工业、农业、能源等行业的创新促进作用，推进产业组织、商业模式、供应链创新，构建生产型"互联网＋"生态体系。三是完善"信息网"基本支撑体系。大力推进通信基础设施建设，加强物联网架构研究，提升各类传感器接口的兼容性，实现跨区域、跨终端、跨应用无缝连接，促进物联网络实现万物互联，加快构建点多、面广、高效、智能、安全的"信息网"基本支撑体系。

3. 生物产业

（1）发展重点：一是生物医药。重点发展病毒性肝炎治疗药物、抗肿瘤药物、妇科用药、健康保健产品等中药新药并推进产品标准化，培育抗体药物、疫苗、蛋白质多肽药物，核酸药物、个性化治疗药物等生物药物，开发抗感染药物，抗肿瘤、心脑血管等重大疾病高端化学药物。二是生物育种。重点发展水稻、辣椒、西甜瓜、蔬菜、玉米、油菜、优质柑橘、中药材、茶树等农作物品种选育开发，大力发展高质高产高抗配套系生猪育种和富含地方良种血缘的新型配套系生猪育种。三是生物医学工程。重点发展符合网络化、数字化、移动化趋势的超导核磁共振、CT扫描、核医学影像设备、医用机器人等高性能、智能诊疗设备和全方位远程医疗服务平台，发展体外诊断试剂、可穿戴、远程诊疗等移动医疗新产品。四是生物制造。重点推进生物工艺在化工、医药、食品、纺织、冶金、能源等领域的产业应用，实现行业的节能减排和转型升级。以新生物工具和生物工艺创制为核心，提高人造材料、人造天然产物、人造淀粉等新产品的开发水平和经济性。五是生物能源。推进高寿命低电耗生物质燃料成型设备、生物质供热锅炉、分布式生物质热电联产等关键技术和设备开发；突破高效沼气厌氧发酵、沼气净化提纯压缩装置及输配用关键技术，促进生物质燃料产业化应用。

（2）发展路径：一是推动创新药物发展。开发临床需求重大的创新药物和生物制品，实现重大疾病防治药物的原始创新和临床应用；加强化学药物研制和高端制剂开发，推动化学通用名药物的一致性评价，加速特色中药新药研发和中药产品标准化建设，推广个性化、绿色化制药生产技术。二是促进生物医学工程发展。推进生物医学与信息技术融合发展，积极开发新型医疗设备及其软件和配套试剂、远程医疗服务平台和终端设备，构建移动医疗、远程医疗等诊疗新模式，促进智慧医疗产业发展。三是加快生物农业产业化发展。开展基于基因和细胞工程技术的种质资源创新和育种应用，推进生物农业新品种创制，研制一批优质高产、营养安全的农业动植物新品种。四是提升生物能源应用水平。充分利用农作物秸秆及农产品加工剩余物、林业剩余物和能源作物、生活垃圾与有机废弃物等生物质资源，加快生物天然气规模化应用、生物质成型燃料供热、生物质发电、生物质液体燃料等领域关键技术攻关，制定高性能生物能源转化系统解决方案，在发电、供气、供热、燃油等领域实现规模化应用。五是推动生物制造规模化发展。加快微生物基因组工程、酶分子机器、细胞工厂、绿色智能生产等技术的发展，推进生物制造技术向化工、材料、能源等领域渗透应用；开发工业生物催化和转化关键技术，推动利用生物技术生产基础化工产品，促进生物基材料产业的链条化、规模化发展，提升大宗发酵产品的应用水平。

4. 新能源产业

（1）发展重点：一是新能源利用。推进有条件的产业集聚区、建筑屋顶等建设分布式光伏发电系统，在资源条件较好的地方建设大型风电基地。二是新能源装备制造。积极发展先进晶硅电池、智能逆变系统，发展高效光伏组件、薄膜电池、太阳能集成应用及跟踪系统，着力提高光电转换效率。三是智能电网建设。加快智能变电站、配电自动化等建设，推广输变电设备智能巡检技术，推进智能电表和用电信息采集全覆盖，积极开展主动配电网、智能微电网建设示范。

（2）发展路径：一是推动太阳能、风能、生物质能规模化发展，重点突破先进晶硅电池技术瓶颈，提升薄膜太阳能电池效率，大力发展太阳能集成应用技术，推动高效率、低成本的太阳能利用新技术产业化，积极推进分布式光伏电站建设；二是加快建设有利于新能源灵活并网和充分消纳的智能电网系统，努力突破核心技术，重点发展智能输配电成套装备和电能质量治理等新兴设备，积极研发柔性输变电、用户端能源管理、可再生能源并网等关键技术和产品，推进微电网成套设备产业化；三是加强"互联网＋"智慧能源基础设施建设，建设以可再生能源为主体的"源—网—荷—储—用"协调发展、集成互补的能源互联网，发展能源生产大数据精准预测、调度与运维技术，促进能源生产消费智能化。四是推动分布式能源综合利用，加速发展融合储能、微网应用分布式能源，大力推动多能多补、协同优化新能源的综合开发。

5. 新能源汽车产业

（1）发展重点：一是储能和动力电池制造。着力发展汽车用新型动力电池，拓展其在深海、高空等领域的应用，建成具有核心竞争力的动力和储能电池产业基地，重点推进锂电子动力电池产业基地建设。二是新能源汽车整车及核心零部件制造。突破高集成度的电击一体化地盘、电驱动总成、集成控制系统等关键核心技术，增加新能源汽车产量。三是智能充电基础设施建设。坚持电动汽车推广应用和充电基础设施建设协同发展，构建车桩相随、适度超前、智能高效的充电基础设施网络。

（2）发展路径：一是加快能量密度高、制造成本低的新型动力电池关键技术研发及产业化，着力突破电池成组和系统集成技术，加快发展电池新材料、电池设计、高性能热管理系统和电池管理系统，实现锂离子电池技术升级。二是积极发展新能源汽车动力总成，培育壮大新能源动力总成产业基地；突破整车管理集成、材料轻量化、自动驾驶、智能网联等关键技术，巩固新能源客车研发制造优势，拓展校车、商务车等新能源客车产品领域；积极研发自动驾驶和氢燃料动力客车，推动电动汽车与智能电网、储能系统、智能驾驶融合发展，形成集电池生产、整车制造、商业运营于一体的完整产业链，不断优化产品结构，壮大新能源汽车产业规模。三是积极探索充电基础设施与智能电网、智能交通融合发展的技术方案，加强与电网双向互动、无线充电、移动充电、电池梯次利用、无人值守自助式服务、桩群协同控制等关键技术及装备研发，在公共服务区域、居民区与单位加快配建充电桩、城市充换电站、城际快充站等设施，大力发展"互联网＋充电基础设施"。

6. 新材料产业

（1）发展重点：一是先进储能材料。重点打造锂离子电池、镍氢电池材料产业链，提升储能用液流电池、燃料电池、新型铅酸电池技术创新链价值，大力发展镍钴锰三元氧化物、磷酸铁锂等新型正极材料，动力型超强泡沫镍、球型氢氧化镍等新型负极材料，六氟磷酸锂电解质等。二是先进硬质材料。重点打造硬质合金原材料、涂层刀片、精磨球齿、数控刀具等硬质合金产业链，大力发展高性能超细/纳米硬质合金材料、金刚石材料和金刚石绳锯等产品。三是先进复合材料。重点发展航空刹车系统、大尺寸叶片、轻量化车体、减震降噪结构部件，促使石墨烯等新型碳材料的应用取得重大突破。四是新型合金材料。重点打造高性能合金产业链，大力打造稀贵金属材料、稀土功能材料、金属基增材制造粉体材料产业链。五是先进陶瓷材料。重点发展可穿戴精密陶瓷产品，以及绝缘陶瓷、电子陶瓷、耐磨陶瓷、陶瓷膜等高性能陶瓷产品。六是化工新材料。重点打造功能性高分子材料、高档盐卤化工材料、先进氟化工材料产业链，重点发展先进高分子、生物医药中间体、助剂、催化剂等产品。

（2）发展路径：一是提高新材料基础支撑能力。面向航空航天、轨道交通、海洋工程、新能源等产业发展需求，推进高强轻合金、碳纤维、C/C复合材料、磁性材料、动力电池材料的规模化应用。二是提升新材料产品附加值。围绕新一代信息技术、绿色低碳等产业需求，以下游应用为牵引，加强新材料产品研发设计、标准制定与下游行业设计规范衔接配套。三是推动特色资源新材料开发应用。实现稀土、钨钼、钒钛等特色资源高质化利用，加强专用工艺和技术研发，推进复杂难冶金属共生矿的高效开采和综合回收利用。四是推广智能化、绿色化生产设备和工艺。突破石墨烯产业化技术，拓展纳米材料在光电子、新能源、生物等领域的应用，开发智能材料、仿生材料、超材料、低成本增材制造材料，形成一批具有重大带动作用的创新成果。

7. 节能环保产业

（1）发展重点：一是节能装备及产品。重点开发工业锅炉（窑炉）、高效风机、高效传动系统、余热余压利用等重点领域节能技术和产品；发展大型清洁高效发电装备，重点研发高效节能电动机、电机系统、节能变压器、高压变频器、电机软启动、电网能量补偿等节能机电装备，以及热流计、照度计、量热仪等节能监测专用设备。大力发展节能汽车、节能建筑材料、节能家电、节能灯具等产品。二是环保治理装备及产品。重点发展烟气脱硫、尾气控制、洁净燃烧技术设备等大气污染治理关键技术和装备，推进中高浓度氨氮处理、木浆碱回收、固体废物焚烧处置、废旧电池回收再利用、电机变频软启动节能装备、碳捕捉等技术装备的产业化，加大对多种烟气脱硫、烧结烟气深度脱硫与硫胺制备、污水除氨、新一代可降解生物材料等装备和产品的推广应用。三是资源循环利用。加大资源再生利用产业的规模化，提高脱硫石膏、冶炼废渣、矿山尾矿、矿渣、废旧金属、废弃电器电子产品等大宗固体废物综合利用水平；积极推进工程机械、机床、电机等旧工业产品再制造；加大工业废水、生活污水处理力度，提升水资源循环利用水平；推进园区循环化改造，在有条件的企业、园区、行业之间探索开展原料互供、资源共享的循环利用模式。

（2）发展路径：一是加快耗能行业产业对标。推进水泥、冶金、有色、化工等高耗能行业的对标工作，通过节能环保技术和装备的应用，实现节能降耗，并对行业落后产能关停并转。二是扩大能源管理、清洁生产等试点示范。继续扩大清洁生产技术应用示范工程、企业能源管理中心示范项目，对已申请项目进行绩效评价，积极推广示范项目成功经验，扩大清洁生产技术应用成果。三是依托循环经济园区，积极推动资源综合利用。加强废旧钢铁加工配送、废旧轮胎及废铅酸电池等综合利用，推进资源综合利用产业规范发展。

**（四）传统优势制造业转型升级的战略重点与路径**

以煤炭、钢铁、食品、建材等为代表的传统制造业是中部地区长期以来的优势产业。传统优势制造业要想适应经济发展新常态，重新焕发生机活力，必须实现转型升级，朝着高端化方向发展。未来中部地区各类传统制造业必须有重点地进行转型升级。

1. 食品工业

（1）发展重点：一是粮食与食用植物油加工业。加快产业结构调整，推进粮油加工企业提高产品出品率；推进以粮食加工副产物为原料的玉米油、米糠油生产，积极发展山茶籽油、核桃油等木本植物油生产。二是饮料酿酒工业。优化产品结构，积极发展具有资源优势的饮料产品；大力发展茶饮料、含乳饮料、果汁及果汁饮料、蔬果汁饮料、植物蛋白饮料和谷物饮料，规范发展特殊用途饮料和饮用水；推进酒业发展行动计划，重视产品的差异化创新，在确保粮食安全的基础上，鼓励酿酒企业通过改造升级实行酿造机械化改造，提升酿酒出产率和优级品率，加快淘汰落后产能。三是肉禽、水产品加工业。加快推进应用现代化加工技术和信息技术实现加工质量信息全程可追溯；增强深加工能力，依托优质肉禽与淡水资源加工基地，大力发展低温肉制品、熟肉制品、即食水产品等重点产品，发展淡水鱼和小龙虾深加工和保鲜技术；积极发展精深加工，开展鱼鳞、内脏、甲壳素等弃物利用研究，提高产品附加值；建设完善冷链物流系统，提升供应链管理水平。四是果蔬加工、茶叶加工行业。大力发展有机绿色果蔬，扩大果蔬脱水产品和速冻产品的生产规模；运用新技术、新工艺，加快传统制茶业的升级改造，重点抓好名优茶、绿色茶、有机茶、砖茶的生产加工，加快茶饮料的研发和生产。五是特色食品、营养与保健食品制造业。依托特有的农副产品资源优势，大力发展风味食品、功能食品、旅游食品、绿色食品；利用现代食品制造技术改造传统工艺，实现由粗（初）加工向精（深）加工的转变，提高产品品质和附加值。

（2）发展路径：一是从数量型向规模效益型转变，着力培育带动力、辐射力和竞争力强的大型龙头企业，走集团化、规模化的发展路子。二是从一般粗（初）加工向精（深）加工转变，延伸产业链，提高附加值，坚持走深度开发、配套发展的道路。三是从分散发展向集聚发展转变，引导企业向园区集中，走园区化、集聚化的发展路子。四是从传统原料收购模式向公司办基地转变，着力推进农业基地建设，完善利益纽带，走"公司＋基地＋农户"的发展路子，打造全产业链企业集团。五是从追求品种数量向重视品牌质量转变，引导和鼓励食品企业开展 ISO9000 质量体系认证、有机食品认证、绿色食品认证、无公害农产品认证，建立 HACCP（危害分析和关键控制点）质量安全体系，形成一批优质名牌产品，推动食品放心工程建设。

2. 冶金工业

（1）发展重点：一是钢铁产业。推动产业转型升级，加快冶金产业向中高端迈进，改善低速增长的"新常态"盈利能力；推进绿色制造，加快建立钢铁企业产品制造、高效能源转换、社会废弃物再资源化三大功能于一体的可循环钢铁生产流程；加快锻材和模具钢等高端产品的生产。二是有色金属加工。加快延伸有色金属加工产业链，差异化发展特色产品，做强铜铝精深加工产业；加强再生有色金属回收利用，壮大城市矿产再生资源利用体系；加快有色金属工业化与信息化融合，提升智能化水平，开发企业间的定制化、个性化产品。

（2）发展路径：一是积极稳妥化解过剩产能。严禁新增钢铁产能、加快淘汰落后产能、引导低效产能平稳退出、差异化处置"僵尸企业"，促进企业效益和资源配置效率提升。二是进一步优化产品结构。紧盯下游行业产品升级新需求，强化技术创新、产品创新，着力拓展节能环保、高端装备制造、新能源、新能源汽车等战略性新兴产业市场，加快产品结构调整，推进产品结构进一步优化。三是加快"两化"深度融合。以智能工厂示范、信息技术推广为着力点，努力实现集研发设计、物流采购、生产控制、经营管理、市场营销为一体的流程型工业全链条系统智能化。四是增强原料资源保障。充分利用国际矿业市场低迷的大背景，抢抓国家推进"一带一路"倡议的时机，加快海外矿产资源布局步伐，配合期货市场、港口物流仓储等建立稳定可靠的原料资源保障体系。五是推动绿色发展。加快先进环保节能技术开发与应用，实现清洁生产；提高资源综合利用水平，大力发展循环经济；全面推行循环生产方式，促进企业、园区、行业间链接共生、原料互供、资源共享；优化节能减排措施配置系统，提高企业能源精细化管理水平。

3. 石化工业

（1）发展重点：一是石油化工。加快炼油技术改造，实施石化油品升级及适应性改造工程，扩大炼油规模，提升加氢裂化、加氢精制和催化重整等二次加工能力，提高成品油等级；优化乙烯、芳烃产品结构，延伸乙烯产品产业链；打造环氧乙烷、碳五、碳九、芳烃、丙烯、橡胶等下游产业链；发展合成树脂及塑料、合成纤维、合成橡胶三大合成材料及其改性复合化工新材料产品；采用组合工艺技术，加大炼油副产物回收利用，大力发展有机化工原料，实现炼油与化工的互供和优化，降低吨油能耗和物耗。二是磷、盐、煤化工。大力发展黄磷循环经济，改造提升黄磷提纯及磷酸精制技术，发展黄磷下游高端产品，重点发展食品级、饲料级和特种磷酸盐，积极发展磷酸酯、亚磷酸酯、膦酸酯等磷系阻燃剂，亚磷酸酯类、季戊四醇双亚磷酸酯等磷类抗氧剂，磷系水处理剂，含磷药物和药物中间体等有机磷化学品；积极推广湿法磷酸精制工艺，重点发展半导体级、面板级、准电子级、医药级、食品级、饲料级、工业级等各类高纯化、超微细、具有特种功能和专用性的磷酸及磷精细化学品。优化氯碱产业结构，重点发展高聚合度、高抗冲、掺混、共聚特种 PVC 和乙烯法 PVC。三是精细化工。加大技术创新，拓展精细化工领域，重点开发高性能、专用性强、绿色环保的精细化工产品，调整和优化产业结构；大力发展农药、涂料和染料等传统精细化工产品；加快发展电子化学品、水处理剂、食品添加剂、胶粘剂、造纸化学品、塑料助剂等新领域精细化工产品。四是化肥制造。积极开发中（微）量元素肥料、缓控释肥、生物有机化肥、按配方施肥要求的掺混肥、专用肥料等高端化肥品种；培育发展钾肥产业，适度发展硝基肥料、熔融磷钾肥料等多元肥料品种，推动化肥产品结构优化；加大对磷矿伴生资源氟、硅、碘、镁、稀土、锶、钒、钛、铀等有用元素高效回收利用，建成一批硫铁矿铁资源回收、中低品位磷矿制酸、磷石膏综合利用、氟资源回收利用产业化项目。

（2）发展路径：一是加快石化产业园区化发展。设生态型、科技型化工园区，推进非园区化工项目及企业搬迁入园。二是壮大龙头企业规模。

走大型化、集约化、一体化、规模化发展之路。三是加大技术改造力度。改进传统生产工艺，提升装备水平，发展精细化工，化解落后产能，推动产品生产从初级化工原料向规模化高端产品转变。四是大力推进绿色发展。努力推进资源循环式利用、产业循环式组合、企业循环式生产，大力发展循环经济，促进绿色生产。

4. 建材产业

（1）发展重点：一是水泥及混凝土与水泥制品。坚持结构调整、等量减量淘汰的原则，以二代技术为引领，推动兼并重组，提高行业集中度，加大创新力度，重点发展水泥窑协同处置技术，开发特种水泥，进一步做强水泥工业。二是平板玻璃及玻璃深加工。依托骨干企业，积极推进原片玻璃产业向建筑节能、汽车工业、电子信息等产业延伸，重点发展 Low－E 玻璃、导电玻璃、微晶玻璃、超白玻璃、高档汽车玻璃以及多功能复合玻璃材料和制品。三是陶瓷产业。积极推广陶瓷工业原材料制备大型自动化连续技术、陶瓷砖减薄技术、低品位资源利用技术、窑炉及喷塔余热利用技术，完善产品结构，丰富抛光砖、仿古砖、全抛釉、瓷片、外墙砖等产品类别。四是新型墙体材料及石材制造。大力推广应用砂加气高性能自保温精确砌块、烧结性页岩自保温砌块和多孔页岩砖，引导开发高档装饰砖和透水砖；支持墙材企业以建筑垃圾、磷石膏等废弃资源，开发新型墙材产品；重点推广大板超薄板技术、复合板技术等先进的石材加工工艺，以及石材行业专用的复合金刚石锯片、石材护理产品。五是无机非金属材料。以石墨、云母、磷石膏等资源为依托，围绕节能环保、多功能复合等领域，加大无机非金属新材料的研发投入，扩大核级石墨、阻燃保温石墨制品、电工电子云母制品、石膏晶须等无机非金属新材料和制品的生产。

（2）发展路径：一是积极发展循环经济。进一步加大水泥窑协同处置技术的推广，将城市固体废弃物处置与水泥生产紧密衔接；积极推进磷石膏和建筑垃圾的资源化处置利用，大力发展建材产业循环经济。二是加快建材产业转型升级。着力推进建材工业与建筑业融合发展，推动建材行业转型发展。三是推进产业兼并重组。积极应用经济、环保、法律等手段化解过剩产能，推进行业兼并重组，规范行业秩序。四是引导企业"走出去"。依托水泥、平板玻璃、陶瓷等成套技术装备与工程服务优势，积极在境外投资建设原材料生产加工基地。

5. 纺织产业

（1）发展重点：一是服装制造。大力培育服装名师、服装名品、服装名企和服装名城，提升现有工业园区和产业集群水平，形成特色明显、功能齐全的纺织工业基地；扶持服装中小企业的发展，重点发展多功能职业装，促进自有品牌建设；提高产品开发设计水平，提高生产效率、快速适应能力和产品竞争能力，发展信息化制造业，推进服装企业走入国际市场。二是产业用纺织生产。大力发展产业用纺织品及技术，加快非织造、织造、编织成型技术、复合加工技术、功能后整理技术等产业用纺织品共性关键技术的研究开发；加快手术衣、隔离服、床单、口罩、手套等医用纺织材料及制品的开发和应用；发展高档无纺布，推广纺粘、熔喷、水刺及其复合非织造工艺技术，提高加工技术水平，发展高性能、多功能产业用纺织品应用技术；发展耐高温袋式除尘滤料、新型建筑用膜结构材料、汽车产业用布、交通工具用纺织品、防弹防划面料、防火阻燃面料等安全防护用纺织品。三是家用纺织制造。扩大特宽幅印染布生产，提高后整理水平，扩大家纺产品配套缝制加工能力，形成多条中高档床品、巾被产品链；采用先进织造、染整、提花、绣花设备，提高家纺行业生产能力和水平；开发生产具有鲜明个性和丰富文化内涵的高品质配套家纺产品，打造集新材料、新技术、新工艺和新文化于一体，具有自主品牌的拳头产品。四是印染及纺纱织布制造。以现代电子、自动化及生物技术为手段，发展无水或少水印染工艺技术，支持现有印染企业淘汰落后生产线，重点推广数码印花、气流染色、催化氧化清洁制浆工艺、化纤浆粕黑液治理、着色纤维生产及应用、针织物平幅水洗等低污染低排放技术。

（2）发展路径：一是延伸上下游产业链，实现多元发展。充分发挥龙头企业和大型企业集团作用，促进产业向研发设计、品牌营销、高端纺织原材料、高端装备等上下游高端领域延伸。二是加快实施电商换市。鼓励和引导企业依托电子商务平台，不断提高纺织产品的国内市场占有率，通过电商促销售、电商强外贸，实现纺织行业的改造提升。三是继续实施品牌战略。以打造国际知名品牌为目标，鼓励和引导企业借鉴知名企业在产品研发设计、质量管理、品牌推广等方面的经验，加大技术创新和产品推广宣传力度，全面实施纺织产品质量提升工程，推动企业争创中国乃至世界名牌。

6. 煤炭工业

（1）发展重点：以安全绿色开采、清洁利用为重点，大力引进和推广先进适用技术，着力推进煤炭开采和清洁生产技术应用，提高煤炭利用的清洁化、低碳化程度，努力提高清洁煤炭生产供应能力。着力推进煤转电、煤转化产业发展，有效化解煤炭过剩产能，提高煤炭就地转化率。建立关闭矿井衔接机制和落后产能退出机制，构建有效控制煤炭生产总量、根据市场需求调节煤炭产品结构新机制。

（2）发展路径：深化煤炭管理体制改革，加快建立符合国家新型综合能源基地开发建设和运行的现代管理体系，完善现代企业制度，不断加强企业内部管理，提高企业的核心竞争力。全力搞好大基地、大集团建设，着力推进现代化矿井建设，加大煤矿技术改造力度，不断提高矿井的标准化、现代化水平，提高煤炭企业的经营效益和竞争力。

# 三　具体对策措施

紧紧围绕促进中部地区制造业实现高端化、智能化、集聚化、绿色化、服务化发展，在现代装备制造、高技术产业和战略性新兴产业以及优势传统制造业等重点领域全面落实《中国制造 2025》，从体制机制、市场环境、财政金融、人才培养、企业扶持、开放合作等方面完善中部地区制造业发展的对策措施。

## （一）深化体制机制改革

（1）加快转变政府职能，创新政府管理方式。政府创造环境，市场决定创新，中部地区制造业发展的关键在于发挥市场在资源配置中的决定作用，但同时需要政府履行好行政职责。中部各省要加强制造业发展战略、规划、政策、标准等的制定和实施，强化行业自律和公共服务能力建设，提高产业治理水平。简政放权，规范审批事项，简化程序，适时修订政府核准的投资项目目录，落实企业投资主体地位。

（2）完善政产学研用协同创新机制。改革技术创新管理体制机制和项目经费分配、成果评价和转化机制，促进科技成果资本化、产业化，激发制造业创新活力。

（3）加快推进生产要素价格市场化。完善制造产品和服务制造主要由市场决定价格的机制，合理配置公共资源；推行节能量、碳排放权、排污权、水权交易制度改革，加快资源税从价计征，推动环境保护费改税。

（4）深化企业治理结构改革。有序发展混合所有制经济，进一步破除各种形式的行业垄断，取消对非公有制经济的不合理限制。利用中部地区红色历史文化资源和军工科技优势，推动军民融合深度发展，加强对关乎国民经济命脉和国家安全的制造业重要领域投融资、并购重组、招标采购等方面的安全审查。

**（二）营造良好的市场环境**

（1）加强行业准入。深化市场准入制度改革，实施负面清单管理，加强事中事后监管，全面清理和废止不利于全国统一市场建设的政策措施。实施科学规范的行业准入制度，制定和完善制造业节能节地节水、环保、技术、安全等准入标准，加强对国家强制性标准实施的监督检查，统一执法，以市场化手段引导企业进行结构调整和转型升级。

（2）完善市场监管。加快发展技术市场，健全知识产权创造、运用、管理、保护机制。切实加强监管，打击制售假冒伪劣产品行为，严厉惩处市场垄断和不正当竞争行为，为企业创造良好的生产经营环境。

（3）严格企业责任。完善淘汰落后产能工作涉及的职工安置、债务清偿、企业转产等政策措施，健全市场推出机制。进一步减轻企业负担，实行涉企收费清单制度，取缔各种不合理收费和摊派，加强监督检查和问责。推进制造业企业信用体系建设，建设制造业企业信用数据库，建立健全企业信用动态评价、守信激励和失信惩戒机制。强化企业社会责任建设，推行企业产品标准、质量、安全自我声明和监督制度。

**（三）完善财政金融政策**

（1）拓宽财税支持渠道。充分利用现有渠道，加强财政资金对制造业的支持，将财政资金重点投向智能制造、"四基"发展、高端装备等制造业转型升级的关键领域，为制造业发展创造良好的政策环境。运用政府和社会资本合作（PPP）模式，引导社会资本参与制造业重大项目建设、企业技术改造和关键基础设施建设。创新财政资金支持方式，逐步从"补建设"向"补运营"转变，提高财政资金使用效益。深化科技计划（专项、基金等）管理改革，支持制造业重点领域科技研发和示范应用，促进制造业技术创新、转型升级和结构布局调整。完善和落实支持创新的政府采购政策，推动制造业创新产品的研发和规模化应用。落实和完善使用首台（套）重大技术装备等鼓励政策，健全研制、使用单位在产品创新、增值服务和示范应用等环节的激励约束机制。实施有利于制造业转型升级的税收政策，推进增值税改革，完善企业研发费用计核方法，切实减轻制造业企业税收负担。

（2）完善金融扶持政策。一是深化金融领域改革，拓宽制造业融资渠道，降低融资成本。积极发挥政策性金融、开发性金融和商业金融的优势，引导金融机构创新符合制造业企业特点的产品和业务，加大对新一代信息技术、高端装备、新材料等重点领域的支持力度。二是完善资本市场。推动区域股权市场规范发展，支持符合条件的制造业企业在境内外上市融资、发行各类债务融资工具；引导风险投资、私募股权投资等支持制造业企业创新发展；鼓励符合条件的制造业贷款和租赁资产开展证券化试点；支持重点领域大型制造业企业集团开展产融结合试点，通过融资租赁方式促进制造业转型升级。三是推动保险市场发展。探索开发适合制造业发展的保险产品和服务，鼓励发展贷款保证保险和信用保险业务；在风险可控和商业可持续的前提下，通过内保外贷、外汇及人民币贷款、债权融资、股权融资等方式，加大对制造业企业在境外开展资源勘探开发、设立研发中心和高技术企业以及收购兼并等的支持力度。

**（四）健全多层次人才培养体系**

（1）完善制造业人才培养体系。加强制造业人才发展统筹规划和分类指导，组织实施制造业人才培养计划，加大专业技术人才、经营管理人才和技能人才的培养力度，完善从研发、转化、生产到管理的人才培养体系。

（2）打造高素质制造业人才队伍。以提高现代经营管理水平和企业竞争力为核心，实施企业经营管理人才素质提升工程和国家中小企业银河培训工程，培养造就一批优秀企业家和高水平经营管理人才。以高层次、急需紧缺专业技术人才和创新型人才为重点，实施专业技术人才知识更新工程和先进制造卓越工程师培养计划，在高等学校建设一批工程创新训练中心，打造高素质专业技术人才队伍。

（3）强化职业教育和技能培训。引导一批普通本科高等学校向应用技术类高等学校转型，建立一批实训基地，开展现代学徒制试点示范，形成一支门类齐全、技艺精湛的技术技能人才队伍。鼓励企业与学校合作，培养制造业急需的科研人员、技术技能人才与复合型人才，积极推进产学研结合。

（4）优化制造业人才管理模式。加强产业人才需求预测，完善各类人才信息库，构建产业人才水平评价制度和信息发布平台。建立人才激励机制，加大对优秀人才的表彰和奖励力度。建立完善制造业人才服务机构，健全人才流动和使用的体制机制。加大制造业引智力度，引进领军人才和紧缺人才。

**（五）强化对企业的扶持力度**

（1）大力培育代表性龙头企业。引导和支持建立以行业龙头企业和行业优势企业为核心的产业技术联盟、国家或国际产业标准联盟以及市场战略联盟，协调和集成各方力量实现制造业关键技术的突破。加强对龙头企业的政策咨询，推动企业通过海外上市、抢占国际市场、跨国生产或投资等方式发展成为国际化的企业集团。在制造业龙头企业中普遍建立工程技术研究中心、院士工作站、研究生工作站等研发机构，全面提升企业的自主研发能力。

（2）强化对高新技术企业的扶持力度。加强对制造业高新技术企业发展的支持，做好高新技术产业化项目申报，争取有更多符合条件的企业、项目被纳入国家支持重点。强化高新技术企业对引进技术的消化吸收和再创新，加快向技术自主创新转型。针对高新技术企业发展的空间和配套服务需求，完善高技术、高成长企业的服务体系，吸引国内外优秀的高新技术企业入园发展。建立高新技术企业快速融资通道，对贷款担保、风投引导、股权转让、上市辅导以及集合公司债的发展等方面优先给予支持。

（3）完善小微企业扶持政策。落实和完善支持小微企业发展的财税优惠政策，优化中小企业发展专项资金使用重点和方式。发挥财政资金杠杆撬动作用，吸引社会资本，加快设立国家中小企业发展基金。支持符合条件的民营资本依法设立中小型银行等金融机构，鼓励商业银行加大小微企业金融服务专营机构建设力度，建立完善小微企业融资担保体系，创新产品和服务。加快构建中小微企业征信体系，积极发展面向小微企业的融资租赁、知识产权质押贷款、信用保险保单质押贷款等。建设完善中小企业创业基地,引导各类创业投资基金投资小微企业。鼓励大学、科研院所、工程中心等对中小企业开放各种实(试)验设施。加强中小微企业综合服务体系建设,完善中小微企业公共服务平台网络,建立信息互联互通机制,为中小微企业提供创业、创新、融资、咨询、培训、人才等专业化服务。

**(六)扩大对外开放和区域合作**

(1)主动融入重大国家战略。以"一带一路"倡议为统领,构建通达全球的国际物流大通道,深度推进国际产能和装备制造合作。全面参与长江经济带发展,加强与长江上下游省份的协调联动,开展制造业绿色化发展与沿线环境治理的合作。充分利用中部地区承接产业转移的良好条件,对接京津冀协同发展战略,特别是山西、河南应在重点产业领域承接转移、能源生产工艺和生产环境治理等方面取得突破。确保产业发展有利于推进新型城镇化,使先进制造业中心建设与中部地区几大城市群相互协同,开展区域内省市县三级在制造业领域的协调合作。

(2)全面推进制造业双向开放。坚持"引进来"和"走出去"并重,提高制造业企业国际化水平和竞争力。在"引进来"方面,深化外商投资管理体制改革,建立外商投资准入前国民待遇加负面清单管理机制,落实备案为主、核准为辅的管理模式,营造稳定、透明、可预期的营商环境;全面深化外汇管理、海关监管、检验检疫管理改革,提高贸易投资便利化水平;进一步放宽市场准入,修订钢铁、化工、船舶等产业政策,支持制造业企业通过委托开发、专利授权、众包众创等方式引进先进技术和高端人才,推动利用外资由重点引进技术、资金、设备向合资合作开发、对外并购及引进领军人才转变。在"走出去"方面,加强对外投资立法,强化制造业企业"走出去"法律保障,规范企业境外经营行为,维护企业合法权益。探索利用产业基金、国有资本收益等渠道支持高铁、电力装备、汽车、工程施工等装备和优势产能"走出去",实施海外投资并购;加快制造业"走出去"支撑服务机构建设和水平提升,建立制造业对外投资公共服务平台和出口产品技术性贸易服务平台,完善应对贸易摩擦和境外投资重大事项预警协调机制。

(3)提升制造业企业跨国经营能力和国际竞争力。发展一批制造业跨国公司，通过全球资源利用、业务流程再造、产业链整合、资本市场运作等方式，加快提升核心竞争力。支持企业在境外开展并购和股权投资、创业投资，建立研发中心、实验基地和全球营销及服务体系；依托互联网开展网络协同设计、精准营销、增值服务创新、媒体品牌推广等，建立全球产业链体系，提高企业国际化经营能力和服务水平。鼓励优势企业加快发展国际总承包、总集成。引导企业融入当地文化，增强社会责任意识，加强投资和经营风险管理，提高企业境外本土化能力。

# 后 记

　　本书是由武汉大学区域经济研究中心吴传清教授研究团队于 2016 年集体完成的研究成果。

　　本书侧重采用官方统计数据对 2004～2015 年中部地区制造业发展开展实证研究，并探讨未来中部地区制造业发展战略思路与对策。

　　本书写作分工情况如下：吴传清负责全书研究内容总体设计；吴传清、董旭负责全书统稿。各章具体分工为：吴重仪：第一章。申雨琦：第二章。张雅晴：第三章。邓明亮：第四章、第五章、第九章。董旭：第六章、第十二章。宋子逸：第七章。黄磊：第八章。余柯玮：第十章。宋筱筱：第十一章。

**图书在版编目（CIP）数据**

中部地区制造业发展研究／吴传清等著． -- 北京：
社会科学文献出版社，2017.11

（武汉大学区域经济研究中心系列成果）

ISBN 978 - 7 - 5201 - 1340 - 3

Ⅰ.①中… Ⅱ.①吴… Ⅲ.①制造工业 - 工业发展 -
研究 - 中国 Ⅳ.①F426.4

中国版本图书馆 CIP 数据核字（2017）第 211644 号

**武汉大学区域经济研究中心系列成果**

**中部地区制造业发展研究**

著　者／吴传清　董　旭　等

出 版 人／谢寿光
项目统筹／陈凤玲
责任编辑／陈凤玲　周晓静

出　　　版／社会科学文献出版社·经济与管理分社（010）59367226
　　　　　　地址：北京市北三环中路甲29号院华龙大厦　邮编：100029
　　　　　　网址：www.ssap.com.cn
发　　　行／市场营销中心（010）59367081　59367018
印　　　装／三河市尚艺印装有限公司

规　　　格／开　本：787mm×1092mm　1/16
　　　　　　印　张：22.25　字　数：352千字
版　　　次／2017 年 11 月第 1 版　2017 年 11 月第 1 次印刷
书　　　号／ISBN 978 - 7 - 5201 - 1340 - 3
定　　　价／99.00 元